COMO OS ADVOGADOS SALVARAM O MUNDO

José Roberto de Castro Neves

COMO OS ADVOGADOS SALVARAM O MUNDO

A HISTÓRIA DA ADVOCACIA E SUA CONTRIBUIÇÃO PARA A HUMANIDADE

3ª edição
REVISTA E ATUALIZADA

Copyright © 2018 by José Roberto de Castro Neves

Direitos de edição da obra em língua portuguesa no Brasil adquiridos pela EDITORA NOVA FRONTEIRA PARTICIPAÇÕES S.A. Todos os direitos reservados. Nenhuma parte desta obra pode ser apropriada e estocada em sistema de banco de dados ou processo similar, em qualquer forma ou meio, seja eletrônico, de fotocópia, gravação etc., sem a permissão do detentor do copirraite.

EDITORA NOVA FRONTEIRA PARTICIPAÇÕES S.A.
Av. Rio Branco, 115 – Salas 1201 a 1205 – Centro – 20040-004
Rio de Janeiro – RJ – Brasil
Tel.: (21) 3882-8200

CIP-Brasil. Catalogação na publicação
Sindicato Nacional dos Editores de Livros, RJ

N424c

Neves, José Roberto de Castro
Como os advogados salvaram o mundo: a história da advocacia e sua contribuição para a humanidade / José Roberto de Castro Neves. — 3. ed. — Rio de Janeiro: Nova Fronteira, 2020. — (Coleção Cícero)

ISBN 978-65-5640-080-8

1. Advocacia 2. Advocacia - História 3. Advogados 4. Advogados - Estatuto legal, leis etc. I. Título II. Série.

20-43137

CDU-347.965

ÍNDICES PARA CATÁLOGO SISTEMÁTICO:
1. Advocacia 347.965
Maria Alice Ferreira - Bibliotecária - CRB-8/7964

Sumário

Nota do autor à terceira edição   9
Apresentação, por Miguel Reale Júnior   11
Cronologia   13
Nota do autor   19

Introdução: o mundo seria melhor sem os advogados?   21

O Direito e os advogados   25

De onde vêm os advogados?   31
    Cícero e Triboniano

O "redescobrimento" do Direito Romano   49
    A escola de Bolonha e os papas-advogados

O renascimento jurídico   67
    Santo Ivo e São Tomás de Aquino

A Revolução Protestante   85
    Lutero e Calvino

O Iluminismo jurídico: o Direito Natural   103
    Montaigne, Descartes, Montesquieu e Beccaria

A Paz de Vestfália: uma nova ordem mundial   121

A Revolução Gloriosa   129
    Coke, Cromwell e Shaftesbury

A Revolução Americana   149
    Adams, Jefferson, Madison, Hamilton e Jay

A Revolução Francesa   197
    Robespierre, Danton, Saint-Just, Desmoulins, Malesherbes, Tronchet, Cambacérès...

Os advogados mudando o mundo   235
    Ruy Barbosa, Leão XIII, Gandhi e Mandela

Como os advogados salvaram a humanidade   269

Os advogados num mundo líquido   281
    Radbruch, o robô e o velho pelicano

Coda: o advogado como ídolo   299
    Atticus Finch

Apêndices

    Bill of Rights (Inglaterra)   305
    Declaração de Independência   307
    Constituição Americana   313
    Bill of Rights (Estados Unidos)   329
    Declaração dos direitos do homem e do cidadão   333
    Declaração Universal dos Direitos Humanos   337

Bibliografia   347
Outras obras do autor   369
Notas   375

*Para os de sempre:
Doris e Roberto,
Dado e Cecília,
Bel, Guilherme, João e Duda.
Pais, irmãos, mulher e filhos,
primeiros advogados e juízes.*

Nota do autor à terceira edição

"Como os advogados salvaram o mundo".

Comumente, recebo a crítica de que o título deste livro é presunçoso. Seria, dizem, um arroubo de arrogância afirmar, logo no nome da obra, que os advogados seriam os grandes responsáveis por "salvar" a civilização. Ao ouvir isso, costumo simplesmente indagar ao interlocutor: "você já leu o livro?" A minha experiência é a de que, ao ouvir a pergunta, esse crítico reage com um sorriso amarelado, para dizer que ainda não. Pois é.

Obviamente, o título provoca. Entretanto, basta ler a pesquisa colhida na obra para verificar que é mesmo verdade: os advogados lideraram os movimentos históricos mais representativos contra a tirania e o arbítrio. Estavam à frente das Revoluções Inglesa, Americana e Francesa. Gandhi e Mandela eram advogados. Os exemplos não têm fim. Ao longo do tempo, eles vêm defendendo, de forma fundamental e aguerrida, a sociedade.

Este livro foi lançado depois de uma dedicada pesquisa sobre a contribuição dos advogados por toda a história. Ainda assim, grandes advogados não foram mencionados, como, por exemplo, Otto von Bismarck, responsável pela unificação alemã, formado em Direito na Universidade de Göttingen, ou Giuseppe Mazzini, idealizador da formação da Itália. Mazzini, inclusive, advogou por um período. Alemanha e Itália, portanto, são duas nações criadas a partir de movimentos levados adiante por advogados.

Na história brasileira, também se deixou de mencionar importantes bacharéis, como, para dar bons exemplos, Tancredo Neves e Ulysses

Guimarães, expoentes na retomada democrática do país nos anos 80 do século passado.

Embora o livro ofereça muitos exemplos de advogados "salvadores", há, ainda, muitos outros que atuaram de forma decisiva em defesa dos valores da liberdade e da democracia, tudo a confirmar a vocação sublime dessa atividade profissional.

Desde seu lançamento, no começo de 2018, o livro recebeu uma extraordinária recepção, não apenas de profissionais de Direito, mas por todos que se interessam por história e pelos destinos da civilização. A história dos advogados passou a integrar a história da humanidade. Depois de muitas tiragens, promoveu-se, nesta terceira edição, uma revisão do trabalho, sem, contudo, alterar a sua essência.

No Brasil, um país lamentavelmente marcado pela desigualdade social e pela falta de oportunidades, os advogados, até mesmo pela história narrada nesta obra, devem assumir seu dever de agentes de transformação, lutando por um Estado mais justo e solidário. Afinal, embora os advogados tenham salvado o mundo diversas vezes, essa defesa não se exaure. O mundo segue em apuros, precisando de corajosos advogados, cientes de sua missão, dispostos a proteger a civilização.

Rio de Janeiro, agosto de 2020

José Roberto de Castro Neves

Apresentação

José Roberto de Castro Neves fez uma viagem de longo curso assumindo, com sucesso, a tarefa de mostrar como se foram desvelando aos poucos os valores da pessoa humana no decorrer dos séculos pelo trabalho ingente e constante dos advogados e dos cultores do direito.

Com riqueza de detalhes encontra-se neste livro a descrição da saga percorrida por advogados ilustres que, desde a Antiguidade até nossos dias, doaram sua vida a causas dignificantes do ser humano, lutando por sua liberdade de manifestação política, pela possibilidade de resistir à opressão do soberano, pela garantia de livre escolha de uma crença e na luta pelo direito de ser julgado conforme a lei dispõe.

O advogado é aquele que fala pelo outro. Mas é mais do que isso: é quem se identifica com o outro que nele confia; é quem vive o sofrimento e a angústia do outro e vivencia, por um processo simpatético, a experiência do outro. O advogado humaniza-se ao aprender a se colocar na situação do cliente e ao se dispor a responder por quem se põe sob sua proteção. E por ser exigido a olhar o bem do outro, o advogado sabe também se dedicar às causas de interesse geral, àquilo que concerne à sociedade, à comunidade a que pertence.

José Roberto lembra os momentos em que prevalece a barbárie para depois se descortinar a racionalidade. Fundamental foi a passagem, na Alta Idade Média, dos juízos de Deus, das ordálias, para o culto do direito com a "descoberta" do Corpus Iuris Civilis e a fundação das universidades. A história é fértil em mostrar fases de retrocesso à paixão e à violência e de reconquista da racionalidade, sempre por obra dos advogados.

É por isso que o advogado vem a ser um instrumento do processo civilizatório, pois, tendo por arma a palavra, aprende, ao transformar o litígio na busca de uma solução pacífica baseada no bom senso, no justo, no equilíbrio, o valor do processo democrático, por via do qual mais vale o obtido pelo consenso, fruto da persuasão, do que o imposto pela força das armas ou do dinheiro.

Assim, os advogados estão sempre presentes nos principais movimentos emancipadores, seja no campo político como no religioso. Marcam presença na Revolução Protestante; na Revolução Gloriosa; na Revolução Americana, na Revolução Francesa; na luta pela nossa Independência.

E o que cumpre ao advogado hoje, no mundo líquido apontado por Bauman?

Quando o ler deixou de ser ler um texto, para ser o correr os olhos em uma tira, para logo depois ter a atenção voltada para outro fragmento de notícia; quando a comunicação se faz principalmente em mensagens de 140 toques, qual deve ser o recado a ser dado ao jovem advogado ou ao estudante de direito herdeiro desta história de conquistas e de sacrifícios em favor da pessoa humana que é a saga dos advogados ao longo dos tempos?

Primeiramente, cabe o ensinamento de Ruy Barbosa na Oração aos Moços, lembrado por José Roberto, e de imensa atualidade: "Vulgar é o ler, raro é o refletir." Hoje, raro é o ler, que dirá o refletir. Assim, reforço o conselho de Ruy: "Há estudar, e estudar. Há trabalhar, e trabalhar." Mas o importante, também hoje, é saber estudar, sem o recurso comum do "recorta e cola" ou da repetição automática do apreendido, pois o advogado será o grande inovador do direito e o transformador social se, ao absorver conhecimentos, gerar as próprias ideias, conforme diz Ruy em mais outro precioso conselho.

O instigante estudo de José Roberto de Castro Neves constitui uma plataforma de lançamento de novos advogados para um futuro que dignifique o passado glorioso de nossa profissão.

Miguel Reale Júnior, ex-ministro da Justiça

Cronologia

450 a.C.	Lei das Doze Tábuas
63 a.C.	*Catilinárias*, de Cícero
438	Código de Teodósio
529	Código Justiniano
1088	Fundação oficial da Escola de Direito de Bolonha
1140	*Decretum*, de Graciano
1158	Decreto de Roncaglia
1167	Fundação da Liga Lombarda
1187	*Tratado* do inglês Ranulfo de Glanvill
1215	Assinatura da *Magna Carta*
1250	*Glossa ordinária* de Accursio
1265	*Summa theologica*, de Tomás de Aquino

1344	Criação da Ordem dos Advogados na França
1400	*De tyranno*, de Coluccio Salutati
1513	*O príncipe*, de Maquiavel
1516	*Utopia*, de Thomas More
1517	Publicação das 95 teses de Martinho Lutero
1534	*Ato de Supremacia* de Henrique VIII, rompendo com a Igreja
1536	*Ordens* (*Institutas da Religião Cristã*), de Calvino
1543	*Sobre as revoluções das esferas celestes*, de Nicolau Copérnico
1555	"Paz" de Augsburgo
1566	*Methodus ad facilem historiarum cognitionem*, de Jean Bodin
1568	Montaigne traduz a *Teologia natural*
1625	*De jure belli et pacis*, de Hugo Grócio
1628	*The Institutes of the Laws of England*, de Sir Edward Coke
1637	*Discurso sobre o método*, de Descartes
1648	"Paz" de Vestfália

1649	Julgamento e execução do rei inglês Carlos I
1651	*Leviatã*, de Hobbes
1660	Restauração da monarquia inglesa
1672	*De jure naturae et gentium*, de Samuel Pufendorf *De legibus naturae*, de Richard Cumberland
1688	Revolução Gloriosa
1689	Assinada a *Bill of Rights* inglesa Guilherme de Orange e Maria proclamados soberanos conjuntos da Inglaterra *Os dois tratados do governo*, de John Locke *As leis civis dentro de sua ordem natural*, de Domat
1747	*Princípios do Direito Natural*, de Burlamaqui
1748	*O espírito das leis*, de Montesquieu
1760	*Tratado das obrigações*, de Pothier
1762	*O contrato social*, de Jean-Jacques Rousseau
1764	*Dos delitos e das penas*, de Cesare Beccaria
1765	Lei do Selo nos Estados Unidos
1770	Revolta do Chá em Boston
1774	"*Sketches*" sobre a história do homem, de Lord Kames

1775	*O senso comum*, de Thomas Paine
1776	*Fragmentos sobre o governo*, de Jeremy Bentham Declaração de independência americana
1781	Derrota final dos ingleses nos Estados Unidos, na Batalha de Yorktown Publicação, nos Estados Unidos, dos Artigos da Confederação
1787	Publicação da Constituição americana
1788	Convocação dos Estados Gerais na França
1789	Fim da Inconfidência Mineira Março: instalado o primeiro Congresso americano Abril: Washington assume a presidência dos Estados Unidos Setembro: publicação da *Bill of Rights* americana (ratificada em 1791) Maio: início dos trabalhos dos Estados Gerais na França Julho: Queda da Bastilha (início da Revolução Francesa) Agosto: Publicação na França da *Declaração dos direitos do homem e do cidadão*
1791	Junho: família real francesa tenta fugir Outubro: início das atividades da Assembleia Legislativa Ratificação da *Bill of Rights* americana
1792	Invasão das Tulherias, fim da monarquia francesa França se torna república

1793	Julgamento e execução de Luís XVI Instauração do "Terror" na França
1794	Abolição da escravidão nas colônias francesas Abril: execução de Danton Julho: golpe do Thermidor — deposição de Robespierre (e dos jacobinos)
1799	Golpe de Napoleão Bonaparte
1804	Publicação do Código Civil Francês
1891	Publicação da Encíclica *Rerum novarum*, do papa Leão XIII
1948	Declaração Universal de Direitos Humanos das Nações Unidas

Nota do autor

Meus pais se conheceram na faculdade de Direito. Era uma época turbulenta da nossa história. No meio do curso deles, os militares tomaram o poder. A liberdade, em suas diversas formas de expressão, foi severamente tolhida. Para a sociedade — e, especialmente, para os estudantes de Direito —, a situação era um desafio. Deveriam reagir? Como um estudante de Direito, naquele momento, poderia enfrentar o sistema? Qual o sentido de estudar Direito se o Estado não respeitava as garantias básicas ao cidadão?

Como muitos jovens de sua geração, meus pais não ficaram indiferentes ao que acontecia. Engajaram-se em movimentos estudantis. Tiveram perdas — meu nome, José Roberto, é homenagem a um amigo deles, que tombou pouco antes de meu nascimento, vítima da ditadura. Perseveraram no caminho. Nenhum deles tornou-se advogado. Minha mãe, logo após a conclusão do curso, abraçou a magistratura. Meu pai virou executivo. Da forma que encontraram, eles ajudaram a construir um mundo melhor.

No Brasil, durante o regime militar, os advogados guardaram uma posição corajosa. A Ordem dos Advogados denunciou violações e injustiças. Advogados lideraram o reencontro do país com a democracia.

Ingressei na faculdade de Direito no mesmo período em que passava a vigorar a Constituição de 1988. Eram outros tempos. Outros desafios. Havia um horizonte bem mais acolhedor do que aquele vislumbrado pelos meus pais na faculdade. Os advogados enfrentavam outros embates, num Brasil ainda em busca de sua construção.

Na faculdade — mais precisamente, no primeiro dia de aula —, comecei a trabalhar num escritório de advocacia. Não parei desde então. Apaixonei-me pela profissão, que traz, na essência, valiosas causas: tornar-se útil ao próximo e procurar a justiça.

Em outro trabalho, examinei a gênese do Direito, que, como tudo o mais na civilização ocidental, nasceu na Grécia. No livro que o leitor tem em mãos, cuido da origem da advocacia, do modo como ela se desenvolveu e transformou o mundo em algo melhor.

Como não encontrei outra obra com esse propósito, acredito que a pesquisa e as reflexões colhidas adiante poderão, ao menos, saciar alguma curiosidade ou simplesmente entreter. Quem sabe, inspirar.

Agradeço imensamente aos queridos Paulo Cesar de Barros Melo, Ebert Chamoun, Pedro Henrique Mariani e José Luiz Alquéres, que, lendo os originais, me ajudaram a aprimorar a obra, com sugestões preciosas.

Também manifesto minha gratidão aos meus colegas de escritório Luiz Bernardo Rocha Gomide, Francisco Gracindo, Patrícia Klien Vega e João Pedro Martinez, que apontaram equívocos nas minutas deste trabalho.

Registro outro agradecimento especial a Mirian Dutra, minha diligente secretária, que me ajudou a rever o texto, a rever o texto, a rever o texto...

Rio de Janeiro, outubro de 2017

José Roberto de Castro Neves

Introdução: o mundo seria melhor sem os advogados?

> "Os advogados, suponho, um dia foram crianças."
>
> CHARLES LAMB

Todos defendem os médicos. Não há dúvida de que sem eles a vida seria muito pior. Desde o início da história, os médicos e outros cientistas têm desempenhado um papel extraordinário. O mesmo se pode dizer dos engenheiros. As civilizações são, muitas vezes, medidas pelos seus colossos de engenharia. As pirâmides do Egito e o Coliseu fazem dos egípcios e dos romanos assombros da história, e essas obras são admiradas até os nossos dias. Os comerciantes também foram positivamente responsáveis pelo desenvolvimento da civilização. Criaram vínculos, disseminaram a escrita e os números. Um país cresce na medida em que suas finanças são bem geridas e se destacam seus economistas e comerciantes. Os guerreiros e os sacerdotes, por sua vez, também tiveram função elevada para a construção da nossa sociedade. Não há dúvida de que o mundo é melhor porque temos médicos, engenheiros, comerciantes, economistas, militares e sacerdotes. Mas e os advogados?

O American Film Institute elegeu, em 2006, *A felicidade não se compra* (*It's a Wonderful Life*, no original) o filme mais inspirador da história. Dirigido por Frank Capra, esta película de 1946 conta uma fábula: na véspera do Natal, um homem, enfrentando enormes dificuldades, está prestes a se suicidar. Um anjo lhe aparece e faz uma simples pergunta: como seria a vida das pessoas que aquele homem conhecia sem ele? Se o homem, que pensava em se matar, nunca tivesse existido, o mundo seria outro? O anjo, então, faz o homem ver como seria a vida de uma série de pessoas próximas, caso ele jamais tivesse existido. Fica claro que se tratava de alguém muito importante para todos que o cercavam. Compreendendo que a sua existência fazia sentido, o homem desiste de se matar. Ao contrário, ganha ânimo para enfrentar as tribulações.

O teste que se apresenta em *A felicidade não se compra* pode ser feito também com os advogados. Se eles não existissem, como seria o mundo?

Este trabalho não procura apenas demonstrar a importância dos advogados. Ele é muito mais do que isso. Na verdade, os advogados salvaram o mundo. Fizeram isso protegendo o homem de seu maior inimigo: os próprios homens.

Para começar, estabeleceram regras que permitiram o convívio social. Depois, desenvolveram meios de solução de conflitos, aplicáveis diante de litígios. Os advogados conceberam valores fundamentais e os incorporaram ao conceito moderno de Estado. Dessa forma, eles organizaram a sociedade.

Sem os advogados, não haveria a democracia. Tampouco as garantias fundamentais do ser humano. Os advogados são os principais responsáveis pelo fortalecimento das instituições, com a constituição de regras que garantem a segurança social. Não encontraríamos, sem os causídicos, uma série de excelentes ideias que possibilitaram a caminhada da civilização no histórico combate ao despotismo e à tirania.

Os direitos considerados "naturais", como o respeito à honra, à dignidade, o de autodeterminação e o direito de votar, por exemplo, não são históricos. Esses direitos não nasceram no mesmo momento em que surgiu a sociedade, mas desabrocharam na era moderna, como uma conquista. A sua gênese, a sua explicação, a luta por esses direitos, foi liderada por advogados.

Talvez, num mundo diferente, habitado apenas por seres perfeitos, bons, altruístas e pacíficos, os advogados fossem supérfluos. Mas não é esse o mundo em que vivemos. Sem advogados, o mundo seria pior.

Os advogados não são perfeitos. É claro. São seres humanos que têm na imperfeição uma das suas características mais marcantes e belas. Por outro lado, apenas enquanto humanos é que eles conseguem compreender a humanidade.

O Direito e os advogados

> "Um júri é um grupo de doze
> pessoas escolhidas para decidir quem
> tem o melhor advogado."
> Robert Frost

Direito e advocacia são duas coisas distintas. O propósito final do advogado não é aplicar o Direito, porém proteger os interesses de quem solicitou sua ajuda. O advogado pode valer-se do Direito, mas essa não é sua única ferramenta. Por vezes, ele, na defesa de seu cliente, desconsidera qualquer conceito jurídico para amparar seus argumentos em outros meios de persuasão, como a lógica, o bom senso e, até mesmo, os apelos emocionais.

Contudo, num Estado sem Direito, com instituições frágeis e um ordenamento débil, o advogado perde sua importância. O cidadão está à mercê do despotismo, e o advogado nada pode fazer senão lutar contra o sistema injusto.

Para viver em sociedade, o homem estabeleceu uma série de regras imperativas. Essas normas de conduta impõem determinados comportamentos. O nome desse conjunto de regras é Direito. Como normas, o alcance do ordenamento jurídico encontra-se sujeito às mais diversas interpretações.

A convivência humana é complexa. Os homens têm seus interesses questionados e comumente entram em conflito. Essas disputas, se as partes não conseguirem se compor por si mesmas, são decididas com base no Direito. As pessoas em conflito apresentam ao Estado a divergência, que será solucionada a partir dessas normas de comportamento.

Logo, compete ao litigante, nesse ambiente de desarmonia, indicar que a sua pretensão está amparada pelo Direito e, de outra ponta, demonstrar que o pleito de seu adversário não encontra guarida nas regras jurídicas.

Como o tecido do ordenamento jurídico é composto por um sem-fim de regras e princípios, o domínio deles é uma ferramenta importante no momento de se defender ou de buscar atingir certo fim. Algumas pessoas estudam o ordenamento jurídico, o Direito, a fim de se especializar nessa guarida de interesses. Numa situação contenciosa, de briga, é natural que os envolvidos busquem a ajuda de alguém que tenha esse conhecimento. Afinal, munidos dessa especialidade, haverá maior chance de sucesso na disputa.

O advogado é o profissional cuja presença se reclama diante da incerteza da disputa. Procura-se também o advogado quando o interessado quer realizar determinado ato de forma correta, seguindo a lei. O auxílio consiste em assinar contratos, resolver disputas, consertar erros, promover registros, adquirir ou vender bens, doar, casar — tudo, enfim! — de forma juridicamente perfeita.

O advogado fala pela pessoa que o procura. A etimologia da palavra, de origem latina, é exatamente esta: *ad vocare*, isto é, "chamado para falar". O advogado é aquele chamado a falar pelo seu assistido, a representá-lo.

A apreciação do mesmo ordenamento jurídico é diferente se uma pessoa deseja apenas identificar num conflito quem está certo, isto é, qual parte, na disputa, tem o pleito que recebe o amparo desse ordenamento. Idealmente, um juiz deve decidir, com base no Direito, qual dos litigantes tem razão. O advogado, não. Adotando o mesmo ordenamento jurídico, o papel do advogado consiste em proteger seu assistido. Cabe ao advogado encontrar o melhor argumento, a mais adequada interpretação da norma, o fundamento mais convincente para proteger seu cliente.

Na faculdade de Direito, aprende-se, perdoe-se a obviedade, Direito. Ensinam-se as normas: os princípios, as leis, os costumes. Aprende-se o que diz o Direito. É fundamental ao advogado conhecer o ordenamento jurídico. Mas isso não é suficiente. A advocacia é muito mais. O advogado, além de saber qual a expressão do Direito, deve atinar qual a melhor forma de apresentar os interesses do seu assistido. São coisas que podem ser extraordinariamente distintas.

Na faculdade, como disse, ensina-se Direito. Não se aprende a advogar na faculdade. O exercício da advocacia tem outras escolas. Em grande parte, advogar é conhecer a natureza humana. Portanto, para melhor ajudar as pessoas, deve-se conhecê-las. As fraquezas e as virtudes de cada um são a chave para bem representá-las.

Além disso, ninguém nasce mestre. O jovem advogado colhe lições dos mais experientes. Aprende com o velho advogado a liturgia da profissão, a tradição, os modos, a etiqueta.

Com a literatura, com a história, com as artes, o advogado aprende a se colocar. Domina o idioma, o seu martelo e seu escudo. Refina-se. Ganha mais instrumentos. Aumenta seu arsenal de ataque e de defesa.

Com o passar do tempo, o Direito e a advocacia se distanciam. O advogado busca proteger seu cliente. Encontra no Direito sua principal ferramenta. Assim, o advogado deve, todos os dias, adorar o Direito, como a uma divindade viva. Contemplá-lo e estudá-lo. Esse "deus" Direito seria como uma deidade grega — um Zeus, um Apolo, um Dionísio. Afinal, embora de certa forma perfeitos, dignos de todo o respeito e reverência, os deuses gregos tinham também fraquezas, falhas que revelavam seu lado humano. As leis que aplicamos não caíram dos céus, mas foram obra dos homens. Portanto, respeito e senso crítico devem conviver harmoniosamente na vida do jurista.

Em um dos textos mais antigos — possivelmente *o* mais antigo — a chegar até nós, gravado numa tabuleta em escrita cuneiforme, oriundo de um poema do segundo milênio antes da nossa era, o povo de Uruk, cidade da Mesopotâmia, clamava aos deuses que o libertasse da tirania do rei Gilgamesh:

A cidade é dele, ele se gaba
Com sua arrogância, ele se elevou
Pisoteando os cidadãos, como um touro selvagem.
Ele é o rei. Ele faz o que bem deseja.[1]

Quem eram os advogados do oprimido povo de Uruk? Certamente não havia essa ocupação. Não há espaço para os advogados na tirania, numa sociedade sem regras. Enquanto os médicos, sacerdotes, engenheiros, agricultores e comerciantes viram seus ofícios se desenvolverem desde o início dos tempos, os advogados só tiveram oportunidade e condição de desabrochar mais tarde. Afinal, a advocacia depende de um Estado mais sofisticado, que se oriente por um sistema jurídico definido.

Do que valeria um advogado num mundo dominado por tiranos? Nos governos totalitários, nas ditaduras, tira-se do advogado seu instrumento de trabalho. O papel do advogado muitas vezes consiste em garantir que seu assistido receba o tratamento da lei. Sem lei, sem garantias, o advogado fica desarmado.

Eis por que os advogados devem respeitar o ordenamento jurídico. O Direito é a própria razão da existência dos advogados. Ao longo da história, os advogados foram responsáveis por construir um Estado organizado, no qual se protegiam as garantias da dignidade humana. Para cumprir sua função, eles devem compreender que, na sua atividade, é mais importante solucionar o problema de seu cliente do que provar onde está o melhor Direito.

Nessa encruzilhada, o advogado tem sua ética colocada constantemente em prova. Até que ponto se deve distanciar do Direito para proteger o cliente? Qual o limite ético da advocacia? Tolera-se que o advogado minta ou omita fatos em defesa de seu assistido? Se o advogado tiver dúvidas acerca do direito de seu cliente, deve manter-se na causa? E se o advogado tiver conflitos, receios, medos de proteger seu cliente? Exatamente nesses encontros reside a grande crítica social à profissão. Afinal, a ética jamais pode ser esquecida na atuação da advocacia, sob pena de o causídico se transformar num corpo sem alma, prestando, assim, um desserviço à sociedade.

Talvez uma resposta simplista a todas essas questões — com os riscos e as vantagens da simplicidade — seja a de que o advogado, nas suas ações, jamais deve se distanciar das grandes conquistas da civilização. Conquistas que ele mesmo, com muito esforço, obteve.

Precisamente para proteger seus assistidos e praticar a advocacia, os advogados estabeleceram padrões, como o devido processo legal, a ampla defesa e a isonomia de tratamento legal. São conquistas sociais que, hoje, funcionam como verdadeiros alicerces da sociedade. A distorção e o desrespeito a essas conquistas enfraquecem a sociedade. Assim, o advogado que falta com a verdade, que trai seu cliente, que adota meios espúrios para obter êxito na causa, trai a própria sociedade e suas importantes conquistas. Quando um advogado comete uma grave falha ética, todas essas garantias fundamentais são violadas. Todos perdemos. Eis por que a vigília ética deve ser constante e ininterrupta.

Pouco se estuda sobre ética nas escolas de Direito. Tampouco se estuda com profundidade a história da área. Nada se ensina, ainda, sobre a história da advocacia. Como se acabou de demonstrar, Direito e advocacia não se confundem. Embora relacionados, muitas vezes andam cada um na sua própria frequência. Compreendendo a história da advocacia e a sua essencial contribuição à sociedade, restará ainda mais nítida a importância do respeito à ética na atuação do profissional do Direito. Apenas assim a sociedade se fortalece.

Pelos desafios que enfrentam, pelas reflexões a que são expostos, os advogados se forjam. Atravessam uma senda que passa pelo amor ao próximo. Sem empatia — a capacidade de se colocar no lugar do outro —, jamais conseguirão cumprir a sua missão. O advogado não apenas fala pelo outro. De certa forma, ele deve *ser* seu assistido. Essa necessidade de vestir o sofrimento e a angústia do próximo, de sentir-se violado e agredido quando seu cliente é vítima de um mal injusto, impõe ao causídico o desejo de extinguir não apenas a iniquidade sofrida no caso que ele defende, mas em qualquer caso. Os advogados, assim, estão fadados a defender a sociedade.

Como nasceu essa profissão? O que faz dos advogados o grupo de profissionais mais influente da história? Por que eles tomaram a liderança de movimentos que impulsionaram e transformaram a vida de suas comunidades e do nosso mundo? É isso o que veremos adiante. A conclusão, aqui antecipada, é a de que os advogados não apenas modelaram e formaram a civilização. Os advogados salvaram o mundo.

DE ONDE VÊM OS ADVOGADOS?

> "Aqueles que se dedicam ao estudo do direito devem, de início, conhecer a origem dessa palavra [*jus*]. Ela vem de justiça [*justitia*]. Como bem definiu Celso, o direito é a arte do bom e do equitativo. Nós, juristas, podemos ser chamados de sacerdotes do direito, pois praticamos essa arte do bom e do justo, procuramos identificar o que é bom e equitativo, separando o justo do injusto, distinguindo o lícito do ilícito (...), esforçando-nos por alcançar a verdade."
>
> *Digesto*, livro I, título I,1

Acertar é humano. Acertamos muito. Erramos também. Ao levar adiante nossos projetos, ao executar nossas ideias, ao nos pronunciarmos sobre certo tema, acertamos muito e, por vezes, erramos. Entre esses acertos e erros, o homem entra em conflito com os seus semelhantes. Ainda que todas as pessoas estejam munidas das melhores intenções, abraçadas aos mais louváveis propósitos, elas divergem.

Em um primeiro momento, as divergências entre os homens eram resolvidas pela força física, assim como ocorre no resto do reino animal. Dois hipopótamos não discutem sobre seus problemas. Quando existe alguma contenda, eles se atacam fisicamente. Assim era também entre os homens do passado: o mais forte prevalecia. Salvo poucas exceções, os líderes das primeiras civilizações eram guerreiros, que predominavam por sua força física.

Entretanto, diferente do resto dos animais, o homem é dotado da capacidade de pensar de forma sofisticada e de externar suas razões. O homem consegue formular ideias complexas e defendê-las. Em algum momento perdido na história, ao invés de resolver de forma brutal suas divergências, dois homens em conflito decidiram debater os motivos que justificavam sua conduta. Cada um expondo seus fundamentos. Este foi um pequeno grande passo para a civilização.

Em um jardim de infância, as crianças, ainda sem sofisticado manejo das palavras, decidem suas questões de forma violenta. Um tapa. Um puxão de cabelo. O choro. Com o tempo, elas são educadas a não bater, mas a falar e apresentar verbalmente as suas vontades, se possível de forma organizada, concatenada com uma fundamentação a explicar seu interesse. Foi assim com a nossa civilização. O homem foi educado a não resolver seus problemas com a agressão física, mas com uma forma muito mais sofisticada: a palavra.

Nessa defesa de interesses com a palavra, o homem percebeu que há, entre nós, pessoas mais talhadas para essa tarefa. Da mesma forma que um pode ter talento para pintar, para fazer contas ou para tocar um instrumento, há aqueles com eloquência e sensibilidade para expor suas ideias. Ou, então, aqueles que pelo esforço logram essa aptidão (estudo e dedicação muitas vezes superam a natureza).

Imagine-se um momento do passado longínquo, no qual duas pessoas discutiam — e não se digladiavam — acerca de certo tema, cada uma buscando a prevalência de seu ponto. Um dos contendedores, contudo, percebeu, por algum motivo, que outra pessoa, e não ele próprio, teria mais facilidade de apresentar seus argumentos. Isso poderia justificar-se porque esse terceiro sabia falar melhor, porque era mais respeitado na comunidade ou por quem julgaria o caso, porque não se encontrava envolvido emocionalmente com o problema... Pouco importa. Um terceiro passava a defender os interesses de alguém numa discussão. Nascia, assim, o advogado, alguém que fala pelo outro, que o representa num litígio, que age em sua defesa.

No começo, a lei era parte da religião. Foi assim com os hindus, gregos e romanos. "Os antigos códigos das cidades eram um conjunto de ritos, de prescrições litúrgicas, de orações e ao mesmo tempo de disposições legislativas."[1] As regras jurídicas se encontravam mescladas aos ditames religiosos, formando um só corpo. Dessa forma, eram os sacerdotes aqueles que dominavam as normas.

O Código de Manu, uma legislação escrita do mundo indiano, feita a partir do século II antes da nossa era, estabelecia que "os sábios podem apresentar argumentos e fundamentos para quem necessitasse defender-se perante as autoridades". Esses sábios atuavam como advogados.

Em um momento histórico no qual a religião funcionava como o grande código de conduta da sociedade, havia a necessidade de interpretar as regras a fim de, a partir delas, obter soluções jurídicas. "Não matarás", diz um dos dez mandamentos entregues pelo próprio Deus a Moisés, em regra de conduta repetida nas Escrituras Sagradas. Contudo, na mesma Bíblia, há referência a uma série de crimes cuja pena seria exatamente a morte. A conciliação dessas orientações, a princípio contraditórias, apenas se faz possível pela interpretação. "Não matarás" significa não tirar a vida de outrem sem um motivo socialmente aceito, ou seja, de uma forma despida do amparo legal. Portanto, conforme as circunstâncias, matar poderia ser ou não uma violação ao mandamento divino.

Como a leitura da Bíblia oferece uma série de interpretações possíveis, os julgamentos, durante o período histórico no qual as Escrituras formaram a base das regras sociais, era dominado por especialistas, que procuravam defender determinado ponto de vista invocando passagens dos livros sagrados e as leituras que se aproximavam de seus propósitos. Sacerdotes assumiam, também, a posição de advogados. Afinal, nessas primeiras sociedades teocráticas, as ordens divinas eram a própria fundamentação do Direito positivo.

Como a lei era revelada pela divindade — para os cretenses, por exemplo, a lei fora ditada por Zeus; para os atenienses, por Apolo; para os romanos, pela deusa Egéria —, a norma não poderia ser alterada. Diante de sua natureza sagrada, era imutável. Admitiam-se novas leis, mas nunca a alteração das que já existiam. Como eram manifestação do divino, sua interpretação ficava restrita aos sacerdotes.

Na Grécia clássica, não havia advogados. Segundo as leis de Sólon, o cidadão deveria agir diretamente: cabia ao próprio se expressar perante o tribunal. Não se admitia que outra pessoa falasse pelo interessado, fosse ele o acusador ou o acusado.[2] No caso de crime de assassinato, como o ofendido direto já não podia manifestar-se, cabia, de acordo com a Lei de Draco, ao pai, ao irmão e ao primo do morto, nessa ordem, acusar o homicida.[3] A defesa era personalíssima. Quando muito, admitia-se receber lições de erística, isto é, da arte de debater. Os sofistas eram conhecidos exatamente por desenvolver e ensinar técnicas de como conduzir uma discussão. Esse grupo era discriminado, entre outros motivos, porque cobrava pelas suas lições.

Havia, entretanto, oradores reconhecidos por seu talento. Estes só poderiam defender, além de a si próprios, as questões comuns, públicas.

De forma eventual, era possível solicitar que alguém preparasse o discurso que o próprio interessado faria nos julgamentos, recorrendo-se ao *logógrafo*. Era, contudo, vergonhoso reconhecer que outra pessoa havia elaborado sua fala. Assim, em regra, escondia-se esse fato.

A imposição da defesa feita pelo próprio interessado se relaciona ao conceito, precioso para a nascente democracia ateniense, da fundamental participação do cidadão nas coisas comuns. O cidadão deveria manifestar-se, tomar partido, ter a sua opinião. Naquela sociedade, manter-se alheio e indiferente aos interesses da pólis era uma ofensa. O cidadão tinha que se posicionar diretamente nos julgamentos em que possuía interesse direto. Essas sessões duravam um dia, começando logo cedo na manhã e terminando antes do pôr do sol. Só estavam dispensados da autodefesa os incapazes — mulheres, menores, escravos e estrangeiros residentes na pólis (*metecos*) —, cuja representação se dava por meio do seu guardião, mestre ou patrão.

Só muito excepcionalmente admitia-se que um terceiro se apresentasse em nome do interessado. O tribunal deveria aceitar essa situação excepcional, por motivos justificados. Esse protoadvogado, chamado *synegoros* ou *syndikos*, não era remunerado por sua atividade. Uma tal intervenção se via mais comumente em questões relacionadas à política, quando o líder de uma oligarquia falava por alguém de seu grupo. Entretanto, a advocacia, como profissão, não existia.

É interessante, contudo, que no mais famoso julgamento da dramaturgia grega, Orestes tenha sido representado por um advogado: o deus Apolo. Na trilogia de Ésquilo, escrita no século V a.C. — *Agamêmnon, Coéforas e Eumênides* —, Orestes mata a própria mãe, Clitemnestra, para vingar a morte do pai, Agamêmnon. Isso porque a mãe havia, por sua vez, assassinado o pai. Orestes é levado a julgamento, realizado por júri composto de doze cidadãos atenienses e presidido pela própria deusa Atenas. A acusação é feita pelas Erínias, deusas antigas, também chamadas de Fúrias, que consideram injustificável o filho matar a mãe.

As Erínias clamam pela aplicação das regras antigas, que condenam Orestes à morte sem qualquer chance de defesa, dada a gravidade do crime. O advogado de Orestes é, como se disse, Apolo, deus da luz. Ele apresenta, em defesa, argumentos racionais, explicando as circunstâncias que levaram seu cliente, Orestes, àquele ato extremo contra a própria mãe.[4]

Com o empate entre os membros do júri, Atenas, com seu famoso Voto de Minerva (pois é este seu nome para os romanos), absolve Orestes, estabelecendo o conceito segundo o qual, na dúvida, deve-se pender para o réu. Associado à clareza, Apolo é, portanto, o primeiro advogado de que se tem notícia na história.

No julgamento de Sócrates, fato histórico que vai ocorrer em 399 a.C., é o próprio filósofo que apresenta a sua defesa. No outro grande julgamento clássico, o de Jesus Cristo, na terceira década da nossa era, também não há advogado. O Nazareno se defende sozinho tanto no sinédrio, onde é julgado pelas autoridades judaicas, como, em seguida, diante dos romanos. Sem advogados, Sócrates e Jesus são condenados. Talvez a história fosse outra se estivessem representados.

Diz a lenda que, quando a República romana ainda engatinhava, no século V. a.C., foram enviados representantes para Atenas, a fim de estudarem a arte de legislar. Desejava-se conhecer o sistema que elaborara as leis de Sólon, tão conhecidas no sul da Península Itálica, na época chamada Magna Grécia. Eis, para alguns, a gênese da Lei das Doze Tábuas, a primeira e famosa norma romana, datada, possivelmente, de 450 ou 451 a.C. Trata-se de uma compilação do Direito da época, que tratou de positivar regras básicas, sendo a primeira relativa ao procedimento adotado nos julgamentos: desejava-se evitar decisões sem chance de defesa e, até mesmo, limitar a eventual arbitrariedade do magistrado.[5] Uma das mais belas e fortes disposições contidas nesse repertório — mais precisamente, na Tábua IX — é aquela que proclama: *privilegia ne irrogantu*, isto é, não haverá privilégios.

Essas regras, que tratavam de diversos aspectos da vida comum, como a propriedade e a sucessão, foram dispostas em doze tábuas de bronze e expostas no Fórum, centro cívico da cidade.[6] A partir de então, as pessoas passavam a ter ciência de seus direitos e, logo, condição de reivindicá-los.

No início, em Roma, não havia advogados, isto é, pessoas que ajudavam outras em seus julgamentos, normalmente expondo o caso perante os tribunais em benefício de seus assistidos. Só admitia-se a representação de um terceiro perante o tribunal — *agere nomini alieno* — em limitadas hipóteses: se o caso se relacionasse a questões públicas e difusas — *pro populo* —, se o defendido estivesse preso — *pro libertate* — e se o interessado fosse incapaz ou tutelado — *agere pro tutela*.[7] Tratava-se, pois, de casos específicos. No mais, tal como no exemplo grego, cabia à própria parte se manifestar para proteger seus interesses.

No fim do século IV a.C., porém, surgiu ali uma tradição de análise das decisões dos tribunais laicos, inclusive com a inauguração de uma literatura jurídica. Aparecem os juristas, em regra aristocratas que se notabilizam pelo conhecimento das normas legais e do comportamento dos tribunais.

Havia, ademais, quem se dispusesse a defender os interesses de outro nos tribunais. Eram procuradores *in iure* e *in iudicio*. Passou a se chamar de *advocatus* essa pessoa, eloquente e na maior parte das vezes munida de conhecimento jurídico, que intervinha perante os magistrados em benefício da parte.

Inicialmente, tratava-se de um serviço pelo qual não se poderia reclamar uma remuneração. Proibia-se tanto o *pactum de quota litis*, no qual o advogado ajustava receber um percentual do que seu cliente eventualmente viesse a ganhar, como também era vedado o *palmario*, isto é, o pacto de que o advogado receberia em caso de vitória de seu assistido. Acima de tudo, não se admitia a *redemptio*, situação na qual uma pessoa substituía a outra na lide, defendendo-a e assumindo a sua posição.

Assim, sem remuneração, não havia quem se profissionalizasse em elaborar defesas, dado que não se poderia viver dessa atividade. A *Lex Cincia*, do século I a.C., vedava não apenas a cobrança de honorários, mas também que qualquer pessoa, ao contrário da parte diretamente interessada, obtivesse alguma vantagem decorrente do resultado do julgamento.

Diante dessa realidade, os primeiros que se aventuravam a defender o interesse alheio nos tribunais, de forma graciosa, eram jovens idealistas, muitas vezes com o propósito de angariar fama de bons oradores, visando a uma carreira política.

À medida que o Direito Romano se sofisticou, majorando-se o número de normas e de procedimentos, fez-se imprescindível, nas demandas, o auxílio de pessoas capacitadas a discutir com base nas leis e regras. Cabia ao *advocatus* redigir memoriais e petições. Essa atuação era considerada de interesse público, e o imperador Augusto — que comandou Roma entre 27 a.C. e 14 d.C — ratificou a absoluta gratuidade da atividade.

A partir do Principado, fase da história de Roma que tem início com Augusto na posição de titular do poder supremo (o *princeps*), observa-se a criação de escolas de Direito. As mais famosas foram as escolas dos sabinianos e dos proculeanos, que divergiam sobre uma série de temas em discussões altamente refinadas. De forma geral, e não totalmente perfeita, pode-se dizer que os proculeanos preferiam uma leitura mais objetiva e racional das normas, ao contrário dos sabinianos, que professavam uma interpretação apegada ao espírito. Diz-se ainda que os sabinianos eram conservadores, ao passo que os proculeanos, mais progressistas.[8]

Outra famosa escola de Direito se estabeleceu em Beirute, na época Berytus. A partir do terceiro século, tornou-se o principal centro de estudos jurídicos, oferecendo um disputado curso de cinco anos. A instituição fecha em 551, em decorrência de um terrível terremoto que destruiu a cidade. Contudo, até hoje a bandeira de Beirute contém o mote: *Berytus nutrix legum*, isto é, "Beirute, mãe das leis", o que revela a força daquela instituição.

O Direito Romano é, possivelmente, uma das razões do êxito de Roma como império e modelo de civilização. Ao contrário das modalidades jurídicas que o antecederam, o Direito Romano nasceu para ser universal. As regras legais existentes até então se dirigiam a certa comunidade. O propósito delas claramente consistia em regular determinada sociedade, levando-se em conta as suas características e peculiaridades. O Direito Romano altera esse conceito. As regras deveriam aplicar-se a todo o Império, isto é, das Ilhas Britânicas à Síria. Para isso, estabeceleu-se uma ciência — a jurisprudência —, a fim de estabelecer critérios racionais para a aplicação das normas.[9]

A propriedade, a sucessão, os contratos, a relação entre os membros da família, entre outros temas, foram regulamentados em lei de aplicação geral. Essa organização inteligente e universal suplantou as regras jurídicas locais, desprovidas da mesma consistência. Notadamente, a proteção à propriedade e o dever de respeitar os contratos receberam proteção especial do Estado. A segurança jurídica revelava-se essencial ao desenvolvimento e prosperidade.

Na aplicação dessas regras jurídicas, que se mostraram um sustentáculo do Estado, a classe de especialistas na ciência das leis tinha papel essencial. Os advogados desempenhavam uma função fundamental naquela sociedade, pois poderiam explicar o alcance da lei e, por consequência, o comportamento aceito pelo Estado.

O imperador Cláudio, cujo mando se deu de 41 a 54 da nossa era, regulamentou a profissão e admitiu a cobrança de honorários pelo serviço, embora houvesse limite para essa remuneração. Entre o segundo e o quarto séculos, formou-se e desenvolveu-se, em Roma, a classe de advogados, assim compreendidos aqueles que prestavam assistência jurídica, notadamente a representação em tribunais.

Grandes figuras romanas com destaque nas questões públicas foram advogados: Catão (234-149 a.C.), os Gracos (Tibério, 163-133 a.C.; e Caio, 154-121 a.C.), Quinto Múcio Cévola (140-82 a.C.), Crasso (115-53 a.C.) Cícero (106-43 a.C.) e Catilina (108-62 a.C.). Mais tarde, Papiniano (142-212) e Paulo (160-230).

Para o ingresso nessa classe, era necessário, após alguns anos de estudo das leis, apresentar-se no Senado, acompanhado do pai e de outros familiares, a fim de obter uma matrícula. Evidentemente, o candidato passava por uma avaliação, inclusive para averiguar se era digno de deter o cargo, ou seja, se gozava de boa reputação. Depois de admitido como *advocatus*, poderia ascender na burocracia da administração.

Marco Túlio Cícero (106-43 a.C.) nasceu nas cercanias de Roma, quando o mundo girava ao redor daquela cidade. Estudou Direito sob a supervisão de Quinto Múcio Cévola (morto em 82 a.C.), uma das grandes autoridades jurídicas de então. Na época, era comum que os litigantes, ao reclamarem a aplicação do Direito ao Estado, se valessem de advogados profissionais, que atuavam tanto em matéria civil quanto penal. Esses profissionais, como se disse, não eram pagos diretamente por sua atuação, mas, na prática, recebiam favores e presentes pelos seus serviços.

A República romana do século anterior à nossa era respeitava o primado do Direito. Os casos jurídicos eram levados ao Senado, nos quais os políticos eleitos atuavam como julgadores. Logo no início de sua carreira de advogado, Cícero, ainda jovem, assumiu a defesa de um certo Sexto Róscio, acusado de parricídio. O caso tinha desdobramentos políticos. O próprio imperador romano Lúcio Cornélio Sula (139-78 a.C.) desejava que o réu fosse condenado. Corajoso, Cícero defendeu bravamente seu cliente, demonstrando que ele nada ganharia em matar o pai. Depois, indicou quem seriam os beneficiados com a morte. A inocência de seu cliente ficou reconhecida. Mas a vitória lhe impôs o ônus de deixar Roma, porque os derrotados queriam vingança.

Tempos depois, Cícero engajou-se na política. Grande orador, teve posição proeminente no senado romano. Entre suas primeiras façanhas, declarou, em 70 a.C., as falcatruas de um tal Caio Licínio Verres, por meio de discursos conhecidos como *Verrinas*. Tamanha foi a veemência do advogado que Verres fugiu antes mesmo do julgamento.

Entre as várias contendas e debates nos quais se envolveu, Cícero denunciou o cônsul Lúcio Sérgio Catilina, por seus atos de corrupção e alinhamento com os interesses de inimigos de Roma. Seus discursos, as *Catilinárias*, pronunciados em 8 de novembro de 63 a.C., são uma pérola da retórica:

> Até quando, Catilina, abusarás da nossa paciência?
> Por quanto tempo a tua loucura há de zombar de nós?
> A que extremos se há de precipitar a tua desenfreada audácia?
> Nem a guarda do Palatino,
> nem a ronda noturna da cidade,
> nem o temor do povo,
> nem a afluência de todos os homens de bem,
> nem este local tão bem protegido para a reunião do Senado,

nem a expressão do voto destas pessoas, nada disto conseguiu perturbar-te?
Não te dás conta que os teus planos foram descobertos?
Não vês que a tua conspiração a têm já dominada todos estes que a conhecem?
Quem, dentre nós, pensas tu que ignora o que fizeste na noite passada e na precedente, onde estiveste, com quem te encontraste, que decisão tomaste?
Oh tempos, oh costumes.[10]

O advogado foi um ferrenho crítico de qualquer forma de corrupção e do movimento de alguns generais — notadamente de Júlio César — que buscavam consolidar o poder em detrimento do Senado. Contra César, em especial, a quem Cícero chamava provocativamente de "rei", o advogado expôs no Senado uma série de negócios ruinosos para o Estado que Júlio César fizera em seu benefício particular.[11]

Cícero foi um dos poucos homens que ousou divergir publicamente de César e, por isso, mereceu a alcunha de "Voz da República".[12] Não obstante sua oposição, Júlio César, em 60 a.C., o convidou para auxiliá--lo, ao lado de Pompeu e Crasso, na formação do primeiro triunvirato, o seleto grupo que governaria Roma. O advogado recusou a oferta. Temia que o movimento de Júlio César minasse o poder do Senado.

Pouco depois, por motivos políticos, Cícero teve que fugir de Roma. Voltou em 49 a.C., quando César iniciou a guerra civil. Contudo, naquela ocasião, Cícero já não desfrutava de grande prestígio popular. Apoiou Pompeu na disputa entre os triunviratos. Mais tarde, com a vitória de César, recebeu o perdão do homem mais poderoso do império.

Cícero não participou do assassinato de Júlio César, em 44 a.C. Com esse radical evento e a instabilidade política que se lhe seguiu, ele voltou a gozar de algum prestígio entre o povo. Antagonizou-se, então, com Marco Antônio, que buscava caçar e punir os algozes de César. Contra Marco Antônio, Cícero proferiu, entre 44 e 43 a.C., uma série de discursos de acusação — as *Filípicas* — que logo ganharam enorme popularidade. Num desses discursos, Cícero diz que "errar é humano", mas manter-se em erro seria próprio dos imbecis.[13]

Nesse embate, Cícero apoiou Otávio, à época com apenas 18 anos. Filho adotivo de Júlio César, tratava-se do futuro imperador Augusto. Contudo, Marco Antônio e Otaviano se uniram, formando, juntamente com Lépido, o segundo triunvirato romano. Com isso, selou-se o destino do advogado Cícero. Capturado quando tentava fugir, foi decapitado ao colocar a cabeça para fora da liteira que o carregava. Tinha uma cópia da *Medeia*, de Eurípedes, nas mãos.[14] Marco Antônio ordenou que cortassem as mãos do corpo morto — afinal, eram as mãos que haviam escrito as *Filípicas* contra ele.

Cícero não estivera errado. No Império, o judiciário perdeu sua independência. Era, dessa forma, o início do declínio romano.

No século IV, criou-se, entre os romanos, uma ordem (*ordre*) de *advocati* que detinha o monopólio dessa atuação profissional. A ordem admitia três categorias: a do *stagiaire*, a do *causidicus* ou *patronus* e a do *prudens* ou *consultant*. Os primeiros — *stagiaire* — atuavam como ajudantes dos demais. O *causidicus* se especializava na oratória, a fim de promover as defesas orais perante os tribunais. Esse trabalho era muito relevante, na medida em que a maior parte do processo se desenvolvia verbalmente. Por fim, o *prudens* elaborava eventuais documentos e memoriais, que seriam entregues aos magistrados. Ao lado dessas três categorias, havia, ainda, a do *procurator*, também versado em Direito, porém mais graduado do que o *stagiaire*. Cabia ao *procurator* organizar a defesa.

No final do período romano clássico surge o *notarius*. Trata-se de alguém que se propunha a redigir contratos e testamentos, entre outros documentos nos quais se exigia alguma formalidade. O *notarius* dominava as regras protocolares.

Em 438, o imperador romano Teodósio II (401-450) faz publicar uma compilação de mais de 2.500 leis romanas, emitidas entre 313 e

437. O resultado foi denominado Código de Teodósio — em latim, *Codex Theodosianus*. Não há, nesse *Codex*, uma sistematização jurídica, mas nele se encontra uma importante referência — e regra — para os advogados, de ordem processual e ética:

> Ninguém pode ser ao mesmo tempo juiz e réu. Não é certo que alguém imponha uma sentença para si mesmo. (...) Aqueles que desejam advogar podem assumir somente um papel na condução dos casos. Não é possível que uma mesma pessoa seja juiz e advogado no mesmo caso, pois há de ser feita uma distinção dessas funções. (*Codex Theodosianus,* 2.2.1 e 2.10.5)[15]

De forma clara, o Estado romano distinguia a atuação do juiz e do advogado. Este último toma um partido. Defende e protege uma parte. Parcial e comprometido em auxiliar seu assistido, jamais o advogado poderia julgar um caso.

Possivelmente, a maior obra jurídica da história da civilização ocidental é o *Corpus juris civilis*. Essa denominação só surge na Renascença. Trata-se de uma coleção, elaborada entre 529 e 534 da nossa era, por ordem do imperador bizantino Justiniano (482-565), que buscava compilar o Direito Romano e as opiniões dos principais juristas clássicos. Trata-se de uma obra colossal, levada adiante por uma equipe de juristas em Constantinopla, então a capital do império. Coube a Triboniano (500-547), ministro do imperador, liderar esse ambicioso trabalho.

Em rigor, após a metade do terceiro século da nossa era, o Direito Romano entrou em declínio. Isso possivelmente decorreu da fragilidade do Império naquele momento. No século VI, o imperador Justiniano pretendia exatamente resgatar essa cultura jurídica, o que já havia sido o objetivo do imperador Teodósio, como mencionado.

O *Corpus juris civilis* é, em rigor, dividido em partes. O *Codex* — de onde deriva a palavra código — é uma compilação das leis então em vigor.

Ele representou uma enorme evolução, pois as normas foram dispostas de forma organizada. Antes, as regras eram apresentadas isoladamente, em pergaminhos ou papéis enrolados. O *Codex*, por sua vez, foi elaborado em folhas numeradas, semelhante a um livro. Depois, Justiniano solicitou a um jurista chamado Triboniano que reunisse as opiniões e lições de grandes juristas do passado. Nasceu assim o *Digesto*, ou o livro dos *Pandectas*. *Digesto* vem de *digestium*, isto é, digerir, colocar em ordem. O *Digesto*, portanto, organizou o conhecimento acerca da ciência jurídica. A fim de facilitar o acesso ao Direito, Justiniano determinou também a confecção de um manual para estudantes, as *Institutiones*. Após a morte do imperador, foram ainda editadas novas leis, publicadas sob o título de *Novellae*. Esses quatro livros: o *Codex*, o *Digesto*, as *Institutiones* e as *Novellae* formam o *Corpus juris civilis*. Essa obra monumental garantiu a preservação do gênio jurídico romano.

No prefácio do *Digesto*, o próprio imperador Justiniano explica o projeto, consistente em organizar as lições de grandes juristas do passado de forma coerente. Desejava-se estabelecer um código de conduta, assim como uma antologia da melhor doutrina a orientar a aplicação da lei. O *Digesto* começa com um texto de Ulpiano (150-223), jurista romano com destacada atuação no governo do imperador Caracala:

> Aqueles que se dedicam ao estudo do direito devem, de início, conhecer a origem dessa palavra [*jus*]. Ela vem de justiça [*justitia*]. Como bem definiu Celso, o direito é a arte do bom e do equitativo.
> Nós, juristas, podemos ser chamados de sacerdotes do direito, pois praticamos essa arte do bom e do justo, procuramos identificar o que é bom e equitativo, separando o justo do injusto, distinguindo o lícito do ilícito, (...), esforçando-nos por alcançar a verdade.[16]

Também no *Digesto* e nas *Institutas*,[17] colhe-se outra regra universal:

> Os preceitos do direito são estes: viver honestamente, não ofender a ninguém e dar a cada um o que é seu.

Com esses preceitos, o Direito Romano unia os grandes valores legados pela filosofia grega ao interesse prático de estabelecer regras que permitissem a vida harmônica em sociedade.

Deu-se, entretanto, um hiato.

Com a derrocada do Império Romano, o *Corpus juris civilis* perdeu sua força. Na prática, foi esquecido. A partir de 610, o grego passou, no Império Bizantino, a ser a língua oficial em todos os níveis. Ademais, o grego era a língua franca, falada pelo povo. O fato de o texto do *Corpus* estar em latim foi mais um motivo para que ele tenha caído em desuso.

Mais ainda, sem um Estado forte, não havia como implementar a regra. Com a queda do Império Romano, perdeu-se a unidade. Durante os cinco séculos de império, os romanos difundiram uma série de conceitos civilizatórios, a começar por um sistema unificado de leis. Com a invasão dos povos bárbaros e o fim do império — numa data convencionada em 476 —, perdeu-se a harmonia e a unidade. A partir de então, os sistemas jurídicos de cada local, mais singelos e cheios de particularidades, passaram a ser aplicados. Cada canto possuía sua ordem legal própria e peculiar.

O modelo processual romano, que demandava uma organização administrativa e uma aplicação por pessoas capacitadas, não resistiu às conquistas bárbaras e ao colapso de toda aquela civilização. Os povos bárbaros, notadamente os germanos e os francos, adotavam um modelo muito mais singelo de julgamento. Além do "julgamento por duelo", no qual as partes em litígio disputavam fisicamente as suas contendas — e, em regra, o mais forte vencia —, admitia-se o julgamento por ordálios, nos quais as decisões eram obtidas por provas divinas. Havia, nessa forma de julgamento, uma absoluta carga religiosa.[18]

Quando, em 330, o centro do poder do Império Romano transferiu-se para Constantinopla, com o imperador Constantino, em Roma ficou apenas o seu bispo. Na ausência de um poder maior, esse bispo assumiu enorme proeminência, inclusive sedimentando sua ascendência sobre os demais membros da Igreja. Houve um vácuo de autoridade política, preenchido pela religião.

Durante a Alta Idade Média, período que durou aproximadamente dos anos 400 a 1000 da nossa era, a tradição mediterrânea de cidadania, inclusive com o conceito de uma magistratura laica, cedeu lugar a uma sociedade em que qualquer autoridade, direta ou indiretamente, se legitimava por força divina. O poder temporal era explicado e fundamentado pelo poder celeste. Nesse mundo, o costume emerge como a principal fonte do Direito — e, de fato, o Direito feudal é todo ele formado de costumes. Na Europa da Alta Idade Média, o Direito Romano foi relegado. Não se dava valor ao gênio jurídico clássico.

"Os séculos X e XI foram séculos sem escritos jurídicos", diz John Gilissen em seu trabalho sobre a história do Direito.[19] Nem mesmo os contratos eram escritos. A maior parte dos clérigos sequer sabia ler ou escrever. Nos tribunais, normalmente formados por senhores feudais, tampouco havia quem lesse algum texto jurídico. Os julgamentos eram casuísticos.

Marc Bloch faz referência a uma anotação do arcebispo de Lyon, feita nesse período, segundo a qual, na França gaulesa, caso cinco pessoas se unissem para decidir um tema jurídico, cada uma delas — uma oriunda de Roma, outra da França sálica, mais uma da França ripuária, um visigodo e a última da Borgonha — teria uma orientação jurídica distinta.[20] Evidentemente, essa situação encontrava-se longe do ideal.

Carlos Magno (742-814), rei dos francos, tentou estabelecer uma legislação que organizasse a justiça, o que fez por meio de um documento chamado *Capitulares*. Nesse modelo, o rei ocupava posição central, como julgador último.

No sistema de Carlos Magno, que espelhava os modelos da Europa de então, preponderava o "julgamento de Deus", no qual o julgado era submetido a provas físicas. Deus cuidaria de dar ao acusado resistência para sobreviver, caso este fosse inocente.

O Evangelho de Mateus diz: "Não julgueis para que não sejais julgado" (7, 1). O Evangelho de Lucas tem regra semelhante: "Não julgueis e não sereis julgados; não condeneis e não sereis condenados; perdoai e sereis perdoado" (6, 37). O homem, numa interpretação da Bíblia então em voga, não deveria julgar. Afinal, julgar era algo ruim. Cabia apenas a Deus fazê-lo. Ao homem restava perceber qual seria a orientação divina dos julgamentos.

Nesse contexto, advogados não eram mais requisitados. Não havia lugar para eles.

Embora em número desprezível, encontravam-se, na tradição franca, os *avant-parliers*: conselheiros que ofereciam suas opiniões fundadas no bom senso. Também em posição de pequena importância e com limitados recursos para manobras nesse sistema rudimentar, havia os *advocatus,* que se dedicavam a defender seus assistidos. Naquele tempo, era uma profissão sem qualquer reconhecimento, até mesmo porque não havia segurança jurídica.

Essa situação, na qual não se admitia defesa racional, encontrou, em seu devido tempo, adversários poderosos: os advogados.

O "redescobrimento" do Direito Romano

> "Se Deus é por nós, quem será contra nós?"
> Romanos 8, 31

Em alguns momentos, a história do homem parece andar de forma apressada. É como se houvesse o rompimento de um caminho linear, num estouro abrupto, de onde emergem novos paradigmas, qual num grande salto. A caminhada da civilização ocidental experimentou uma explosão dessa natureza entre o final do século XI e o começo do XII.[1]

A partir de 1050, observou-se grande florescimento comercial, com o crescimento de centros urbanos e o nascimento de uma burguesia. Até mesmo do ponto de vista da arquitetura verifica-se uma evolução extraordinária, com construções magníficas e colossais, como, por exemplo, a Torre de Londres, as catedrais de Pisa, Durham e São Denis, entre tantas outras.

Enquanto se observavam novos ares, a Igreja e o poder temporal mediam forças. O imperador germânico buscava imiscuir-se na Igreja, enquanto os membros do clero tentavam conservar suas prerrogativas. O papa Vítor II (1055-1057), de origem alemã, foi, nessa fase, o último pontífice a ser indicado por um imperador do Sacro Império Romano-Germânico: Henrique III (1017-1056), que também era rei da Itália e da Borgonha.

Pouco depois, a Igreja estabeleceu uma nova forma de eleição do papa, na qual apenas os cardeais teriam poder de votar. A própria palavra *cardeal* parece derivar de um termo que significava dobradiça ou articulação.² Esses sacerdotes eram, inicialmente, os párocos titulares das principais igrejas de Roma. Formavam uma "articulação" entre a Sé e as paróquias. Com isso, evitava-se a influência externa na eleição do líder da Igreja. Nessa mesma época, aliás, tornou-se ilegal o casamento dos padres. Com essa restrição, garantia-se o alinhamento do interesse dos sacerdotes, que não mais podiam ter herdeiros.

O fortalecimento da Igreja teve seu momento crucial com o pontificado de Gregório VII (1020-1085), que promoveu uma reforma de enormes impactos. Como assinala Paul Johnson, "a partir da época de Gregório VII, todos os papas de destaque eram advogados; a corte pontifícia, ou cúria, tornou-se primariamente uma organização jurídica".³

Gregório VII abriu discussão acerca da investidura, isto é, sobre quem teria o poder de indicar os padres: o soberano local ou a Igreja? Segundo a regra feudal, havia muito sedimentada, os representantes da Igreja eram escolhidos pelos chefes locais. Assim, os reis e os senhores feudais apontavam os padres e bispos com sede no território sob seus domínios. Com isso, esses ministros da Igreja eram políticos, muitas vezes sem formação religiosa. A situação dava margem a todo tipo de abuso.

Gregório VII editou decretos nos quais determinava como competência papal exclusiva indicar seus representantes. O pleito, como se poderia imaginar, não foi bem aceito pelos soberanos locais. Iniciou-se a disputa. Não era do interesse da Igreja que essa discussão fosse resolvida por meios bélicos. Começava a disputa que marcaria o começo do milênio. Para o clero, a única forma de prevalecer seria por meio da discussão por argumentos — nunca por meio de uma guerra armada. Por outro lado, o imperador tinha evidente receio de atacar fisicamente o vigário de Cristo na terra.

Não se sabe ao certo como foram reencontrados os "livros romanos" — o *Corpus juris civilis* de Justiniano. Há quem chegasse a dizer que tudo ocorreu acidentalmente. O *Codex* aparecera no norte da Itália por volta do ano 1000. O *Digesto*, diz a lenda, foi encontrado num mosteiro perto de Amalfi por volta de 1130, pelos pisanos. Levado para Pisa, a obra foi copiada. O original desse *Digesto*, que ficou conhecido como a *Littera florentina*, foi transportado em 1407 para Florença, onde se encontra até hoje, na Livraria Laurentina.

Nessa mesma época, pouco depois do ano 1000, os Estados, pequenos e grandes, passaram, por necessidade, a desenvolver modelos mais refinados de administração. Isso envolvia, por consequência, uma organização jurídica que garantisse a estabilidade. Fazia-se necessário, portanto, um sistema jurídico mais elaborado.

O conhecimento do Direito Romano, com as suas instituições elaboradas, a forma racional, prática e lógica com a qual tratava de inúmeros temas, surgiu como uma revelação. Afinal, o *Corpus juris civilis* apresentava uma formulação racional do Direito. De certa forma, devolvia ao homem a capacidade de julgar.

Estarrecido, o homem medieval conseguia reconhecer a sabedoria daquela forma de estabelecer e sistematizar as regras. Também podia apreciar uma série de aspectos até então ignorados. De fato, comparado com o *Corpus juris civilis*, de Justiniano, qualquer legislação da época mostrava-se rudimentar. Os comentários feitos por juristas do período clássico também serviam para demonstrar a importância da discussão, feita por pessoas ilustradas, da amplitude e aplicação do Direito.

Além disso, o Direito se revelava como uma ciência técnica, na qual as provas eram colhidas de forma racional, deixando de lado superstições muitas vezes acintosamente tolas. Havia um processo, com regras predeterminadas, para garantir uma justa apreciação dos argumentos das partes. Esses conceitos eram, até então, desprezados.

A finalidade do Direito, tal como claramente exposta pelas leis romanas, era a de garantir a justiça, a equidade; tratava-se da "arte do bom e do justo". Visava a dar segurança social. O juiz deveria ser imparcial, isento e julgar de acordo com a lei. Esse era um conceito novo.

Assim, a "descoberta" do Direito Romano ocorreu num oportuno momento histórico, no qual sua adoção revelava-se conveniente à incipiente classe dos comerciantes e à Igreja. Os primeiros procuravam uma espécie de "língua franca" aplicável nas diversas cidades e locais em que atuavam, impedindo que ficassem suscetíveis a diversos regramentos, que variavam de acordo com o costume de cada lugar; ao passo que a Igreja almejava, nas regras jurídicas, uma forma de estabelecer meios de solução de conflitos que não dependiam da força bélica. Rapidamente, sentiu-se a repercussão do conteúdo dessas regras. A análise do Direito Romano representou um primeiro renascimento.

O primeiro registro histórico de um caso no qual se aplicou o Direito Romano ocorreu em Marturi, cidade próxima de Sena, na Itália. Um mosteiro discutia seus direitos sobre certas terras com um indivíduo. Este, para rechaçar a pretensão do mosteiro, alegava a prescrição, isto é, a perda do direito de discutir o tema pelo decurso do tempo, conceito dominado e aplicável mesmo pelas regras costumeiras, pois se haviam passado muitos anos sem que fossem reivindicados os direitos sobre a gleba. Aplicou-se, entretanto, o *Digesto*, segundo o qual não se corria a prescrição se a demora se desse por conta do juiz a quem o tema foi submetido. Isso ocorreu em 1076. O *Digesto* não era utilizado havia centenas de anos.

O Direito Romano passou a ser empregado por vários Estados e cidades como fonte de orientação para confecção de suas leis. Era, portanto, necessário estudar essas inteligentes regras romanas. Iniciou-se então, de forma sistematizada, o estudo do Direito Romano, até mesmo como uma demonstração do poder do Estado naquilo que dizia respeito à regulamentação da vida das pessoas.

No século XI, na Itália, algumas cidades passaram a aspirar à autonomia. Seguindo um modelo ateniense clássico, pretendiam não ser governadas por tiranos, nem por um sistema que adotasse a hereditariedade como forma de escolha do governante. Pisa, em 1085, é o primeiro caso conhecido de uma cidade cujos habitantes elegeram seu governante. Esse modelo foi adotado em seguida por outras cidades da Lombardia e da Toscana, como Milão, Arezzo, Lucca, Bolonha e Siena. A administração pública era feita por um mandatário desse voto dos cidadãos, normalmente auxiliado por um conselho, também formado por integrantes daquela sociedade.

Esses governos se propunham a aplicar a justiça de forma imparcial, num corolário do conceito de igualdade entre os membros de um grupo social. Para essas cidades, o estudo do Direito passa a ser fundamental, pois, afinal, prezava-se o conceito de que quem as regeria não seria o humor do soberano, porém regras aplicáveis a todos. Esse foi outro importante impulso ao estudo do Direito Romano.

Ao clero também se revelou propício o aprofundamento dessa nova ciência. Notadamente, como acima se referiu, para defender seus interesses diante da nobreza e dos senhores feudais, membros da Igreja se dedicaram a dominá-la. Era vantajoso a todos que o Direito passasse a desempenhar um papel de garantidor da segurança social.

Em 825, o rei bárbaro Lotário — neto de Carlos Magno — havia determinado a criação de escolas superiores no que hoje é o norte da Itália, porém nenhuma delas se dedicou ao estudo das ciências jurídicas. Essas escolas não prosperaram de forma extraordinária, e de todo modo cuidavam apenas de temas relacionados à teologia. Até o século XI, o mais avançado centro de conhecimento da Itália era Monte Cassino, na época liderado por Desidério (1027-1097). Ao norte dos Alpes, a proeminência dos estudos ficava com a Abadia de Bec, no norte da França, sob o comando de Santo Anselmo (1033-1109). Mas esses eram centros religiosos, nos quais se estudava, como se disse, notadamente teologia.

A necessidade de conhecer e aplicar o Direito Romano alterou essa situação.

O papa Gregório VII encorajou a condessa Matilde da Toscana a estabelecer aulas de Direito em Bolonha, as quais passaram a ocorrer a partir de 1070. Bolonha, na época, não era exatamente uma "cidade livre", embora essa fosse a sua inspiração. Formalmente, estava sob o controle de um senhor feudal, mais especificamente de uma mulher, a culta, católica e já mencionada Matilde da Toscana (1046-1115), uma das mais extraordinárias figuras da Idade Média (ela é uma das poucas mulheres cujos restos mortais se encontram no Vaticano).

A loura e destemida Matilde, à frente de um exército de 30 mil homens, defendia seus domínios contra a ameça de Henrique IV (1050-1106), imperador romano-germânico, que buscava tomar o controle sobre a Itália.

Nesse período, o imperador Henrique IV e o papa Gregório VII travaram uma das mais famosas contendas da Idade Média, envolvendo a antes referida controvérsia das investiduras. O tema, como mencionado, se relacionava ao poder do soberano na escolha dos padres e bispos que atuavam em seus territórios. O imperador queria ter o direito de apontar esses "representantes de Deus", enquanto o papa Gregório VII sustentava que esse poder pertencia à Igreja.

O imperador nomeou um novo arcebispo para Milão, em 1075. O papa reagiu. Escreveu uma carta aberta aos súditos de Henrique IV concitando-os a rejeitar o sacerdote indicado pelo imperador.

A discussão se encrespou, a ponto de o pontífice excomungar Henrique IV. Tratava-se de uma medida ousada. Poucas décadas antes, Henrique III (1017-1056), pai de Henrique IV, havia, de forma clara, controlado o papado — conseguira, em 1046, depor o papa Gregório VI para colocar em seu lugar um papa alemão, da Saxônia, Clemente II. Pouco depois, em 1047, Henrique III derrubou outro papa, Bento IX, para empossar mais um alemão, o bávaro Dâmaso II. No trono de São Pedro, sucederam-se, em sequência, outros germânicos: Leão IX, Vítor II e Estevão IX. O pontificado deste durou até 1061. Não há dúvidas, portanto, do poder exercido pelo imperador germânico sobre a Igreja, poder este que Gregório VII, com a excomunhão, buscara encerrar.

Num primeiro momento, Henrique IV teve que se humilhar. Em janeiro de 1077, foi pedir pessoalmente perdão ao papa, que então se encontrava num castelo na cidade de Canossa, ao norte da Itália, que pertencia à condessa Matilde da Toscana. Diz a lenda que o papa deixou o imperador descalço por três dias, na porta do castelo, debaixo de neve, aguardando para pedir desculpas. Ao fim dessa penitência, os portões da fortaleza foram destrancados. As negociações foram rápidas. Gregório VII, com um beijo, reconciliou-se com Henrique IV e anulou sua ordem de excomunhão.

Eventos históricos como esse são raros. Os dois homens mais importantes e poderosos de seu tempo se reúnem para decidir, em rigor, a ordem mundial.[4] A Igreja lutava por autonomia.

Contudo, pouco depois, Henrique IV, que não esquecera a afronta, acabou por romper novamente com o papa. Roma foi invadida pelas forças do imperador e Gregório VII viu-se forçado a fugir para Salerno, na Sicília, onde morreu exilado, em 1085. Assim como fizera seu pai, Henrique IV depôs o papa.

A discussão acerca da investidura — isto é, quem poderia apontar os sacerdotes de cada localidade e, com isso, garantir o controle do mais eficaz meio de comunicação entre o governo e o povo — seguiu em aberto por mais algumas décadas. A reação dos senhores contra a ambição da Igreja partia da citação do Salmo 115: "O céu é do Senhor, mas a terra Ele a deu aos filhos de Adão."

O próprio Henrique IV teria mencionado essa passagem das Escrituras Sagradas,[5] que, neste particular, se prestavam a uma leitura contrária aos interesses da Igreja.

Os eventos em Canossa e a deposição de Gregório VII também não encerraram a disputa da condessa Matilde com o imperador germânico. A condessa conseguiu, enquanto viva, garantir a soberania da Toscana.[6] Entre as suas maiores realizações, encontra-se a fundação da primeira universidade do Ocidente, cujo propósito era o estudo do Direito. O ensino do Direito, já naquele momento, surgia como forma de libertação.

Rapidamente, a escola de Bolonha ganhou enorme reputação. O centro de estudos, possivelmente o primeiro do Ocidente com essas características, adotou o termo *universitas*, criando uma guilda formada de alunos e professores. Sua fundação oficial data de 1088, embora já houvesse aulas desde a década anterior. A guilda dos professores de Bolonha adotou o nome de *collegia*. Essa corporação era a responsável por conferir os graus e títulos, além de conceder licença para que alguém pudesse lecionar. Interessados vinham de toda a Europa estudar Direito, notadamente o Direito Romano, cujos textos tinham sido "descobertos" havia pouco.

Em Bolonha não havia, inicialmente, muitos mestres. *Studendo cepit docere*, ou seja, estudando começa-se a ensinar — e essa parece ser, até hoje, a essência da vida universitária, consistente na pesquisa e no ensino.

La Dotta, ou seja, a douta, Bolonha tornou-se referência. Foi a mais famosa escola de Direito da Idade Média. Inicialmente, desenvolveu-se o *studia humanitatis*, isto é, o estudo das humanidades, como eram então conhecidas as matérias de literatura, oratória, história, poesia e filosofia.[7] Acreditava-se que essa era a base para o aprimoramento intelectual, a fim de que se pudesse ler, escrever e discutir algum tema. Munido dessas informações, passava-se à apreciação das matérias jurídicas.

As aulas eram divididas em três partes: a *lectio*, na qual se lia um texto clássico e todos mantinham o absoluto silêncio; depois a *quaestio*, em que dois relatores — *opponens* e *respondens* — defendiam pontos diferentes acerca do texto clássico que se acabara de ler; e, finalmente, a *disputatio*. Nesta, todos os estudantes poderiam participar da discussão, apresentando suas opiniões.[8] O mestre expunha, ao final, a versão mais consolidada do ponto em debate.

Por Bolonha, passaram grandes figuras, como o inglês Tomás Becket (1118-1170). Culto e muito instruído, ao retornar ao seu país de origem, Becket galgou os cargos da burocracia na Igreja e tornou-se chanceler do rei inglês Henrique II. Entretanto, logo se indispôs com o monarca, notadamente por questões de jurisdição: havia uma série de temas nos quais a Igreja e o Estado inglês disputavam poder. Becket tinha o apoio do papa Alexandre III, seu contemporâneo nos estudos de Direito em Bolonha. O jurista e religioso Tomás Becket acaba assassinado dentro da Catedral de Cantuária, por pessoas ligadas ao rei. Rapidamente, foi declarado mártir pela Igreja. Três anos depois de sua morte, Becket foi canonizado pelo papa, seu colega de universidade.

Também estudou Direito em Bolonha o poeta Petrarca (1304-1374), que permaneceu na universidade entre 1320 e 1323. Petrarca foi um precursor na busca de antigos textos clássicos que ficaram perdidos durante a Idade Média. Ele os encontrou e apresentou as obras de Cícero (106-43 a.C), político e filósofo romano cuja vida em grande parte foi dedicada à advocacia. Na obra de Cícero que Petrarca traduziu e apresentou (*Dos deveres*), o romano examina o dano decorrente da tirania e o uso desmedido do poder pelos governantes. Eram temas explosivos. A *vera gloria*, segundo Cícero, encontrava-se na justiça e na vontade de ser útil aos demais. Cícero repudiava a simulação, a ostentação e as aparências. Esse pensamento calou fundo nos primeiros humanistas, oferecendo um norte à real virtude.

Petrarca teve seu conhecimento jurídico (e cultural) requisitado em disputa ocorrida em 1360, na qual a Áustria, sob a liderança dos Habsburgos, pretendeu reclamar sua independência do imperador Carlos IV. Os austríacos apresentaram uma carta do imperador romano Júlio César, que vivera no primeiro século antes de Cristo, como prova dessa desejada independência. Petrarca, contudo, conseguiu comparar a letra do verdadeiro Júlio Cesar com a da suposta carta, demonstrando o embuste. Além disso, Petrarca esclareceu que o latim usado na carta apresentada pela Áustria não era compatível com o latim da época do imperador romano. Tratava-se de uma falsificação.

O primeiro dos professores ilustres da Universidade de Bolonha foi Irnério (1050-1125), alcunhado de o "Archote do Direito". Pouco se sabe dele, além de que atraiu muitos alunos com suas lições sobre a legislação justiniana. A tradição seguiu com Accursio (1185-1263), que elaborou a monumental *Glossa ordinaria,* em 1250, com um sumário de todos os ensinamentos da faculdade, e, depois, com Bártolo de Sassoferrato (1314-1357). Irnério, Accursio e Bártolo ensinavam por meio de glosas, isto é, de comentários feitos a partir das regras originais romanas.

Glosa, palavra de origem grega, significa uma breve explicação acerca de uma palavra difícil. O seu uso era comum no estudo da gramática, curso constante do *trivium* — ou seja, o estudo elementar, trivial — na Idade Média. Os juristas, por sua vez, aumentaram essa ideia, a fim de que a glosa passasse a comentar não apenas palavras, mas frases e até mesmo conceitos. Como havia escassez de papel, os comentários eram acrescidos aos próprios textos originais.

Bolonha não foi o único centro a experimentar um extraordinário desenvolvimento em função dos estudos jurídicos. Em 1147, Vacário, professor de Bolonha, segue para Oxford, na Inglaterra, com o propósito de lecionar Direito. Outro professor, Luís, o Jovem (1120-1180), vai ensinar Direito em Montpellier em 1160. Havia, ainda, Modena, Ravena, Pádua, Lérida, Paris, Orleans, Toulouse e Salamanca como importantes centros de estudo jurídico. Todas essas escolas foram fundadas antes do século XIII.

Paris foi precursora como um polo de estudos na Europa, impulsionada pela fama de Abelardo (1079-1142). As principais diferenças entre Paris e Bolonha eram, primeiro, a natureza clerical daquela. Bolonha era uma instituição laica e primava pelo Direito. Em Paris, estudava-se teologia e filosofia.

Não por acaso, os centros de estudo ocidentais, desde a sua criação medieval, se estabelecem fora dos grandes centros. A primeira escola de Direito do Ocidente, cuja fundação ocorreu, como vimos, no século XI, se instalou numa cidade longe do centro político. Oxford e Cambridge, as mais antigas universidades da Inglaterra, se encontram afastadas de Londres. Salamanca, na Espanha, está distante do centro do poder. O mesmo se pode dizer de Coimbra.[9] A exceção a essa regra é Paris, mas por um motivo conhecido: Paris, diferente das demais, nasceu afinada com a Igreja.

O motivo desse distanciamento entre o local dos estudos e o centro político se relaciona ao desejo de garantir a liberdade do ensino. Longe dos centros políticos, professores e estudantes sofreriam menor restrição e gozariam de maior independência para manifestar suas opiniões.

O estudo do Direito, portanto, não se instituiu necessariamente para servir ao poder constituído, mas perseguia fins próprios.

A partir do século XII, e de forma crescente a partir de então, as cidades importantes da Europa procuraram atrair professores de Bolonha para fundar suas próprias escolas e garantir o acesso a esse conhecimento.[10]
De Bolonha, saíam os burocratas e advogados que iriam ocupar importantes posições na administração dos governos das cidades italianas e, depois, de toda a Europa.[11] No início do século XIII, já havia mais de mil estudantes de Direito naquela cidade. No final do século seguinte, o número chegou a 10 mil. Tratava-se do maior centro de estudos do Ocidente. Paris, na mesma época, contava com 6 mil alunos, o que já era assombroso.[12]
Embora, inicialmente, tenha dado ênfase ao Direito Romano, a partir do século XII Bolonha logo passou a se destacar nos estudos de Direito Canônico. Aqueles oriundos dali desfrutavam de enorme prestígio e tendiam a dominar os debates, como ocorreu, por exemplo, no evento histórico que culminou na Dieta de Roncaglia.

No norte da Itália, no século XII, consolidou-se a ideia de que não haveria mais "justiça privada". As partes em litígio deveriam levar a questão ao Estado, que teria o poder de julgar. Com isso, convinha que as pessoas se defendessem nessas cortes com alguém capacitado, conhecedor das regras e munido da persuasão para vencer a disputa.
O próprio Estado se vale de indivíduos com essas qualificações. Surgem, dessa maneira, os procuradores, gente cuja atividade consiste em defender o Estado nas disputas judiciais ou administrativas, assim como em orientá-lo a respeito de temas jurídicos.
O norte da Itália, nessa época, era fragmentado em feudos de diversos tamanhos, todos desunidos e dominados por seus senhores. O imperador do Sacro Império Romano-Germânico, Frederico Barbarossa (1122-1190), vendo a fragilidade desses Estados, buscou tomar-lhes o controle. Em vez de partir para uma ofensiva bélica, o imperador

formulou um pleito com fundamentos jurídicos. Esse fato já demonstra que se tratavam de novos tempos. A discussão jurídica substituía a guerra armada.

O imperador Frederico Barbarossa convocou encontros em Roncaglia, pequena cidade no Piemonte, Itália. A eles compareceram os representantes de todos os pequenos Estados, ou seja, os senhores feudais do norte da península itálica. A principal reunião se deu em 1158. Nela, Barbarossa reivindicou a supremacia do poder imperial, adotando como fundamento o *Corpus juris civilis*, isto é, o Direito Romano.

O título IV do livro IV do *Digesto* inicia-se dizendo: *Quod principi placuit, legis habet vigorem: ut pote cum lege regia, quae de imperio eius lata est, populus ei et in eum omne suum imperium et potestatem conferat.*[13] Ou seja, aquilo que o soberano quer tem força de lei. Isso porque o povo lhe conferiu esse poder.

Tratava-se ali, em rigor, de uma disputa entre o poder real, de um lado, e os senhores italianos — ou seja, do rei contra os senhores feudais. O imperador Frederico Barbarossa reclamava uma série de prerrogativas e direitos detidos, até então, por aqueles adversários. A discussão foi exposta a 28 juízes, representantes de 14 cidades. A eles caberia decidir quem deteria os poderes sobre a população — inclusive os de cobrar tributos e estabelecer tribunais. Os juristas Búlgaro, Martino, Jacobo e Hugo, professores de Bolonha, com fundamento no *Digesto*, advogaram a favor do imperador, em detrimento dos lordes feudais. Prevaleceu, com base no Direito Romano, a posição do rei, num duro golpe ao modelo feudal.

Foram firmados, ainda, decretos que explicavam, de forma jurídica, os motivos pelos quais o Estado poderia cobrar imposto para adquirir armamentos.[14] Também se estabeleceu que seria designado um juiz do rei para cada uma das cidades, a fim de que fosse administrada a justiça.

A vitória jurídica de Frederico Barbarossa, contudo, fez com que as cidades italianas se unissem numa liga, a fim de se proteger do imperador alemão. A Liga Lombarda, fundada em 1167, era composta de 29 cidades. Os líderes delas eram, normalmente, denominados cônsules, numa clara referência à Antiguidade clássica. O desejo dessas cidades, unidas pela Liga Lombarda, era garantir a autonomia política e jurídica, além de ter controle sobre quem poderia viver naquelas regiões.

Possivelmente o maior dos apoios recebidos pela Liga veio do papa Alexandre III, ex-professor de Direito Canônico de Bolonha. Coube a ele, inclusive, intermediar as negociações entre o imperador e as cidades italianas, que culminou com a "Paz de Constança", acordo firmado em 1183, na cidade que leva esse nome, entre os representantes da Liga Lombarda e Frederico Barbarossa. Nesse pacto, o imperador e a Liga concordaram que as cidades teriam o poder de eleger os próprios governantes e estabelecer as próprias leis. As cidades, contudo, deveriam seguir leais ao imperador, que permaneceria com jurisdição para apreciar pedidos de revisão das decisões locais.

Esse tratado é possivelmente o único registro de reconhecimento, por parte de um imperador, da autonomia de que as cidades gozavam para se regulamentar. A sua linguagem é jurídica.

Algumas décadas depois de Frederico Barbarossa, outro imperador do Sacro Império Romano-Germânico, Frederico II (1194-1250), compreendeu a fundamental importância dos estudos jurídicos. Tanto assim que determinou a criação da faculdade de Direito de Nápoles em 1224 — a primeira universidade criada pelo Estado. O objetivo do visionário imperador era direcionar o ensino jurídico para causas que lhe fossem favoráveis.

A própria Igreja reconhecia como eram primitivos os seus decretos diante dos articulados textos do *Corpus*. Os padres trataram de aprimorar seu sistema legal, o que também demandou estudos. O Direito Canônico desenvolveu-se com base nas lições romanas. Passou a cuidar, com detalhes, de temas como casamento, testamento, perjúrio, usura e homicídio.[15]

Os membros do clero, portanto, deveriam estudar Direito, mormente se desejavam ascender na hierarquia de uma Igreja cada vez mais burocrática. Eclesiásticos, entusiasmados com as regras romanas, disseminaram a obra por toda a Europa. Ainda no século XII, o jurista Vacário, sob o patrocínio de Teobaldo, arcebispo da Cantuária, ministrou aula na Universidade de Oxford sobre o direito civil romano.[16]

Dentre esses primeiros "advogados eclesiásticos", destaca-se Graciano, um monge de Bolonha que apresentou, em 1140, um trabalho denominado *Decretum*, no qual indicava argumentos para ambos os lados em questões de Direito Canônico e oferecia, o que era ainda mais importante, uma codificação das muitas regras até então dispersas e sem sistematização.

Aliás, em muitos momentos, as regras bíblicas coincidem perfeitamente com o ordenamento romano. São Paulo, em sua Carta aos Coríntios (3, 6), diz que "a letra mata, mas o espírito vivifica". Já o jurista romano Celso afirmou que "conhecer as leis não significa repetir as suas palavras, mas entender a sua força e seu sentido". Outro bom exemplo disso é São Ivo de Chartres, falecido em 1115. Advogado, estudioso de Direito Canônico, galgou posições na hierarquia da Igreja pelo seu conhecimento jurídico. Foi um dos primeiros a se pronunciar contra os julgamentos por ordálio, absolutamente em voga naquele período e que seria probido pela Igreja em 1215, assim como qualquer julgamento que envolvesse água e fogo.

A partir do século XI, a fundamentação da Igreja acerca das Escrituras passou a seguir uma linha argumentativa. Os padres foram "contaminados" pelo raciocínio jurídico. Nos séculos seguintes, os principais líderes do clero não eram apenas teólogos, mas também exímios conhecedores de Direito. Os papas Alexandre III (1100-1181), Inocêncio III (1161-1216) e Gregório IX (1145-1241) foram professores de Direito Canônico. Todos passaram por Bolonha. Em rigor, salvo poucas exceções, de 1150 a 1300 os pontífices eram iniciados em Direito Canônico. Mais tarde, Rodrigo Bórgia (1431-1503), futuro papa Alexandre VI, também se formaria em Direito na universidade italiana. Era considerado o mais eminente dos juristas. Foi ele quem, em 1493, mediou uma discussão entre os reinos de Portugal e Espanha acerca de quem teria direito a colonizar as terras havia pouco descobertas além-mar. O papa traçou, por meio de uma bula, uma linha imaginária que cortava ao meio o Oceano

Atlântico, dando uma parte à Espanha e outra a Portugal[17] (no ano seguinte, 1494, essa fronteira foi redefinida em favor dos portugueses, no conhecido Tratado de Tordesilhas).

Dos "advogados eclesiásticos" do século XI, vieram os "papas advogados". Alexandre III inicia essa linha. Chega a editar setecentos decretos, aumentando sensivelmente o corpo burocrático da Igreja. No seu período, passa-se a adotar o termo cúria, ou seja, a corte, a fim de identificar a administração.

Inocêncio III, por sua vez, que estimulou São Francisco de Assis e admitiu a criação da Ordem Franciscana, deu grande demonstração de sua veia jurídica em seu pontificado. Sob ele ocorreu o IV Concílio de Latrão, em 1215, a partir do qual se emitiu uma série de regras, inclusive com a explicação de certas doutrinas sobre os sacramentos cristãos. Era um legislador. Segundo o historiador Paul Johnson, Inocêncio III foi "o mais formidável de todos os papas-advogados medievais" e "colocou o pontificado no centro dos movimentos mundiais".[18]

Um bom exemplo de como a própria religião foi contaminada pelos conceitos jurídicos é o popular conto, originado no fim da Idade Média, do julgamento de Satanás. Num tribunal presidido por Jesus Cristo, Satanás pleiteia que a humanidade lhe seja entregue. Isso porque, segundo o diabo, todos os homens são pecadores. Desde a Queda, o Pecado Original, os homens erram. Portanto, a humanidade lhe pertence. Em nossa defesa, surge Nossa Senhora. A Virgem Maria, em suma, argumenta que o próprio diabo é a causa de todo o mal que acomete os homens. Assim, sendo ele a própria causa dos pecados, não poderia colher proveito de sua torpeza. Sem que isso represente uma surpresa, Satanás perde a causa.

Não sem razão, um dos mais conhecidos cânticos religiosos dedicados a Nossa Senhora, a *Salve-rainha* — em latim, *Salve Regina* —, datado possivelmente do século XI, a chama de *advocata nostra*.[19]

A ascensão do poder da Igreja nesse período da Idade Média em grande parte se deve à forma como ela promoveu a organização jurídica daquela sociedade. A Igreja regulamentava inúmeros atos da vida civil, tais como o casamento, a educação, a sucessão dos bens dos mortos e os aspectos da legitimidade dos filhos, imiscuindo-se, inclusive, na validade dos contratos e dos deveres deles decorrentes. Com o papa e sua cúria de advogados centralizando a edição de regras, havia uma razoável harmonia entre as formalidades legais desses atos em toda a civilização ocidental da época. Do nobre ao mais humilde servo, das mais altas cortes às mais remotas paróquias, aplicavam-se as mesmas regras para regulamentar os atos civis, normalmente com alto grau de sofisticação jurídica.

Nessa época, surge a compilação das histórias dos santos conhecida como *Legenda áurea* e elaborada pelo frade mendicante Jacopo de Varazze (1228-1298). Ao falar de Nossa Senhora, conta-se a história de Teófilo, um funcionário da Igreja que teria vivido no século VI. A fim de subir na hierarquia burocrática, Teófilo, segundo a narrativa, teria feito um pacto por escrito com o diabo, entregando-lhe sua alma para atingir seu objetivo. Quando conquistou o cargo, Teófilo caiu em si e percebeu seu erro. Nossa Senhora então lhe apareceu num sonho. Pediu a Teófilo que renunciasse ao demônio e abraçasse novamente o cristianismo, o que foi cumprido pelo pecador. Em seguida, Nossa Senhora, atuando em defesa de Teófilo, recobrou o contrato celebrado com o diabo e o colocou no peito do arrependido funcionário da Igreja. Teófilo contou a todos o milagre de Nossa Senhora, sua advogada, e três dias depois faleceu em paz.[20]

Os relatos da *Legenda áurea*, uma das mais ricas fontes da hagiologia cristã, muitas vezes guardam enorme cunho jurídico. De modo especial, nota-se isso quando se trata dos deveres decorrentes de um contrato, na grande parte das vezes não escrito. A ideia de uma contraprestação da entidade divina por um ato terreno dominava as histórias, assim como a punição do santo caso quem o invocou deixasse de cumprir sua promessa.

Num divertido sermão, o frade narra um caso exemplar, cheio de alusões legais:

> Um homem havia tomado emprestado de um judeu certa soma de dinheiro, e na falta de outra garantia jurara sobre o altar de São Nicolau que a devolveria assim que pudesse. Muito tempo depois

o judeu reclamou o dinheiro, mas o devedor alegou que já havia pago a dívida. O judeu levou-o a juízo e exigiu que afirmasse sob juramento que havia devolvido o dinheiro. Como se precisasse de apoio para andar, o homem ali compareceu com uma bengala, que era oca e que ele havia enchido de moedas de ouro. Quando foi prestar juramento, pediu que o judeu a segurasse e jurou ter restituído mais do que havia recebido. Após o juramento, reclamou a bengala de volta e o judeu, que não suspeitava da artimanha, devolveu-a. No caminho de volta para casa, o culpado sentiu um sono repentino, adormeceu num cruzamento e uma carroça que vinha em velocidade matou-o, quebrou a bengala, e o ouro que a enchia espalhou-se pelo chão. Avisado, o judeu acorreu ao local e entendeu a artimanha de que havia sido vítima. Tendo alguém sugerido que pegasse seu ouro, recusou taxativamente, a não ser que o morto voltasse à vida pelos méritos do bem-aventurado Nicolau, acrescentando que se tal acontecesse ele receberia o batismo e se tornaria cristão. Incontinente, o morto ressuscitou e o judeu foi batizado em nome de Cristo.[21]

Embora não tenha estudado Direito, Jacopo de Varazze foi apontado, pela Ordem Dominicana da qual era integrante, para defender a cidade de Gênova quando esta foi excomungada por motivos políticos. O frade, conhecido por suas empolgantes pregações, teve enorme êxito na sua atuação como advogado e Gênova foi perdoada pela Igreja.

Como aponta Larry Siedentop, naquele momento histórico houve uma fusão entre a religião e o Direito, criando algo novo.[22] Os canonistas, calcados em conceitos jurídicos, sistematizaram a Igreja e suas regras.

A essa época, o raciocínio jurídico havia impregnado o mundo ocidental.

O RENASCIMENTO JURÍDICO

> *Sanctus Ivo erat Brito*
> *Advocatus, et non ladro*
> *Res miranda populo*
> (Santo Ivo era bretão, advogado e não
> ladrão. Coisa admirável aos olhos do povo)

Durante os séculos XII e XIII, o modelo feudal clássico, no qual os tribunais eram formados por chefes tribais ou pelo próprio senhor feudal, foi aos poucos abandonado. Seguindo o modelo das cortes canônicas, os julgamentos, nos reinos e nas cidades, passaram a ser organizados por funcionários públicos munidos de conhecimento jurídico. Gradualmente, juízes populares foram sendo substituídos por juristas profissionais, com formação acadêmica.

Em 1142, os cidadãos de Pisa elaboraram uma "Carta" que registraria, por escrito, as normas a governar a cidade, compilando o costume sedimentado. Esse modelo foi copiado por outras cidades italianas.

O estudo das regras jurídicas passa a ser um caminho de ascensão na sociedade. Pelo conhecimento, abria-se a porta da mobilidade social. Um jovem, ainda que de origem humilde, se dominasse o conhecimento das regras legais, poderia prestar serviços a um governo ou a um senhor de terras. Eventualmente, trabalharia para a Igreja. Pela competência, obteria prestígio e dinheiro.

Os serviços daqueles munidos de saber jurídico eram variados. Existia um espaço enorme na burocracia dos governos. Havia o trabalho dos notários, responsáveis por registros públicos. Em muitas cidades italianas, estabeleceram-se, a partir do século XIII, um colégio de juízes, que se dedicavam a julgar as questões submetidas ao Estado. Comumente, exigia-se desses julgadores formação em Direito. Embora inicialmente sem uma organização de classe, havia ainda quem se dedicasse a auxiliar juridicamente quem disputasse algum direito nas cortes. Esse trabalho seria mais bem desempenhado pelos versados nos procedimentos e nas normais legais.

Também as cidades e os senhores se cercavam de especialistas em Direito, a fim de proteger suas posições. Muitas cidades-Estado italianas estabeleceram o *consilium sapientis*, constituído por sábios versados na ciência jurídica, os quais eram consultados quando necessário.

O medievalista Norman F. Cantor indica que uma das contribuições do século XII para a civilização ocidental é precisamente o surgimento dos advogados profissionais.[1] Até então, na história, a advocacia era oferecida por semiprofissionais, despidos de um estudo específico sobre as normas aplicáveis. Surge nesse contexto a palavra *advocati*, que designava uma série de atividades relacionadas a um julgamento, como o da testemunha, do auxiliar do juiz e, até mesmo, do advogado tal qual o conhecemos hoje.[2] Entretanto, não se havia ainda estabelecido a profissão de advogado como aquele que se dispõe a ganhar a vida promovendo assistência jurídica a outras pessoas.

Algum tempo depois, em 1230, a profissão encontrava-se já estabelecida. Advogados eram formados em escolas como Bolonha, Paris e Oxford, para em seguida oferecerem seus serviços na condição de conhecedores do Direito. Numa corte formada por juízes técnicos, a chance de êxito na disputa aumentava se os argumentos fossem conduzidos por profissionais versados na área.

O aparecimento desse profissional apenas se revela possível diante de uma sociedade mais organizada, com um Poder Judiciário consistente, na qual se conhecia o Direito em vigor.

Em 1225, no castelo de Roccasecca, na pequena cidade de Aquino, localizada na região central da Itália, à época sob o domínio do reino da Sicília, nasce Tomás. De berço nobre, Tomás inicia seus estudos em Monte Cassino e, em seguida, segue para Nápoles. A inclinação de Tomás de Aquino (1225-1274) foi a de aderir à ordem dominicana, de frades mendicantes e de vida simples. Isso contrariou os interesses de sua rica família, que queria o jovem ocupando posições mais elevadas na hierarquia da Igreja.

Tomás de Aquino é sequestrado pelos seus, a fim de não seguir sua vocação dominicana. Diz a lenda que, para que o jovem mudasse de ideia, foi colocada uma prostituta nua em sua cela. Tomás não apenas resiste à tentação, lançando contra a mulher um tição ardente que acabara de tirar da lareira, como ainda, segundo alguns, chega a converter a prostituta.

Finalmente, Tomás consegue definir o próprio destino. Alista-se entre os dominicanos. Vai estudar e lecionar em importantes centros de cultura de sua época, notadamente Paris e Roma. Tomás de Aquino foi o principal representante da escolástica, movimento que visava a conciliar a fé cristã com o racionalismo aristotélico. Nesse passo, Tomás de Aquino dedicou-se estudar o Direito, definindo a lei justa como uma ordem da razão advinda de autoridade competente e editada em proveito do bem comum.

A principal obra de Tomás de Aquino é a *Summa theologica*, escrita entre 1265 e 1273. Em sua segunda parte, dedicada à ética, o frade oferece um profundo tratado sobre o Direito, pregando a racionalidade no estabelecimento das leis. Aquino diz que a definição da lei nada mais é do que a regra racional estabelecida para o bem comum, criada e promulgada por quem deve zelar pela comunidade.[3]

Para Tomás de Aquino, o Direito Natural não é apenas um hábito, porém uma graça. Indica o que é um crime, enquanto o Direito dos homens estabelece como deve ser a punição. Idealmente, as leis humanas devem partir das leis naturais, pois assim teriam legitimidade moral.

Cinquenta anos após a morte de Tomás de Aquino, ele foi canonizado pelo papa João XXII (1249-1334), que por sua vez estudara Direito em Paris. São Tomás de Aquino, alcunhado *Doctor Angelicus*, compreendeu a importância do estudo jurídico, fundamental para a organização da sociedade.[4]

Entre os alunos de Aquino em Paris estava Yves Hélory, também conhecido como Ivo de Kermartin (1253-1303). Natural da Bretanha, no litoral atlântico francês, ele estudou Direito Civil em Paris. Mais tarde, em Orleans, aprofundou-se nos estudos de Direito Canônico. Tornou-se um profundo conhecedor das regras legais. Ingressou na Ordem Franciscana e passou a auxiliar os menos favorecidos em questões legais. Graças à sua fama de retidão e imparcialidade, muitos recorriam a ele a fim de dirimir discussões. Não aceitava qualquer retribuição pelo seu trabalho. Ficou conhecido como o "Advogado dos Pobres".[5] Era honrado com os seguintes versos:

> *Sanctus Ivo erat Brito*
> *Advocatus, et non ladro*
> *Res miranda populo.*
>
> [Santo Ivo era bretão,
> Advogado, e não ladrão.
> Coisa admirável aos olhos do povo.]

Morto o caridoso advogado em 19 de maio de 1303, este passou a ser seu dia, comemorado pelos fiéis. Em 1347, menos de cinquenta anos depois da morte de Ivo, o papa Clemente VI (1291-1352) o canonizou — Clemente VI que, por sua vez, também estudara Direito Canônico. Ivo é o padroeiro dos advogados, juízes e tabeliães.

Contemporâneo de São Ivo, o franciscano João Duns Escoto (1265/8-1308) também estudou Direito Canônico quando em Oxford, ao lado de frades egressos da Universidade de Paris. Como representante da escolástica, linha de Tomás de Aquino, preocupada em garantir a harmonia da racionalidade com a teoria cristã, Duns Escoto tratou do Direito Natural.

Duns Escoto examina a aparente contradição contida no livro bíblico do Gênesis, no qual o patriarca Abraão assentiu ao assassinato de seu filho. Isso estaria em contradição com o mandamento divino de não matar, o qual seria expressão do Direito Natural. Para o pensador medieval, as leis divinas e naturais deveriam ser interpretadas, pois admitiriam, em certas circunstâncias, dispensas dadas até mesmo pelo próprio Deus.

Admitir a interpretação da Bíblia era, naquele momento, um grande passo. Um belo trabalho de advogado.

Aos poucos, os julgamentos por ordálios e por combate, comuns na Idade Média, foram substituídos por discussões racionais e pela análise dos fatos, seguindo procedimentos mais justos na apuração da verdade.

Como mencionado, até o século XII, o resultado de um julgamento era comumente norteado por meio de um ordálio, no qual um "teste" indicava a existência de culpa. Os rituais dos ordálios variavam em função do local, mas todos tinham em comum a ideia de que Deus indicaria o resultado da prova, a qual um padre se encarregava de promover. O julgado, por exemplo, era forçado a segurar um ferro em brasa. Alguns dias depois, analisava-se sua mão: se houvesse marcas da queimadura, consideravam-no culpado. Se sua mão não mostrasse sinais, Deus havia indicado a sua inocência. Os nobres, por sua vez, preferiam que os julgamentos se dessem por duelos, nos quais poderiam indicar o campeão. Deus decidiria qual combatente venceria.

Esse modelo de aferição de culpa e responsabilidade era incompatível com o raciocínio jurídico, que clamava por racionalidade. A ideia de julgamento por ordálios guardava origens pagãs. Não havia nada semelhante no recém-descoberto *Corpus juris civilis*.

Confrontada com os novos conceitos, em 1215 o julgamento por duelo foi proibido pela Igreja, no Quarto Concílio de Latrão. Esse mesmo concílio aboliu qualquer julgamento que envolvesse água ou fogo. Tratava-se de um grande avanço.

A instituição de tribunais técnicos, com procedimentos específicos e nos quais se discutiam os casos com fundamentos jurídicos, tornava necessária a participação de profissionais capacitados. Ao enfrentar os tribunais, os interessados, para aprimorar a sua representação, valiam-se do auxílio de pessoas munidas do conhecimento das leis e seus trâmites. Os advogados se mostravam fundamentais na defesa dos interesses de quem fosse discutir um tema.

Era imperativo, ademais, nesse novo modelo de julgamento, que os atos fossem registrados. Ler e escrever não era um talento disseminado na Idade Média — mais difícil, ainda, era encontrar alguém versado em latim, língua adotada nos documentos oficiais. Para isso também procuravam-se pessoas com capacidade para escrever e algum conhecimento jurídico, a fim de produzir e guardar documentos. A burocracia demandava advogados.

Na Europa do século XIII, observava-se o fortalecimento dos Estados. Embora não houvesse uma regra absoluta, na maior parte dos lugares o rei, seguindo o modelo feudal, não gozava de poder absoluto sobre os grandes senhores de terras. Em cada feudo poderia haver um tribunal com alguma jurisdição. Muitas vezes, o monarca funcionava como uma segunda instância da corte local, mas na maioria dos casos o julgamento régio — ou por alguém indicado pelo rei — sequer ocorria.

Paulatinamente, os tribunais reais, que antes competiam com os locais, ganharam preeminência. Esse fenômeno se justificava, como se disse, pela crescente força do Estado. Além disso, os tribunais reais gozavam de certo distanciamento das partes, o que trazia vantagem em relação ao tribunal local, mais suscetível a alguma manobra de influência.

Essa imparcialidade se consolidou com a adoção, pelos tribunais reais, de regras de Direito Romano, as quais eram consideradas mais seguras. Os julgamentos não decorriam da casuística, mas expressavam a resposta dada segundo uma lei conhecida e antiga. A legislação não era particular, mas pública. Esse modelo suplantou a regra medieval, muito forte entre os germanos, segundo a qual a lei pertencia à comunidade — e, logo, a aplicação dos costumes locais deveria sempre prevalecer como meio de solução de conflitos. Os tempos eram outros. Até mesmo a expansão do comércio impunha a adoção de uma lei comum, mais ampla e segura.

Um bom exemplo do desenvolvimento jurídico na Europa neste período vem da Inglaterra. Na ilha, os tribunais reais organizaram e registraram as decisões pretéritas, que tinham por origem o costume consolidado, estabelecendo o princípio do *stare decisis*: o precedente do reino seria aplicável a outro caso análogo. Assim também se garantia a segurança social, por meio da segurança jurídica.

De início, Guilherme, o Conquistador, lorde normando que invadira a Inglaterra em 1066, preferiu, ao invés de impor a lei normanda (ou alguma outra mais relacionada à romana), seguir aplicando na Ilha Britânica as regras costumeiras, de origem anglo-saxã. Organizaram-se cortes de justiça que seguiam aplicando o direito comum — a *common law* — daquela terra. Regulamentou-se também a prática da *inquisitio*, isto é, a investigação, o inquérito. O representante do poder intimava pessoas que poderiam esclarecer fatos para que depusessem. Municiado desses dados, a autoridade apresentaria a sua decisão.

Michel Foucault, tratando do tema, indica o censo feito por Guilherme, o Conquistador, em 1086, no fim de seu reinado, como exemplo dessa perquirição.[6] Nesse processo, o rei Guilherme, que vinte anos antes invadira e conquistara a ilha, minuciosamente inteirou-se da realidade do país, sobretudo no que dizia respeito à situação das propriedades, do pagamento de tributos, entre outros dados. O resultado desse levantamento ficou conhecido como *Domesday Book*. Tratava-se de um censo meticuloso, que registrou uma população de pouco menos de 2 milhões de pessoas vivendo em solo inglês.

Anos depois, em 1187, no intuito de organizar o Estado como garantia da segurança social na Inglaterra, o *chief justice* do rei Henrique

II (1133-1189), Ranulfo de Glanvill, criou um documento denominado simplesmente *Tratado*, no qual se expunha a forma de se exercer direitos. No reinado do mesmo Henrique II, o poder do monarca se sobrepôs extraordinariamente ao dos barões, senhores das terras. Foram criados tribunais itinerantes do monarca, que distribuíam jurisdição e consolidavam a posição de comando central. Aos poucos, foram abolidos os juízos por ordálios (na Inglaterra, eles foram definitivamente eliminados em 1219). Evidentemente, não havia espaço para advogados num "juízo de Deus". Com o desenvolvimento das cortes, surgia a oportunidade de desenvolvimento das atividades relacionadas ao meio jurídico, como a dos juízes, escreventes, notários e, é claro, advogados.

Em 1250, outro juiz do rei, Henry Bracton, publica *De legibus et consuetudinibus Angliae*, no qual compila as principais regras jurídicas do reino. Indica, inclusive, um repertório com centenas de decisões dos tribunais, que serviriam como precedentes a serem observados e seguidos. Segundo esse juiz, o rei precisaria de duas coisas para governar: armas e leis. Segundo Bracton, "o rei não deve se sujeitar a homem algum, mas a Deus e à Lei, pois a Lei faz o rei".

Era, dessa forma, conveniente que, quando uma pessoa desejasse litigar perante as cortes do rei, estivesse acompanhada de alguém que dominasse as regras jurídicas e conhecesse os precedentes. Desde o século XIII, na Inglaterra, encontravam-se os *attorneys*, capacitados a representar seus clientes nos tribunais. Em 1292, o rei inglês Eduardo I (1239-1307) editou norma determinando que a atividade dos *attorneys* fosse controlada pelos juízes do reino. Esses *attorneys*, com o tempo, passaram também a ser chamados de *solicitors*.

Eduardo I, que reinou de 1272 a 1307, tendo como intuito promover reformas legais no seu reino, contratou, em 1273, Francesco, filho do famoso jurista Accursio de Bolonha, para assessorá-lo como seu principal conselheiro legal. Isso lhe valeu a alcunha de "Justiniano inglês". Não se tratou de um fato isolado. De forma análoga, o rei Afonso X de Castilha (1221-1284) também teve por principal conselheiro um antigo professor de Direito de Bolonha.

Na Inglaterra, ao contrário do que ocorreu em boa parte do continente europeu, os estudantes de Direito preocupavam-se mais em assimilar os anais dos julgamentos, conhecidos como *Year Books*, do que as leis romanas. Após revelar o conhecimento sobre os precedentes judiciais, os estudantes eram admitidos nas guildas de advogados, chamadas *Inns of Court*, verdadeiras escolas de advocacia. Quatro dessas corporações — Lincoln's Inn, Gray's Inn, The Temple e Inner Temple —existem em Londres até hoje.[7]

Essas *Inns of Court* possivelmente tiveram origem durante o reinado do referido rei Eduardo I.[8] Funcionavam, ao mesmo tempo, como escolas da ciência jurídica, corporação de classe e clube social. Os praticantes do Direito deveriam necessariamente filiar-se a uma dessas instituições.

Ao contrário do que acontecia no continente europeu, na Inglaterra o processo de aprendizado era empírico: cabia ao interessado conhecer a aplicação do Direito assistir aos julgamentos e ler os seus resultados. Os advogados, que praticavam o Direito, ensinavam aos que desejavam seguir a carreira jurídica. Não se lecionava nas universidades inglesas, até 1756, o Direito Romano. Quem desejasse atuar como advogado normalmente estudava outras matérias, como filosofia ou literatura clássica, para só depois ingressar numa dessas guildas e conhecer, na prática, o exercício da profissão. Com o tempo, os juízes passaram a ser recrutados nas *Inns of Court*, sendo, normalmente, advogados já com larga experiência.[9]

Na Inglaterra, em situação peculiar em relação ao resto da Europa, o rei João — o famoso João Sem-Terra —, em momento de fragilidade de seu poder, firmou, com seus barões, a *Magna carta libertarum*, em 1215, em Runnymede, nas margens do rio Tâmisa, a aproximadamente trinta quilômetros a oeste de Londres. Por essa *Magna Carta*, o rei limitava seus poderes e oferecia uma série de garantias aos seus súditos. Entre elas, reconheceu-se que:

> 48. Ninguém poderá ser detido, preso ou despojado de seus bens, costumes e liberdades, senão em virtude do julgamento de seus pares segundo as leis do país.

Além disso, o rei garantia aos barões que:

> 49. Não venderemos, nem recusaremos, nem dilataremos a quem quer que seja a administração da justiça.

A partir daquele momento, estabeleceram-se claros limites ao poder do rei. O soberano deveria observar as leis e os processos. Os barões, que impuseram ao rei a assinatura do documento, ainda criaram um comitê, composto por 25 deles, cujo propósito consistia precisamente em garantir que o rei respeitaria o conteúdo da *Magna Carta*.[10] O poder do monarca não era ilimitado.

A *Magna Carta* é um documento legal, que adotava forma e conteúdo jurídico.

Uma das causas da fragilidade do rei João era a sua indisposição com a Igreja. Ele chegou a ser excomungado pelo papa. No fim de 1215, depois de ter firmado a *Magna Carta*, o pontífice fez as pazes com o rei inglês. Entretanto, João não vive muito para desfrutar desse acordo com a Santa Sé. Ao morrer, em 1216, seu filho, ainda menor, Henrique III (1207-1272), assume o trono.

Sem forças, Henrique III é forçado a confirmar a *Magna Carta* em 1225, inclusive para reforçar o capítulo 39, que oferece garantias relacionadas ao devido processo legal. Preveniam-se, dessa forma, abusos do rei. Em 1258, em meio a mais uma crise institucional, firmou ainda outro documento semelhante. Eram as *Provisões de Oxford*, também conhecidas como *Estatutos de Oxford*. Nela, também, o rei tem seu poder limitado, sujeito a um conselho feudal. Nessa ocasião, liderados por Simão de Montforte, conde de Leicester (1208-1265), o rei foi forçado a admitir a constituição de um conselho formado por 24 membros, 12 dos quais escolhidos pelo rei e os demais pelos barões, com o propósito de estabelecer as regras aplicáveis a todos, inclusive ao próprio soberano.

Também pode-se relacionar esses acontecimentos precursores na Inglaterra ao fato de ter surgido em Oxford, no ano de 1240, a primeira tradução completa para o latim da *Ética a Nicômaco*, de Aristóteles. Nessa obra, o filósofo grego registra que a administração do Direito implica necessariamente a avaliação do justo e do injusto.[11] A justiça apenas existiria nas relações reguladas por um Direito, e assim o homem não deve governar: quem deve reger as relações em sociedade é a lei imparcial e equidistante. O homem que comanda em interesse próprio se torna um tirano.[12]

Escritos dessa natureza, com mensagens fortes e diametralmente contrárias à ordem então vigente, tinham potencial explosivo. O homem medieval, ao ler Aristóteles, sentiu-se tocado como por uma revelação. De toda sorte, as ideias do *rule of law* (império da lei) e do *due process* (devido processo legal), que acarretam a limitação do poder do governante, foram aplicadas, em primeiro lugar, na Inglaterra.

Em 1219, o papa Honório III (1150-1227), outro conhecido "papa-jurista",[13] proibiu o ensino da lei romana na Universidade de Paris, exatamente por se tratar de uma fonte laica: visava a privilegiar apenas o estudo de Direito Canônico. A escola de Direito de Orleans, também na França e menos suscetível à Igreja do que Paris, desenvolve-se de forma acentuada. Chamados de *ultramontani* já no século XIII, os franceses de Orleans criticavam o método italiano, defendendo uma interpretação das leis menos literal e mais atenta ao propósito da norma. Tamanho foi o prestígio desses professores, que um deles, Pedro de Belleperche (1250-1308), foi designado chanceler da França no reinado de Filipe, o Belo — de quem trataremos logo adiante.

Na França, a partir do reinado de Filipe II (1165-1223), fortaleceu-se a estrutura jurídica e legal. Surgiram conselhos de julgamento compostos por especialistas em Direito. Sobreveio a profissionalização do conhecimento, em contrapartida à obtenção dos cargos em decorrência das origens nobres. O saber passa a ter mais relevância no momento de assumir a função pública.

Luís IX, comumente chamado de São Luís, reinou na França de 1226 até a sua morte, em 1270. Seu poder esteve ameaçado por diversas forças, especialmente as do papado e dos senhores feudais.

Seu primeiro embate se deu com o papado. Ele foi auxiliado por um advogado, Gui Foucault (1190-1268), versado em Direito Civil e Canônico. Foucault organizou um regramento a fim de disciplinar, de modo favorável ao soberano francês, a relação entre o Estado e a Igreja. Em 1265, o próprio Foucault, com o prestígio da França, tornou-se papa, sob o nome de Clemente IV. Era mais um advogado sentando-se no trono de São Pedro.

No final do século XIII, encontra-se, na França, um grupo organizado de advogados, que ofereciam assistência jurídica. O rei francês Filipe III promulga, em 23 de outubro de 1274, uma norma visando a regulamentar a profissão. Entre suas principais preocupações constava o limite para cobrança de honorários. Proibia-se, inclusive, que o advogado acordasse dividir com o cliente o benefício eventualmente colhido no processo. Estabeleceu-se, ainda, que os pobres deveriam receber o auxílio legal gratuitamente.[14] Essa ordem de 1274 definia também que a conduta do advogado deveria ser breve, calma e respeitosa para com o juiz.

Em 1285, Filipe IV, conhecido como Filipe, o Belo, assume a coroa francesa. Contava apenas 17 anos. Undécimo rei capeto, extremamente ambicioso, ele segue disputando poder com a Igreja, com os senhores feudais e com as ordens de cavaleiros, notadamente os templários.

Filipe reúne um grupo de notáveis advogados para auxiliá-lo. Possivelmente, nenhum outro rei, até então, valera-se tanto de profissionais do meio jurídico. A administração do governo tornou-se sofisticada e burocrática.

Primeiro, o monarca decidiu oprimir alguns grupos ricos, porém desprovidos de poder, sobretudo os judeus e os lombardos. Seu próximo passo foi tomar o dinheiro da Igreja.

Em Roma, enfrentou o papa Bonifácio VIII — italiano nascido numa pequena cidade vizinha a Roma e que estudara Direito em Todi.

Bonifácio VIII jamais deixou de ser advogado. Publicou dezenas de estudos jurídicos. Foi muito aguerrido durante o seu pontificado, que enfrentou as aspirações dos monarcas por maior autonomia. Bonifácio VIII é lembrado por ser o papa enxovalhado por Dante na *Divina comédia*.[15]

Filipe havia organizado a administração francesa, notadamente em relação à cobrança de tributos, o que afetava o recolhimento de impostos da Igreja. Armou-se um conflito. Em 1301, o Santo Padre envia ao rei francês uma bula denominada *Ausculta fili*, isto é, "Ouve, filho", na qual defende o poder papal no que se refere à cobrança de impostos para a Igreja. A bula é respondida pelo advogado do rei, Guilherme de Nogaret, que em seguida, por conta de sua ousadia, é excomungado pelo pontífice.

Nogaret era filho de gente simples: seu pai foi um pequeno comerciante de Tolosa. Depois de se formar em Direito, começou sua carreira como conselheiro jurídico do rei de Maiorca. Adiante, passou a lecionar Direito em Montpellier. A partir da década de 1290, tornou-se consultor jurídico do rei francês. Pela sua competência, virou nobre em 1299 e, finalmente, em 1302, ganhou o título de "primeiro advogado do reino". A partir de então, orientado por seu consultor, todas as medidas de Filipe IV seguiam uma cuidadosa estratégia jurídica.

O rei francês revelou-se audaz e ardiloso. Sabia-se que o papa, no verão de 1303, preparava uma bula pela qual pretendia excomungá-lo. Conta-se que, na véspera da publicação da bula, na manhã de 7 de setembro, soldados franceses raptaram o Sumo Pontífice, que se encontrava na cidade de Anagni, na Itália, a cerca de 1.300 quilômetros de Paris. O papa, que contava 87 anos, é preso e espancado. Solto, morre poucos dias depois, em 1303. A bula contra o rei jamais veio a público.

O novo pontífice, Bento XI, seguia a mesma cartilha de seu antecessor. Naturalmente, buscou condenar os culpados pelo sequestro do antigo papa. O leal advogado de Filipe IV, Guilherme de Nogaret, assumiu sozinho as responsabilidades pelo ocorrido em Agnani, eximindo o rei da conspiração. O Santo Padre excomungou o advogado. Entretanto, em 1304, antes da publicação da sentença da Igreja, Bento morre subitamente, em circunstâncias jamais compreendidas. Nogaret distribui panfletos nos quais defendia que a justiça divina carregava os pontífices indignos.

Em 1305, elege-se um papa francês, Clemente V, nascido Bertrand de Gouth (1264-1314). Este, aliado de Filipe IV — a quem devia sua ascensão ao trono de São Pedro —, decide não se mudar para Roma. A sede do papado, então, é transferida para a cidade francesa de Avignon, onde permanece até 1377.

Clemente V, também formado em Direito, promove em 1309 um julgamento *post mortem* do seu antecessor Bonifácio VIII. Era um padrão de Filipe, o Belo, promover julgamentos de fancaria, a fim de justificar seus movimentos políticos. Bonifácio VIII teria sido condenado por atos heréticos, uma vez que se apresentaram testemunhas contrárias ao falecido pontífice. De todo modo, o julgamento nunca chegou ao fim. Ali adotou-se uma formalidade jurídica para chancelar a conduta do rei.

Na mesma época, Filipe IV envolveu-se em outro famoso processo judicial. Também nesse episódio o monarca se valeu de expedientes jurídicos para extirpar um problema de seu reinado. Naquele tempo, o poder real era confrontado pela rica e influente Ordem dos Templários. Filipe IV e seus advogados iniciaram um processo contra os templários e seus líderes, alegando que a ordem e seus membros haviam cometido um rosário de atos heréticos.

A ação inicial de Filipe, o Belo, seguiu seu padrão: em 13 de outubro de 1307, ordenou-se a surpreendente prisão de cerca de 2 mil cavaleiros. Estes foram pegos de surpresa. Um número ínfimo conseguiu escapar. A maioria foi encarcerada em solitárias, sem qualquer possibilidade de comunicação com o mundo externo. O plano foi extremamente bem executado. Tudo se deu em segredo e, simultaneamente, em toda a França.

Sob tortura, muitos cavaleiros templários confessavam atos evidentemente inverídicos, como a adoração de ídolos falsos, a prática de cuspir na imagem de Jesus e a pederastia generalizada — inclusive com o "beijo da vergonha" no pênis e nas nádegas do prior da ordem.

Jacques de Molay, o grão-mestre templário, escolheu, para sua defesa, um advogado chamado De Presles. O rei, entretanto, impediu que houvesse a representação. O grão-mestre quedou sem defesa adequada e foi submetido a um tribunal contaminado pela parcialidade. Ele e outros importantes membros da ordem foram queimados vivos, na Ilha de Javiaux, no Sena.

Filipe IV conseguiu dissolver a abastada e poderosa ordem a fim de confiscar seus bens — tratava-se do maior tesouro do norte da Europa.[16] Em 1308, Clemente V, por sua vez, anunciou que a maior parte dos bens dos Templários seria entregue ao rei Filipe IV, "em reconhecimento por levar a Ordem à Justiça". [17] Por meio de um teatro jurídico,[18] o rei dava ares de correção à arbitrariedade.[19] Embora reconhecesse que seu reino era regulado pelo Direito Romano, o monarca dizia que, em algumas situações (as quais ele, é claro, saberia identificar), aplicar-se-ia o costume, sedimentado pelo uso. Com isso, sempre lhe era possível alcançar seus objetivos.

Em 1327, estabeleceu-se na França um exame de admissão à classe de advogados. A partir de então, os advogados passaram a ter, naquele país, o monopólio de representação nos tribunais. Em 1344, nasce, também ali, uma ordem de advogados, como se fosse uma corporação.

Os membros dessa ordem, inicialmente, se reuniam numa confraria dedicada a São Nicolau e seu prior carregava uma vara — um *bâton* —, de onde se originou o termo *bâtonnier*, concedido ao líder da classe dos advogados.

Em 1418, foi a vez da cidade de Bruxelas regulamentar a atividade dos advogados. Segundo a regra, os advogados deveriam ser hábeis e idôneos — e não necessariamente apresentar formação jurídica. Esta última exigência apenas passou a existir na Bélgica a partir de 1501, quando se requisitava a comprovação da graduação por uma faculdade de Direito católica, admitindo-se, contudo, algumas exceções, como Bolonha.

No século XIV, em Bolonha, os estudiosos de Direito discutiam novas ideias. Isso se dava, em grande parte, porque algumas cidades italianas buscavam desenvolver um incipiente regime democrático.

Bártolo de Sassoferrato (1313-1357) liderou a escola dos chamados pós-glossadores em meados do século XIV. Os juristas passaram não apenas a copiar e comentar a lei romana, mas a criticá-la abertamente, registrando que, em muitos casos, ela já não se encontrava harmonizada com a sociedade daquele tempo. Ao jurista, defendia Bártolo, cabia estar atento aos fatos e sensível ao seu contexto. A lei romana não era imutável. Era função do jurista ajustá-la à realidade vigente. Esse conceito revelava-se especialmente importante diante das regras, contidas no *Corpus juris civilis*, referentes ao poder absoluto do governante. Essa ideia de total submissão à autoridade era confrontada com outra que começava a florescer: a da importância do indivíduo.

Na já mencionada disputa jurídica travada em Roncaglia, em 1158, o imperador alemão defendia sua absoluta autoridade precisamente com base nas leis romanas. Bártolo, quase dois séculos depois, defendia, também com argumentos jurídicos, a liberdade dos cidadãos de elegerem os próprios governantes. Para ele, a situação de fato, naquele momento histórico da Itália, era muito distinta da existente quando da edição das leis romanas. Logo, estas não poderiam ser aplicadas sem uma necessária adequação. Os fatos mudaram. A lei não poderia manter-se igual.

Tratava-se de uma forma de ver o Direito como um transformador social, e não apenas como um mero garantidor da ordem. Bártolo, ademais, escreveu um tratado no qual criticava a tirania; e, de forma precursora, entendeu que os cidadãos deveriam eleger o próprio *princeps*,[20] de sorte que a legitimidade desse governante derivava exatamente da indicação feita pela coletividade.

Bártolo ofereceu um fundamento jurídico consistente para que as cidades-Estado italianas defendessem sua soberania. Esse professor de Direito sustentou, com argumentos jurídicos, que os próprios cidadãos de uma cidade deveriam eleger quem os administraria, inclusive quem aplicaria as leis. Para muitos, Bártolo pode ser descrito como o "pai do direito internacional privado",[21] pois examinou a possibilidade de grupos de pessoas serem reguladas por ordenamentos distintos, de acordo com uma série de variantes.

Apesar da elaboração desse fundamento da soberania das cidades, sedimentado como estava em bases jurídicas, essas protorrepúblicas italianas perderam o viço em torno do início do século XIII. Numa constante luta com o imperador e a Igreja, as cidades-Estado da Lombardia e da Toscana acabaram perecendo pelos conflitos internos.

Em Verona, a família dos Montéquios lutou por décadas contra a oligarquia local, a fim de conquistar um poder que só seria alcançado, depois de muitas desgraças, em 1226. Shakespeare seguramente valeu-se dessa história para batizar uma das famílias em litígio, no seu clássico *Romeu e Julieta*. Esses confrontos intestinos entre facções e famílias foram crônicos nessas cidades — e a breve experiência de "liberdade" na Idade Média italiana degenerou no caos.

Uma famosa vítima desses conflitos internos foi o poeta Dante Alighieri (1265-1321). Em função de querelas políticas de sua cidade natal, o célebre florentino teve que sair para nunca mais voltar. No Canto VI do Purgatório, parte da seminal *Divina comédia* (1304-1308), ele trata exatamente da Itália anárquica e dividida:

> Na pobre Itália, entregue à tirania,
> qualquer tolo, servindo a uma facção
> já se julga um Marcelo ao fim do dia.[22]

A referência do poeta é feita à família romana dos Marcelos, cujos membros, no passado do esplendor romano, gozavam de muita autoridade.

Depois desse breve momento, com o ensaio da protodemocracia na Itália, deu-se então a assunção ao poder de famílias e facções oligárquicas, restabelecendo o modelo de poder clássico, no qual um grupo se mantém no comando, quase sempre por sucessão hereditária, sem consultas ao povo sobre os destinos do Estado.

Rapidamente, todas as cidades-Estado italianas passaram, a partir do final do século XIII, a ser controladas pelos *signori*. A ideia de democracia fora, naquele contexto histórico, afastada. Por outro lado, surgia um Estado mais forte, capaz de assegurar a aplicação da lei.

A Revolução Protestante

"Teme ao Senhor, filho meu, e ao rei,
e não te ponhas com os que
buscam mudanças."
PROVÉRBIOS 24, 21

"Toda alma esteja sujeita aos poderes
superiores, porque não há poder que não venha
de Deus;
e os poderes que existem foram ordenados
por Deus.
Por isso, quem resiste aos poderes resiste à
ordenação de Deus; e os que resistem trarão sobre
si mesmos a condenação."
ROMANOS 13, 1-2

No século XIV, criticar a Igreja era um tabu. Quem quer que levantasse algum tema contra o apostolado sofreria sanções terríveis, que variavam da exclusão social à fogueira. A vida sem críticas leva, em regra, aos excessos. E foi exatamente o que aconteceu com os membros do clero. Uma série de péssimos hábitos foram sedimentados, como a venda de indulgências e uma vida nababesca nas cortes clericais.

As indulgências vendidas pela Igreja na Idade Média se relacionam a uma visão contratualista da relação entre Deus e o homem. Imaginava-se que o homem, por ser pecador, sempre devia a Deus. O pagamento se daria no momento da morte, quando o pecador iria para o purgatório — e, em casos mais graves, para o próprio inferno.

A confissão, por meio da qual o homem confessava a um padre suas faltas, era uma forma de garantir o perdão divino. Porém, essa absolvição não era integral: subsistia uma parte da dívida, um "saldo devedor", com o Ser Supremo. Essa quitação, ainda em vida, poderia ser obtida por meio de penitências, como jejuns, vigílias, peregrinações e esmolas. Pois bem: essa "doação" à Igreja era também uma forma de lucrar com a remissão das penas atreladas aos pecados já perdoados em confissão. A indulgência, por sua vez, consistia no certificado, emitido pela Igreja, no qual se garantia essa remissão, geralmente em troca de uma doação do pecador em benefício da cúria. Tratava-se de uma purificação pela contraprestação em dinheiro.

Com o tempo, o abuso da cobrança de indulgências se exacerbou. E foram os corajosos advogados da época quem, em primeiro lugar, se insurgiram contra a situação.

Dentre os professores de Direito Canônico de Oxford, John Wycliffe (1328-1384) acabou desempenhando um papel fundamental como crítico da Igreja. Wycliffe condenou abertamente a riqueza e a opulência do alto clero. Naquela época, a sede do papado tinha sido transferida para Avignon, na França, onde ficou de 1309 a 1377. Nesse mesmo período, a Inglaterra e a França travavam a Guerra dos Cem Anos, de sorte que, para os ingleses, tudo o que vinha da França era visto com natural preconceito, mesmo que fosse o papa. As palavras de Wycliffe ganharam enorme repercussão.

Como era de se esperar, o papa francês Gregório XI (1329-1378) condenou a conduta de Wycliffe. O jurista inglês, contudo, recebeu apoio em seu país e prosseguiu com sua pregação.

Wycliffe iniciou um projeto de tradução da Bíblia para o inglês e obteve adesão de seguidores dedicados a propagar os ensinamentos cristáos. Esses seguidores, chamados lollardos, vinculavam-se a um estrito voto de pobreza. Wycliffe terminou sua tradução da Bíblia para o inglês, mas, como sua produção precedeu a "era Gutenberg" — não havia imprensa e eram feitas apenas cópias manuais do texto —, a obra não foi disseminada, ao contrário do que aconteceria, pouco mais de um século depois, com a tradução da Bíblia para o alemão levada adiante por Lutero.

Com o envolvimento dos lollardos, o ano de 1381 assistiu a uma grande insurreição social na Inglaterra. Isso repercutiu entre os nobres ingleses, e Wycliffe foi obrigado a abandonar sua cátedra em Oxford. O jurista e teólogo morreu três anos depois, mas sua mensagem manteve-se viva, sendo ele considerado o precursor das reformas religiosas.

A revolta dos lollardos foi liderada por um padre radical de nome John Ball (1338-1381), que pregava, de forma cruel e intolerante, uma reação violenta contra a classe dominante. O grito de guerra dos insurrectos, antecipando Shakespeare, era: "Morte a todos os advogados! John Ball irá tocar seus sinos!"[1] Na ocasião, os lollardos invadiram Londres e o Temple Inn, conhecida guilda de advogados, onde queimaram papéis. Também abriram as grades da prisão de Fleet, a mais importante da época, em Londres. Os representantes do mundo jurídico eram identificados, já naquele momento, como os maiores adversários da revolução.

A revolta de 1381 foi dispersada e seus principais líderes condenados à morte.

A discussão com a Igreja passava também pela cultura. Naquela época, como se sabe, a Igreja tinha o papel de filtrar qualquer tema ou movimento, inclusive para interpretá-los. Aos poucos, num despertar que se inicia no século XIV, mas que ganha força no século seguinte, o homem passa a olhar para a antiguidade clássica — um mundo que precedeu o advento do cristianismo — como um modelo. Reconhecia-se a beleza artística e a profundidade dos pensadores antigos, que se manifestaram sem a intervenção da Igreja. Dá-se o nome de Renascimento a esse importante movimento. Os advogados estavam no epicentro dessa agitação pré-renascentista.

Coluccio Salutati (1331-1406), humanista italiano, estudara Direito em Bolonha. Culto e curioso, iniciou carreira de burocrata em algumas cidades da Toscana até chegar a Florença, onde ficou de 1375 até a sua morte. Amigo próximo de Giovanni Boccaccio e Petrarca, Coluccio estimulou o estudo da literatura pagã e do grego, o que permitiu a tradução de clássicos até então desconhecidos no Ocidente. Foi, assim, um dos líderes do movimento humanista.

Conhecedor das leis, Coluccio Salutati não apenas escreveu uma série de tratados — entre eles *De tyranno* (1400), no qual critica a arbitrariedade do soberano —, como também assumiu destacado papel na administração e na diplomacia florentina.

Foi também um advogado, Leonardo Bruni (1370-1444), quem ajudou a disseminar grandes clássicos gregos, pois havia traduzido obras de Aristóteles e Platão. Bruni sucedeu Coluccio Salutati, de quem era discípulo, no cargo de chanceler de Florença. Esse advogado, com base em pergaminhos e estudos de textos recém-descobertos e traduzidos, passou a defender a tese de que Florença não fora fundada por Júlio César, o que se acreditava até então, mas por veteranos de guerra nos últimos anos da República romana. Com isso, fortalecia-se a vocação florentina de respeito à liberdade — Florença, afinal, não era uma cidade criada pelo grande líder romano, mas por ex-combatentes, que buscavam uma sociedade mais equânime.

Entre os humanistas formados em Direito, Poggio Bracciolini (1380-1459) se destacou por garimpar manuscritos clássicos — de Quintiliano, Lucrécio, Plauto, entre outros[2] —, muitos deles perdidos em mosteiros europeus, para em seguida traduzi-los.[3] Bracciolini, com razão, é considerado um dos mais importantes nomes do renascentismo — e uma das mais relevantes façanhas desse advogado foi ter resgatado e traduzido um poema de Lucrécio, *De rerum natura*, no qual se apresenta o conceito de átomo, abrindo as portas para muitas outras discussões.

Leon Battista Alberti (1404-1472), por sua vez, pode ser apresentado como o protótipo do homem renascentista. Formado em Direito pela Universidade de Bolonha, Alberti foi um polímata: arquiteto, matemático, músico, pintor, linguista, filósofo...[4] E, entre outras atividades burocráticas, chegou a ser consultor do papa Nicolau V.

Outro advogado humanista foi Lorenzo Valla (1407-1457), cujo pai, Luciave, também advogado, trabalhara diretamente para o papado. Estudioso de Direito Romano, Valla ocupou-se em demonstrar que a chamada "Doação de Constantino" não passava de uma falsificação.

A Doação de Constantino foi um decreto imperial, atribuído ao imperador romano Constantino e datado de 315, no qual se transferia ao papa Silvestre I (285-335) uma enorme vastidão de terras, em especial a Sé de Roma. Esse documento "aparece" no final do século X (embora haja uma alusão a ele em uma correspondência do papa Adriano I com o imperador Carlos Magno, em 778). A partir do surgimento físico do decreto, passa a ser referido constantemente pela Igreja como fundamento de sua propriedade sobre a incomensurável área na península itálica.

Lorenzo Valla, num estudo técnico apresentado em 1440, desmascarou aquela doação, revelando a origem medieval do documento. Adotou, para isso, diversos argumentos filológicos, sempre se valendo da formalidade técnica. Inicialmente, o imperador não poderia realizar uma tal doação, assim como o papa não tinha legitimidade para aceitar aquele bem. Entretanto, o que acabou sendo definitivo para reconhecer a fraude foram anacronismos encontrados no texto. O latim empregado não era o utilizado na época do suposto documento, e uma série de termos sequer haviam sido introduzidos. O trabalho do advogado retirou da Igreja o alicerce de seu pleito, o que teve enormes consequências políticas.

Nessa virada renascentista, o milanês Andrea Alciato (1492-1550), outro oriundo da Faculdade de Bolonha, foi um profícuo escritor e professor de Direito. João Calvino, e até o próprio rei Francisco I, assistiram a suas aulas. Adiante, Alciato trocou a Itália pela França.

Alciato insistia que os advogados deveriam embrenhar-se nos *studia humanitatis*, ou seja, nos estudos das humanidades. Apenas assim, defendia ele, poder-se-ia compreender melhor o fenômeno jurídico. O currículo sugerido, que passava pela literatura clássica, era composto por cinco matérias: retórica, poesia, gramática, história e filosofia natural.

Alciato logrou grande importância ao levar, junto com seus ensinamentos, os conceitos humanistas para a parte norte dos Alpes. Em Bourges, onde lecionou, influenciou Guilherme Budé (1467-1540), que veio a liderar o movimento de humanismo legal francês. Budé, em 1508, publica suas anotações aos *Pandectas*, difundindo, com o viés filológico e histórico, o Direito Romano na França.

Também egresso da Faculdade de Direito de Bolonha, Ulrich von Hutten (1488-1523) traduziu para o alemão, sua língua de origem, o trabalho de Lorenzo Valla a respeito da Doação de Constantino. Evidentemente, com isso Hutten pôde criticar a Igreja, que, em rigor, buscara valer-se de um documento falso para garantir a propriedade de uma imensidão territorial. O próprio Lutero citou o trabalho de Hutten, que naturalmente se harmonizava com suas reivindicações. O advogado Hutten foi o precursor do movimento reformista liderado por Lutero.

Martinho Lutero (1483-1546) iniciou os estudos de Direito na Universidade de Erfurt. Não os completou. Diz a lenda que o curso foi interrompido para que Lutero pudesse pagar uma promessa. Ao que parece, o então jovem estudante de Direito voltara da casa de seus pais para a faculdade quando, no meio da estrada, foi surpreendido por uma fortíssima tempestade. Um raio caiu justo a seu lado, jogando-o no chão. Assustado, Lutero prometeu a Santa Ana que, se escapasse da tormenta, tornar-se-ia monge. Para a tristeza de seus pais, Lutero cumpriu a promessa. Abandonou o curso de Direito e imediatamente ingressou num mosteiro agostiniano.

Os estudos jurídicos, seguramente, foram fundamentais para o reformador. A partir da leitura de uma frase do Salmo 71 — *in iustitia tua libera me*, isto é, "na Tua justiça obterei a libertação" —, ocorreu a Lutero oferecer uma interpretação diferente daquela preconizada pela Igreja. Ao invés de essa libertação ocorrer pela via punitiva — pois se entendia que a justiça divina era alcançada pela expiação —, ela poderia dar-se pelo perdão.[5] Tratava-se, assim, de uma outra forma de apreciar o salmo, que abria um novo caminho para a relação entre o homem e Deus.

Na época de Lutero e Hutten, a cidade de Friburgo tinha um grande líder dos estudos jurídicos: Ulrich Zasius (1461-1536). Zasius formulou tecnicamente a estrutura jurídica da relação da sociedade feudal. Sustentou que o soberano não possuía poder absoluto em relação aos seus súditos. Ao contrário, encontrava-se limitado pelas leis. Segundo o jurista, a causa da justiça legitima o governante. Inicialmente, Zasius apoiou Lutero, embora depois, a partir de 1521, tenha-se posicionado em favor da Igreja.

No dia 31 de outubro de 1517, Lutero, então um jovem pregador — com passagem pela faculdade de Direito de Erfurt e com o título de doutor em teologia —, escreve a seu superior, o bispo Alberto de Mainz, protestando contra a venda de indulgências. Nessa correspondência, inclui suas 95 teses. Em seguida, afixa essas teses na porta da Igreja de Santa Maria, em Wittenberg. O local funcionava como um quadro de avisos da universidade situada naquela cidade.[6] Lutero se aproveitou do momento mais oportuno: no dia 1º de novembro, em que se comemora o Dia de Todos os Santos, era costume da Igreja exibir as suas relíquias ali, o que atraía multidões.

Nessas teses — também conhecidas como *Disputatio pro declaratione virtutis indulgentiarum* —, que se assemelhavam a um documento jurídico, Lutero propõe um debate acadêmico e denuncia a venda de indulgências pela Igreja.

Como já se adiantou, a indulgência, segundo a definição do Direito Canônico, era a "remissão da pena temporal devida pelos pecados, já perdoados quanto à culpa, que o fiel, devidamente disposto e sob determinadas condições, compra com a permissão da Igreja. Esta, como ministra da redenção, distribui e aplica, com autoridade, o tesouro das graças de Cristo e dos Santos". Ao fim, tratava-se do perdão dos pecados mediante uma contribuição financeira. A partir dessa prática advieram os mais diversos abusos.

Naquela época, esse "comércio sagrado" se acentuou, até mesmo pela necessidade de se recolherem fundos destinados à construção da Basílica de São Pedro, no Vaticano. Em 1515, o papa Leão X (1475-1521) nomeia Johann Tetzel como seu comissário, autorizando-o a conceder indulgências no território de Brandemburgo. Tetzel, avidamente, sai em missão pela Alemanha pregando o refrão: "Quando uma moedinha na caixa ressona, uma alma o purgatório abandona." Tratava-se de uma forma de compra e venda.[7]

Lutero defendia, por exemplo, que quem se arrependesse legitimamente receberia o perdão pleno de Deus e, portanto, não precisaria pagar indulgências à Igreja. Naquela época, grassava indistintamente a prática de a Igreja isentar os pecadores de penitência mediante uma contribuição financeira. Para Lutero, isso constituía um acinte.

Instaurou-se a polêmica, que chegou ao próprio papa Leão X. Segundo a lenda, o pontífice — membro da família Médici que sequer era sacerdote — teria dito que "o alemão [referindo-se a Lutero] mudará de opinião quando estiver sóbrio". Mas o jovem teólogo — que, de fato, apreciava a boa cerveja da Saxônia —, com conhecimentos de Direito, não arredou. Ao contrário, sempre de forma técnica, insistiu na convicção de que a Igreja não poderia cobrar pelas indulgências. Com isso, Lutero questionava o poder do papa e sua suposta "infalibilidade", cujos termos só viriam a ser definidos dogmaticamente no Concílio Vaticano I.

A Igreja buscou rapidamente condenar Lutero, mas este se encontrava em Wittenberg, sob a proteção de alguns príncipes germânicos. Em 1520, quando recebe a bula papal de excomunhão, Lutero queima publicamente o documento. Era um ato político.

Decidiu-se que Lutero seria submetido a julgamento, o qual não aconteceria em Roma, como era o desejo do papa, mas na cidade de Worms, às margens do Reno. O próprio imperador Carlos V, na época ainda muito jovem, presidiria o tribunal — e ele tinha interesses políticos na condenação do monge por heresia.

Carlos V, que já era o imperador da Áustria, Borgonha, Espanha, Nápoles e da Sicília, em 1520 teria "comprado" o cetro do Sacro Império Romano-Germânico por 852 mil gordas moedas — *guldens* — de ouro,[8] derrotando as pretensões de Francisco I, da França, de Henrique VIII, da Inglaterra, e de Frederico III, da Saxônia, que também desejavam a honraria.

Naquele momento histórico, havia um aberto dissenso entre a Igreja e o imperador, que apenas se agravou nos anos seguintes. O sucessor de Leão X no trono de São Pedro foi Clemente VII (1478-1534), outro Médici, que teve um curto e desastroso pontificado. Sua péssima relação com o imperador Carlos V foi um dos grandes trunfos do movimento protestante.

O tribunal de Worms se instaurou em janeiro de 1521, logo após o momento em que o papa, por meio de bula *Decet Romanum Pontificem*, excomungou Lutero. As sessões ocorreram até maio daquele ano. Para surpresa de Carlos V e dos membros da Igreja, um enorme número de nobres alemães, todos favoráveis a Lutero, foram assistir ao julgamento. Muitas pessoas, gente do povo, seguiram o monge.

Lutero, corajosamente, compareceu a Worms. Foi de fato audacioso, pois, antes dele, outro famoso crítico da Igreja, Jan Hus (1369-1415), que iniciara um movimento com base nas ideias do advogado John Wycliffe, obteve um salvo-conduto para discutir suas ideias e defender seus pontos de vista, mas acabou condenado à morte e executado na fogueira.

A corte instalada em Worms era cheia de pompas. Os representantes da Igreja vestiam roupas suntuosas e adornadas com bordados coloridos, bem como chapéus elaborados; também portavam anéis e crucifixos de ouro, com pedras preciosas incrustradas. Lutero se apresentou, no dia 16 de abril de 1521, com uma túnica simples e a cabeça tonsurada. O contraste do vestuário já causava grande impressão.

O assistente do bispo de Tréveris coloca sobre uma mesa todos os escritos de Lutero. Ato contínuo, pede confirmação da autoria e ordena a Lutero que retire daqueles documentos toda a heresia neles contida. Lutero hesita. Pede-lhe tempo para refletir sobre o que fazer. O imperador, que presidia a assentada, concede o prazo. Lutero se recolhe para rezar.

No dia seguinte, a sessão recomeça com o acusador lançando um repto a Lutero: "Repele tuas obras e a heresia que nelas existe!" Lutero, contudo, estoicamente confirma suas denúncias acerca dos excessos da Igreja. Diz-se que Lutero teria registrado: "Nada posso fazer senão seguir a minha consciência." E ainda: *Hier stehe ich. Ich kann nicht anders.* "Aqui estou. Não poderia fazer diferente."

Aquele era um grande momento da história da humanidade. Um homem, movido por seus ideais, desafiava o sistema. Ele simplesmente não podia agir diferente.

Com o imperador atônito, o representante do papa ainda tentou obter a condenação de Lutero por tentar interpretar a Bíblia, o que era, e ainda se diz ser, tarefa exclusiva da Igreja. Lutero, então, abandona o latim — até o momento, em todas aquelas manifestações, usava-se a língua latina —, para falar em seu próprio idioma: o alemão. O pregador rejeita a autoridade dos papas, mostrando, como um advogado, quantas vezes eles haviam entrado em contradições.[9] As Escrituras Sagradas eram a própria verdade, para quem as quisesse ler.

Conta a lenda que Lutero virou as costas e se foi. Deixou para trás a Igreja e o imperador. Este, afrontado, buscou tomar providências contra o notório contestador. Contudo, não encontrou apoio entre os nobres germânicos. Isso não o impediu de lançar o Édito de Worms, em que declara Lutero fugitivo e herege.

Lutero conquistara a simpatia do povo e de seus líderes. Na noite em que Lutero deixou a corte de Worms, a pequena cidade foi coberta de cartazes com o desenho de um sapato de camponês — símbolo da simplicidade e da revolta contra a Igreja.

Em seguida, o imperador e a Igreja perseguem Lutero. Buscam-no como proscrito e fora da lei. Determinam que quem o encontrasse deveria matá-lo. O monge e ex-estudante de Direito se homizia até 1522 no Castelo de Wartburg, protegido pelo respeitado Frederico III, da Saxônia. Foi ali que Lutero trabalhou e concluiu sua tradução da Bíblia para o alemão. A versão da Bíblia de Lutero ajudou extraordinariamente a difusão das Escrituras entre o povo alemão — e serviu, tal como a *Divina comédia* para o italiano, para sedimentar aquela língua.

A grande mensagem de Lutero era a de que a graça de Deus era um presente que não reclamava qualquer contraprestação. Tratava-se de uma bênção pura, pela qual nada poderia ser cobrado — muito menos alguma remuneração financeira, como fazia a Igreja daquela época. Sua forma de argumentar o perdão livre e uma generosidade absoluta incomodava profundamente a Igreja, assim como a ideia de que o homem poderia, por si mesmo, interpretar as Escrituras Sagradas, incutindo com isso as sementes do individualismo na alma moderna.

Foi Lutero quem, pela primeira vez, defendeu a separação entre Estado e Igreja. Para ele, a questão religiosa era pessoal, um assunto privado. Segundo Lutero, o Estado, embora devesse atuar em harmonia com os princípios colhidos do Evangelho, como o amor, o perdão e a tolerância, deveria ser também forte o suficiente para manter a ordem pela força.[10]

João Calvino (1509-1564) foi, para os franceses e suíços, o que Lutero representou para os alemães. Calvino era advogado de formação — assim como seu pai, que fora advogado do bispado. Em 1529, assistiu a aulas de Andrea Alciato em Bourges. Completou seu curso de Direito em 1532, na Universidade de Orleans. Calvino pouco praticou a advocacia, mas tornou-se jurista.

Em 1533, o reitor da Universidade de Paris, Nicolas Cop, proferiu o discurso inaugural do ano letivo aos representantes das quatro faculdades: Direito, Medicina, Teologia e Artes. As palavras do reitor traziam referências às questões suscitadas contra a Igreja, notadamente despertadas pelas teses de Martinho Lutero. O resultado do discurso foi a expulsão do reitor, que se viu forçado a fugir para a Basileia, na Suíça. João Calvino, que simpatizava com as ideias protestantes, seguiu o mesmo destino.

Em Genebra, no ano de 1536, Calvino apresenta sua *Instituição da religião cristã* (ou, simplesmente, *Institutas*), na qual indica uma forma própria de catecismo e piedade. Tratava-se de um manual de instrução cristã, um resumo doutrinário, cacoete de advogado. Em suma, Calvino acredita que não seria possível reformar a Igreja, pois esta já estaria totalmente degradada. Seria necessário criar uma nova instituição, sem luxos, sem regalias, que preconizasse uma vida igual àquela dos primeiros cristãos.

Sempre atento aos conceitos jurídicos, Calvino, embora reconhecendo a necessidade de respeitar a autoridade estatal, registra que as regras devem ser observadas, desde que não expressem crueldades e superstições.

O movimento protestante rapidamente se expandiu. Muitos Estados de pequeno e médio portes, notadamente a Alemanha, viram nele a oportunidade de se libertar do domínio da Igreja. Por exemplo, um dos fundadores da ciência jurídica na França, Charles Dumoulin (1500-1566), por conta de sua inclinação calvinista, viu-se forçado, quando começou a perseguição aos protestantes, a fugir para Estrasburgo, onde lecionou Direito. Foi um pensador independente, que criticou a Igreja e o sistema feudal. A partir do estudo do Direito Romano, tratou, de forma precursora, do Direito francês propriamente dito.

Thomas More (1478-1535), também designado Morus ou Moro, filósofo, estadista, humanista, iniciou sua carreira como advogado. Seu pai também fora um advogado bem-sucedido que se tornara juiz. Londrino, por conta de sua competência nos tribunais, Morus ascendeu politicamente até chegar ao cargo de chanceler do rei Henrique VIII, uma espécie de ministro da Justiça.

Católico fervoroso, ele entrou em conflito com o rei Henrique VIII quando este, em 1534, rompeu com a Igreja, o que se deu, entre outros motivos, porque desejava regularizar sua separação de Catarina de Aragão e seu casamento com Ana Bolena.

Por causa de sua postura, Morus acaba condenado à morte. Ao ser executado, em 1535, teria dito que "morria como bom servidor do rei, mas de Deus primeiro". De fato, o advogado estabelecera sua hierarquia de poderes e acabou morrendo por respeitar essas regras.

Em 1516, Erasmo de Roterdã publica um livro de Thomas Morus: *Utopia*. Embora a obra seja publicada em latim, *Utopia* significa, em grego, "lugar nenhum", um "não lugar" ou, ainda, o lugar que não pode ser. Apesar da repercussão do livro, sua edição em língua inglesa, curiosamente, só aparece em 1551.

O livro trata de uma viagem imaginária de certo Rafael Hitlodeu a uma ilha chamada Utopia — que, não por acaso, se localiza na América. Na sociedade de Utopia, não havia espaço para o fanatismo religioso. Existia, antes, plena tolerância com todos os credos, e "nenhum homem será culpado por raciocinar sobre a manutenção de sua religião". O governo zelava pelo povo. A propriedade e o dinheiro não eram os maiores valores. A guerra só se justificaria para que um povo se apoderasse de terras de outro povo quando essas terras fossem incultas, sem aproveitamento. More, portanto, já enunciava, no começo do século XVI, o conceito da função social da propriedade. Segundo More, a única forma de salvação pública se dava pela "igual repartição do dinheiro".[11] Ainda nesse trabalho, o advogado diz que, naquele país imaginado, o príncipe, uma vez eleito, teria cargo vitalício, mas desde que não se transformasse num tirano.[12] *Utopia* trazia consigo a ideia de que era possível haver uma sociedade mais justa.

Contemporâneo de More, com quem travou uma fervorosa polêmica literária, o advogado inglês Christopher St. Germain (1460-1540) também foi precursor nas discussões entre o Estado e a Igreja. Membro da guilda de advogados do Inner Temple de Londres, publicou, em 1532, um trabalho questionando a autoridade eclesiástica. Sua obra ganhou certa popularidade quando, pouco depois, em 1534, o rei Henrique VIII rompeu com Roma.

Logo se revela o papel admirável dos advogados na defesa das liberdades individuais, notadamente contra os excessos da Igreja ocorridos naquele momento histórico. O movimento protestante, antes de tudo, trazia a mensagem de que era possível questionar a ordem vigente — e isso se justificava pelo direito de o homem encontrar as próprias verdades, de procurar e fazer justiça.

Em pouco mais de cem anos desde o início da difusão das ideias protestantes, aproximadamente a metade da Europa havia se convertido a elas.

Lutero e Calvino tiveram a seu favor, para isso, uma ferramenta fantástica, desenvolvida havia pouco no Ocidente. Em meados do século

XV, na Mogúncia — ou Mainz —, inventou-se um processo de impressão com tipos móveis. Assim, para que houvesse um livro, não era mais necessário que uma pessoa o copiasse à mão — o que demandava um longo tempo, além de tornar o livro um artigo raro e, logo, muito caro (em termos relativos, um livro custava para o homem da Idade Média o preço de um carro para o homem contemporâneo). A imprensa permitiu a produção dos livros em massa. Tamanha foi a importância desse invento que, em 1999, leitores do jornal inglês *Sunday Times* votaram em Johann Gutenberg (1400-1468), a quem se atribui o desenvolvimento da imprensa, como o "homem do milênio".

Johannes Gensfleisch provinha de uma rica família de mercantes, original de Mainz mesmo, na Alemanha. Como a residência de sua família era conhecida como Hof zum Gutenberg, Johannes era comumente chamado de Gutenberg.

Gutenberg se notabilizou pelo talento como lapidador de pedras preciosas. Todavia, seu tino comercial e criatividade o levaram muito mais longe — mas não sem envolvê-lo em problemas jurídicos.

No começo de sua vida profissional, Gutenberg mudou-se para Estrasburgo, a 170 quilômetros de Mainz, sua cidade natal. Isso se deu porque Gutenberg imaginava explorar uma invenção sua. Em toda a Europa, as Igrejas atraiam fiéis com a exposição de relíquias de santos.[13] Eram tantos peregrinos que estes não conseguiam, na maior parte das vezes, se aproximar da relíquia. Assim, eles compravam um desenho do artefato comumente acoplado a um espelho, que era apontado, mesmo que de longe, ao objeto exposto. Gutenberg, com seu talento de artesão, conseguiu imprimir esses desenhos de relíquias e vendia seu trabalho com razoável sucesso.

Como se sabe, a imprensa, como forma de reprodução gráfica de uma imagem, não foi "inventada" na Europa. O conceito já fora explorado muitos séculos antes pelos chineses. Ao produzir esses desenhos de relíquias, embora tenha aprimorado a impressão, Gutenberg apenas dava destinação comercial a uma ideia antiga. A grande inovação veio em seguida.

Antes disso, porém, Gutenberg foi obrigado a ajuizar uma ação contra a cidade de Mainz, porque esta deixou de pagar a pensão que fora estabelecida para sua família. Gutenberg ganhou a demanda. Entretanto, foi réu numa outra ação judicial, proposta pelo pai de uma moça a quem Gutenberg supostamente teria prometido casamento. Neste caso, Gutenberg parece também ter se saído bem, mas precisou indenizar uma das testemunhas do caso, por ele ofendida durante o julgamento. Gutenberg também teve de adotar medidas legais a fim de garantir o direito de produzir suas impressões de relíquias, o que fora contestado por guildas locais. Ainda no desenvolvimento de suas técnicas, viu-se por fim impelido a formular contratos complexos por meio dos quais visava a evitar que os seus métodos de impressão fossem copiados por seus empregados e colaboradores.

Além de simplesmente reproduzir a imagem de relíquias, Gutenberg teve a ideia de usar, nas suas impressões, caracteres móveis. Estes não eram feitos de madeira, mas de uma liga de metal. Além disso, para que a imagem saísse perfeita, revelava-se necessário que a imprensa oferecesse maior pressão, o que foi obtido pelo uso de uma prensa de vinho. A série de melhorias ao conceito elaboradas por Gutenberg catapultou a qualidade do objeto impresso. O produto tornou-se muito melhor.

Inicialmente, Gutenberg publicou panfletos. A Igreja viu com bons olhos a inovação. Centenas de documentos de indulgência foram impressos. O primeiro deles foi feito em nome do papa Nicolau III e tinha por objetivo obter fundos para a defesa do Chipre.[14] Depois, a ideia de imprimir as indulgências virou endêmica.

Em 1455, com mais aprimoramentos, Gutenberg prensou a Bíblia em latim. Tratava-se de uma proposta mais ambiciosa, até mesmo pelo tamanho da obra. Imprimiu 180 exemplares, contendo 1.283 páginas, com 42 linhas cada uma. O mundo mudou.

Rapidamente, livros e panfletos, valendo-se da nova tecnologia, se espalharam pela Europa. Permitiu-se a um número muito maior de gente o acesso à palavra escrita. Era um incentivo ao aprendizado da leitura. Lutero, durante trinta anos, produziu 544 separatas, livros e panfletos.[15]

Desses, apenas uma pequena parte foi escrita em latim — a maioria das publicações era em alemão, de sorte que a mensagem atingia um número muito mais amplo de pessoas.

Enquanto Erasmo escrevia em latim para atingir um público mais limitado, pois apenas os eruditos dominavam a língua, Lutero optou por elaborar seus trabalhos na língua que seria compreendida pelo povo, embora isso apenas atingisse, em um primeiro momento, o universo germânico. Foi essa uma escolha acertada, semelhante à que São Jerônimo fizera ao escolher o latim mais singelo — mais vulgar — para verter a Bíblia, originalmente em grego. A versão de São Jerônimo foi chamada *Vulgata* exatamente porque se destinava a ser compreendida e divulgada para o povo, o que não teria ocorrido caso se optasse por um latim erudito. Lutero, pois, seguiu esse mesmo conceito. Escreveu não em seu dialeto saxão e ainda traduziu a Bíblia para esse dialeto simples, que acabou por se tornar o padrão da língua alemã.

Entre 1534 e 1574, há registros de que um impressor, Hans Luft, vendeu 100 mil cópias da Bíblia de Lutero — inicialmente publicada em 1522. Acredita-se que o *Catecismo* de Lutero obteve um sucesso editorial ainda superior.

Diferentemente do que acontecera com outros descontentes e hereges, a Revolução Protestante teve ao seu lado a imprensa escrita. Como registra Burke, pouco teria adiantado à Igreja queimar vivo Lutero ou Calvino, uma vez que suas obras estavam disseminadas por livros e panfletos. A Reforma, por essa exposição gráfica, tornara-se uma "revolução permanente".[16]

A Universidade de Wittenberg fora fundada em 1502 pelo Eleitor da Saxônia. Ao tornar-se ela centro de estudos, seguiram para lá professores, estudantes — como, na literatura, o Hamlet de Shakespeare — e impressores, entre eles Johann Rhau-Grunenberg, que publicou os primeiros trabalhos de Lutero em 1516 (antes do lançamento das famosas 95 teses contra as indulgências, o que só viria a ocorrer no ano seguinte).

A imprensa permitiu que as pessoas do povo pudessem ter as próprias Bíblias. Pelo acesso material, a Reforma Protestante deu-lhes a capacidade de questionar as interpretações das Escrituras Sagradas. A "palavra" era divina, mas a sua interpretação cabia ao homem. O homem, assim, era convidado a buscar a essência da palavra de Deus. Incentivando a leitura da Bíblia, propagou-se a ideia de que todos tinham acesso direto ao divino, sem a necessidade de intermediação de clérigos. Esse movimento, segundo Lutero, promovia o "sacerdócio de todos os crentes".[17]

O protestantismo trazia consigo a ideia de que não era pecado criticar a autoridade da Igreja, convidando os fiéis a olhar Deus pelos seus próprios olhos. Se Deus poderia ser questionado, com muito mais razão podia-se questionar a autoridade terrena. O movimento protestante, portanto, foi o responsável direto pelo nascimento do individualismo moderno. A leitura livre da Bíblia permite ao homem expressar sua opinião nessa matéria. Tal como num exercício jurídico, o homem é chamado a interpretar o que lê — mesmo que essa leitura seja a das Escrituras Sagradas.

O Iluminismo jurídico: o Direito Natural

> "Os homens são todos iguais no governo republicano; são iguais no governo despótico: no primeiro, porque são tudo; no segundo, porque não são nada."
>
> Montesquieu

O Iluminismo, delimitado pelos historiadores de meados do século XVII ao final do século XVIII, foi um movimento, liderado por intelectuais, no qual se enaltecia a razão. De certa forma, os advogados antecederam esse movimento — e forneceram fundamentos para que ele pudesse florescer.

Niccolò di Bernardo dei Machiavelli (1469-1527), historiador, diplomata e poeta, não era advogado. Seu pai, Bernardo, o foi. Maquiavel nasceu em Florença em 1469, em meio à ebulição do movimento renascentista. Inicialmente, trabalhou como burocrata, no serviço civil de sua cidade, quando teve necessariamente que se assenhorar de conceitos jurídicos. Ingressou na política quando os Médicis governavam Florença. Entre 1512 e 1513, Maquiavel escreveu *O príncipe*, sua obra mais conhecida, na qual oferece lições ao governante.[1] Apresentou-se uma nova forma de tratar da política. Maquiavel, como renascentista, preconizava uma análise da *verità effettuale*, isto é, da efetiva verdade das coisas. Colocava a importância da *fortuna* num plano secundário. O destino de um governante, acima de tudo, se relaciona aos seus atos, que devem ser vistos de forma objetiva. Deve-se apreciar a virtude. *Virtus* deriva de *vir*, isto é, homem. Ser virtuoso, em última análise, significa ser humano.

A virtude se confronta com a *fortuna*. A *fortuna* é a sorte, o acaso, os desígnios divinos, sobre os quais não temos controle. Ao mostrar sua virtude, o homem se coloca como senhor do seu destino, e não um títere dele. Como, por meio de atos virtuosos, o destino é algo que o homem pode influenciar, é necessário compreender os fatos como eles são. Apenas com uma análise crítica da realidade, pregava o florentino, poderia ser garantida a ordem, evitando-se o caos.

Ao que tudo indica, há uma dose de aparente cinismo nas preleções de Maquiavel aos governantes. Há quem defenda, como Rousseau, que "Maquiavel, fingindo dar lições aos Príncipes, deu grandes lições ao povo".[2]

Francis Bacon (1561-1626) não entendia Maquiavel como promotor do mal, porém apenas como alguém que o descrevia. Entretanto, muitos o viram como um pensador frio e insensível, a serviço dos governantes, ensinando-os a manter-se no poder.

Shakespeare leu Maquiavel, autor bastante difundido à época. O Bardo o qualificou como *The Murderous* — o Mortífero. Shakespeare, aliás, cita o florentino três vezes em seu cânone. Como nada em Shakespeare é por acaso, em duas das três vezes nas quais se fala em Maquiavel seu nome sai da boca de personagens que se valem do termo pejorativamente, como no caso do diabólico duque de York, futuro Ricardo III.[3]

Depois de Cambridge, o ambicioso Francis Bacon — e quem o qualifica assim é Winston Churchill[4] — ingressou na Gray's Inn a fim de se tornar advogado, carreira que também fora a de seu pai. Cedo, em função de seu talento e de conexões políticas, tornou-se membro do Parlamento da Inglaterra. Por fazer oposição às pretensões da Coroa inglesa de levantar mais fundos para levar adiante a guerra contra a Espanha, não conseguiu ser nomeado em 1594 para o que seria o equivalente ao cargo de ministro da Justiça; tampouco conseguiu o posto de Advogado Geral em 1595, no final do reinado de Isabel I.

Diminuído, atuou sob o comando de Sir Edward Coke (1552-1634), para quem perdera a indicação para o ministério. Coke, por sua relevante atuação em julgamentos de destaque, acabou por tornar-se *Chief Justice of the Common Pleas*, a segunda mais alta corte de justiça inglesa. Coke foi outro advogado de grande atuação nos eventos que desaguariam na Revolução Gloriosa, como veremos adiante.

Mais tarde, entretanto, já no reinado de Jaime I, Bacon recupera prestígio e assume sucessivamente, em 1613, o cargo de ministro da Justiça e, em 1618, o de *Lord Chancellor*, o mais alto posto do serviço público inglês.

Cabe ao *Lord Chancellor*, entre outras honrarias, presidir a Câmara dos Lordes. Sir Thomas More ocupou esse honroso posto no século XVI, sob Henrique VIII. Entretanto, em 1621, logo após ter-lhe sido concedido o título de visconde de St. Alban, Bacon foi acusado de receber "presentes" de litigantes. Por isso, foi afastado de suas funções e condenado. Como diz o ditado, *corruptio optimi pessima*, isto é, a corrupção dos melhores é a pior.

Bacon escreveu ensaios sobre Direito que logo ganharam fama. Sobre os juízes, disse:

> Juízes devem ser mais instruídos do que "espertos" [*witty*], mais atentos aos fatos do que às suposições, mais sujeitos a ouvir do que autoconfiantes. Acima de tudo, íntegros.[5]

É curioso que estas palavras edificantes tenham saído da boca de quem se perdeu por corrupção... De toda sorte, Bacon deixou seu legado, pois defendia a necessidade constante de aprimorar os sistemas. Dizia isso, inclusive, em relação ao modelo processual jurídico e ao próprio Direito. Segundo ele, na análise dos casos submetidos ao Judiciário, era importante, em primeiro lugar, o juiz se assenhorar dos fatos, sem preconceitos e de forma objetiva; apenas depois caberia julgá-los.

O polonês Nicolau Copérnico (1473-1543) — ou Mikołaj Kopernik — nasceu numa família de comerciantes, rica e religiosa, na qual se falava alemão. Estudante irrequieto, passou por várias universidades, inclusive Bolonha, onde ficou de 1496 a 1501. Aos 30 anos, formou-se em Direito Canônico. Em 1512, Copérnico se muda para a pacata cidade de Frombork, na costa do mar Báltico, onde ocupou um cargo semelhante ao de secretário da Igreja. Como canonista, recebe uma casa e serventes. Contudo, nos vinte anos seguintes, além de continuar servindo com seus conhecimentos jurídicos e praticando também a medicina, usava a torre da igreja local para observar as estrelas. A partir de seus estudos, desenvolveu, em 1532, um manuscrito intitulado *Sobre as revoluções das esferas celestes*, no qual apresentava o conceito heliocêntrico, isto é, de que o Sol — e não a Terra — estava no centro do universo. Além disso, segundo Copérnico, havia uma lógica cósmica que explicava o ordenamento celeste, como se ele fosse um grande relógio.[6]

O trabalho revolucionário de Copérnico foi publicado apenas em 1543, ano de sua morte, embora sua ideia já estivesse disseminada desde antes por conta de seus ensinamentos. Naquela época, defender o fato de a Terra não estar no centro do universo era considerado uma alta heresia, e discussões dessa natureza poderiam facilmente condenar pessoas à morte — como veio a ocorrer com Giordano Bruno em 1600. Copérnico, talvez por esse motivo, retardou a publicação de seu trabalho, que depois dedicaria ao papa Paulo III.

O trabalho do também jurista Copérnico apresentava uma nova forma de ver o mundo, na medida em que o racionalizava. A natureza não era uma manifestação despida de explicação. Isso não diminuía o papel do divino, mas colocava em jogo outra dimensão.

Outro astrólogo famoso, o dinamarquês Tycho Brahe (1546-1601), também estudou Direito na Universidade de Copenhagen. Depois, em 1566, foi estudar na Alemanha, na Universidade de Rostock. Lá, envolve-se num duelo em que tem seu nariz cortado, passando o resto da vida usando um falso, feito de cobre. Já de volta à Dinamarca, teve a sorte de observar, por telescópio, o fenômeno da supernova, isto é, o nascimento de uma estrela. Brahe publica esse episódio em 1574, explicando em detalhes o que assistiu, no trabalho denominado *De nova stella*.

Brahe, o advogado e astrônomo, estabeleceu novas formas de observar e anotar a posição dos planetas e das estrelas. Ao final de sua vida, Brahe mudou-se para Praga, onde teve por assistente, até sua morte, outro grande nome da área: Johannes Kepler (1571-1630).

Em 1569, o jurista Michel de Montaigne (1533-1592), que exercera a advocacia até os 38 anos de idade, publica uma tradução para o francês, a partir de um latim não clássico, da obra *Teologia natural*, de Raymond Sebond (1385-1436), professor da Universidade de Toulouse. A referida obra fora escrita mais de cem anos antes e sustentava que a razão tornava o homem a mais importante de todas as criaturas. Essa linha estava inserida no conceito de uma nova ordem natural, que vinha a reboque das acepções recentemente difundidas da posição da Terra no universo. Por sua declaração de que a Bíblia não era a única fonte da verdade revelada, o livro foi colocado no *Index librorum prohibitorum* da Igreja de Roma, no qual as obras de contestação aos dogmas católicos eram neutralizadas.

O homem passava a encarar a vida de forma distinta: a causalidade governava o mundo. Essa nova convicção tinha e teria repercussões enormes.

Não sem razão, por volta desse período, mais precisamente em 1587, o rigoroso papa Sisto V (1521-1590), que participara de inquisições, cria o cargo de *promotor fidei*, mais conhecido como "advogado do diabo". Cabia a ele, nos processos de canonização, apresentar provas e argumentos contrários ao candidato, a fim de que ele não se tornasse beato e, muito menos, santo. Esse cargo sempre foi ocupado por um padre com amplo conhecimento em Direito Canônico. A Igreja buscava estabelecer alguma racionalidade para declarar a santidade de alguém, inclusive com um processo mais objetivo e severo.

Em 1616, René Descartes (1596-1650) concluiu seu curso de Direito Canônico e Direito Civil na Universidade de Poitiers. Era desejo de seu pai que seguisse a sua prática e exercesse a advocacia. Depois de um curto período em Paris, o francês mudou-se para a Holanda, onde viveu por vinte anos. Após sua graduação em Direito, Descartes estudou matemática, ciência e filosofia. Publicou suas ideias. Ganhou enorme reputação, a ponto de ser convidado pela rainha da Suécia, Cristina, a organizar uma academia científica naquele país. Requisitado constantemente para dar aulas à rainha às cinco horas da manhã, a saúde de Descartes não resistiu ao inverno sueco. O advogado e filósofo possivelmente morreu de pneumonia.

Para muitos, Descartes merece o título de pai da filosofia moderna. Para começar, ele enaltecia a capacidade das pessoas de pensar e, com isso, decidir seus destinos. Buscando atingir algo verdadeiro, explicava que todos os seus pensamentos lhe pareciam culminar em alguma falsidade, ou ainda que ele não poderia ter certeza de sua veracidade. Diante disso, recomendava, ao menos em princípio, não aceitar nada como verdadeiro. Contudo, percebeu que havia ao menos uma verdade inquestionável: se ele pensava — pois, de fato, pensava —, ao menos era certo que existia. Assim, nasce aquele que possivelmente é o clichê mais vigoroso da filosofia ocidental: *cogito, ergo sum*, isto é, "penso, logo existo". Este era o começo filosófico da entronização da consciência humana. De certa forma, munido desse postulado, o homem poderia abandonar sua subserviência completa aos desígnios divinos para adotar a racionalidade como guia.

Com efeito, até então, vigorava sem contestação o conhecido provérbio da Igreja: *credo ut intelligam*, ou seja, antes de tudo deve-se acreditar e apenas depois, na medida do possível, compreender. Esse conceito foi severamente abalado com o racionalismo.

Em 1637, Descartes publica seu *Discurso sobre o método*, no qual explicita a necessidade de dar tratamento objetivo à ciência, segundo critérios racionais. Nada deveria ser tomado como verdade sem antes se provar verdadeiro. Os temas tinham de ser apreciados de diversos ângulos, cada qual analisado minuciosamente. As conclusões, ademais, precisavam ser apresentadas de forma ordenada, da mais simples à mais complexa. Ao fim, não deveria restar dúvida alguma, pois todos os temas teriam sido examinados. Tratava-se de um método, de um caminho científico que não havia de ser muito diferente dos raciocínios utilizados por Descartes para estudar o Direito Romano e as disputas a que teve acesso no seu curso jurídico em Poitiers.

Descartes influenciou profundamente o pensamento da civilização ocidental.[7]

No começo da Idade Moderna, aflorou a necessidade de se desenvolver o Direito Comercial. A segurança do *ius mercatorum* era uma exigência do mercado. Um advogado de Ancona, Benvenuto Stracca (1509-1578), reúne, em 1553, uma enorme gama de decisões de diversos tribunais acerca de temas relacionados ao comércio, como a cobrança de juros, a aplicação de diferentes câmbios e a instituição dos seguros. O trabalho se chamou *De mercatura seu mercatore*. Na obra, o advogado buscava apresentar soluções práticas aos principais problemas enfrentados pelos comerciantes.

Pouco adiante, em 1619, outro advogado, Sigismondo Scaccia (1564-1634), publica o *Tractatus de comerciis et cambio*. Tratava-se, igualmente, de um estudo de Direito Comercial, sempre apresentando temas concretos. Outros advogados seguiram a tradição, como Ansaldo Ansaldi (1651-1719), que publica *Discursus legales de commercio et mercatura* em 1689.

Ainda na esteira da contribuição direta de advogados para o desenvolvimento do Direito Comercial, deve-se citar o advogado e, depois, *Chief Justice* inglês William Murray (1705-1793). Profundo conhecedor de Direito Romano, este que foi o primeiro conde de Mansfield tratou de temas como os contratos marítimos e o dever da boa-fé entre os comerciantes.

Cada vez mais, o conhecimento jurídico se mostrava fundamental — e isso tanto no ramo econômico como no político.

Acima de tudo — e essa possivelmente foi uma grande conquista dos homens do Direito —, passou-se a reconhecer as leis não como uma emanação do divino, mas como uma construção da racionalidade humana. As leis eram um conjunto de regras elaboradas pelo homem, visando à organização da sociedade. A partir daí, cabia ao homem mesmo estabelecer leis boas, em consonância com os anseios da sociedade.

Evidentemente, os advogados, naquela época, não eram sempre vistos pela sociedade como heróis. Rabelais (1494-1553), no seu clássico *Gargântua*, explica que, no portal da Abadia dos Thelemitas, suposta morada dos humanistas, havia uma inscrição na qual se lia:

> Vós que explorais os autores e os réus
> afastai-vos daqui, falsos juristas,
> traficantes, escribas, fariseus,
> que lesais os sabidos e os sandeus
> com autos, citações, liças e listas,
> estendendo os processos, chicanistas,
> afastai-vos, livrando-nos assim
> das demandas inúteis e sem fim.[8]

Também Erasmo de Roterdã (1466-1536), no seu *Elogio da loucura*, coloca os advogados entre os maiores seguidores e admiradores da insanidade.[9] Curiosamente, Erasmo escreve essa obra em 1509, enquanto vivia, em Londres, na casa do advogado Thomas More.[10]

Essa péssima fama, em parte, encontra justificação no papel dos advogados quando das inquisições organizadas pela Igreja. Desde o começo do milênio, a Igreja criou tribunais para julgar e punir a heresia. O primeiro deles data de 1022. Essas cortes contavam com membros do clero dotados de formação jurídica.

Os processos seguiam um rito burocrático complexo, com inúmeros estatutos e regras. Porém, as provas admitidas, notadamente para condenar os acusados, eram subjetivas e nada racionais. Criou-se um aparato jurídico que pudesse promover esses julgamentos. Na Espanha do século XVI, o corpo permanente de envolvidos nessas cortes, incluindo aí seus muitos funcionários, podia chegar a 15 mil pessoas. Em regra, tratava-se de verdadeiros teatros, cujo objetivo era impedir, pelo medo e repressão, qualquer discussão acerca do papel predominante da Igreja.

A partir do século XV, a Inquisição espanhola foi radical, e os seus tribunais condenaram muitos à fogueira por atos de heresia. Quando o papa Sisto IV assina a bula *Exigit sincerae devotionis affectus*, em 1478, para fundar a nova Inquisição no país, aponta Juan de San Martin, frade dominicano e bacharel em Direito, para liderá-la. Apenas entre 1478 e 1540, o tribunal da Inquisição na Espanha julgou 84 mil casos.[11]

A divisa dos tribunais da Inquisição — *Justitia et misericordia* — não expressa com precisão o seu propósito. De toda sorte, o radicalismo desses tribunais, cujos julgadores detinham conhecimento jurídico, criava, na gente, uma má avaliação da classe dos advogados.

Havia contudo, entre os advogados, verdadeiros mártires e heróis. Bartolomeu de Las Casas (1474-1566), nascido em Sevilha, formou-se em Direito na Universidade de Salamanca. De origem modesta, seguiu, na segunda viagem de Cristóvão Colombo, para a América.[12] Na ocasião, agiu como colonizador: atacou tribos e escravizou os nativos. De volta a Roma, Las Casas ordenou-se padre em 1507. Decidiu retornar à América, desta vez para catequizar os índios. Uma vez entre os nativos, Las Casas passou a defendê-los do tratamento desumano a que eram submetidos pelos conquistadores. Como bispo de Chapas, cargo que ocupou entre 1544 e 1547, opôs-se ferozmente à escravização dos indígenas.

Já idoso, retornou para a Espanha, onde participou de famosos debates com o culto Juan Ginés de Sepúlveda (1494-1573), os quais se tornaram conhecidos como os *Debates de Valladolid*. Sepúlveda defendeu o ponto de vista do direito espanhol à conquista, colonização e evangelização dos nativos. Segundo ele, que citava Aristóteles, os espanhóis encontraram nas Américas população que poderia ser escravizada, visando a melhorar a situação daqueles nativos. Las Casas, em oposição, advogava que os índios possuem discernimento e, portanto, merecem o mesmo respeito dado a um cristão, um ser humano. Protestou em prol da evangelização por escolha, não por imposição.

O julgamento dos Debates foi inconclusivo, embora na prática os espanhóis tenham persistido na política escravagista. Não obstante Las Casas tenha se tornado conselheiro pessoal do imperador, suas obras, nas quais defendia os nativos da América, foram censuradas. As repercussões desses Debates, que seguiram um modelo jurídico, influenciaram toda a história futura da América espanhola.

As primeiras discussões acerca do direito dos indígenas e dos escravos foram uma centelha inicial. Em pouco tempo, os advogados passaram a promover digressões sobre o tema, as quais tiveram consequências muito mais profundas. Isso se dá com a organização teórica do que se convencionou chamar de Direito Natural.

O primeiro a formular o tema, embora de forma rudimentar, foi possivelmente Hugo Grócio (1583-1645) ou Hugo de Groot, seu nome original — ou, ainda, Grotius, em sua forma latinizada. Em 1625, esse jurista holandês, que se formara em Direito pela Universidade de Leiden e se refugiara em Paris, lança *De jure belli et pacis*, isto é, *O direito da guerra e da paz*. Antes, em 1609, havia publicado *De mare libero*, afirmando a liberdade do tráfego marítimo, fundamental ao desenvolvimento comercial.

Grócio afasta a religião das questões de governo. Para ele, o verdadeiro soberano, em matéria legal, é o Estado — muitas vezes, até mesmo o rei, mas não Deus. Ele expõe ainda a noção de que há um Direito Natural que se aplica a todos os homens. A razão, e não outro motivo, imporia às partes o dever de respeitar os acordos.

O alemão Samuel von Pufendorf (1632-1694) segue na esteira de Grócio. Torna-se o primeiro professor de Direito Natural da Universidade de Heidelberg, em 1678. Pouco antes, em 1672, traz a público o *De jure naturae et gentium*, no qual examina as motivações de uma guerra justa. Pufendorf diz também que a vontade do Estado nada mais é do que a soma da vontade dos indivíduos que o compõem.

Também em 1672, na Inglaterra, Richard Cumberland publica *De legibus naturae*, ou seja: Do Direito Natural. Ao lado de Grócio e

Pufendorf, Cumberland fecha a trinca de "fundadores" do jusnaturalismo moderno. Cumberland define a lei natural como algo superior: são verdades imutáveis que regem nossas condutas em favor do bem.

Também expoente do movimento iluminista, outro filósofo célebre formado em Direito foi Leibniz. Gottfried Wilhelm Leibniz (1646-1716) formou-se em Jena e aprimorou seus estudos em Leipzig. Concluiu seu doutorado em Direito na Universidade de Altdorf, em 1666. O tema de sua dissertação foi a solução de casos complexos em Direito Civil por meio da adoção de princípios do Direito Natural.

Atendendo ao arcebispo de Mainz, Leibniz foi designado para elaborar o código legal da região. Em seguida, foi nomeado juiz da mais alta corte de Mainz.

Assim como Descartes, Leibniz enveredou por diversas áreas da ciência: esteve com Newton, Spinoza e Voltaire, além de reis e políticos importantes, como o czar da Rússia Pedro, o Grande; Jorge I, rei da Inglaterra Jorge I; e o imperador Carlos VI, do Sacro Império Romano-Germânico.

O talento diplomático de Leibniz sempre esteve impregnado pelo seu conhecimento jurídico.

Professor de Direito de Genebra, Jean-Jacques Burlamaqui (1694-1748) publica, em 1747, um trabalho intitulado *Princípios do Direito Natural*. Nessa obra, explicitam-se os conceitos básicos da universalidade desses direitos. Para Burlamaqui, o próprio Direito encontra-se relacionado à natureza do homem. É visível nele a influência do pensamento de Pufendorf e de Grócio. O livro, escrito em francês, é rapidamente vertido para o inglês, latim, holandês, espanhol e italiano. A disseminação do conceito de Direito Natural, que punha a humanidade no vértice do ordenamento jurídico, foi fundamental para a proteção de valores hoje reputados essenciais, como a dignidade do homem e seu direito de buscar a felicidade.

Na França, por sua vez, ocorreu um fenômeno diferente do que se assistiu na Alemanha, Suíça, Holanda e Inglaterra — países que abraçaram o protestantismo. A monarquia francesa conseguiu estabelecer um Estado forte e a Igreja compunha, como uma engrenagem, esse sistema. Os juristas franceses que abraçaram o protestantismo tiveram que se exilar. Sobraram advogados e juristas que defendiam o sistema vigente.

Foi esse o caso de Jean Bodin (1530-1596). Natural de Angers, advogado, membro do parlamento francês e professor de Direito de Toulouse, Bodin era um sistematizador. Em 1566, publicou seu mais relevante trabalho, *Methodus ad facilem historiarum cognitionem*, no qual apontava a estrita relação entre a história e a política.

Bodin ficou conhecido por cuidar, de forma precursora e científica, do problema da soberania. Tratou da origem divina dos reis segundo uma ótica racional. O rei, defendia o advogado, não estava sujeito às leis porquanto era a própria origem delas.

Ferrenho crítico da escravidão, suas obras foram censuradas pela Igreja por conta de sua simpatia pela doutrina calvinista. Bodin pode ser apontado como o expoente máximo da doutrina que defendia o poder divino do monarca, que seria, por isso mesmo, o legitimador das leis que promulgava.

Nos arredores da Faculdade de Direito de Sorbonne, no Quartier Latin, encontra-se a rua Cujas. Trata-se de uma justa homenagem a Jacques Cujas, jurista extraordinário que viveu entre 1522 e 1590. Cujas defendia que, se as leis fossem suprimidas, as paixões humanas não encontrariam limites. Não haveria espaço para a ordem e a harmonia.

Cujas — também chamado Cujácio — formou-se e lecionou em Toulouse (e depois em Bourges).[13] Estudou profundamente as lições dos grandes jurisconsultos romanos. Suas obras influenciaram Grócio, Domat e Montesquieu.

Foi nesse período, mais precisamente a partir de 1537, que começou, na França, a ser obrigatória a licenciatura em Direito para quem se apresentasse representando outro perante um tribunal. Além disso, até mesmo pelo interesse do Estado francês em garantir a estabilidade do sistema, que tinha o rei e a Igreja no comando, o estudo do Direito

Romano passou a ser difundido e estimulado. Interessante é notar que essa fascinação pelo Direito Romano chegou a solo francês em atraso se comparado, por exemplo, ao que ocorrera na Itália.

A tradição de advogados e juristas franceses apegados ao Direito Romano passa pelo romanista Jean Domat (1625-1696) e Robert Joseph Pothier (1699-1772), cujos trabalhos seminais vieram a influenciar a elaboração, tempos depois, do Código Civil Francês de 1804.

Domat, em 1689, lança sua coletânea *Les lois civiles dans leur ordre naturel*. Ainda vassalo do Direito Romano, tenta construir de forma racional a harmonização entre as regras escritas e o Direito Natural. Pothier, por sua vez, outro romanista influenciado pela escola do Direito Natural, escreveu diversas obras, como o *Tratado das obrigações*, de 1761.

Outro advogado, Charles-Louis de Secondat, barão de Montesquieu (1689-1755), formado pela Faculdade de Direito de Bordeaux em 1708, exerceu o cargo de magistrado e vice-presidente na Corte de Apelação do parlamento de Bordeaux. Teve sua primeira exposição ao mundo literário com as *Cartas persas*, obra na qual, com enorme grau de cinismo e sarcasmo, cria uma suposta troca de correspondência entre viajantes persas que visitam Paris. Nela, os turistas criticam severamente as autoridades políticas e religiosas, tanto as da cidade quanto as do país. O advogado visitou vários países europeus e estudou seus sistemas jurídicos.

Em trabalho específico sobre o tema, analisou também as causas da decadência romana, colocando como primeira delas exatamente a tirania, o excesso dos governantes.[14] Montesquieu viveu na Holanda quando os holandeses declararam a sua independência da Espanha. No documento de declaração dessa independência, os holandeses afirmavam que "os súditos não foram criados para proveito dos reis, mas os reis para proveito dos súditos".

O trabalho mais importante de Montesquieu, porém, foi *O espírito das leis*, de 1748. Nele, o francês elabora uma teoria política que enfatiza o Direito Constitucional inglês, do qual era grande admirador. Extremamente racionalista — ele louva Platão pela forma racional como apreciara as normas jurídicas —, Montesquieu prega que as leis devem ser adequadas a cumprir os melhores interesses do povo. Logo no início de seu trabalho, proclama que a "virtude na república é o amor da pátria, ou seja, o amor da igualdade".[15] Em contraposição, dizia que a "honra" era a mola mestra da monarquia; a tirania, por sua vez, era respaldada pelo medo.

De forma muito objetiva, Montesquieu, com seus conhecimentos jurídicos, definiu a democracia como a situação política na qual o povo detém o poder soberano:

> Os homens são todos iguais no governo republicano; são iguais no governo despótico: no primeiro, porque são tudo; no segundo, porque não são nada.[16]

O autor esclarece que liberdade não significa fazer o que se quer, mas antes "o direito de fazer tudo aquilo que as leis permitem".[17] Segundo o jurista, se alguém pudesse fazer o que fosse proibido por lei, não haveria mais liberdade. Tampouco ela existiria se fôssemos obrigados a fazer algo não previsto em lei.

Montesquieu concitava o legislador a fazer leis simples, compreensíveis, de fácil acesso. Diretas e objetivas. A norma, para que fosse aplicada, deveria ser acessível.

Em *O espírito das leis*, é apresentada a divisão dos poderes do Estado em três ramos: Judiciário, Legislativo e Executivo. O advogado e pensador adverte que o julgador não pode criar a lei. O cidadão ficaria exposto se uma só pessoa tivesse, ao mesmo tempo, o poder de julgar e o de fixar a legislação. Aliás, em relação às normas, Montesquieu defende que "leis inúteis enfraquecem as leis necessárias", ou seja, cabe ao regulador atuar com parcimônia e inteligência. Um poder, de certa forma, delimitaria os outros. Para Montesquieu, a liberdade aumenta quando o poder é restrito.

O trabalho de Montesquieu foi traduzido imediatamente para o inglês. Em 1773, já contava com dez edições naquela língua.

Contemporâneo de Montesquieu, o advogado Henry Home, mais conhecido como Lord Kames (1696-1782), foi o maior expoente do iluminismo escocês. Considerado o precursor da antropologia social, Kames, que se tornou juiz, participou do julgamento que aboliu a escravidão em seu país. O ordenamento jurídico da Escócia, diferentemente do inglês, apegou-se, assim como os sistemas da Europa continental, ao Direito Romano. Enquanto os interessados em advogar na Inglaterra recebiam uma formação prática, associando-se às já mencionadas guildas — as *Inns of Court* —, na Escócia havia desde 1664 exames públicos de Direito Civil, administrados por advogados mais experientes.

Lord Kames, que não limitou seus estudos ao Direito, mas também à história da civilização, defendeu abertamente que nenhuma pessoa, nem mesmo o monarca, poderia colocar-se acima da lei.[18] Todos, diante dela, mereciam o mesmo tratamento.

Em 1762, Jean-Jacques Rousseau (1712-1778) — que não recebera formação acadêmica, mas fora submetido a uma esmerada educação religiosa calvinista — publica *O contrato social*. "O homem nasceu livre, porém, por toda parte, encontra-se sob grilhões"[19] são as primeiras palavras da obra. Pouco antes, em 1753, Rousseau, natural de Genebra, havia escrito o *Discurso sobre as origens da desigualdade entre os homens*, no qual denunciava o abuso dos pobres por parte dos ricos.

No *Contrato social*, Rousseau fala de um pacto social firmado pelos homens a fim de permitir a vida em comunidade. Ressalva, ao fim do trabalho, que "não há no Estado nenhuma lei fundamental que não possa ser revogada, nem mesmo o pacto social; pois se todos os cidadãos se reunissem para romper esse pacto de comum acordo, não se pode duvidar que ele seria muito legitimamente rompido".[20] A força do pacto social estava, portanto, nos seus signatários.

O contrato social registra ainda, de forma precursora, que a finalidade da legislação se relaciona a dois objetivos: "a liberdade e a igualdade".[21] Esses conceitos se tornaram o mote dos movimentos revolucionários.

Na mesma obra, Rousseau adverte que

> o mais forte nunca é suficientemente forte para ser sempre o senhor se não transformar essa força em direito e a obediência, em dever.[22]

Para que o Estado ofereça segurança, deve estar fundado em bases legais sólidas.

Outra obra jurídica que, nessa época, recebeu enorme repercussão foi *Dos delitos e das penas,* do milanês Cesare Bonesana, marquês di Beccaria (1738-1794). Esse trabalho obteve fama imediata. Beccaria, formado em Direito pela Universidade de Pádua, denunciava neste livro de 1764 a irracionalidade do sistema penal.

Nas suas primeiras palavras, Beccaria já apresentava postulados revolucionários:

> As vantagens da sociedade devem ser distribuídas equitativamente entre todos os seus membros. Entretanto, numa reunião de homens, percebe-se a tendência contínua para concentrar no menor número os privilégios, o poder e a ventura, restando à maioria a miséria e debilidade.

Logo em seguida, indicava: "Apenas através de boas leis se podem impedir esses abusos."[23]

Dos delitos e das penas partia da ideia de que a soberania era confiada à autoridade a fim de que esta promovesse o bem comum. Para garantir o respeito às leis, a autoridade poderia punir, mas jamais com abuso ou excesso: "A partir do momento em que o juiz se faz mais severo do que a lei, ele se torna injusto."[24]

Beccaria salientou que a punição dependia de uma clara previsão anterior, segundo a qual o ato estaria sujeito a alguma pena. Disse ele:

> É que, para não ser um ato de violência contra o cidadão, a pena deve ser, de modo essencial, pública, pronta, necessária, a menor das penas aplicáveis nas circunstâncias referidas, proporcionada ao delito e determinada pela lei.[25]

Com isso, as pessoas escolheriam não cometer o crime racionalmente, pois estariam cientes da sanção a que se sujeitariam. A obra também ressalta a importância da imparcialidade dos juízes. Beccaria repudiava a tortura e a pena de morte.

Outro conceito importante externado por Beccaria é o de que o crime deve ser medido pelo mal que causa à sociedade. Há, portanto, uma visão mais ampla e coletiva acerca do dano derivado do descumprimento de uma regra social.

A obra de Beccaria foi vertida quase imediatamente do italiano para diversas outras línguas europeias. Foi o advogado parisiense Guillaume-Chrétien de Lamoignon de Malesherbes (1721-1794) — um dos advogados do infausto rei Luís XVI — quem encomendou a tradução do livro para o francês.

Entre 1751 e 1772, na França, um grupo de intelectuais liderados por Denis Diderot e Jean D'Alembert lança a *Encyclopédie* ou o *Dictionnaire raisonné des sciences, des arts et des métiers*. Tratava-se da coroação do movimento iluminista. Ali, buscava-se compilar toda sorte de informação relevante. Diderot, na sua juventude, desejara estudar Direito, mas acabou, sem condições financeiras, iniciando sua vida profissional como tradutor. Com efeito, ele viria a ganhar notoriedade com a adaptação da obra *Inquiry Concerning Virtue*, do filósofo, escritor, político e jurista inglês Anthony Ashley-Cooper, o 3º conde de Shaftesbury (1671-1713).

No Tomo XI da *Enciclopédia*, o termo *Droit* é examinado ao longo de setenta páginas, o que denota a importância do tema. O Direito Natural é definido como "certas regras de justiça e equidade que a razão natural estabelece entre os homens ou que, por melhor dizer, Deus gravou em nossos corações".[26] Entre esses direitos mencionava-se o amor à liberdade e a proteção ao indivíduo. Logo no início das definições, a *Enciclopédia* registra que o Direito deve ser justo.

Aos poucos, o conceito jurídico de Direito Natural foi transformado no que conhecemos como direitos individuais mínimos, vinculados como são à proteção da dignidade humana.

Começando pela Inglaterra, passando pelos Estados Unidos e terminando na França, as revoluções ocorridas entre o final do século XVII e o início do século XVIII representaram a consolidação, por vezes violenta, dos novos valores que passaram a reger a sociedade. Antes de lograrem concretude nesses movimentos e se converterem em norma, conceitos como a igualdade perante a lei, a liberdade de expressão e os direitos universais do homem, entre outros, já eram discutidos e reclamados.

Esses novos modelos foram forjados por advogados, que fundamentaram as modificações em conceitos do Direito e se pautaram pelo raciocínio jurídico.

A Paz de Vestfália: uma nova ordem mundial

> "(...) sem prejuízo, no entanto, à
> Jurisdição de cada um e à Administração
> da Justiça em conformidade com as Leis
> de cada Príncipe e Estado: e não será permitido a
> nenhum Estado do Império perseguir seu Direito
> pela Força e Armas; mas se alguma divergência
> tenha acontecido ou acontecer no futuro,
> cada um deverá tentar os meios da Justiça
> comum, e o Contraventor será considerado um
> Infrator da Paz."
> Tratado de Vestfália, CXXIV

Em 1648, a Europa estava em guerra. Uma guerra intestina, autofágica. Em rigor, não se tratava apenas de uma guerra definida, mas também de uma série de conflitos nos quais digladiavam praticamente todas as nações europeias. Tratava-se do primeiro grande embate entre os Estados daquele continente, cuja extensão só se repetiria com o advento da Primeira Guerra Mundial, em 1914.

Embora os embates se tenham iniciado a partir das dissensões entre católicos e protestantes, a divergência ganhou maiores proporções.

No século anterior, em 1555, o poderoso imperador espanhol Carlos V havia firmado com os representantes da Liga de Esmalcalda — formada pelos príncipes protestantes alemães de cidades como Bremen, Brunswick-Luneburg, Estrasburgo, Ulm, Lübeck, entre outras — um acordo conhecido como Paz de Augsburgo, a qual estabelecia o conceito de que os súditos de cada local poderiam adotar a religião de seus líderes. Adotou-se a ideia de que *cujus regio, ejus religio*, ou seja, a religião (católica ou protestante) seria a do governante: o povo deveria seguir a religião do Estado. Nos locais controlados pelos príncipes luteranos, os súditos deveriam converter-se. Já onde o soberano era católico, não se admitiria religião diferente.

A Paz de Aubsgurgo — o nome deriva da cidade, na Baviera, onde o tratado fora celebrado — foi, sem dúvida, um avanço, na medida em que admitiu certa tolerância religiosa. Além disso, naquele momento, o acordo aliviou a enorme tensão que existia entre o Sacro Império Romano-Germânico e os muitos príncipes alemães.

Para os que se viam forçados a mudar de residência para seguir professando a própria religião, o referido acordo previu:

> Artigo 24. No caso de que os nossos súditos, quer pertencentes à velha religião ou à confissão de Augsburgo, pretendam deixar suas casas com suas mulheres e crianças por forma a assentar noutra, não serão impedidos na venda do seu imobiliário, desde que pagas as devidas taxas, nem magoados na sua honra.

O documento firmado em Augsburgo passou a ser o fundamento legal a reger a coexistência das confissões católica e luterana.

Todavia, o tratado ainda estava longe de garantir uma harmonia efetiva. Ele incitava a separação das pessoas em função de suas crenças, criando logo um problema prático, pois as cidades não eram ilhas. Ademais, ele só oferecia relativa autonomia de culto aos luteranos, negligenciando outros protestantes, como os calvinistas e os anabatistas, mais radicais. O Artigo 17 do acordo de Augsburgo registrava: "No entanto, todas as religiões que não aquelas duas mencionadas acima [católica e luterana] não serão incluídas na presente paz e estão totalmente excluídas dela."

Por conta dessas fragilidades, pouco tempo depois de celebrado o Tratado de Augsburgo deu-se, entre 1583 e 1588, um confronto bélico entre os principados alemães, num evento conhecido como Guerra de Colônia, que devastou aquela região historicamente fiel ao Império Romano-Germânico e, logo, de orientação católica. A conversão ao luteranismo do príncipe local desencadeou o conflito.

Outras disputas se seguiram. Tinham sempre como mote o tema religioso, mas ao fim redundavam em briga por poder. A partir de 1618, o conflito era generalizado: toda a Europa lutava entre si. Suecos, holandeses e vários principados alemães combatiam os espanhóis da casa de Habsburgo, o Sacro Império Romano-Germânico e os franceses nas mais variadas frentes.

Os Habsburgos, por meio de casamentos de dinastias, estabeleceram um enorme império no continente europeu. O espanhol Carlos V, por sucessão de seu avô Maximiliano I (1459-1519), tornou-se, em 1519, imperador do Sacro Império Romano-Germânico, além de dominar as terras da Borgonha e da Holanda. Intransigentemente católicos, a relação dos Habsburgos com os protestantes sempre foi conflituosa. Além disso, os Habsburgos comumente disputavam terras com os franceses. Ou seja, as rivalidades eram endêmicas.[1]

Os embates bélicos iniciados abertamente em 1618 — em evento histórico conhecido como a Guerra dos Trinta Anos, pois se encerrou em 1648 — foram extremamente nocivos. Os Estados da Alemanha foram consumidos. Mais de novecentas de suas cidades foram devastadas.[2] A população alemã caiu de 21 para 13 milhões de pessoas. Havia premência em encerrar o conflito sem vencedores, e a atuação dos advogados foi crucial nesse delicado momento histórico.

Numa guerra que drenava a energia de todos os participantes, a paz fazia-se necessária. A razão deveria prevalecer. Cabia aos interessados discutir os termos de um acordo que desse fim ao conflito. Deu-se, então, o primeiro grande congresso entre Estados da história da Europa.[3]

Concluiu-se que a cidade de Osnabrück, situada na região de Vestfália, seria a mais indicada para o local de encontro dos delegados de todos os envolvidos nos combates. Osnabrück tinha centros de culto católicos e luteranos e, assim, poderia ser considerada um campo neutro.

A partir de 1643, chegaram ao local escolhido para sediar o encontro representantes dos interessados, que formaram 109 delegações distintas, cada qual com um propósito particular. Não se poderia precisar os polos que se contrapunham. Cada Estado, pequeno ou grande, tinha pretensões que se chocavam com outras. Havia todo tipo de rivalidade. Espanha e França, por exemplo, embora em harmonia quanto à adoção do catolicismo, divergiam em questões de fronteira. Boa parte das cidades-Estado alemãs era luterana, porém disputavam a hegemonia em âmbito interno.

Viveu-se, nesse episódio, um momento crucial da história da civilização ocidental, pois, num triunfo do pragmatismo, surgiu um padrão de diálogo entre nações soberanas.

O principal representante dos espanhóis, indicado pelo próprio imperador Filipe IV, foi Gaspar de Bracamonte y Guzmán (1595-1676), graduado em Direito Canônico. Seu atuante assistente, Diego de Saavedra Fajardo (1584-1648), também tinha formação jurídica. O mais brilhante dos representantes franceses foi Claude de Mesmes, conde d'Avaux (1595-1650). Este, antes de se tornar embaixador francês, fora advogado praticante. Os apontados pelo Sacro Império Romano-Germânico, da mesma forma, haviam estudado Direito. Embora tenha havido uma troca dos principais diplomatas, os ativos assessores foram um juiz da suprema corte daquele Estado, Johann Krane (1595-1673), e um advogado, Isaak Volmar (1582-1662). Os Estados Papais enviaram como seu delegado o núncio Fabio Chigi (1599-1667), que estudara Direito na Universidade de Sena. Este diplomata da cúria, mais tarde, em 1655, tornar-se-ia o papa Alexandre VII.

A delegação sueca possuía como interlocutor o nobre Johan Adler Salvius (1590-1652), confidente pessoal da rainha Cristina que se formara em Direito pela Universidade de Montpellier. Os Países Baixos eram assistidos por representantes de cada uma de suas sete províncias, sendo que a mais importante delas, a Holanda, teve à frente Adriaan

Pauw (1585-1653), graduado em Direito pela Universidade de Leiden. Os suíços marcaram presença por meio do prefeito da Basileia, Johann Rudolf Wettstein (1594-1666), que fora, no começo de sua carreira política, um notário munido de conhecimentos jurídicos.

Tratava-se, portanto, de uma reunião de advogados — cada qual protegendo os interesses de seus constituintes. As sessões duraram de janeiro de 1646 a julho de 1647. O resultado desses encontros foi o fim da guerra — um conflito que matou cerca de 4 milhões de pessoas — e a assinatura de um documento, de cunho jurídico, no qual se registravam os muitos pontos de consenso. Depois de um preâmbulo no qual se identificam os principais delegados, seguem-se 128 dispositivos com o conteúdo do que fora acordado.

Os conceitos empregados claramente derivavam de lições legais:

> CXXXII. Que aquele que, por meio de sua Assistência ou Conselho, contravenha essa Transação ou Paz Pública, ou se oponha à sua Execução e à Restituição mencionada anteriormente, ou que tenha procurado, depois de a Restituição ser licitamente realizada, e sem exceder a maneira acordada anteriormente, sem o Conhecimento legal da Causa, e sem o Curso ordinário da Justiça, molestar aqueles que foram restituídos, sejam Eclesiásticos ou Leigos; ele deverá incorrer na Punição de ser um Infrator da Paz pública, e Sentença dada contra ele de acordo com as Constituições do Império, para que a Restituição e Reparação possa ter seu pleno efeito.

Do ponto de vista prático, o Tratado de Vestfália deu à Europa um novo mapa. Reconheceu-se, por exemplo, a independência da Suíça e da Holanda (assim como das demais províncias dos Países Baixos) — duas nações protestantes. Uma série de outras disputas de fronteiras foi extinta por acordo. Criaram-se regras de sucessão para muitos Estados, de modo especial a Alemanha. Ruiu ali a ideia de monarquia absolutista, reconhecendo-se os 360 pequenos estados germânicos.[4]

A França assumiu a Alsácia. A Suécia ficou com a Pomerânia, e, a partir disso, passou a dominar o Báltico. Para o indivíduo, admitiu-se o direito de migração, sem a exigência do pagamento de impostos. Reforçou-se ainda a ideia de liberdade religiosa, concedendo-se também liberdade de culto aos calvinistas. O tratado encerrou a última das guerras religiosas no continente europeu. No acordo, concederam-se concretas proteções ao culto:

> CXXIII. Que no entanto a Paz estabelecida permanecerá em vigor, e todas as Partes nesta Transação serão obrigadas a defender e proteger todos e quaisquer Artigos desta Paz contra qualquer um, sem distinção de Religião; e se acontecer de qualquer ponto ser violado, o Ofendido deverá antes de tudo exortar o Ofensor a não promover qualquer hostilidade, submetendo a Causa a uma Composição amigável, ou aos Procedimentos ordinários da Justiça.

Com o Tratado de Vestfália, estabeleceu-se o conceito de igualdade no que dizia respeito à soberania dos Estados. A Igreja foi confinada à função religiosa. A escolha do credo adotado por determinado Estado perdeu importância no âmbito das relações internacionais. Um Estado tratava com outro independentemente de um ser católico e o outro, protestante, de um adotar certo modelo de monarquia hereditária e o outro, uma república. A soberania e a independência passaram a ser valores universalmente reconhecidos.

A ideia da guerra, do conflito bélico, também foi condenada. O diálogo deveria preponderar:

> CXXIV. No entanto, se por um período de três anos a Diferença não puder ser encerrada por qualquer desses meios, todos e cada um dos interessados nesta Transação serão obrigados a se juntar à Parte ofendida e a auxiliá-la com Conselho e Força para repelir a lesão, sendo antes informada pela parte ofendida que Meios gentis e justiça não prevaleceram; sem prejuízo, no entanto, à Jurisdi-

ção de cada um, e à Administração da Justiça em conformidade com as Leis de cada Príncipe e Estado: e não será permitido a nenhum Estado do Império perseguir seu Direito pela Força e Armas; mas se alguma divergência tenha acontecido ou acontecer no futuro, cada um deverá tentar os meios da Justiça comum, e o Contraventor será considerado um Infrator da Paz. O que foi determinado pela Sentença do Juiz será executado, sem distinção de Condição, conforme as Leis do Império impõem a execução de Detenções e Sentenças.

CXXV. E que a Paz pública possa ser tanto mais conservada inteiramente, os Círculos serão renovados; e assim que forem percebidos quaisquer Começos de Problemas, o que foi concluído nas Constituições do Império, tocando a Execução e Preservação da Paz Pública, deverá ser observado.

Como aponta Henry Kissinger, no Tratado de Vestfália, "os conceitos de *raison d'état* e 'interesse nacional' surgem pela primeira vez, representando não uma mera exaltação de poder, porém uma tentativa de racionalizar seu limite e uso".[5] A partir de então, os Estados poderiam, se fosse de interesse comum, estabelecer alianças, independentemente da religião que seguiam. Como anota Jacques Barzun, logo em seguida a esse tratado os venezianos suplicaram ajuda turca em disputa contra uma liga liderada pelo papa.[6] Admitia-se valer-se dos "infiéis" se o interesse nacional estivesse em jogo.

A própria ideia de Estado-Nação surge como necessidade desse episódio histórico.[7] Ao mesmo tempo, a relação entre os Estados é pautada pela noção de comunidade e afasta a anarquia.

Fez-se clara a necessidade de um equilíbrio a ser atingido pelo estabelecimento e o respeito a regras comuns. E, como só pode haver Direito onde há sociedade, aquele momento — no qual representantes de diversos Estados compareceram para discutir as regras que regeriam as suas relações — representou, para a civilização ocidental, o marco inaugural do Direito Internacional nas bases hoje dominantes. Afinal, a partir de então, passa a existir uma relação racional — uma sociedade, por assim dizer — entre as nações, na qual se privilegiavam o respeito, o diálogo e o entendimento.

A Paz de Vestfália foi também um marco na medida em que inaugurou a diplomacia moderna, num benigno exemplo dos proveitos que ela oferece. Aqueles delegados, representando cada qual seus interesses, tinham, na sua maioria, formação de advogado. A maciça atuação de bacharéis nesses encontros pode explicar a sua exitosa conclusão. O padrão de raciocínio jurídico, inclusive com os seus modelos de discussão, permitiu que se instalasse o debate, com a apresentação dos pontos de vista de cada interessado; pela mediação, chegava-se a um resultado com o qual as partes, ao menos, se conformavam.

O Direito funcionou como língua comum. René David conta que a disciplina do Direito Romano foi instituída na Inglaterra pelo rei Henrique VIII no século XVI, precisamente para que os diplomatas ingleses conhecessem as regras que comandam os países europeus, com quem negociariam.[8] A linguagem e as formalidades jurídicas serviam de arquétipo, como um trilho que permitia o diálogo organizado, mesmo entre pessoas de diferentes origens. Os advogados foram os protagonistas na criação dessa nova ordem.

A Revolução Gloriosa

> "Os Lordes, Espirituais e Temporais e os membros da Câmara dos Comuns declaram, desde logo, o seguinte:
>
> 1. Que é ilegal a faculdade que se atribui à autoridade real para suspender as leis ou seu cumprimento.
> 2. Que, do mesmo modo, é ilegal a faculdade que se atribui à autoridade real para dispensar as leis ou o seu cumprimento, como anteriormente se tem verificado, por meio de uma usurpação notória."
>
> PREÂMBULO DA *BILL OF RIGHTS* INGLESA

Já se disse que o acontecimento mais importante da história inglesa ocorreu há milhões de anos, quando se formaram o canal da Mancha e o mar do Norte. Dessa maneira, as ilhas britânicas se isolaram do continente europeu. Isso explica a peculiar história da região.

Conta-se que, no começo do século passado, por decorrência de uma forte tempestade, deu-se o rompimento dos canais de comunicação entre a Inglaterra e o continente europeu. No dia seguinte ao acidente, os jornais britânicos estamparam em suas manchetes: "Tempestade deixa a Europa isolada".

A monarquia inglesa consolidara seu poder antes de qualquer outra na Europa. No século XVI, com a dinastia Tudor, o Parlamento inglês funcionava com um modelo bicameral: havia a Câmara dos Lordes, formada pela alta aristocracia e o clero, e a Câmara dos Comuns, com os representantes dos condados. Estes eram eleitos pelo voto, mas se limitavam aos proprietários de terras.

Os membros do Parlamento gozavam de liberdade de expressão e imunidade, embora nem sempre isso fosse respeitado. Cabia a eles formular as leis, conquanto o rei também tivesse esse poder. Até aquele momento, o monarca tinha o condão de convocar e instalar o Parlamento, o que lhe garantia um poder extraordinário.

Henrique VII (1457-1509), o primeiro rei da dinastia Tudor, assumiu o trono com o fim da Guerra das Rosas, na qual as principais casas da nobreza inglesa, York e Lancaster, haviam disputado o poder. Ele tratou de desarmar a aristocracia, com o que fortaleceu o comando central. Em trabalho continuado por seu filho, Henrique VIII (1491-1547), e sua neta, Isabel I (1533-1603), organizou-se e burocratizou-se o Estado. O poder foi centralizado e concentrado.

Com os Tudors, o cidadão desfrutava de razoável liberdade de expressão. Uma eloquente prova disso era o próprio teatro, diversão maior de toda aquela sociedade, sem distinção de classes, em cujos palcos frementes temas sociais eram tratados. As peças de Shakespeare, apresentadas inicialmente durante o reinado de Isabel I, em grande parte se direcionavam a tratar da relação entre o governante e os governados.

O pai de Isabel, Henrique VIII, rompeu com a Igreja definitivamente em 1534. A Inglaterra foi, através do Ato de Supremacia, o primeiro Estado europeu a firmar independência da Igreja Católica. Criou, depois, sua própria Igreja — a Anglicana. O Estado se fortaleceu.

Isabel I morre em 1603 sem descendentes, encerrando assim a dinastia Tudor. Três dias antes de morrer, a chamada Rainha Virgem indica um parente, Jaime VI da Escócia, como seu sucessor — o que faria dele o rei Jaime I da Inglaterra. Isabel havia aprisionado em 1568, e mandado executar em 1587, a mãe de Jaime VI, Maria Stuart, também conhecida como Maria, Rainha dos Escoceses. Uma nova dinastia ascendia ao trono inglês.

Os Stuarts logo entraram em conflito com o parlamento inglês. Apesar de Jaime I ter sido possivelmente "o monarca inglês mais erudito de todos os tempos",[1] os Stuarts ainda acreditavam no poder divino dos reis, enquanto o Parlamento se via como a principal fonte do poder. Jaime I estava longe de ser uma unanimidade. Seu rival francês, o rei Henrique IV, o considerava *le plus sage imbécile de la chrétienté*, ou seja, o imbecil mais sábio da cristandade...

O cambridgiano Sir Edward Coke, admitido como advogado em 1578 no Middle Temple, foi membro do parlamento inglês. Em 1592, Coke foi promovido a *Solicitor General*, uma espécie de advogado geral do reino, abaixo apenas do *Attorney General*, que é o primeiro defensor dos interesses legais do monarca. Sua veloz ascensão decorreu de seu conhecimento jurídico indisputável.

Nessa condição, Coke atuou no famoso caso da condenação de Robert Devereux, conde de Essex, que liderara uma tentativa de golpe contra a rainha Isabel I em 1601. O conde, antes um dos preferidos da rainha, tramou uma rebelião que passava por contratar os atores da companhia teatral de Shakespeare, para representarem a peça *Ricardo II* na íntegra.

Ricardo II sofreu, entre as obras do cânone shakespeariano, a mais famosa censura.[2] A peça contém a cena em que o rei é deposto pelo usurpador, o futuro Henrique IV. A cena humaniza o monarca, a ponto de ele indicar que a diferença entre o rei e o homem comum seria apenas a coroa. Tratava-se, à época, de passagem incendiária, pois se questionava diretamente a autoridade real. Na peça, o rei era deposto porque se revelara incompetente para o cargo.

O conde de Essex acreditou que poderia, com a apresentação da peça por inteiro, em 7 de fevereiro de 1601, insuflar o público, a ponto de angariar aliados para destronar a então decadente rainha Isabel. Apesar de a peça ter sido apresentada sem cortes, a revolta não vingou. Essex foi condenado à morte, em processo no qual Coke atuou como promotor.

O advogado e jurista Coke era conhecido por sua retidão e ousadia. Na condição de procurador-geral da Inglaterra, foi encarregado de acusar Sir Walter Raleigh (1554-1618) de traição. Explorador e político, Raleigh gozara outrora de grande prestígio, notadamente com a rainha Isabel. Pois Coke teria exclamado da tribuna, dirigindo-se a Raleigh: "Tens o rosto de um inglês, mas o coração de um espanhol!"

Coke também participou do julgamento da conspiração conhecida como *Gunpowder Plot*: a Conspiração da Pólvora. Esse famoso episódio histórico se deu em 1605, já no reinado de Jaime I. Um grupo de rebeldes católicos planejou explodir o Parlamento inglês no dia da sua abertura anual, colocando diversos barris de pólvora no subsolo do prédio. O plano quase funcionou. Foi descoberto dias antes de seu implemento, graças a uma denúncia anônima. Coke interrogou os suspeitos e garantiu a condenação dos envolvidos.

Em 1610, Sir Coke é alçado ao cargo de *Chief Justice*, o mais alto cargo da magistratura inglesa; tornava-se, assim, juiz de sua Suprema Corte.

Por sua repercussão jurídica, um dos processos mais importantes julgados por Coke foi, em 1610, o do doutor Bonham — o *Dr. Bonham's Case*. Nele, Coke fornece as bases para que o Poder Judiciário possa questionar e examinar os atos do Poder Executivo. Trata-se da origem do *Judicial Review*, ou seja, o conceito, fundamental ao Estado moderno, de que os atos do Executivo se encontram sujeitos ao exame do Judiciário, tudo a fim de garantir a estabilidade.

Na Inglaterra daquela época, quem quisesse praticar medicina deveria integrar o Colégio de Médicos. Esse Colégio, criado por decreto real em 1518, valia-se de um meio restrito — e possivelmente abusivo — de admitir membros. Segundo outro decreto real de 1553, dava-se à irmandade o poder de julgar os médicos. Ocorre que um certo Thomas

Bonham, embora formado em medicina em Cambridge e em Oxford, não conseguia ser admitido ali. Diante da recusa, que lhe parecia infundada, o dr. Bonham passou a clinicar, razão pela qual foi iniciado um processo contra ele. O Colégio de Médicos ocupava a posição de acusador e julgador ao mesmo tempo. Bonham levou o caso para o Judiciário. Coke entendeu que, embora houvesse ordem real dando ao Colégio de Médicos o poder de julgar, a situação correta era esdrúxula, contrária à razão e ao direito comum. O jurista compreendeu que "todos os monopólios constituem, em geral, violação da grande carta, porque são contrários à liberdade e à livre atuação do súdito e contrários à lei do país".[3] Com isso, ele reviu uma regra do Poder Executivo a fim de dar ganho de causa ao dr. Bonham.

Esse julgamento teve enorme repercussão nos anos vindouros.

Em 1616, o rei Jaime I convoca todos os juízes do reino e os acusa de insubordinação. Determina que todos se ajoelhem perante o monarca, exigindo que, em se tratando de matérias do seu interesse, não se profira decisão antes de colher a sua opinião. Coke, excepcionalmente, recusa-se a aceitar essa humilhação. Limita-se a dizer que seguirá atuando como deve um juiz justo e honesto.

Jaime acreditava que os juízes nada mais eram do que uma extensão de seus poderes. Segundo ele, cabia aos juízes, antes de tudo, protegê-lo. Francis Bacon, outro advogado sobre quem já comentamos, defendeu, nesse episódio particular, a posição do monarca, enfrentando diretamente Coke.

A relação entre Coke e o rei esgarçou-se. Por defender o conceito de que o rei era um servo da lei, o advogado acabou dispensado dos serviços reais. Vale citar o memorial, feito por Coke, acerca de um tenso encontro entre o rei, de um lado, e os juízes, de outro:

> Disse então el-rei que pensava que a lei estava fundada na razão, e que ele e outros tinham razão tanto quanto os juízes. Ao que respondi que era verdade que Deus dotou Sua Majestade de excelente ciência e grandes dons naturais; mas Sua Majestade não era versada

nas leis deste reino da Inglaterra, e as causas que se referem à vida ou herança ou a bens ou fortunas de seus súditos não devem ser decididas pela razão natural, mas pela razão artificial e pelo juízo da lei — sendo a lei um ato que requer longo estudo e experiência, antes que um homem possa atingir o seu conhecimento.

Coke foi então para a oposição, como parlamentar. Segundo Churchill, era o advogado mais atuante de seu tempo.[4] Nessa condição de jurista e parlamentar, em 1628, Coke chefia um comitê que redige a *Petition of Right*, um dos mais importantes documentos constitucionais ingleses. Nele, busca limitar o poder do rei. Além disso, ali afirma uma série de garantias individuais. Para muitos, trata-se do documento fundador da monarquia moderna.

Apoiando Coke contra o rei a fim de estabelecer limites ao poder real, havia um grupo de parlamentares formado principalmente por advogados, entre eles o inflamado John Pym (1584-1643) e o erudito John Selden (1584-1654), ambos oriundos do Middle Temple; o diplomata Dudley Digges (1583-1639); e o jovem cambridgiano Oliver Cromwell (1599-1658). Selden publicou vários livros jurídicos para examinar o Direito Natural.

Pouco depois, em 1629, o rei Carlos I (1600-1649), que assumira a coroa em 1625 com a morte de seu pai, o rei Jaime, dissolve o Parlamento. O monarca passou a governar sozinho, em período conhecido como *Personal Rule*. O absolutismo comandava o continente europeu e tentava estabelecer-se também na ilha britânica.

Nesse período, buscando encontrar liberdade, uma leva de imigrantes, muitos deles puritanos, foram tentar a sorte no Novo Mundo. A Massachusetts Bay Company funda, em 1628, colônias onde são hoje as cidades de Salém e Boston, na América do Norte. Naquela região, entre 1629 e 1640, os colonos americanos passaram de trezentos para 14 mil.

Coke, com o golpe do rei, aposenta-se. A partir de 1628, publica os *Institutes of the Lawes of England*, considerado o documento seminal da *common law*, até hoje citado pela Suprema Corte Americana. O rei Carlos I busca censurar o livro do desafeto, mas, felizmente, não consegue. O movimento do monarca apenas fez aumentar o prestígio de Coke, tanto na Inglaterra como na colônia americana.

Em 1599, ano em que Shakespeare lançou *Júlio Cesar*, possivelmente a mais política de suas peças, nasce Oliver Cromwell. Militar puritano que se preparara para ser advogado, Cromwell liderou uma rebelião, iniciada em 1642, contra o rei inglês Carlos I. A Inglaterra atravessou então uma guerra civil, e foram muitas as batalhas. De um lado, encontrava-se a maioria do Parlamento; do outro, o rei e seus seguidores.

Desde 1629, o Parlamento não era convocado pelo rei, que pretendia atuar como absolutista. Usava, com frequência, a máxima normanda *le roi le veut*, ou seja, "o rei assim deseja". Tratava-se de um anacronismo, como rapidamente restou claro.

No início de 1640, na iminência de um conflito armado com a Escócia e necessitando de recursos, Carlos I viu-se compelido a reunir o Parlamento inglês a fim de aumentar os impostos. O Parlamento não apenas discordou em majorar a tributação, como passou a formular uma série de reivindicações ao próprio rei. Neste ponto, o advogado John Pym foi um leão ao proteger as prerrogativas do Parlamento.

Isso levou Carlos I, em abril de 1640, à tentativa de dissolver mais uma vez o Parlamento britânico. A principal acusação feita pelo monarca era a de insubordinação, pois os lordes não respeitavam adequadamente o soberano.

Além da divergência acerca de princípios — que redundava na briga de poder —, um dos principais problemas entre o monarca e o Parlamento tinha origem econômica. Os reis anteriores haviam gasto mais do que arrecadavam e a Coroa precisava de dinheiro. Carlos I tentou arrecadar de todas as formas, no que encontrou resistência de seus adversários.

Com tudo isso acontecendo, instaurou-se a guerra civil. Os parlamentaristas são liderados por Oliver Cromwell. Este é, seguramente, um dos mais controvertidos personagens da história da Inglaterra. Puritano de carreira militar, Cromwell estudara em Cambridge e passara pela Lincoln's Inn, onde adquiriu conhecimento jurídico. Tanto o avô como o pai e dois tios de Cromwell foram treinados para exercer a advocacia, assim como seu filho, Richard. Tratava-se, portanto, de uma família de advogados.

Carlos I rendeu-se em 5 de maio de 1646, marcando o fim da Primeira Guerra Civil inglesa. Uma negociação se seguiu. No verão de 1647, o advogado Henry Ireton (1611-1651), genro de Cromwell, elabora a *The Heads of the Proposals*, uma espécie de contrato que seria assinado com o rei a fim de estabelecer as bases de um governo, que teria o Parlamento como centro do poder. Esse documento também abordava questões sociais.

Evidentemente, o rei, embora aprisionado, reagiu. Não concordou com a proposta que lhe cerceava o poder. Mesmo entre os vitoriosos, havia divergência. No final de 1647, Cromwell, Henry Ireton e outros companheiros participaram de discussões em uma igreja em Putney, no sudoeste de Londres, com o propósito de criar uma constituição para a Inglaterra. Nesses encontros, conhecidos como os Debates de Putney, os mais radicais preconizavam o conceito de participação democrática[5] — "um homem, um voto" — e, na linha do *The Heads of the Proposals*, a ideia de que o Parlamento deveria governar.

Não apenas os nobres, mas também os soldados de Cromwell, ao ajudarem na tomada de poder, reclamaram participação política. O lema desses soldados era *vestigia nulla retrorsum*, isto é, "não dar passos para trás" ou "jamais retroceder".

O advogado puritano, entretanto, entendia que apenas os proprietários de terras poderiam participar do governo. Iniciou-se assim uma rebelião na qual os insurretos acabaram contidos. Afinal, boa parte dos oficiais do exército era composta de proprietários de terras. O resultado foi o de que o direito ao voto deveria se restringir aos proprietários de terra.

Em 4 de janeiro de 1649, o Parlamento, composto por aqueles poupados pelos puritanos, declara que "o povo é, sob Deus, a origem de todo poder justo e os 'Commons' da Inglaterra, escolhidos pelo povo e dele representantes, detêm o poder supremo desta nação".

Naquele mesmo ano, Cromwell se encarrega de aniquilar as vozes mais radicais do movimento.

A prisão de Carlos I e a tentativa de celebrar com ele um contrato representavam um problema para o Parlamento. Seria possível confiar no rei? Edward Montagu (1602-1671), conde de Manchester, líder dos conservadores, apresentou o dilema de forma objetiva: "Se vencermos o rei 99 vezes, ele continuará sendo rei. Mas se ele nos derrotar uma única vez, seremos todos enforcados." O modelo deveria ser alterado. Era necessário julgar o monarca, que não respeitou o Parlamento — e jamais respeitaria.

John Cook (1608-1660), oriundo do Gray's Inn, outra corporação de advogados, foi então nomeado promotor do povo da Inglaterra. A principal acusação que pendia sobre o rei era a de que ele travara uma guerra contra o Parlamento e contra o povo que este representava.

Um tema sensível permeou o julgamento de Carlos I: poderia o monarca cometer traição? O rei, afinal, era a própria nação. Ademais, para muitos, o monarca não falhava, não cometia erros. Historicamente, dizia-se que *the king can do no wrong*, ou seja, o rei não poderia errar. A Lei de Traição, *Treasons Act*, datada de 1534, definia traição como o planejamento da morte do rei ou a abertura de guerra contra ele. Por razões óbvias, Carlos I não havia tentado o suicídio ou promovido guerra contra si mesmo. O Parlamento, então, cria, para a ocasião, outra regra, datada de 1º de janeiro de 1649, na qual caracterizava traição também como agir contra o Parlamento e o reino da Inglaterra.

O rei argumentou que não poderia ser julgado por seus súditos.[6] Recusou-se até mesmo a oferecer defesa. Essa recusa se repetiu por 43 vezes.[7] De nada adiantou. Dos setenta juízes, 59 assinaram a sentença de morte.

Carlos I foi chamado ao Tribunal para que um escrivão lesse a decisão em voz alta:

Considerando ser notório que Charles Stuart, presentemente rei da Inglaterra, não contente com os numerosos abusos dos seus predecessores sobre os direitos e liberdades do povo, intentou maldosamente destruir as leis e liberdades antigas e fundamentais desta nação e introduzir em seu lugar um governo arbitrário e tirânico, e que independentemente de todos os outros meios e vias empregados por ele para a execução deste propósito, tentou-o pelo ferro e pelo fogo. Sustentou uma guerra civil na Inglaterra contra o Parlamento e o reino, em consequência da qual o país foi miseravelmente devastado, o tesouro público exausto, o comércio arruinado e milhares de pessoas privadas de vida, sem contar com uma infinidade de outros males e prejuízos; por estas ofensas, participando todas no crime de traição, Charles Stuart teria podido justamente, desde há muito, ser submetido a uma punição exemplar e merecida; e tendo igualmente em conta que o Parlamento se absteve de proceder juridicamente contra ele na esperança de que o cativeiro e detenção de sua pessoa, desde que Deus o colocou nas nossas mãos, acalmaria as perturbações do reino; mas tendo aprendido por meio de uma triste experiência que esta indulgência só serve para o encorajar, assim como aos seus cúmplices, a continuar as suas práticas perversas e a fazer nascer novas perturbações, rebeliões e invasões: para evitar portanto estes inconvenientes e para que nenhum grande oficial ou qualquer magistrado ouse, de futuro, na esperança da impunidade, meditar ou maquinar traiçoeiramente a servidão ou a destruição da nação inglesa, seja ordenado e preceituado pelos Comuns em parlamento e, consequentemente, ele aqui está, por estes presentes ordenado e estatuído, em virtude da autoridade que lhes é conferida, que [*seguem-se os nomes de 135 comissários e juízes*] (...) serão e são designados e instituídos comissários e juízes para a audição, processo e julgamento de Charles Stuart. Os comissários, em número de vinte ou mais, serão autorizados e constituídos como Supremo Tribunal de Justiça, para se reunirem em assembleia no local e altura que forem designados por eles próprios (...) por meio de uma decisão revestida dos seus selos e das suas assinaturas...[8]

Em 30 de janeiro de 1649, Carlos I foi decapitado. Naquela gélida manhã, o rei deposto pede para se vestir com duas camisas: não queria tremer, o que poderia ser compreendido pelos seus inimigos como um sinal de medo ou covardia. Embora o rei tenha esboçado pronunciar algumas palavras pouco antes de sua execução, o rufar dos tambores e o barulho da multidão não permitiram que fosse ouvido. Diz-se que, até naquele momento derradeiro, Carlos I, sem perder a fleuma, determinou ao carrasco que aguardasse o seu comando para só decapitá-lo após concluídas suas preces.

Cromwell, aliás, desejava que o rei fosse decapitado com a coroa posta... Ele compreendia o simbolismo daquele momento.

Em 1653, o advogado John Lambert finaliza o *Instrument of Government*, talvez a primeira constituição escrita do Ocidente. Nela, dava-se enorme poder ao Lorde Protetor, o executivo eleito, vitalício, mas abolia-se a hereditariedade.

Cromwell comandou a Inglaterra com o título de Protetor do Bem-Comum — *Lord Protector of the Commonwealth*. É interessante que, no curso do governo do Protetor, o poeta inglês John Milton (1608-1674), autor do *Paraíso perdido*, tenha sido alçado ao cargo de secretário das Línguas Estrangeiras, responsável pela correspondência do governo com outras nações. Milton escreve, ainda, um famoso soneto em homenagem a Cromwell.

Em 1660, já morto Oliver Cromwell — e depois de um curto período em que seu filho, Richard Cromwell, assumiu o poder —, promove-se o retorno da monarquia. O filho do rei executado volta de Breda, na protestante Holanda, para a Inglaterra, a fim de reinar como Carlos II, num acontecimento histórico conhecido como a Restauração.

Nesse mesmo ano de 1660, funda-se em Londres a Royal Society of London for Improving Natural Knowledge, instituição destinada a promover o conhecimento científico. Seus principais idealizadores eram discípulos do advogado Francis Bacon, morto em 1626. O lema da Royal Society é *Nullius in verba*, isto é, "nas palavras de ninguém". Deve-se questionar, duvidar, investigar. Acima de tudo, questionava-se o mundo aristotélico.[9] Aquele era um tempo, portanto, de aceitar novos conceitos, como o próprio Bacon exortara tempos antes.

Entre os nobres notáveis que organizaram o retorno dos Stuarts ao trono inglês encontrava-se Anthony Ashley-Cooper (1621-1683), que mais tarde se tornaria o primeiro conde de Shaftesbury. O nobre era advogado, egresso da prestigiada Lincoln's Inn. No final do reinado de Carlos II, Shaftesbury desempenhou papel fundamental como principal esteio político do rei. O advogado tinha como seu médico particular e secretário direto o filósofo John Locke (1632-1704), que fora seu colega de estudos em Oxford.

Sob Carlos II, discutiu-se a sucessão do monarca por seu irmão, Jaime, um católico fervoroso. Com efeito, Carlos II, casado com a portuguesa Catarina de Bragança, não conseguira produzir herdeiros legítimos, e assim a coroa deveria, após a morte do rei, passar ao seu irmão mais moço.

O protestante Shaftesbury, como muitos outros, temia que o trono fosse entregue a um católico. Passou a defender que a sucessão deveria ser feita apenas a um rei que adotasse a religião anglicana, dominante na Inglaterra de então. Muitos, por outro lado, guardavam opinião diversa, defendendo que a sucessão deveria se dar por parentesco, independentemente de qualquer outro fator.

Para sustentar sua posição, Shaftesbury solicitou ao seu secretário, John Locke, que se debruçasse sobre o tema. Locke era filho de advogado e recebera educação esmerada. Formou-se em Oxford, onde revelou incomum interesse por filosofia. Acabou virando médico. Com esses predicados, tornou-se médico particular do importante interlocutor do rei.

Em 1690, Locke publica seus dois *Tratados sobre o governo*, que elaborara anteriormente. No primeiro deles, o autor desmistifica o conceito do direito divino dos monarcas. No segundo, ainda mais revolucionário, defende que a legitimidade do governo não advém da força ou da tradição, mas do consentimento dos governados. Eis a verdadeira fonte de legitimidade do poder político. Além disso, a própria terra só teria real significância pelo que nela se produzia, pois era o trabalho que lhe conferia valor.

Enquanto, em 1651, Hobbes defendera no *Leviatã* que o homem era corrupto por natureza — o homem seria o lobo do homem —, Locke, em 1689, advogou o oposto: o estado natural do homem não era violento e feroz. Tampouco se tratava de uma perfeição angelical. Para viver em conjunto, a sociedade humana deve firmar uma convenção, um pacto de convivência. O poder absoluto, que negue o Direito Natural, revela-se incompatível com a sociedade civil.

O contrato social preconizado por John Locke não se confundia com o de Hobbes. Para este, um tal contrato era um ato de submissão. Com o propósito de se proteger, de garantir segurança, os homens entregavam a liberdade a um soberano.

Talvez por não ter desfrutado de formação jurídica — sua principal ocupação foi a matemática —, Hobbes defendeu a suprema autoridade do rei, sustentando que os "estatutos não são leis para o rei, mas sim para os seus juízes".[10] Em Locke, por sua vez, temos o contrato social como pacto de consentimento. O homem selava o pacto para garantir direitos como a vida e a liberdade, sempre protegidos pela lei. Ele registrou:

> Quem julgará se o príncipe ou o legislativo agem contrariamente ao encargo recebido? (...) A isto respondo: O povo será o juiz; porque quem poderá julgar se o depositário ou o deputado age bem e de acordo com o encargo a ele confiado senão aquele que o nomeia, devendo, por tê-lo nomeado, ter ainda mais poder para afastá-lo quando não agir conforme seu dever.[11]

Para Locke, a ordem do príncipe apenas tem valor se estiver conforme a lei. O abuso começa onde a lei acaba. Com isso, dava-se ao povo, ao menos do ponto de vista teórico, um papel decisivo. Não havia mais espaço para tiranos. O governo existia para o povo, e não para os governantes. No limite, o povo poderia rebelar-se — e especificamente essa lição de Locke foi implementada nas Revoluções Americana e Francesa.[12]

Por defender conceitos assim, Shaftesbury, que se tornara o líder da oposição ao rei, passa uma temporada preso na Torre de Londres. Depois consegue, por meio de um *habeas corpus*, escapar da cadeia, mas, sem opção política, exila-se na Holanda, em 1682, levando consigo seu famoso secretário, nesse momento também já envolvido em atividades políticas.

Shaftesbury falece em 1683, um ano depois de chegar a solo holandês. Seu assistente, John Locke, ficou lá por outros dez anos.

Em 1685, morre Carlos II e o rei inglês é sucedido pelo irmão, que adota o nome de Jaime II. Como dito, o novo monarca abraçava o catolicismo apostólico, o que não foi tolerado pelos ingleses.

O problema congênito dos Stuarts — sua queda pelo absolutismo — gerava conflitos constantes com a burguesia liberal. Essas divergências também invadiram o campo religioso, no qual se digladiavam católicos, anglicanos e puritanos.

O monarca se recusava a aceitar limites ao seu poder. Não custa lembrar que, no mesmo período, reina na França Luís XIV, o "Rei Sol", manifestação mais pura do absolutismo.

A Inglaterra, contudo, não era a França. Para agravar o conflito, a segunda mulher de Jaime II, a católica Maria de Módena, dá à luz em 1688 um filho homem, virtual sucessor do trono. Mais um motivo de profundo descontentamento para a nobreza da Inglaterra, que via com bons olhos que a sucessão do trono passasse para outra filha de Jaime, a protestante Maria.

A situação política ficou insustentável para Jaime II, que "abdicou" em 1688. O fim do reinado de Jaime não passou sem discussões jurídicas. Em 22 de janeiro de 1689, o Parlamento inglês aprovou o seguinte voto:

> O rei Jaime II tentara subverter a constituição do reino e rompera o contrato original entre o rei e o povo; violara, por conselho dos jesuítas e de outras pessoas perversas, suas leis fundamentais; fugira do reino, abdicando do governo. Portanto, o trono estava vacante.[13]

A Câmara dos Comuns debateu, na ocasião, se existia um contrato original entre o povo e o rei. De um lado, dizia-se que a legitimidade do rei não dependia do povo. De outro, defendia-se que o rei tirava sua própria razão de ser do consentimento dos governados, num acordo tácito. Venceram, por 53 votos a 46, os que defendiam a existência desse contrato. O rei deveria honrar o mandato recebido do povo, pois daí advinha a sua legitimidade. Em seguida, também por uma margem curta de votos, prevaleceu a tese de que Jaime II rompera com o contrato. Por fim, a Câmara dos Comuns votou se essa violação ao contrato original do monarca com o povo acarretava a vacância do trono. Mais uma vez, por curta vantagem, vingou o voto afirmativo.

Como Jaime II havia fugido, o Parlamento declarou sua abdicação tácita. O trono encontrava-se vago. Contudo, segundo a máxima inglesa: "A coroa nunca está vacante." Diante disso, no exato momento em que cai um rei, outro toma seu lugar.

Jaime II foi sucedido por sua filha Maria e seu marido holandês, William (Guilherme) de Orange, ambos protestantes.

Guilherme de Orange também possuía sangue Stuart, pois era filho de outra Maria, filha do rei inglês Carlos I, o que fazia dele sobrinho de Carlos II e Jaime II, além de primo de sua mulher. Guilherme invadiu a Inglaterra em 1688 sem encontrar resistência. Ali, passou a ser Guilherme III.

Ainda assim, Guilherme e Maria tiveram que negociar com os parlamentares ingleses a forma do novo governo. Queria-se garantir o fim do absolutismo, a proteção das leis, a liberdade e a propriedade. Os novos reis, assim, aderiram ao modelo de governo proposto pelo Parlamento. Não se poderia mais falar em direito divino dos reis da Inglaterra.[14] A Coroa perde o direito de demitir os magistrados e o de dissolver o Parlamento, que também fiscalizaria os gastos do reino. Estabeleceram-se, dessa forma, regras fiscais e de controle das despesas do país. O rei não mais poderia gastar o patrimônio do Estado como lhe parecesse melhor, mas deveria submeter seus planos ao Parlamento. Os novos donos do poder denominaram o ocorrido de Revolução Gloriosa.

Maria, a nova rainha, cruza o canal da Mancha para a Inglaterra em 1689. O mesmo navio trazia John Locke, carregando consigo os manuscritos de *Os tratados sobre o governo civil*. Estes foram publicados em 1690 e logo ganharam importância. Locke distinguia a sociedade do governo. Podia-se dissolver o governo sem, com isso, afetar a sociedade. Foi exatamente o que se dera na Revolução Gloriosa.

Para compreender o período, vale, também, citar que a população inglesa crescia vertiginosamente. Em 1520, havia na Inglaterra cerca de 2,3 milhões de pessoas. Em 1603, os habitantes já somavam 3,75 milhões. O número, em 1690, chegara a 5,2 milhões.

Com esse novo conceito de representatividade, o Parlamento inglês passou, de fato, a deter o poder. Embora seus membros fossem quase todos aristocratas, os valores da liberdade e da representatividade foram incorporados. "A Revolução de 1688 finalmente estabeleceu que em última análise o Rei deve ceder lugar ao Parlamento."[15]

Em rigor, a estrutura da democracia na Inglaterra apenas se cristalizou com a carta conhecida como *Bill of Rights*, isto é, a Declaração de Direitos de 1689. Para que assumissem a Coroa inglesa, vacante após a morte de Jaime II, Guilherme de Orange e Maria tiveram que submeter-se ao documento, reconhecendo o poder do Parlamento. Eis como se inicia a parte conclusiva do corpo desse documento:

> Os Lordes, Espirituais e Temporais e os membros da Câmara dos Comuns declaram, desde logo, o seguinte:
>
> 1. Que é ilegal a faculdade que se atribui à autoridade real para suspender as leis ou seu cumprimento.
> 2. Que, do mesmo modo, é ilegal a faculdade que se atribui à autoridade real para dispensar as leis ou o seu cumprimento, como anteriormente se tem verificado, por meio de uma usurpação notória.

O rei tinha poder limitado. Ele reina, mas não governa. Tornou-se apenas um símbolo formidável.

O Parlamento garantiu, com a *Bill of Rights*, seu poder de autoconvocação, seu papel preeminente na confecção e aprovação de leis, sua absoluta liberdade de expressão — vedando perseguições políticas —, a instituição de tributos e a averiguação dos gastos públicos. O rei não poderia mais, sem a autorização do Parlamento, suspender a aplicação das leis. Não haveria intervenção real nas matérias decididas pelos tribunais.

Esse momento histórico marcou, em definitivo, a separação entre os Poderes Executivo e o Legislativo. Nascia o constitucionalismo moderno.

Com a *Bill of Rights*, há pela primeira vez o reconhecimento de um rol de liberdades fundamentais. Os súditos têm direito de peticionar ao rei, de votar nos membros do Parlamento, de não sofrer cobrança de impostos exorbitantes e despidos de fundamento, de receber julgamentos que sigam um processo adequado. O Estado consagra um catálogo de direitos originários detidos pelos cidadãos, que restringem e limitam o poder soberano; o conceito de Direito Natural deixa de ser apenas um ideal para se transformar numa realidade concreta, digna de proteção jurídica.[16] Uma construção legal.

Um bom exemplo de como as coisas se haviam alterado ocorreu num julgamento que chegou à Suprema Corte inglesa em 1689. Um comerciante, de nome Nightingale, tivera sua mercadoria confiscada por uma empresa monopolista, a Royal African Company, criada anos antes pelo rei. Para a empresa, por força do decreto real, apenas ela poderia comercializar a mercadoria. Holt, no entanto, presidente da Suprema Corte, entendeu que a outorga do monopólio era uma atribuição exclusiva do Parlamento, e assim a Royal African Company não teria direito à exclusividade e, muito menos, o de reter a mercadoria do comerciante. Evidentemente, essa independência do Judiciário seria impensável anos antes.

Outro importante ato jurídico decorrente da Revolução Gloriosa foi o *Toleration Act*, de 1689. Por meio dele, os novos reis garantiam a liberdade de culto às demais linhas protestantes — não, contudo, aos católicos.

Após a Revolução Gloriosa, o Parlamento promoveu a organização do Estado, estimulando especialmente a meritocracia. Incrementou seu corpo burocrático — passou de pouco mais de mil funcionários em 1690 para quase 5 mil em algumas décadas. O Judiciário tornou-se mais confiável e menos suscetível à corrupção ou ao tráfico de influência.

O fato de a Inglaterra ter julgado e executado o rei Carlos I em 1649, mais de cem anos antes da Revolução Francesa, não foi obra do acaso. Na Inglaterra, o conceito do primado da lei e do respeito às instituições surgiu antes — e de modo mais arraigado — do que no resto do mundo ocidental. Com isso, as pessoas ganhavam segurança jurídica, pois sabiam a forma e as regras pelas quais seriam julgadas, bem como os critérios de sua tributação. Com a Revolução Gloriosa, a lei passou a valer para todos os cidadãos, o que representava não apenas uma inovação, mas uma conquista.

Também não foi sem motivo que Jaime II, em 1688, deixou a Coroa sem derramamento de sangue. A Revolução Gloriosa se deu sem guerra civil, sem execuções. Decorreu de um aprendizado. O rei seguinte conhecia o destino dos déspotas e não pretendia seguir o caminho do pai.

No século XVIII, portanto, não havia país com mais liberdades do que a Inglaterra.

Em 1726, o irlandês Jonathan Swift (1667-1745) lança as famosas *Viagens de Gulliver*, uma divertida e ácida crítica à sociedade inglesa. Na quarta parte do Capítulo V do livro, Gulliver explica o que ocorreu na Revolução Gloriosa, mas encerra-o falando dos advogados. Segundo ele, trata-se de um grupo muito peculiar de profissionais, que se expressa de uma forma que nenhum outro mortal, senão eles próprios, consegue entender. Diz também que os advogados mal podem discernir o que é verdade do que é mentira.[17] Swift designa os advogados como "os mais estúpidos" dos homens. Swift — um clérigo que morre louco — possivelmente elege os advogados como alvo porque a classe representava a sociedade que ele tanto desprezava e ironizava. Talvez. Ou talvez porque, por vezes, os advogados bem merecem críticas.

Certo é, contudo, que sem os advogados Coke, Pym, Selden, Digges, Cromwell e Shaftesbuty, entre outros, não teria havido Revolução Gloriosa.

Segundo Macaulay, em seu clássico trabalho sobre a História da Inglaterra, a convenção que se estabeleceu na Revolução Gloriosa entre a monarquia e o Parlamento teve como primeiro propósito garantir a clareza de regras fundamentais de governança. Além disso, visava-se, de uma vez por todas, deixar claro que o direito dos reis encontrava-se em escala inferior no rol de normas que regulamentavam o Estado.[18] Estabelecia-se, assim, o Estado de Direito.

A Revolução Gloriosa trouxe à sociedade diversos conceitos relevantes, como as ideias de governo representativo e responsabilidade política. Esses conceitos possuem arcabouço jurídico. Também se estabeleceu que a tributação se justifica em virtude da participação política — e esse princípio ganhou extraordinária repercussão na colônia americana. A participação legitimava a tributação, pois os destinos da contribuição visavam a atingir um interesse comum, conhecido. Não se recolhia imposto para o bem do soberano, mas para o provento da coletividade.

É ponto pacífico que a referência jurídica, calcada na ideia de proteger uma lei comum — a *common law* —, foi um avanço sedimentado nesse movimento inglês, iniciando-se com o destronamento e julgamento de Carlos I e concluindo-se com a Revolução Gloriosa. Naquele momento, germinaram os conceitos de defesa dos direitos individuais contra abusos do Estado, sendo tal proteção levada adiante por meio de uma linguagem jurídica.

Não havia, ainda, uma democracia ampla, tal como a conhecemos nos nossos dias. Na Inglaterra, persistia o conceito de que apenas um grupo pequeno de pessoas votava — os donos de terras — para eleger os membros do Parlamento. Contudo, as sementes estavam plantadas.

Além disso, as poderosas ideias que acalentaram a Revolução Gloriosa cruzaram o Atlântico. Foram encontrar uma terra nova, cheia de advogados.

A Revolução Americana

> "No início, portanto,
> o mundo todo era uma América."
> JOHN LOCKE, *Segundo tratado sobre o
> governo civil*, 1690[1]

> *E pluribus unum*
> [De muitos, um]
> LEMA DOS ESTADOS
> UNIDOS DA AMÉRICA

Os Estados Unidos foram a primeira república moderna. Trata-se da democracia mais estável da história da civilização. Desde a sua criação, sucederam-se dezenas de eleições para presidente, iniciadas em 1788-9, sem qualquer rompimento institucional. Além disso, foram também os responsáveis pela primeira vez que uma colônia obteve independência de uma potência europeia. Isso foi feito não apenas por meio da resistência física, mas, acima de tudo, por meio de conceitos filosóficos e jurídicos. Como isso se deu?

Em 1731, o governador de Nova York faleceu e foi sucedido por um próspero comerciante, Rip Van Dam (1660-1749), que há muito atuara em prol daquela comunidade. Van Dam ocupou o cargo durante pouco mais de um ano, até a chegada do governador indicado pela coroa inglesa: William Cosby (1690-1736). Um dos primeiros atos do recém-chegado governador foi determinar a devolução de boa parte da remuneração recebida por Rip Van Dam enquanto ocupava a função. Esse ato arbitrário indignou os nova-iorquinos. Van Dam trabalhara para a comunidade e merecia o valor recebido. O tema foi levado ao Judiciário daquele Estado — na época, ainda uma província. Quando o presidente da Suprema Corte de Nova York, Lewis Morris, que ocupava o cargo havia quase duas décadas, inclinou-se em favor de Rip Van Dam, o novo governador o demitiu. Esse novo ato de força fez com que a população se insurgisse de forma ainda mais indignada.

Nesse ambiente de conflito dos cidadãos com o governo, um imigrante alemão, o tipógrafo John Peter Zenger, lança o periódico *The New York Weekly Journal*, denunciando as arbitrariedades do governador inglês. O jornal imediatamente ganha popularidade. Vários advogados importantes de Nova York, inclusive o juiz afastado Lewis Morris, contribuíam com artigos para a publicação.

Por conta disso, o governador inglês manda prender o editor Zenger, sem porém oferecer uma boa explicação para a medida. A fim de mantê-lo preso, estabeleceu uma fiança estratosférica, um valor incompatível com as possibilidades do editor ou mesmo de seus amigos. Enquanto isso, a mulher de Zenger, revelando incomum coragem, seguia publicando o jornal.

James Alexander, advogado americano formado na Gray's Inn de Londres, representou Zenger perante o Tribunal de Nova York. Naquele momento, Cosby, o governador indicado pelos britânicos, já havia alterado a composição da corte, nomeando apenas juízes aliados, comprometidos com o governo inglês. Uma vez que James Alexander havia denunciado abertamente a arbitrariedade, teve suspenso seu direito de praticar a advocacia, dado que, quando da leitura do Tribunal, teria cometido um desacato. Mais um ato despótico.

A Zenger foi designado um advogado dativo, sem maior experiência. Diante disso, os comerciantes de Nova York se uniram com o propósito de garantir um profissional competente para a defesa do réu. O escolhido foi Andrew Hamilton (1676-1741), da Filadélfia, que contava quase 80 anos. Era considerado, na época, um dos mais competentes juristas e advogados da América.

O julgamento teve início em agosto de 1735. Formou-se um júri composto por cidadãos de Nova York. A principal acusação feita contra Zenger era a de que ele havia imprimido acusações falsas contra o governador Cosby. A defesa centrou suas forças no conceito de "falso". Para o advogado de defesa, se se provasse que nada do que fora escrito era "falso", não haveria o que condenar na conduta do editor. O tribunal, contudo, rejeitou essa linha de defesa. Falar mal do governante seria uma ofensa por si só.

Hamilton então lembrou ao tribunal que na Inglaterra, antes da Revolução Gloriosa, houvera uma época durante a qual os homens não podiam criticar o rei. O patrono deixou claro ao tribunal que esse período de tirania, no qual o soberano exerce seu poder sem receber crítica, havia terminado. Em seguida, tratou de demonstrar a verdade espelhada nas publicações.

Dirigindo-se ao júri, Hamilton concitou aqueles homens a cumprir a elevada função de julgar com justiça. Contra a resistência do tribunal, que assinalava a irrelevância do fato, Hamilton insistiu ser fundamental analisar a veracidade das acusações. A verdade, dizia, deveria sempre prevalecer — e Zenger não era um caluniador.

O tribunal, claramente atendendo à orientação do governador, buscava limitar o papel do júri, que deveria ser, apenas, o de identificar se o acusado havia ou não publicado o jornal. Isso bastaria para reconhecer a prática do crime. Hamilton, por outro lado, denunciava a farsa em que aquele julgamento consistiria se a discussão se limitasse apenas a esse tema. O advogado de defesa reclamava o exame do mérito.

O causídico bradou na sala de audiência:

> Há heresia na lei, assim como na religião, e ambas têm mudado muito. Bem sabemos que há não mais de dois séculos um homem

teria sido queimado como herege por possuir opiniões em matéria de religião tais como as que são publicamente escritas e publicadas hoje em dia. Eram homens passíveis de erro, e tomamos a liberdade não apenas de divergir deles em opinião religiosa, mas de condená-los, e também as suas opiniões. (...) Em Nova York um homem pode tratar com familiaridade o seu Deus, mas tem de tomar especial cuidado com o que diz de seu governador.

Quem é, por menos conhecimento que tenha de História e de Direito, que pode ignorar os pretextos plausíveis que, frequentemente, têm sido utilizados por poderosos para implantar o governo arbitrário e destruir as liberdades de um povo livre. (...) É um dever que todos os homens dignos têm para com seu país o de precaverem-se contra as influências infelizes de homens maus quando lhes é confiado o poder e, especialmente, contra suas criaturas e seus dependentes, que, sendo geralmente mais necessitados, decerto são mais ambiciosos e cruéis.

Homens que lesam e oprimem o povo sob sua administração forçam-no a protestar e queixar-se; e então tornam essa própria queixa a base para novas opressões e perseguições.[2]

O advogado de defesa do editor tinha ciência da natureza política da causa. Não discutia apenas a situação do editor, mas tratava de algo bem mais profundo: da liberdade, do poder de falar a verdade, de criticar o governo.

O tribunal, absolutamente favorável ao governador britânico, requereu ao júri que se pronunciasse somente quanto ao fato de Zenger ter impresso o periódico, o que bastaria para que fosse reconhecido como culpado. O júri se reuniu e, rapidamente, voltou com o veredito. Foi indagado ao primeiro dos jurados se "John Peter Zenger era culpado por imprimir e publicar os libelos em seu jornal". A resposta veio de pronto: "Inocente."

O salão de julgamento estava lotado. O caso era acompanhado com atenção por toda a colônia.

O precedente ganhou enorme força. A verdade é um argumento básico quando se analisa a acusação de calúnia. Fazia-se necessário apreciar os fatos, as circunstâncias, para se atingir um veredito honesto. O cidadão podia criticar o governante, mormente se a crítica fosse fundamentada. Acima de tudo, não se admitia a arbitrariedade. A liberdade era um valor fundamental.

E pluribus unum,[3] diz o Grande Selo dos Estados Unidos: de muitos, um. Lemos, inclusive, essa frase na nota de um dólar. Não há um nome para o país, como encontramos, por exemplo, na Argélia, no Canadá, na Itália ou no Japão. Os Estados Unidos são, como o nome indica, estados que se uniram. O mote do Grande Selo explica: desses muitos, treze inicialmente, fez-se um.

A historiadora americana Barbara Tuchman registrou que os Estados Unidos "são uma nação concebida, e não uma nação que evoluiu lentamente de um passado antigo. Foi uma ideia planejada de democracia, de liberdade, de consciência e busca pela felicidade. Foi a promessa de igualdade, de oportunidade e de liberdade individual dentro de uma ordem social e justa, em oposição às restrições e repressões do Velho Mundo".[4] Quem concebeu essa nação? De onde ela surgiu? Dos advogados.

Os puritanos deixaram a Inglaterra do século XVII para habitar a América do Norte. Eram religiosos, tementes a Deus e servos da lei. Para a Austrália, a Inglaterra enviou os criminosos e degradados: os indesejados pela sociedade. Algum tempo depois, os colonos da América se rebelaram, declararam-se independentes. A Austrália permaneceu súdita da Coroa inglesa.

Que houve? Por que os puritanos e colonos americanos, em vez dos australianos, preferiram abolir o governo de um rei e adotar uma forma democrática de governo? A resposta é a seguinte: havia advogados na América do Norte.

A primeira cidade inglesa nas treze colônias da América foi fundada em 1607. Recebeu o nome de Jamestown em homenagem ao rei Jaime, cujo nome em inglês é James. Ela estava localizada na colônia de Virgínia, nomeada, por sua vez, em homenagem a Isabel I, a Rainha Virgem, falecida em 1603. Dos quinhentos colonos, apenas sessenta sobreviveram ao rigoroso inverno. Era um mundo selvagem.

Desde 1613, plantava-se tabaco na Virgínia. Muitos colonos, sob contrato, vieram para trabalhar nessas terras inexploradas. Ao chegar, ganhavam um lote para que cultivassem as próprias terras.

Rapidamente, eles estabeleceram uma estrutura política, dotada de uma Assembleia Legislativa denominada *House of Burgesses*.

Em 1620, 102 dissidentes religiosos cruzaram o Atlântico numa jornada de 65 dias penosos a bordo de uma embarcação denominada *Mayflower*. Ao aportarem em terra firme, entraram em acordo com os membros dessa incipiente assembleia de colonos em Virgínia. Seu objetivo era o de fundar uma nova colônia.

Uma boa demonstração do espírito desses peregrinos é o fato de eles, ainda embarcados, firmarem em novembro daquele ano uma espécie de constituição, denominada *Mayflower Compact*. Nela, lia-se:

> Em nome de Deus, Amém. Nós, cujos nomes são subscritos, os Súditos Leais de nosso Soberano Senhor, Rei Jaime, pela Graça de Deus, da Inglaterra, França e Irlanda, Rei, Defensor da Fé [e outros títulos]. Tendo empreendido para a Glória de Deus, e o Avanço da Fé Cristã, e a Honra de nosso Rei e País, uma viagem para instalar a primeira colônia nas partes do norte da Virgínia, por estes presentes, solenemente e mutuamente na Presença de Deus e um dos outros, nós concordamos e combinamos juntos em um Corpo Político civil, para nossa melhor Ordenação e Preservação, e a Continuação dos Fins acima mencionados; e por meio desta promulgar, constituir e enquadrar tantas leis justas e iguais, Ordenanças, Atos, Constituições e Cargos que, de tempos em tempos, serão julgadas mais convenientes para o bem Geral da Colônia, a que prometemos toda a devida submissão e obe-

diência. Como Testemunha disso, aqui assinamos o nosso nome em Cape Cod, no décimo primeiro dia de novembro, no Reino do nosso Soberano Senhor, o Rei Jaime da Inglaterra, França e Irlanda, o décimo oitavo, e da Escócia o quinquagésimo quarto. Anno Domini, 1620.[5]

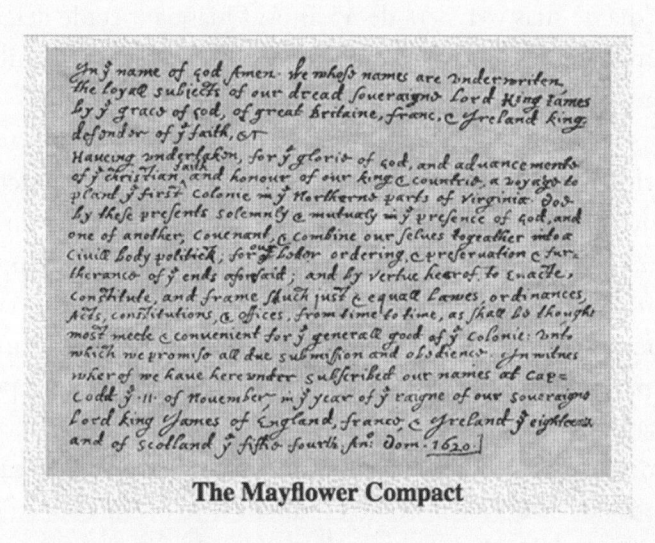

The Mayflower Compact

Na colônia americana, portanto, houve desde o início consenso quanto à importância de se respeitar uma ordem. A linguagem do *Mayflower Compact* é manifestamente jurídica.[6] Dizem que, quando de sua travessia, os peregrinos pactuaram que todos participariam do governo que viriam a criar no "admirável mundo novo".[7]

Sir Anthony Ashley-Cooper, lorde Shaftesbury, de quem antes falamos, foi também proprietário de terras no Novo Mundo, na província da Carolina. Shaftesbury e seu famoso secretário, John Locke, elaboraram a Constituição da Carolina, de 1669, em bases de uma rígida hierarquia — na qual se defendia enfaticamente a escravidão. As regras, entretanto, malograram poucas décadas depois de sua edição.

Percebeu-se que, para estimular alguém a investir na América, era necessário dar-lhe incentivos. Concedeu-se alguma representatividade aos colonos. Em 1720, as colônias possuíam estruturas de governo semelhantes.⁸ Em todas, havia um governador e uma assembleia, composta pelos proprietários de terra.

A vida dos colonos, num primeiro momento, era duríssima. A expectativa média de suas vidas era de 35 anos. Quase a metade deles morria pouco tempo depois de aportar na América. Estavam a 5 mil quilômetros de separação oceânica da civilização.

Os peregrinos não trouxeram seus bens materiais, mas seus conceitos jurídicos e seus valores morais. Trouxeram, principalmente, seus sonhos; de construir uma sociedade mais justa. Nas palavras do advogado Tocqueville, escrevendo no começo do século XIX, os europeus que chegaram ao Novo Mundo aportavam com "o germe de uma completa democracia".⁹ Afinal, esses colonos vinham da Inglaterra: uma monarquia parlamentar com uma constituição que garantia importantes direitos aos cidadãos.

As discussões políticas fervilhavam na Inglaterra de então. Com efeito, após o reinado vigoroso de Elisabeth I, veio, em 1603, a escocesa dinastia Stuart. A partir daí observou-se um acirrado antagonismo entre o Parlamento e a Coroa. A disputa apenas se encerrou em 1688, com a Revolução Gloriosa e o início de uma nova dinastia, que trouxe conceitos próprios sobre a relação entre governantes e governados. Assistiu-se a uma onda migratória da Inglaterra em direção ao Novo Mundo a partir de 1626, quando Charles I decidiu fechar o Parlamento. Muitos desejavam partir para a América para desfrutar da liberdade, tanto política, como religiosa.

Por volta de 1630, aportou em Newton — cidade depois renomeada Cambridge —, na província de Massachusetts, um líder puritano, de origem inglesa, chamado Thomas Hooker (1586-1647). Estudante da Universidade de Cambridge, na Inglaterra, Hooker, inconformado com as muitas limitações civis em Massachusetts, fundou a província de Connecticut. Em 1638, ajudou a escrever a constituição daquela nova província, na qual se garantiu que "o fundamento da autoridade repousa, primeiro, no livre consentimento do povo".[10] Estabeleceu-se, também, que os funcionários públicos e magistrados teriam limitações em seus poderes. Enfim se aplicavam, ali, os ideais já forjados na Inglaterra.

O ano de 1636 assistiu à fundação de mais uma província no continente norte-americano: Rhode Island. Firmou-se ali um instrumento administrativo capaz de regular a vida dos seus cidadãos e sua relação com o governo local. Foram abolidas parcialmente a escravidão e a servidão. O Código Penal foi humanizado e extinguiu-se a prisão por dívida — desde que o devedor concordasse acerca do modo de quitar seu débito. Garantiu-se a liberdade religiosa também. Embora se aplicasse a lei inglesa, negou-se, expressamente, qualquer distinção com base no "bom nascimento". As decisões acerca dos destinos da sociedade eram tomadas em comum, durante encontros nos quais compareciam os cidadãos homens, que poderiam manifestar as suas opiniões de forma livre. Esse governo foi considerado modelar para muitos. O conceito de liberdade revelava a sua força.

As colônias de Virginia e Maryland foram fundadas em 1607 e 1632, respectivamente. Rhode Island, como se disse, data de 1636. Ao sul, as colônias de Carolina do Sul, Carolina do Norte e Geórgia foram estabelecidas em 1663, 1653 e 1733. As colônias meridionais tinham como principal ocupação a plantação de tabaco e algodão, com um enorme contingente de escravos. Nas colônias mais ao norte, por questões geográficas e climáticas, não era possível essa exploração.

Para as colônias norte-americanas, nascer sem importância foi a "felicidade da desgraça"[11]. Ao contrário de muitas outras do continente americano, na América do Norte não havia ouro nem prata. Tampouco naquela franja costeira, em que se alojaram os primeiros imigrantes ingleses, se encontravam solos de abundante fertilidade. Isso fez com que a metrópole não se importasse sobremaneira com a região e lhe permitisse certa independência. Ademais, a pequena riqueza gerada se mantinha na própria colônia. Isso diferia muito do que ocorria, por exemplo, no Brasil, cujo ouro era, na medida de sua descoberta, imediatamente remetido para Portugal. Nas colônias inglesas da América do Norte admitiu-se, por exemplo, o desenvolvimento de manufaturas e uma incipiente industrialização, ao passo que, nas Antilhas, a mesma Inglaterra proibia que se fabricasse até um alfinete.[12] Já havia máquina impressora tipográfica em Harvard, Massachusetts, em 1638, muito antes do que no resto do continente.[13]

Por outro lado, entre 1689 e 1763, as colônias americanas participaram de várias guerras, notadamente entre a Inglaterra e a França: a Guerra da Liga de Augsburgo, ou Guerra dos Nove Anos (1689-1697); a Guerra da Sucessão Espanhola (1702-1713); a Guerra da Sucessão Austríaca (1744-1748); e a Guerra dos Sete Anos (1756-1763). Apenas esta última se encontrava diretamente relacionada às questões das colônias, e de tal modo que o conflito termina, em 1763, com um tratado no qual a França abdica de suas ambições coloniais, que se chocavam com as inglesas.

A Guerra dos Sete Anos, travada principalmente entre a França e a Inglaterra, e na qual se disputaram também assuntos coloniais, acabou por gerar inúmeros problemas econômicos para as duas nações. Ao mesmo tempo, contribuiu diretamente para a crise dos ingleses com os norte-americanos, pois logo foi necessário aumentar os impostos. Aos franceses, trouxe os problemas financeiros que culminaram com a Revolução Francesa. Nesse período, entre 1750 e 1770, a população americana praticamente dobrou, pulando de 1 para 2 milhões de pessoas.

A expulsão dos franceses da América do Norte foi fundamental para a nação que se desenhava. Por volta de 1750, havia, nas colônias inglesas dali, cerca de 1 milhão de pessoas, as quais viviam praticamente na costa do Atlântico. O número de franceses era consideravelmente menor: algo como 85 mil. No entanto, os domínios franceses cercavam os ingleses. Como se formassem uma rede, eles controlavam o norte, passando pela Nova Escócia e pela foz do rio São Lourenço, e chegavam até o sul, em especial a Nova Orleans, pela foz do Mississippi. Como esses rios, navegáveis, eram a forma mais fácil de locomoção, os franceses, embora menos numerosos, possuíam enorme vantagem estratégica. Eles conseguiam, com absoluta liberdade, descer o Mississippi ou subir o São Lourenço. Com isso, tinham pleno acesso às riquezas do continente norte-americano.

Revelava-se, portanto, essencial aos ingleses expulsar os franceses do território americano. Os ingleses levaram adiante esse propósito por meio da luta armada, da qual acabaram vitoriosos. Isso, no entanto, fez com que dobrasse o número de soldados ingleses na América e se multiplicasse a dívida britânica.

A fim de angariar fundos que sustentassem todas as campanhas bélicas — e foram muitas nesse período —, a Inglaterra viu-se forçada a arrecadar tributos. De modo especial, depois de 1763, quando os ingleses conseguiram expelir os franceses, foi preciso aumentar exponencialmente os impostos. Havia a necessidade, por exemplo, de fazer a manutenção de um contingente de militares estacionados na América que contabilizava 10 mil homens. Caberia à colônia arcar com esse custo.

Em 1764, os ingleses aprovaram a Lei do Açúcar; no começo de 1765, a Lei do Selo. Ambas tinham o objetivo de angariar fundos.

A ira dos colonos foi a consequência natural dessas medidas. De modo especial, a Lei do Selo foi fonte de grande divergência entre a colônia e a matriz. Com ela, todos os documentos impressos começaram a ser taxados. Isso incluía até mesmo os jornais. Os documentos deveriam, a partir de então, circular com um selo que comprovava o pagamento do imposto. Os colonos receberam a notícia com revolta: muitos queimaram os selos e os jornais. Ali onde deveriam colar os selos, imprimiam caveiras.

Os advogados, de forma geral, não precisavam pagar essas taxas, mas era dever deles verificar se o selo fora usado. Assim, em última análise, embora o custo fosse do cliente, a necessidade de arcar com o imposto acabava, indiretamente, por causar impacto nos honorários do profissional. Duramente atingida pela nova legislação, portanto, a classe dos advogados passou a combatê-la de forma direta.[14]

Pouco depois, em 1767, entraram em vigor as Tarifas Townshend, assim denominadas por terem sido introduzidas pelo ministro das Finanças inglês Charles Townshend (1725-1767). Os ingleses passaram a taxar todos os produtos que circulavam nas colônias, entre eles o vidro, o chumbo, o papel, o chá e a tinta.[15] Para protestar contra o imposto, os colonos americanos decidiram fazer um boicote aos produtos ingleses.[16]

Indignados, os colonos promoveram um congresso para debater formas de reação à Lei do Selo. Reuniram-se em Nova York representantes de todas as colônias, com exceção da Geórgia. Embora não se discutisse a fidelidade à Coroa inglesa, julgou-se oportuno elaborar uma proposta capaz de abrandar os impostos. O Parlamento inglês, porém, não obstante aceitasse algumas das sugestões, conservou a alta taxação, acirrando a crise.

Entre 1767 e 1768, muitos jornais da colônia publicaram uma série de doze cartas de um advogado e fazendeiro da Pensilvânia chamado John Dickinson (1732-1808). Dickinson havia, inclusive, morado um tempo em Londres, onde integrara o Middle Temple, uma das irmandades de advogados ingleses.

Muito bem fundamentadas juridicamente, essas *Cartas de um fazendeiro da Pensilvânia* traziam consigo um conceito muito singelo: o de que as colônias eram soberanas em seus assuntos internos e não estavam representadas no Parlamento inglês. Logo, o Parlamento não poderia estabelecer taxas sobre as colônias. Dickinson passou a ser o mais conhecido advogado dos direitos dos colonos, cuja grande reivindicação, naquele momento, era justamente a capacidade de serem representados. Com efeito, o mantra dos colonos americanos era *No taxation without representation*. Já que altos impostos lhes eram cobrados, era justo, ao menos, que eles pudessem se fazer representar nas câmaras inglesas.

Um acontecimento célebre nessa escalada, que culminou na Independência, foi a Revolta do Chá, também conhecida como Boston Tea Party. Por razões estratégicas, o Parlamento inglês decidiu fortalecer financeiramente a combalida — porém monopolista — Companhia das Índias Orientais. Para tanto, através da Lei do Chá, subiu muito a taxação da mercadoria para os norte-americanos. Os colonos, por sua vez, se revoltaram e tentaram devolver a mercadoria sem o pagamento previsto pela legislação. Com a recusa dessa devolução pelo governador inglês de Boston, em dezembro daquele ano de 1773, os colonos, fantasiados de índios, invadiram os navios da companhia ancorados no porto de Boston e jogaram o chá no mar. A carga era valiosíssima. O assunto ganhou repercussão gigantesca.

O governo inglês decidiu retaliar. Por decisão do Parlamento, as Leis Intoleráveis entraram em vigor, fazendo com que os colonos tivessem cerceado o direito de se reunir. Além disso, foram obrigados a dar guarida aos soldados britânicos, ou seja, abrigo e comida. Além disso, o porto de Boston ficaria fechado até que a Companhia das Índias recebesse uma indenização pela perda do chá. Por fim, as colônias perdiam jurisdição para julgar funcionários ingleses. Aquelas eram regras duras, e a reação não tardou.

Nas colônias, a profissão jurídica gozava de prestígio social e de uma boa situação econômica.[17] Os tribunais da colônia aplicavam a lei inglesa. Havia, inclusive, advogados britânicos que tinham desembarcado ali para praticar a profissão. Em 1745, Virgínia, o mais rico dos Estados, regulou a profissão. Desejava-se garantir que os advogados estivessem bem preparados para defender, perante as cortes, os interesses dos cidadãos.

Os Comentários às Leis Inglesas — *Commentaries on the Laws of England* — de William Blackstone,[18] editado pela primeira vez em 1765, vendeu, à época, o mesmo número de exemplares na Inglaterra e na colônia. Pouco antes da Revolução Americana, portanto, ocasião em que se rompem os laços com a metrópole inglesa, havia na América uma classe de advogados que dominava muito bem a matéria jurídica.

Ainda assim, enquanto durou o domínio inglês, não houve ali faculdades de Direito especialmente direcionadas ao estudo das ciências jurídicas. O que havia eram algumas universidades — nove, ao todo — em que se poderia adquirir uma enorme gama de conhecimento, entre elas Harvard, o College of William and Mary, o College of New Jersey (futura Princeton) e o King's College (futura Columbia). O estudo de Direito, a fim de habilitar o advogado, dava-se pela leitura de textos legais, pela análise dos precedentes dos tribunais e pelo trabalho direto em bancas de advocacia e nas cortes. Esse caminho foi trilhado por inúmeras pessoas, de sorte que a advocacia formou, na colônia americana, uma classe definida e reconhecida.

Os colonos se ressentiam de não desfrutar dos mesmos privilégios legais dos ingleses. Os habitantes do Novo Mundo conheciam a *Declaração dos Direitos* dos britânicos e os *Tratados* de John Locke, no qual se explicava que a legitimidade do governo se encontrava no povo. De fato, "os acontecimentos de 1688-89 na Inglaterra ampliaram realmente a liberdade política e religiosa nas colônias".[19] Além disso, os advogados americanos haviam estudado Grócio, Pufendorf e Burlamaqui, juristas que preconizavam a racionalidade e que a felicidade era o objetivo maior da existência humana. Esses mesmos juristas também falavam do Direito Natural e de que os governantes deveriam respeitar as regras básicas estabelecidas pela sociedade; caso contrário, perderiam sua legitimidade.

Um bom exemplo da importância dos advogados nessa causa ocorreu na disputa judicial travada, em 1761, entre um grupo de comerciantes de Boston e o governador de Massachusetts.

Como se havia disseminado a prática do contrabando, o governo britânico emitiu uma ordem que permitia a qualquer funcionário da alfândega revistar um lar ou navio, a fim de encontrar produtos contrabandeados. Os comerciantes de Boston decidiram resistir a essa ordem. Para isso, contrataram advogados, entre eles Oxenbridge Thacher e James Otis. Este último, no caso julgado em 1761, argumentou, entre outros fundamentos, que a determinação do governador de permitir a invasão de propriedades violava a lei inglesa. Não bastasse isso, contrariava também a Lei Natural. Afinal, devia-se respeitar o lar das pessoas, o abrigo do homem. Sir Edward Coke, no conhecido *The Institutes of the Laws of England*, registrara que "o lar de cada homem é seu castelo — e lá terá seu seguro refúgio". Uma ordem para invadir o lar de alguém deveria ser extraordinária, dada de forma circunstanciada, e jamais de modo genérico.

John Adams, o futuro presidente dos Estados Unidos, atuou como assistente de Otis nesse julgamento. Ele tomou nota das palavras do advogado dos comerciantes: "Um decreto contra a Constituição é nulo; um decreto contra a equidade natural é nulo."[20] Habilmente, Otis transformou a causa numa bandeira. Discutiam-se as garantias básicas, como a proteção ao lar e a própria liberdade. Ao final, as Cortes de Massachusetts reconheceram que os mandados, daquela forma genérica, eram ilegais.

Em outra ocasião, foi John Adams quem teve sua coerência posta à prova. Em 1770, ele representou um pequeno grupo de soldados ingleses em um caso que se tornou conhecido como "O Massacre de Boston". Ocorreu que, no meio da tensão estabelecida entre os britânicos e os colonos, alguns soldados ingleses dispararam contra civis. Toda a tropa e seu capitão foram acusados de assassinato. John Adams, numa causa que contrariava a opinião pública, aceitou a incumbência de defender os soldados.

O advogado e futuro presidente dos Estados Unidos conseguiu convencer o júri de que a maior parte dos soldados agia em legítima defesa. Começou a defesa citando Beccaria, com o relevante conceito de que os processos deveriam ser justos. Apenas dois dos soldados — aqueles que de fato atiraram — foram condenados, enquanto se reconheceu a inocência dos demais. Adams registrou:

> Fatos são coisas teimosas; e quaisquer que sejam nossos desejos, nossas inclinações, ou os ditames de nossa paixão, eles não podem alterar o estado dos fatos e das evidências.[21]

Embora a defesa dos ingleses tenha feito recair sobre Adams muitas críticas, reconheceu-se nele um homem honrado. Até mesmo porque, durante o julgamento, Adams argumentava que o problema maior decorria de os soldados ingleses estarem em solo americano. Em suma, aqueles homens não eram culpados: a culpa era do sistema inglês.

Em 1774, Benjamin Franklin (1706-1790) encontrou Thomas Paine (1737-1809) em Londres. O primeiro aconselhou o segundo a ir para a América. Foi Paine quem — diz-se — usou pela primeira vez o termo "Estados Unidos da América".

Intelectual com aspirações políticas, Paine deixou a Inglaterra em 1774, com 37 anos, e se mudou para a Filadélfia. No começo de 1776, lançou o panfleto intitulado *Senso comum*, que imediatamente se tornou um retumbante sucesso. Estima-se que foram vendidas 150 mil cópias só no ano de seu lançamento.

Senso comum era expressamente "dirigido aos habitantes da América".[22] Logo em sua abertura, Paine dizia que "a causa da América é a causa de toda a humanidade".[23] E mais: "A sociedade é, em qualquer estado, uma bênção, mas o governo, mesmo em seu melhor estado, é apenas um mal necessário."[24] Segundo ele, toda nação governada por um rei estava contaminada. Paine também fazia críticas à sucessão do comando por hereditariedade e à confusão entre religião e política. Além disso, deixava claro que uma ilha não deveria dominar um continente.

Sua reflexão direta poderia levar a outro raciocínio: como um pequeno grupo de homens pode comandar uma grande massa? No fundo, Paine concitava os americanos a começar o mundo novamente. Um convite difícil de recusar.

Os líderes da rebeldia, isto é, aqueles que desejavam romper os laços com o governo inglês e aspiravam a liberdade para a América, eram advogados.

John Adams se formara pela faculdade de Harvard em 1755. O primo dele, Samuel Adams (1722-1803),[25] formado quinze anos antes, também se ocupara da advocacia. Ao ingressarem na fileira dos rebeldes, quando o movimento ainda era incipiente, os dois primos denunciaram as arbitrariedades da metrópole.

Diante das novas regras impostas pelos ingleses, sobretudo no que dizia respeito ao aumento da taxação, foram eles que organizaram, em setembro de 1774, na Filadélfia, o primeiro Congresso Continental. Com os representantes das colônias, criaram, na ocasião, os Comitês de Vigilância, que deveriam registrar todos os atos de tirania cometidos contra as colônias. Nesse encontro, havia 55 delegados. Todos nascidos na América. Quase a metade deles era de advogados.[26]

O segundo Congresso Continental se instalou em maio de 1775, pela primeira vez com delegados de todas as treze colônias.[27]

Em junho do mesmo ano, o advogado John Adams propôs que o comando das forças dos colonos rebeldes fosse dado a George Washington, da Virgínia. Washington era o primeiro filho do segundo casamento de seu pai. Em função disso, não recebeu grande herança nem teve uma educação esmerada. Com quase dois metros de altura, era fisicamente enorme e logo revelou incomum talento militar. Além disso, como cedo perdera os dentes, usava uma dentadura rudimentar. Por essa razão, o militar raramente sorria e falava pouco. Essa postura séria, estoica, agigantava sua aura heroica.

Tornou-se necessário, na ocasião, estabelecer resistência física, aos ingleses, até mesmo para se opor às novas e duras regras impostas pela matriz. Iniciaram-se assim os conflitos armados. Os colonos, em 1775, bateram os ingleses em Lexington, Concord e, mais adiante, em Bunker Hill. Era um assombro que colonos, num grupo majoritariamente formado por fazendeiros, pudessem se opor a um exército europeu treinado. Tratava-se de situação semelhante àquela dos gregos que haviam enfrentado os persas no século V a.C. Ambos, americanos e gregos, lutaram nas suas casas pela própria liberdade.

O que chamamos de Revolução Americana teve, em rigor, dois momentos exponenciais: a Independência, em 1776, e a posterior organização da nação, dada entre 1787 e 1788. A primeira parte se realizou com uma guerra — uma batalha física — e a confecção de um documento, a Declaração de Independência; a segunda, com a elaboração da Constituição Federal.

A Guerra da Independência durou de 1775 a 1783, mas os conflitos armados se encerraram em 1781. Em muitos momentos, a estratégia de Washington foi a de evitar o confronto direto e jamais se engajar em grandes batalhas que pudessem acarretar uma derrota irreversível. Em parte, a vitória americana foi possível porque boa parte da população daquela época andava armada e, logo, sabia usar armas de fogo.[28] Era raro encontrar um homem branco que não estivesse familiarizado com o manejo de revólveres ou espingardas.

Benjamin Franklin foi até a França para obter ajuda externa. Um acordo foi celebrado, em 1778, entre a França e a nova nação, a fim de que a primeira a auxiliasse na obtenção da independência. Luís XVI, atendendo a um pedido do prodígio militar Marie-Joseph Paul Yves Roch Gilbert du Motier, marquês de La Fayette (1757-1834), envia, em 1779, 6 mil homens para lutar ao lado dos colonos.

É curioso que o rei francês tenha feito tamanho esforço para amparar uma república nascente contra a monarquia inglesa. Havia razões de ordem geopolítica, sem dúvida, mas, por ironia do destino, ele não avaliou bem as consequências da derrota britânica para o trono francês.

A participação francesa foi decisiva, sobretudo em 1781, quando, em 19 de outubro, cerca de 8 mil soldados ingleses se renderam em Yorktown, marcando o fim da fase de guerra campal. Depois disso, a discussão da independência passou para o campo diplomático, encerrando-se com a assinatura da paz no Tratado de Paris, em 1783.

George Washington tinha seu mais próximo colaborador — a sua "família", como costumava dizer — em Joseph Reed (1741-1785). Tratava-se de um advogado jovem e talentoso que pegou em armas na Guerra da Independência. Não obstante o destaque conquistado por ser secretário particular, confidente e ajudante de campo de Washington, já havia alcançado fama como advogado na Filadélfia. Em 1778, participou da elaboração dos Artigos da Confederação como um dos representantes da Pensilvânia, ocasião em que trabalhou em sintonia com James Madison. Logo em seguida, foi eleito para o cargo que corresponde hoje ao de governador de estado. Reed contribuiu decisivamente para o fim da escravidão na Pensilvânia, em 1780. Morreu cedo: aos 43 anos, no ano de 1785, na Filadélfia.

Em 11 de junho de 1776, o advogado John Adams (1735-1826), um dos líderes da Revolução — e, mais tarde, sucessor de Washington na presidência dos Estados Unidos —, criou uma comissão com o intuito de redigir um documento que espelhasse os propósitos daquele movimento. A comissão, que ficou conhecida como Comitê dos Cinco, era composta, além do próprio John Adams, por Benjamin Franklin, Roger Sherman, Thomas Jefferson e Robert Livingstone. Coube ao advogado Thomas Jefferson (1743-1826) escrever o primeiro rascunho do documento, que se tornaria a Declaração de Independência americana.

Thomas Jefferson estudou Direito e recebeu o título de advogado em 1767. Leu John Locke e escreveu um trabalho comentando Montesquieu. De 1767 a 1774, viveu uma intensa vida de advogado.[29] Em 1769, ingressou na Câmara de Virgínia, iniciando a carreira política que o levaria, no futuro, a dois mandatos como presidente dos Estados Unidos, entre 1801 e 1809.

Antes da Declaração, em 1771, Thomas Jefferson havia advogado em uma causa na qual se discutia o direito de divórcio de determinada mulher. Jefferson defendeu sua cliente recorrendo exatamente ao conceito de Direitos Naturais. Para ele, o divórcio era uma manifestação da possibilidade de as pessoas buscarem a felicidade. Mais ainda, o direito de as mulheres reclamarem o divórcio, assim como já faziam os homens, significava reconhecer a igualdade entre os sexos. A experiência de advogado, portanto, foi crucial no momento em que redigiu a Declaração, pois adotou os mesmos argumentos.

Também notável foi a percepção de Jefferson acerca da relação entre religião e Estado. Assim como Lutero, Jefferson acreditava que a religião era um assunto privado, essencialmente distinto e separado da política. O Estado deveria ser secular.

Jefferson valeu-se de sua experiência como advogado para redigir a Declaração de Independência definitiva. Sua participação foi fundamental também na elaboração da primeira das declarações — aquela produzida pela mais poderosa das províncias: Virgínia. Essa declaração, publicada em 12 de junho de 1776, continha dezesseis artigos e começava com a seguinte afirmação: "Todos os homens são, por natureza, igualmente livres e independentes." Em seguida, garantia que todos tinham o direito de buscar a liberdade, a felicidade e a segurança. Jefferson adotaria esses conceitos no texto que laborou.

Jorge III (1738-1820) foi o primeiro dos reis ingleses da dinastia de Hanôver a nascer e ser educado na Inglaterra — logo, também o primeiro a não falar, ao contrário de seu pai e de seu avô, um inglês marcado pelo carregado sotaque alemão. Como seus antecessores, Jorge III não gozava de uma radiante popularidade, quanto mais no continente americano. Tinha fama de alienado; de fato, padeceu de um problema mental que o tornou demente na velhice. Em 1811, foi internado e viveu recluso até 1820, quando faleceu.

No dia 4 de julho de 1776, o rei escreveu em seu diário: "Nada de importante neste dia."

A Declaração de Independência americana foi firmada nesse mesmo 4 de julho pelos delegados dos treze estados norte-americanos, logo após a decisão consensual de se desligarem da Inglaterra. Estavam numericamente representados Connecticut (com quatro delegados), Delaware (com três), Geórgia (com três), Maryland (com quatro), Massachusetts (com cinco), New Hampshire (com três), Nova Jersey (com cinco), Nova York (com quatro), Carolina do Norte (com três), Pensilvânia (com nove), Rhode Island (com dois), Carolina do Sul (com quatro) e Virgínia (com sete).

Das 56 pessoas que assinaram a Declaração de Independência, 25 eram advogados, isto é, quase a metade. A redação final ficou a cargo de Thomas Jefferson:[30]

> Quando, no curso dos acontecimentos humanos, se torna necessário a um povo dissolver laços políticos que o ligavam a outro, e assumir, entre os poderes da Terra, posição igual e separada, a que lhe dão direito as leis da natureza e as do Deus da natureza, o respeito digno às opiniões dos homens exige que se declarem as causas que os levam a essa separação.
> Consideramos estas verdades como evidentes por si mesmas, que todos os homens foram criados iguais, foram dotados pelo Criador de certos direitos inalienáveis, que entre estes estão a vida, a liberdade e a busca da felicidade.
> Que a fim de assegurar esses direitos, governos são instituídos entre os homens, derivando seus justos poderes do consentimento dos governados; que, sempre que qualquer forma de governo se torne destrutiva de tais fins, cabe ao povo o direito de alterá-la ou aboli-la e instituir novo governo, baseando-o em tais princípios e organizando os poderes pela forma que lhe pareça mais conveniente para realizar a segurança e a felicidade. Na realidade, a prudência recomenda que não se mudem os governos instituídos há muito tempo por motivos leves e passageiros; e, assim sendo, toda experiência tem mostrado que os homens estão mais dispostos a sofrer, enquanto os males são suportáveis, do que a se desagravar, abolindo as formas a que se acostumaram. Mas quando uma longa série de abusos e usurpações, perseguindo invariavelmente o mesmo objeto, indica o desígnio de reduzi-los ao despotismo absoluto, assistem-lhes o direito, bem como o dever, de abolir tais governos e instituir novos guardas para sua futura segurança. Tal tem sido o sofrimento paciente destas colônias e tal agora a necessidade que as força a alterar os sistemas anteriores de governo. A história do atual Rei da Grã-Bretanha compõe-se de repetidos danos e

usurpações, tendo todos por objetivo direto o estabelecimento da tirania absoluta sobre estes Estados. Para prová-lo, permitam-nos submeter os fatos a um cândido mundo.[31]

Em seguida, enumeram-se as "falhas" da Inglaterra, que começam com a denúncia de que se recusara a promulgar leis necessárias ao bem comum. Trata-se de um trabalho de advogado. Como se fosse um promotor, Jefferson aponta os graves atos cometidos pelo governo inglês, concluindo, enfim, que era culpado. Com isso, justifica-se a declaração de independência. Muitas das reclamações se relacionam à interferência inglesa na forma como se davam os processos judiciais na colônia. A nona reclamação, por exemplo, tratava da política de fazer os juízes dependentes da Coroa, pois esta determinava o salário e a própria manutenção do magistrado no cargo. Em outra reclamação, o alvo era o fato de os ingleses proibirem ao colono o julgamento pelo júri.

A Declaração encerra-se da seguinte forma:

> Nós, por conseguinte, representantes dos Estados Unidos da América, reunidos em Congresso Geral, apelando para o Juiz Supremo do mundo pela retidão de nossas intenções, em nome e por autoridade do bom povo destas colônias, publicamos e declaramos solenemente: que estas colônias unidas são e de direito têm de ser Estados livres e independentes, que estão desoneradas de qualquer vassalagem para com a Coroa Britânica, e que todo vínculo político entre elas e a Grã-Bretanha está e deve ficar totalmente dissolvido; e que, como Estados livres e independentes, têm inteiro poder para declarar guerra, concluir paz, contratar alianças, estabelecer comércio e praticar todos os atos e ações a que têm direito os estados independentes. E em apoio desta declaração, plenos de firme confiança na proteção da Divina Providência, empenhamos mutuamente nossas vidas, nossas fortunas e nossa sagrada honra.[32]

O conceito de Direitos Humanos parte da ideia de que eles possuem três qualidades essenciais e indissociáveis: são naturais, ou seja, inerentes aos seres humanos; iguais, pois são os mesmos para todos; e universais, na medida em que não se restringem a indivíduos ou grupos isoladamente. Na Declaração de Independência, o advogado Jefferson designa essas três qualidades como três qualidades autoevidentes e, por esse motivo, sequer demandam fundamentação.

A Declaração reconhece que todos os homens foram criados iguais e, portanto, são titulares dos mesmos direitos básicos e inalienáveis, invocando, dessa forma, o conceito de Direitos Naturais.

Além disso, a Declaração compreende que esses direitos básicos apenas têm sentido quando recebem conteúdo político. Deve haver um sentido prático a essas prerrogativas. Daí o documento registrar como finalidade desses direitos a de garantir aos homens "a vida, a liberdade e a busca da felicidade". Para atingir esses fins, os seres humanos elegem seus governantes, que devem ser justos. Do contrário, sem segurança e sem condições de buscar a felicidade, o homem tem o direito de mudar esse governo.

Foi assim, com argumentos jurídicos, que os americanos fundamentaram a atitude de declarar independência dos britânicos. O conceito de que "todos os homens nascem iguais" havia sido utilizado na Declaração de Direitos da Virgínia em junho de 1776. Jefferson e Adams já conheciam a redação e a sua força. Do mesmo modo, a referência à "autoevidência" desses direitos como verdades absolutas guarda enorme importância. Por meio desses valores, garante-se a legitimidade dos direitos, derivada deles próprios. São considerados Direitos Naturais, reportando-se a uma antiga tradição jurídica de proteção das garantias básicas dos homens. Desse modo, a Declaração de Independência, mais do que declarar a separação da Inglaterra, apresentava os fundamentos de uma nova ordem de governo.

Acampado em Nova York, Washington leu a Declaração para a sua tropa em 2 de agosto de 1776. Seus soldados e uma inflamada multidão derrubam, então, uma enorme estátua do rei Jorge que havia em

Manhattan. A escultura de chumbo é derretida para virar milhares de balas, usadas, pouco adiante, para enfrentar os ingleses.[33]

Como registra Lynn Hunt, a *Bill of Rights* inglesa, de 1689, embora falasse genericamente de "antigos direitos", não explicitara, como fez a Declaração de Independência americana de 1776, que esses direitos eram universais. Tampouco tratara de sua aplicação igualitária à coletividade.[34] Não havia, no documento inglês, o reconhecimento categórico de que "todos os homens nascem iguais". A Declaração americana, ao menos conceitualmente, não se dirigia a um grupo — aos brancos, aos donos de terra, aos nobres —, mas abrangia "todos os homens".

De forma inteligente e sensível, o documento americano não garante aos homens o direito à felicidade. Antes, no seu preâmbulo, diz que o homem tem direito a "buscar a felicidade", a lutar por ela. O Estado não pode garantir a felicidade de ninguém, pois ela não é uma dádiva, mas uma conquista decorrente de um esforço contínuo. O Estado, contudo, deve promover as bases para que o indivíduo possa atingi-la.

Uma coisa era declarar a independência; outra, assegurá-la. Os americanos lutaram por sua autonomia contra a maior força bélica da época. Organizaram-se então de forma independente, em milícias formadas pelos chamados *minutemen*, que receberam esse nome porque em pouco tempo — em minutos — conseguiam arregimentar-se para enfrentar os ingleses.

Em 19 de outubro de 1781, lorde Cornwallis, comandante das forças inglesas, se rende em Yorktown. Era apenas mais uma etapa de um longo caminho.

Quando a guerra da independência começou, não havia "estados unidos". Em rigor, as províncias inglesas situadas no norte da América tinham autonomia entre si. Em comum, havia apenas o desejo de se libertar da Inglaterra. Naquele momento, cada uma das colônias queria tornar-se um Estado. A cooperação justificava-se para ganhar a guerra.

Em 1776, logo após a Declaração da Independência, no Segundo Congresso, que reuniu representantes das treze colônias, iniciou-se a elaboração de uma protoconstituição. O responsável pelo grupo encarregado dessa redação foi o advogado da Pensilvânia John Dickinson, de quem já falamos. No final de 1777, apresenta-se o documento intitulado Artigos da Confederação: *Articles of Confederation and Perpetual Union*. Seu próprio título deixava explícito que as treze colônias integrariam uma confederação.

O primeiro desses artigos deu o nome da confederação: Estados Unidos. O documento, entretanto, era vago. Embora o governo central comandasse as forças armadas e a política externa, todas as demais matérias, com exceção de temas relacionados à moeda, eram decididas pelos Estados, as antigas províncias, de forma autônoma. Até mesmo o poder de fixar tributos lhes era atribuído, o que tornava o governo central dependente. Tampouco havia cortes federais, isto é, cada estado tinha seu próprio poder judiciário. O governo central sequer detinha poder para dirimir as questões entre os Estados confederados.

Em 1777, apenas o Estado da Virgínia aderiu aos Artigos da Confederação. Logo no começo de 1778, a Carolina do Sul, Nova York, Rhode Island, Connecticut, Geórgia, New Hampshire, Pensilvânia, Massachusetts, Carolina do Norte e Nova Jersey também firmaram o documento. Em 1779, Delaware uniu-se a eles. O último estado a aderir foi Maryland, em fevereiro de 1781.

Os Artigos da Confederação não eram um documento definitivo. Sequer se destinavam a reger um país, mas apenas a disciplinar as relações entre os Estados. Um de seus mais importantes conceitos vinha em seu Artigo II, segundo o qual cada Estado mantinha a sua soberania, liberdade e independência, salvo naquilo expressamente delegado à União. Essa ideia de soberania acabou gerando o conceito de que cada Estado representaria um voto. Assim, Rhode Island, o menor dos Estados, gozaria da mesma importância que Virgínia, o mais rico.

Era necessário, porém, elaborar uma constituição mais sofisticada, sobretudo com vistas a aumentar o poder do governo central e, com isso, fortalecer a nação. E o problema estava precisamente em escrever algo que fosse comum a todos os membros da nação que acabara de nascer.

Em 1782 inicia-se, em Paris, uma conferência visando a estabelecer um acordo entre os Estados Unidos e a Inglaterra. Os representantes dos Estados Unidos foram Benjamin Franklin,[35] John Adams e John Jay — isto é, Franklin e dois advogados.

Em setembro de 1783, o tratado de paz entre a Inglaterra e a sua antiga colônia é assinado. Nesse acordo, a nova nação se comprometia a indenizar aqueles que deixaram suas terras no Novo Mundo por lealdade à Coroa inglesa. Admitiram também recolher os impostos cujo fato gerador tivesse ocorrido antes da independência. Com esse ato, a Inglaterra reconheceu a existência e autonomia do novo país.

O advogado Jay, além de liderar as negociações com a delegação britânica, discutiu as fronteiras do novo país com representantes da França e da Espanha. Coube a ele elaborar as minutas do tratado. John Jay veio a ser o primeiro presidente da Suprema Corte dos Estados Unidos.

Não há dúvidas de que o Tratado de Paris foi um grande, talvez o maior, feito da história da diplomacia americana. Uma boa medida dessa vitória encontra-se no fato de que Benjamin West, artista nascido nos Estados Unidos, mas um dos preferidos do rei inglês Jorge III, foi comissionado para pintar um quadro das negociações de paz. A delegação britânica, contudo, recusou-se a comparecer, conscientes, mesmo naquela época, do fiasco para os britânicos que era perder suas posses no Novo Mundo.[36]

Com o Tratado de Paris e o fim da guerra, cada um dos Estados que recentemente haviam adquirido a independência seguiu rumos próprios. Entre as cartas deixadas por George Washington, há uma, do final de 1783, na qual o general reclama com George Clinton (1739-1812) — político local, também advogado, que em 1805 veio a ser vice-presidente daquela nação — de que o Congresso dos estados americanos se encontrava absolutamente paralisado. Os revolucionários haviam voltado para casa, depois de expulsarem os ingleses, para cuidar de seus afazeres privados.

Como antes mencionado, comumente divide-se a Revolução Americana em duas fases. A primeira, iniciada em 1776, na qual se assegurava a independência, lutando e, finalmente, expulsando os colonizadores. A segunda, iniciada em 1787, em que se tratou de estabelecer as bases fundamentais da nova nação. Isso porque, inicialmente, as colônias, com a declaração de independência e o fim da guerra, se tornaram Estados autônomos, sem unidade federal. Em 1781, adveio a última ratificação de um estado nos "Articles of Confederation". Apesar de os representantes das treze colônias, agora Estados autônomos, terem ratificado esse documento, não havia, ainda, a ideia corrente de conceber uma única nação.

A partir da independência, a grande discussão no continente gravitava ao redor da união dos recém-criados Estados num único e centralizado país. Havia aqueles, os chamados federalistas, que defendiam a entrega de um poder maior à União e aqueles que preferiam ver os Estados com mais autonomia, sem um governo central. Tratava-se dos antifederalistas.

Em 1787, seis anos após a assinatura dos Artigos da Confederação, os Estados enviaram, mais uma vez, seus delegados à Filadélfia. Ocorreram ali quatro meses de reuniões e debates, iniciados a 14 de maio de 1787. Embora fossem treze os Estados, os representantes de Rhode Island se recusaram a comparecer. Os de New Hampshire chegaram bem depois, com os trabalhos já avançados. Os votos eram computados por Estado e, não raro, havia Estados absolutamente divididos. O ambicioso objetivo da assembleia era o de redigir uma constituição comum a todos os Estados. Por meio da lei comum e maior, haveria a união.

O resultado desse encontro foi um documento que continha um preâmbulo e sete artigos. Muitos temas importantes ficaram pelo caminho. Havia, por exemplo, uma proposta recusada de James Madison, também advogado, no sentido de que o governo central pudesse vetar qualquer lei estadual. Dos 55 delegados que participaram do conclave, apenas 39 firmaram o documento.

Nos Artigos da Confederação constava a regra de que as decisões só poderiam ser adotadas se houvesse a unanimidade entre os treze Estados membros. A necessidade de manter essa norma da unanimidade foi uma das primeiras e mais importantes discussões ocorridas no encontro da Filadélfia em 1787. Acabou preponderando o conceito societário: deve prevalecer a orientação da maioria. Foi precisamente esse o argumento sustentado por James Wilson, representante da Pensilvânia. Wilson, também considerado um dos "pais fundadores" dos Estados Unidos, nascera na Escócia e, na América, para onde tinha imigrado, atuou como advogado e professor de Direito. Mais tarde, foi indicado, por Washington, à Suprema Corte americana.

Naquele conclave entre os representantes dos Estados, prevaleceu a maioria simples para aprovar os dispositivos. Aliás, a própria Constituição, quando aprovada dois anos depois da instauração da assembleia, teve a ratificação de apenas nove dos treze Estados. Entretanto, foi ajustado o quórum mínimo de nove Estados, sendo que cada um deles deveria estar representado por pelo menos dois delegados.

No dia da assinatura da Constituição, uma segunda-feira, 17 de setembro de 1787, 42 delegados estavam presentes. Três deles se recusaram a firmar o documento. Dos treze ausentes, havia aqueles declaradamente refratários à Constituição. Dois dos Estados relutantes eram exatamente Nova York e Virgínia, os mais poderosos.[37] A Constituição foi aprovada pelo Congresso dos Estados Unidos em julho de 1788. Portanto, antes de o primeiro presidente americano, George Washington, tomar posse, o que se deu em 30 de abril de 1789, em Nova York.

Madison registrou em suas anotações que Washington, o presidente da assembleia, sentava-se numa cadeira atrás da qual havia um sol pintado. Do ângulo que Washington era visto, não se sabia qual o movimento do astro: se ele se punha ou nascia. Ao fim, com o documento assinado, Madison, feliz, identificou o sol nascente, não poente.

O preâmbulo da Constituição, embora não contivesse qualquer norma, informava a fonte de onde provinha a força daquele documento: o povo. A Constituição começa: *We the people of the United States...* Ou seja, trata-se de um documento escrito na primeira pessoa do plural: nós. O redator indica precisamente que esse "nós" refere-se a todos nós, isto é, às pessoas, à coletividade, à população. "We the people" foi escrito em letras garrafais, exatamente para frisar de onde provinha a legitimidade da regra. A Constituição, portanto, é um documento feito pelas pessoas.³⁸ Além disso, identificava o grande propósito que se espera da Constituição: a justiça, a liberdade, a paz interna e externa, o bem geral. A redação do preâmbulo é a seguinte:

> Nós, o Povo dos Estados Unidos, a fim de formar uma União mais perfeita, estabelecer a Justiça, assegurar a Tranquilidade interna, prover a defesa comum, promover o Bem-estar geral e garantir para nós e para os nossos descendentes os benefícios da Liberdade, promulgamos e estabelecemos esta Constituição para os Estados Unidos da América.³⁹

A Constituição americana delimita os poderes do governo. Controla o Estado pela separação dos poderes: Executivo, Legislativo e Judiciário. Os poderes são independentes, embora um regule o outro. A carta indica quais as atribuições da União: estabelecer os impostos, regular o comércio, declarar guerra e celebrar tratados.

O documento estabeleceu, ainda, um parlamento com duas câmaras: uma Câmara Baixa, com membros representantes de cada Estado, de forma proporcional ao número da sua população, e uma Câmara Alta, o Senado, com três representantes por Estado. Os representantes dos Estados deveriam ter mais de 25 anos e ser, há pelo menos sete, cidadãos norte-americanos. Para o Senado, os membros teriam que contar, no mínimo, 30 anos. A Constituição não tratava de quem poderia votar. Isso ficou a cargo de cada Estado. Em regra, votavam apenas os homens brancos — houve, contudo, uma breve exceção, em Nova Jersey, que em 1787 permitiu, por um curto período, que as mulheres gozassem de direitos políticos. A plena democracia, como conhecemos hoje, existia na letra, mas não na prática.

A Constituição Americana, nascida no verão de 1787 na Filadélfia, foi a primeira obra humana dessa natureza. A segunda foi a Constituição da Polônia, de 3 de maio de 1791, e a terceira, a da França, de 3 de setembro do mesmo ano. As cartas da Polônia e da França já não vigoram. A segunda constituição mais antiga do mundo ainda em vigor é a da Noruega, de 1814. Das cerca de 160 constituições nacionais, mais de dois terços foram adotadas ou substancialmente revistas depois de 1970. Apenas catorze delas antecedem a Segunda Guerra Mundial.[40] A posição da Constituição Americana, portanto, é *sui generis* — e não apenas por sua primazia, mas também pela sua longevidade. Tudo isso revela a força de seu conteúdo.[41]

A eleição para presidente deu-se no final de 1788 e começo de 1789. Todos os 69 membros do Congresso votaram em Washington. Como ele era um representante do Sul, pois vinha de Virgínia, o advogado John Adams, de Massachusetts, situado ao Norte, foi eleito vice. Aliás, na segunda eleição presidencial, ocorrida em dezembro de 1792, a dupla foi reeleita, novamente com Washington recebendo a unanimidade de votos dos 132 delegados.

Um pouco antes da posse de Washington, o Congresso americano reuniu-se em março de 1789, pela primeira vez. Inicialmente em Nova York e depois na Filadélfia.[42] A figura central desse conclave foi o advogado James Madison. O Congresso estabeleceu duas casas. O Senado, com uma representação igualitária de cada um dos Estados, e o Congresso dos Deputados, com uma representação proporcional ao número de habitantes.

Por trás das posições dos federalistas e dos antifederalistas na grande disputa política travada no jovem país, havia, é claro, questões econômicas que as permeavam. Os federalistas, na sua maioria, estavam no Norte e os antifederalistas, no Sul, notadamente na Geórgia e nas Carolinas do Sul e do Norte. Os estados sulistas defendiam a escravidão, base de sustentação econômica de suas plantações.

A Virgínia, por sua vez, ficava na linha central dos Estados Unidos. Embora tenham saído dela grandes nomes da Revolução, como George

Washington, Thomas Jefferson e James Madison — primeiro, terceiro e quarto presidentes dos Estados Unidos —, a posição dessa antiga colônia acerca da união era incerta. Nela havia, de forma expressiva, defensores e opositores ao modelo de federação.

Os federalistas expuseram suas opiniões em textos publicados, entre o final de 1787 e meados de 1788, em periódicos originários do *Independent Journal* e do *The New York Packet*, ambos de Nova York. Valiam-se sempre do pseudônimo de Publius. Esses trabalhos refletem os pensamentos dos seus redatores na elaboração da Constituição Americana.

Os Artigos Federalistas não são um tratado teórico de política, mas comentários práticos sobre o poder e a forma de exercê-la. Foram escritos por James Madison, Alexander Hamilton e John Jay, sendo possível apontar a autoria de cada um desses artigos. Sabe-se que Jay escreveu apenas cinco, enquanto Madison foi autor de 26. Os demais, 51, ficaram a cargo de Hamilton,[43] que, em rigor, liderou os trabalhos. Madison veio a ser o quarto presidente dos Estados Unidos; Hamilton, o primeiro secretário do Tesouro; e Jay, presidente da Suprema Corte durante a presidência de Washington.

A importância desses artigos é tão grande, que o juiz da Suprema Corte americana John Marshall os adotará como fundamento na decisão do caso *Marbury vs. Madison*, que assentou o conceito de *judicial review*, isto é, da possibilidade de revisão judicial dos atos da administração, de que adiante falaremos.[44] E os três autores desses artigos, Madison, Hamilton e Jay, eram advogados.

James Madison foi o presidente americano de menor estatura física. Devia ser curioso assistir a uma conversa dele, baixo e franzino, com Washington, que tinha proporções gigantescas. Sem a presença física, apenas o poder intelectual poderia explicar que um homem como ele se tornasse líder de uma nação. Mais extraordinário é reconhecer que aquele Estado, naquele momento histórico, admitia que um líder fosse forjado apenas com seus atributos intelectuais. Esse era um luminoso sinal.[45]

Nascido na Virgínia, numa família rica e cheia de prestígio que explorava plantações, James Madison estudou no College of New Jersey, futura Universidade de Princeton, e ali aprofundou-se nos ensinamentos jurídicos. Madison era um leitor furioso, que comumente fazia referências aos seus conhecimentos: citava, por exemplo, Montesquieu e Hume, ambos filósofos com formação de advogado. Montesquieu, aliás, é mencionado como "oráculo" no item de número 47 dos Artigos Federalistas.

Alexander Hamilton, por sua vez, nasceu em Charlestown, na ilha caribenha de Nevis, à época propriedade britânica. Sua vida poderia ser matéria para romances. Ainda garoto, muda-se com o pai para Saint Croix, outra ilha britânica no Caribe. Com a morte da mãe, é adotado por um parente, que se suicida em seguida. Recebe uma segunda adoção, desta feita por um carpinteiro de Nevis. Passa a trabalhar como contador de uma empresa de importações. Como era um leitor ávido, sabia escrever bem. Fez um ensaio sobre um furacão, que foi publicado e ganhou notoriedade. Em Nevis, houve uma cotização para angariar fundos e permitir que o talentoso Hamilton progredisse em seus estudos nas colônias da América, onde já havia universidades. Assim, Alexander Hamilton foi para Nova Jersey, onde ingressou na King's College, futura Universidade de Columbia, em 1773. Ali, teve acesso a Locke, Montesquieu, Grócio, Blackstone e Samuel Pufendorf. Estudou com vistas a se fazer advogado.

Logo, engajou-se na causa da liberdade das colônias. Hamilton lutou ao lado de Washington e estabeleceu-se em Nova York. Entretanto, ao contrário de outros políticos, não criara raízes em nenhuma província. Não obstante seu interesse pela política, Hamilton jamais abandonou a advocacia, que seguiu exercendo.

O grande antagonista de Hamilton na política nova-iorquina foi outro advogado: Aaron Burr, futuro vice-presidente dos Estados Unidos sob Thomas Jefferson, entre 1801 e 1805. As diferenças pessoais entre eles foram resolvidas num dramático duelo à beira do rio Hudson, em 11 de julho de 1804, no qual Hamilton acabou ferido mortalmente pelo vice-presidente Burr.

Há quem acredite que a disputa entre os dois advogados se iniciou quando eles ainda praticavam a profissão. Numa determinada ocasião, ambos defendiam o mesmo cliente e teriam que fazer uma exposição. Discutiu-se quem falaria primeiro e a quem caberia promover o resumo final, sendo esta a tarefa mais honrosa. Vaidosos, ambos desejavam falar por último. Ajustou-se que Burr faria a introdução. Contudo, este acabou expondo todos os argumentos da causa, deixando Hamilton sem ter o que acrescentar.[46] Outra causa dessa disputa entre os dois pode ser atribuída ao fato de que, em 1791, Burr ganhou, numa acirrada eleição, a vaga de Philip Schuyler, sogro de Hamilton, no Senado.

A rivalidade, dentro da província de Nova York, entre as correntes federalista e antifederalista era acirrada. Basta ver que, no momento de ratificar a Constituição, Nova York apenas se manifestou em julho de 1788, numa votação interna em que os favoráveis venceram por 30 a 27, ou seja, com margem bastante estreita. Nova York foi um dos últimos Estados a aprovar a Carta — depois dele, restaram apenas a Carolina do Norte, em 1789, e Rhode Island, a última, em 1790.

Virgínia, o outro grande Estado ao lado de Nova York, também foi palco de uma disputada ratificação. Ali, a confirmação do ingresso na União ocorreu apenas pouco antes de Nova York, num placar de 89 congressistas favoráveis contra 79 refratários à adesão. Sobre o tema, o talentoso advogado James Madison travou um famoso debate com Patrick Henry, dono de terras que lutara pela causa da independência e tornara-se governador. Henry era antifederalista, enquanto Madison, como já dito, foi um republicano ferrenho. Para Henry, a Virgínia deveria autogovernar-se. Seria um absurdo, registrava, que a União criasse um imposto sobre ele sem o seu consentimento. Madison falava, entretanto, do futuro. Da relevância de se criar um país, cuja força se encontrava na União. Apesar da exígua margem, os argumentos do advogado acabaram prevalecendo.

Em rigor, foi uma estratégia dos federalistas garantir votação favorável à ratificação em vários Estados antes de submeter o tema à Virgínia e a Nova York, onde se sabia antecipadamente que a disputa seria acirrada. Decidida a questão na Virgínia, Nova York ficou isolada e cedeu.

Enquanto a política nova-iorquina era liderada por advogados em extrema rixa — Hamilton e Burr —, a política de Virgínia tinha advogados próximos e amigos. Jefferson e Madison trabalhavam harmoniosamente em conjunto. Em vida, trocaram mais de 1.200 cartas, sempre alinhando suas ideias.[47] O resultado dessa proximidade pode ser atestado no fato de Madison ter sucedido Jefferson, dois homens da Virgínia, na presidência dos Estados Unidos.

Inicialmente, eram apenas sete artigos, que cabiam nas quatro páginas. Hoje, a Constituição Americana possui 26 emendas. Dessas, dez foram propostas pelo primeiro Congresso dos Estados Unidos, em 1789, dois anos após a entrada em vigor da Constituição.

Essas emendas são chamadas de Declaração de Direitos, isto é, *Bill of Rights*, pois se relacionam aos direitos individuais e às garantias do homem diante do Estado. Inicialmente, a Constituição americana não se dirigia aos direitos do indivíduo, preocupando-se antes com a organização do Estado. As novas emendas foram aprovadas em 1791.

Madison foi inquestionavelmente o pai dessa Declaração de Direitos. Redigiu a sua primeira minuta e discutiu sua aprovação com os demais congressistas. A primeira e mais conhecida emenda se refere à liberdade de opinião, de imprensa e de religião:

> O Congresso não legislará no sentido de estabelecer uma religião, ou proibindo o livre exercício dos cultos; ou cerceando a liberdade de palavra, ou de imprensa, ou o direito do povo de se reunir pacificamente, e de dirigir ao Governo petições para a reparação de seus agravos.[48]

Corretamente, essa emenda é, entre outros aspectos, interpretada como um reconhecimento da separação entre Estado e Igreja. A liberdade garante isso também. Ademais, a quinta emenda, do mesmo ano, protege o devido processo legal e — como se vê comumente nos filmes americanos — o direito de o cidadão não se autoincriminar. Garante-se assim que as pessoas poderão defender-se da melhor forma.

Em 30 de abril de 1789, George Washington e John Adams fizeram o juramento como presidente e vice-presidente dos Estados Unidos. O primeiro era um general, o segundo um advogado. O advogado Madison escreve tanto o discurso proferido por Washington na cerimônia de posse como a resposta dada pelos congressistas na ocasião.[49]

John Adams, formado em Harvard, foi advogado praticante e abraçou a causa da independência. Leitor sofisticado, filho de um fazendeiro do sul de Boston, ingressou na política. Coube a ele insistir que Washington liderasse o exército americano, assim como selecionar Jefferson para fazer o primeiro esboço da Declaração de Independência. Essas escolhas tinham também o propósito estratégico de garantir o apoio do Estado da Virgínia à causa da independência.[50]

Adams escreveu a Constituição do Estado de Massachusetts em 1777. Em seguida, partiu para a França e para a Holanda, a fim de garantir o reconhecimento da independência americana e negociar as dívidas da jovem nação. Em 1786, dez anos após a Declaração de Independência, ele, que viria a ser, em 1797, o segundo presidente norte-americano, estava em Paris. Na mesma época, Thomas Jefferson, que o sucederia na presidência em 1801, encontrava-se em Londres, com o mesmo propósito. Os advogados compreenderam a importância do apoio internacional à república nascente.

Adams, como se disse, acabou sucedendo a Washington. Assim, o segundo presidente norte-americano foi um advogado. O terceiro presidente foi Thomas Jefferson,[51] também advogado, apesar de suas várias outras aptidões. O quarto presidente, James Madison, também teve formação jurídica. Seguindo, todos os demais presidentes americanos, até o oitavo, foram advogados: James Monroe, John Quincy Adams (filho de John Adams), Andrew Jackson e Martin Van Buren.[52] Todos advogados. Portanto, dos primeiros oito presidentes americanos, apenas o primeiro, Washington, não foi advogado (e, mesmo nesse caso, o seu vice-presidente era).

O advogado Andrew Jackson foi o primeiro a ser eleito, em 1824, embora indiretamente, com votos populares. Até então, votavam apenas delegados, sem uma vinculação direta ao nome do candidato à presidência.[53]

George Washington, um general, liderou, através de uma guerra cruenta, a expulsão dos ingleses. Na guerra, natural que o país fosse guiado por um soldado. Fora isso, a liderança foi exercida por advogados. Parece correto, portanto, concluir, que a nação americana foi moldada por advogados.

Em 1794, Jay lidera a negociação de um tratado com a Inglaterra. Essa negociação se revelava fundamental por uma série de motivos: os ingleses arrestavam navios americanos, em função de dívidas, grande parte delas de donos de plantações na Virgínia com comerciantes ingleses. Além disso, ainda havia tropas inglesas em solo americano.

John Jay, que estudara no King's College, hoje Columbia University, em Nova York, já havia participado ativamente do Tratado de Paris, de 1783, no qual os Ingleses reconheceram a independência americana.

Jay seguramente costurou o melhor acordo possível com os ingleses. Ajustou a forma de arcar com a dívida americana e os Estados Unidos se comprometeram a não se envolver no conflito entre os ingleses e os franceses.[54]

Com uma vida dedicada à coisa pública, o advogado Jay foi durante curto período secretário de Estado no governo de Washington, e como dito, o primeiro presidente da Suprema Corte dos Estados Unidos, cargo que ocupou entre 1789 e 1795. Deixou a Suprema Corte para ser governador do Estado de Nova York. Aliás, Jay redigira, em 1777, praticamente sozinho, a constituição de Nova York.

Jay foi um ferrenho adversário da escravidão. Conseguiu, inclusive, que Nova Iorque, seu estado natal e durante seu governo, abolisse gradualmente a escravidão em 1799. Contudo, a emancipação total dos escravos, em Nova Iorque, ocorreu apenas em 1827.

No mandato do terceiro presidente americano, Thomas Jefferson, que comandou os Estados Unidos de 1801 a 1809, foi dado outro grande passo no fortalecimento da democracia.

John Adams, que buscava a reeleição, perdeu a disputa presidencial para Thomas Jefferson, em 1800. Após a derrota, mas antes de entregar o cargo, Adams e seu grupo, que ainda controlavam o Congresso, aprovaram uma lei — Judiciary Act de 1801 — que, dentre outras regras, aumentava o número de distritos e de juízes, além de dar ao presidente o poder de nomear juízes de paz. Poucos dias antes de deixar a presidência, Adams indicou alguns juízes para cargos federais, entre eles William Marbury, designado juiz de paz em Colúmbia. Esses ficaram conhecidos como "juízes da meia-noite".

No caso de Marbury, aliado de Adams, seu título lhe dava, pelo prazo de cinco anos, o poder de julgar qualquer caso que envolvesse até 20 dólares, o que, na época, representava uma quantia razoável.

Ocorre que o novo secretário de Estado, o futuro presidente James Madison, indicado por Thomas Jefferson, se recusou a empossar Marbury. Em rigor, não permitiu que os documentos que formalizariam a posse no cargo fossem emitidos. Essa negativa de Madison se estendeu a outras pessoas apontadas na última hora. Também o novo Congresso, empossado junto com o novo presidente, promulgou o *Judiciary Act* de 1802, revogando a lei feita no final do mandato do governo anterior.

Marbury, acreditando ser ilegal o ato do Estado de lhe negar a emissão dos documentos, ingressou com uma medida na Suprema Corte americana, na época composta por cinco membros. O célebre caso ficou conhecido como *Marbury vs. Madison* — este último, como a mão do Estado.

O primeiro tema em debate era simples: Marbury teria direito a ser empossado? Entendeu-se que sim, pois o seu processo fora formalmente perfeito. Afinal, o novo governo deveria respeitar atos do governo passado, a fim de que houvesse um mínimo de segurança jurídica.

O segundo ponto da discussão se revelava mais complexo: Marbury poderia recorrer ao Judiciário para se valer de um suposto direito contra o Poder Executivo? A Suprema Corte julgou que sim. Estabeleceu-se um conceito precioso, segundo o qual toda violação de direito deve ser examinada, ainda que essa violação tenha partido do Estado. John Marshall, ministro da Suprema Corte, distinguiu duas situações: a primeira, na qual há um ato discricionário político do detentor do poder; a outra, distinta, em que o administrador deve realizar uma atividade em benefício do cidadão.

Nesse ponto, possivelmente, fez eco o Artigo 78 dos federalistas, escrito por Alexander Hamilton:

> Os tribunais foram concebidos para ser um corpo intermediário entre as pessoas e a legislatura, para, entre outras coisas, manter a segunda dentro dos limites atribuídos à sua autoridade. A interpretação das leis é uma província própria e peculiar dos tribunais. A constituição é, de fato, e deve ser considerada pelos juízes como uma lei fundamental. Por isso, cabe a eles verificar o seu significado, bem como o significado de qualquer ato que proceda do órgão legislativo. Se houver uma variação irreconciliável entre os dois, aquele que tem a obrigação e a validade superior deve, é claro, ser preferido; ou, em outras palavras, a Constituição deve ser preferida à lei, à intenção das pessoas e à intenção de seus agentes.[55]

Com o julgamento *Marbury vs. Madison*, estabeleceu-se o conceito do *judicial review*, segundo o qual o Poder Judiciário tinha competência para analisar e rever os atos dos demais poderes do Estado. Pertence ao Judiciário a última palavra acerca da legalidade dos atos. O Judiciário, portanto, passa a ser o maior guardião das garantias fundamentais dos cidadãos. Embora não tenha havido referência expressa, havia como precedente histórico aquele do jurista Coke no caso Bonham, ocorrido na Inglaterra em 1610.

O juiz da Suprema Corte, John Marshall, relator da famosa causa, é um bom exemplo de filho da revolução. Seu pai era juiz de paz, membro da câmara da Virgínia, onde estudou no College of William and Mary. Tratava-se da segunda universidade mais antiga dos Estados Unidos, porém a primeira a oferecer um curso direcionado à ciência jurídica. Na mesma universidade estudou Thomas Jefferson.[56]

John Marshall lutou, ao lado de Washington, como soldado na guerra contra os ingleses. Depois da independência, ganhou reputação como advogado. Em 1795, recusa um convite de Washington para ser o advogado geral dos Estados Unidos, equivalente a ministro da Justiça, sob a alegação de que sua atividade como advogado e os compromissos já assumidos o impediam de ocupar o cargo.[57] No ano seguinte, Washington convida Marshall para ser embaixador na França e recebe outra negativa, mais uma vez sob a alegação de que sua banca o impossibilitava de aceitar o encargo.

Marshall, por outro lado, encontrava-se umbilicalmente envolvido com a política da sua província natal. Ali, liderou um comitê que, logo após a independência, examinava as leis inglesas para verificar sua compatibilidade com as normas da Virgínia, bem como se o conjunto de leis poderia ser simplificado. Em 1795, ele e outros advogados da Virginia, liderados por um professor de Direito chamado George Wythe (1726-1806), organizaram uma compilação de todas as regras relacionadas à propriedade do seu Estado, a fim de ordenar principalmente as escrituras acerca de propriedades. Isso deu a Marshall um enorme conhecimento dos precedentes judiciais.

Em 1800, John Marshall enfim aceita um cargo federal e passa a ser o secretário de Estado dos Estados Unidos no governo de John Adams. Logo em seguida, em 1801, assume a presidência da Suprema Corte, permanecendo nessa função até sua morte, em 1835.

Revelando fino tirocínio jurídico e político, John Marhsall ressaltou, em seu famoso voto, que não faria nenhum sentido ter constituição e leis se os tribunais não ficassem obrigados a respeitá-las. Assim, se o Congresso ou qualquer outro ente da administração pública contrariasse a Constituição, aquele ato, mesmo que fosse lei, deveria ter sua ilegalidade declarada. Caberia à Constituição consolidar e controlar esse poder, funcionando como grande vértice do sistema.

Embora o voto contasse com apenas dezessete páginas, em *Marbury vs. Madison* ainda se discutiu um terceiro tema: se o remédio manejado por Marbury — o *writ of mandamus,* ou mandado de segurança — seria o correto para suscitar a jurisdição da Suprema Corte. Esse ponto oferecia um desafio especial.

Eis o problema: a seção 13 do *Judiciary Act* de 1789, que daria à Suprema Corte competência para apreciar o *writ of mandamus*, foi considerado inconstitucional, uma vez que o artigo III da Constituição americana não daria à Corte jurisdição para julgar o mandado de um cidadão contra o ministro do Estado.

Na prática, a Suprema Corte entendeu que o Judiciário tinha o poder de rever a legalidade dos atos dos demais poderes, mas, por uma questão processual — a falta de jurisdição para examinar o *writ of mandamus*—, a Corte não pôde examinar o caso concreto, e Marbury jamais foi empossado como juiz de paz.

Marbury vs. Madison pode ser lido como o reconhecimento da necessidade de analisar juridicamente os atos do Poder Executivo. Embora os poderes do Estado sejam independentes e autônomos, a legalidade dos atos de qualquer um desses poderes se revela fundamental. Na apreciação dessa legalidade, o Poder Judiciário tem prevalência. Assim, todos os atos administrativos encontram-se sujeitos a revisão judicial, como uma garantia de segurança social e jurídica aos cidadãos.

Essa grande conquista foi concebida por advogados. Aliás, sintomaticamente, ocorreu durante o governo do terceiro presidente americano, Thomas Jefferson — um advogado. Jefferson sentiu o resultado de *Marbury vs. Madison* como um grande limitador de seu poder. Por isso, houve confronto público e direto entre ele e o então presidente da Suprema Corte, John Marshall. Jefferson perdeu essa queda de braço. Mudou-se a forma de ver o Poder Executivo. A decisão de *Marbury vs. Madison*, por sua vez, ganhou fama imediatamente. Foi largamente veiculada em todos os Estados recém-criados, inclusive nos jornais. Tratava-se da demonstração de que se vivia num Estado de Direito, no qual as leis são observadas e sua aplicação, imposta, mesmo se o desrespeito à norma tenha sido praticado por quem a promulgou.

O ano do julgamento de *Marbury vs. Madison*, 1803, foi o mesmo em que Jefferson comprou, de Napoleão Bonaparte, o território da Louisiana. Pagou, por isso, 80 milhões de francos, ou 15 milhões de dólares. A notícia da conclusão do negócio com os franceses chegou à capital americana no dia 3 de julho de 1803, praticamente quando se comemorava a independência. Para os americanos, não poderia haver melhor augúrio.

O evento histórico, entretanto, não passou sem uma importante questão jurídica e diplomática. Isso porque os franceses tinham adquirido havia pouco, dos espanhóis, aquele vasto território no continente americano. Os espanhóis, que ainda dominavam a Flórida e toda a costa oeste da América do Norte, alegavam que, ao ceder o território da Louisiana aos franceses, o rei espanhol exigira que a França lhe assegurasse formalmente que jamais a cederia a outro país. Em função disso, diziam que a venda da Louisiana aos americanos era nula. A Espanha não reconhecia o negócio e, logo, não admitia a soberania americana sobre a extensa área.

O advogado Madison, endereçando-se aos espanhóis, explicou que, não obstante a promessa dos franceses ao rei da Espanha ser verdadeira, ela era irrelevante aos Estados Unidos, estranhos àquele negócio. Afinal, os Estados Unidos não tomaram parte na negociação entre o imperador Napoleão e o rei espanhol. Se os espanhóis tinham alguma reclamação, deveriam encaminhá-la diretamente àqueles com quem haviam negociado, isto é, os franceses.

Com essa compra, os Estados Unidos mais do que dobraram de tamanho.

Ainda durante a presidência do advogado Jefferson, os Estados Unidos se engajaram na primeira guerra fora do continente, com vistas a proteger seus cidadãos e suas propriedades. Ocorreu que, enquanto ainda eram uma colônia inglesa, as embarcações de origem norte-americana podiam navegar com relativa segurança no Mediterrâneo, sem ficarem à mercê dos piratas do norte da África. Como parte da Inglaterra, a marinha inglesa, temida pelos corsários, evitava as pilhagens. Contudo, dada a independência, os navios comerciais americanos perderam essa proteção e passaram a ser alvo de ataques dos bandidos da Tunísia, da Argélia e do Marrocos, que roubavam os navios e sua carga e ainda escravizavam a tripulação. A tripulação só era devolvida após o pagamento de resgates vultosos.

Os piratas, que recebiam o apoio dos governantes locais, tentaram cobrar tributo do governo norte-americano a fim de garantir uma frágil proteção. Jefferson, que se negava a se submeter a uma espoliação assim, criou a marinha de seu país e declarou guerra, travada no início de seu governo, em 1801, contra os Estados do norte de África.

Os norte-americanos venceram o conflito.[58] Sob a liderança de um advogado, passaram, desde então, a receber o respeito da comunidade internacional também como força bélica.

Os americanos aboliram a realeza. Idealmente, não havia privilégios no nascimento. Quase todos os Estados revogaram as regras que davam vantagens ao primogênito na época da colônia, pelas quais o filho mais velho, o morgado, era o único herdeiro.

A nova nação cortou os laços entre o Estado e a Igreja. Era mesmo um novo mundo.

Na América do Norte, tudo ocorreu com rapidez. O primeiro assentamento de colonos se deu no ano de 1607 em Jamestown, na Virgínia. A partir daí, treze colônias se estabeleceram. Menos de dois séculos depois, os americanos já haviam conseguido a própria liberdade. Entre 1775 e 1803, isto é, com o começo da guerra pela independência, o tratado de paz com a Inglaterra e a compra da Louisiana, os Estados Unidos estabeleceram também um novo conceito de nação.

Todavia, a Constituição nascia com um problema. Não naquilo que estava escrito, mas em sua aplicação concreta: mulheres e escravos seguiam alijados da sociedade. Isso já representava um enorme problema entre as colônias, uma vez que o trabalho escravo era o grande motor econômico agrícola dos Estados sulistas, com suas plantações de tabaco e algodão. Alguns líderes, como Washington, Jefferson e Madison, acreditavam que o tráfico escravagista estava perto do fim.

Na primeira versão da Declaração de Independência, Jefferson mencionou que quem escravizava africanos lhes roubava "os direitos sagrados à vida e à liberdade". O Congresso, na versão final do documento, acabou por retirar essa afirmação — afinal, muitos dos signatários eram senhores de escravos. Ao fim, não se encontra na Constituição original qualquer referência ao problema.

Naquela época, havia cerca de 800 mil escravos nos Estados Unidos, na sua esmagadora maioria de ascendência africana e quase todos vivendo ao sul do rio Potomac. Isso representava mais de 20% de toda a população. Discutia-se, inclusive, como deveria ser computada essa quantidade para fins de aferir o número de cadeiras no congresso. Acabou por se chegar à conclusão de que cada escravo deveria valer um terço dos homens livres.[59]

Com base na Constituição americana e na recém-editada Constituição do Estado de Massachusetts, uma escrava americana, Elizabeth Freeman, conhecida como Mumbet, foi quem primeiro ajuizou uma ação, em 1781, buscando obter de seus "donos" a liberdade, valendo-se para isso do preceito, contido na Constituição de Massachusetts, de que "todos os homens são criados livres e iguais". Em sua Declaração de Direitos, claramente inspirada na Constituição Federal, o documento começava da seguinte forma:

> Todos os homens nascem livres e iguais e têm certos direitos naturais, essenciais e inalienáveis; dentre os quais se pode contar o

direito de gozar e defender suas vidas e liberdades; o de adquirir, possuir e proteger a propriedade; em suma, o de buscar e obter a segurança e a felicidade.⁶⁰

Mumbet ganhou a ação e Massachusetts aboliu implicitamente a escravidão naquele Estado, a exemplo do que fizera, pioneiramente, Vermont em 1777, ao norte do país.

O precedente americano seguiu a orientação dos tribunais ingleses em outra decisão importante contrária à escravidão, esta tomada em 1772 por lorde Mansfield, o mais alto juiz da corte inglesa. Nesse caso, James Somerset, africano escravizado e vendido em Boston naquela que, à época, era a colônia inglesa de Massachusetts, escapou de seu "dono" Charles Stewart quando estavam na Inglaterra. Recapturado, Somerset foi mantido preso por Stewart, que desejava enviá-lo de volta para o Novo Mundo. Somerset recorreu aos tribunais ingleses e obteve, por meio de um *habeas corpus*, o direito à liberdade. Lorde Mansfield, que teve a última palavra no caso, argumentou:

> O estado de escravidão possui natureza que se revela incapaz de ser sustentada por qualquer razão, moral ou política, mas apenas por direito positivo, que preserva sua força muito depois de os motivos, ocasiões e o próprio tempo no qual foi criado serem apagados da memória. É tão odioso, que nada pode se rebaixar a sustentá-lo, senão a lei positiva. Quaisquer que sejam os inconvenientes, portanto, que podem decorrer da decisão, não posso dizer que este caso é permitido ou aprovado pela lei da Inglaterra; portanto, o negro deve ser libertado."⁶¹

O jurista inglês claramente distingue a razão e a moral das leis escritas e positivadas pelo homem, para em seguida ressaltar a natureza odiosa dessas normas despidas de sustentação racional ou moral.

Na América, os Estados do Sul preconizavam que os escravos eram uma propriedade dos seus donos, tal como os animais e as terras. Para eles, sequer deveriam ser contados como habitantes. Os Estados do Norte tinham uma visão diametralmente oposta.

Em teoria, a maioria dos "fundadores" dos Estados Unidos mostrava-se contrária à escravidão. Entre os favoráveis estava Washington, por exemplo, que manteve seus escravos depois da Revolução, continuou perseguindo os fugitivos e só os livrou, por testamento, com a sua morte, em 1809. Washington era militar, uma exceção, portanto, no meio de tantos advogados. A grande parte dos *Founding Fathers* entendia que a escravidão era incompatível com os valores daquela república. Contudo, por questões políticas, eles tiveram de ceder. Sem o apoio de estados que tinham na escravidão a mola-mestra de sua economia, não haveria consenso e, sem consenso, união. Sem união, ademais, uma nação seria impossível. Essa necessidade política e a traição de seus valores cobraram, décadas depois, um alto custo para a jovem nação.

A questão da escravidão nos Estados Unidos só se encerrou definitivamente com o fim da Guerra da Secessão, em 1865, episódio que dividiu o Norte e o Sul daquele país e matou mais de 600 mil soldados. Em janeiro daquele ano, foi aprovada a 13ª Emenda à Constituição, pela qual a escravidão foi abolida. Buscava-se, ali, apenas dar concretude àquilo que a Constituição já declarara em 1787.

Quem liderou o país nessa época turbulenta da guerra civil foi outro advogado militante: Abraham Lincoln (1809-1865), o décimo sexto presidente americano. Foi ele quem, em novembro de 1863, proferiu um dos mais profundos discursos da história — mais precisamente em Gettysburg, na Pensilvânia, local que pouco antes fora palco de uma das mais duras batalhas do conflito interno. O sucinto discurso de Lincoln tem força shakespeariana:

> Há 87 anos, nossos pais deram origem neste continente a uma nova nação, concebida na liberdade e consagrada ao princípio de que todos os homens nascem iguais.

Encontramo-nos atualmente empenhados em uma grande guerra civil, pondo à prova se essa nação, ou qualquer outra Nação assim concebida e consagrada, poderá perdurar. Eis-nos num grande campo de batalha dessa guerra. Eis-nos reunidos para dedicar parte desse campo ao derradeiro repouso daqueles que aqui morreram, para que essa Nação possa sobreviver. É perfeitamente conveniente e justo que o façamos.

Mas, assumindo uma visão mais ampla, não podemos dedicar, não podemos consagrar, não podemos santificar este solo. Os valentes homens, vivos e mortos, que aqui combateram já o consagraram muito além do que jamais poderíamos acrescentar ou diminuir com nossos fracos poderes.

O mundo muito pouco atentará e muito pouco recordará do que aqui dissermos, mas não poderá jamais esquecer o que eles fizeram aqui.

Cabe antes a nós, os vivos, dedicarmo-nos à importante tarefa que temos pela frente: fazer com que estes mortos veneráveis nos inspirem maior devoção à causa pela qual deram a devoção plena e derradeira, que todos nós aqui presentes solenemente admitamos que esses homens não morreram em vão, que esta Nação, com a graça de Deus, renasça na liberdade e que o governo do povo, pelo povo e para o povo jamais desapareça da face da terra.[62]

Quando se diz que o "governo é do povo", expressa-se a ideia de que governo é de todos, sem exclusões. Ao registrar "governo pelo povo", assegura-se que o cidadão é o governante. São os cidadãos que escolhem os representantes que devem legislar e julgar. Finalmente, "governo para o povo" quer garantir o conceito de que se visa ao benefício geral. Governo do povo, pelo povo e para o povo: eis o perfeito resumo daquilo que se espera da democracia.

Quando uma geração venceu a guerra da independência, derrotando a mais poderosa força militar do mundo — tal como os gregos, mais de 2 mil anos antes, venceram os persas —, estabeleceu-se a primeira república moderna, num espaço continental. "Lembrai-vos oficiais e soldados, de que sois homens livres, lutando pelas bênçãos da liberdade", disse Washington aos seus homens.[63] Tratava-se também do primeiro Estado inteiramente secular. Foi uma criação absolutamente original, que tomou por base a ideia de respeito às leis. Protegiam-se valores recém-conquistados pela civilização, como a igualdade entre os homens e o direito à felicidade.

Nos treze anos que se seguiram à Declaração de Independência, isto é, de 1776 a 1789, os advogados americanos criaram os conceitos que moldaram o governo democrático em nossa civilização judaico-cristã ocidental.

Inicialmente, desejava-se apenas garantir a razoabilidade na imposição de impostos, vedando-se sua criação sem o consentimento dos taxados. No curso do movimento, atingiu-se, porém, algo maior: o poder de dar a si mesmo as leis e, com isso, "submeter os governantes aos governados".[64]

Adams, assim como toda a sua geração, possuía a perfeita dimensão de sua importância e da oportunidade histórica de que desfrutaram. Ele reconheceu que vivera o momento que os grandes legisladores da história gostariam de ter vivido.

Todos esses advogados — Adams, Jefferson, Hamilton, Madison, Marshall e Jay — levaram vidas exemplares. Não apenas o trabalho deles foi extraordinário; o legado deixado passa também pela integridade, pela devoção e pela transparência com que serviram a sociedade.

Os eventos ocorridos na América e os valores ali envolvidos tiveram uma repercussão gigantesca. Como um bumerangue, os ideais voltaram para a Europa. No continente europeu, encontraram uma sociedade atrofiada, atolada na defesa de conceitos ultrapassados. Os advogados, mais uma vez, lideraram o movimento revolucionário.

A Revolução Francesa

"Ninguém pode reinar inocentemente."
SAINT-JUST

A execução foi um ato público. O rei, vestindo roupas simples, chegara com as mãos atadas, mas a cabeça descoberta. Na borda do cadafalso, o monarca diz: "Franceses, morro inocente: é do cadafalso e prestes a comparecer perante Deus que vos digo isto. Perdoo meus inimigos. Desejo que a França…" O rei é interrompido por um revolucionário que grita: *Tambours!* Os tambores passam a rufar, afogando a voz de Luís XVI. Ajustam a cabeça do monarca na guilhotina. Um padre fala: "Filho de São Luís, sobe ao céu." Cai o cutelo. O executor mostra a cabeça do homem morto aos espectadores, que, freneticamente, berram: *Vive la République!* O mundo nunca mais seria o mesmo.

Aquele foi o melhor dos tempos, foi o pior dos tempos, foi a idade da razão, a idade da insensatez, a época da crença, a época da incredulidade, a estação da Luz, a estação das Trevas, a primavera da esperança, o inverno do desespero, tínhamos tudo diante de nós, não tínhamos nada diante de nós, todos iríamos direto ao Paraíso, todos iríamos direto no sentido oposto — em suma, a época era tão parecida com o presente que algumas das autoridades mais ruidosas insistiram que ela fosse recebida, para o bem ou para o mal, apenas no grau superlativo de comparação.

Havia um rei de queixo protuberante e uma rainha de rosto singelo no trono da Inglaterra; havia um rei de queixo protuberante e uma rainha de rosto belo no trono da França. Em ambos os países estava mais claro que cristal que as reservas de pão e peixe dos lordes do Estado, bem como seus bens em geral, já estavam garantidos para toda a eternidade.

Corria o ano de Nosso Senhor de 1775.[1]

Eis como Charles Dickens inicia uma de suas obras-primas: *Um conto de duas cidades*, de 1859. No romance, que se passa entre a Paris e a Londres da época da Revolução Francesa, Dickens expõe a euforia e a incerteza da época.

Já se disse, com razão, que, para compreender a Revolução Francesa, é preciso amá-la. Essa revolução não foi um ato organizado, pensado ou refletido. Não foi um movimento intelectual. Nela, as paixões falaram mais alto, tanto assim que avultaram ali arroubos, radicalizações. Amava-se o rei. Odiava-se o rei. A revolução deve acabar. A revolução deve prosseguir até que o último nobre seja enforcado com as tripas do último padre. Os líderes subiam e desciam. Quem condenava à guilhotina era, em seguida, condenado ao mesmo fim.

Os advogados estavam à frente também desse abalo.

A Revolução Gloriosa modificara a forma de se governar. Conservara-se, contudo, a monarquia. A Revolução Americana aprofundou a alteração. Subiu um tom, com uma nova forma de governo. Não havia mais rei. A Revolução Francesa, por sua vez, foi mais violenta. Promoveu uma mudança na estrutura mesma da sociedade. Executaram-se o rei e muitos nobres. Padres foram mortos e confiscaram-se os bens da Igreja. Alterou-se o conceito de representação política para sempre. Como escreveu Tocqueville em 1850:

Os franceses fizeram em 1789 o maior esforço que um povo já empreendeu, a fim de, por assim dizer, cortarem em dois seu destino e separarem por um abismo o que havia sido até então e o que queriam ser dali em diante.[2]

Alexis Charles-Henri-Maurice Clérel, visconde de Tocqueville (1805-1859), era bisneto de Lamoignon de Malesherbes, o combativo advogado que defendera Luís XVI no julgamento que acabou determinando sua execução.

Para muitos, a Revolução Francesa teve uma repercussão muito mais relevante para a história da civilização do que suas precursoras inglesa e americana. Isso se deu porque a França era o país mais populoso e poderoso da Europa e, portanto, do mundo, ocupando assim posição modelar. A sua foi uma revolução de massa, que contou com a colaboração de várias camadas sociais. Diz-se, com razão, que foi uma "revolução sem maestro", sem uma liderança determinada. Trouxe, de fato, um turbilhão de acontecimentos, com consequências inimagináveis e imprevisíveis. Foi também mais radical e possuía propósito evangelizador, pois se preocupava em disseminar seus ideais.[3]

Entre a Queda da Bastilha, em 1789, e a ascensão de Napoleão, em 1799, passaram-se dez anos. Dez longos anos, cujos efeitos são sentidos e discutidos até hoje.

Na Revolução Francesa, cuja liderança coube a advogados, buscou-se primeiro o caminho da legalidade. Como restou nítido nos seus dois primeiros anos, durante os quais se elaborou a Constituição e a Declaração dos Direitos do Homem e do Cidadão, foram os conceitos jurídicos que estiveram em pauta. Todavia, em seguida, viu-se a chamada "fase do terror", na qual os paradigmas jurídicos se perderam. Instaurou-se o caos, com julgamentos de exceção e modelos despóticos, próprios do fanatismo. O horror termina com a tomada do poder por Napoleão, que tem, entre seus mais notáveis projetos, restaurar o Estado de Direito, com o estabelecimento de um ordenamento jurídico seguro, cristalizado em códigos de leis acessíveis.

> Enquanto as camadas superiores se enervam na ociosidade e na indiferença, as camadas inferiores definham na estupidez e na miséria; além da decadência geral, que é uma realidade, que outra coisa se pode considerar real? Pois ninguém pode acreditar numa mentira!⁴

Eis a lúcida análise de Thomas Carlyle (1795-1881), clássico historiador e praticamente contemporâneo da Revolução, acerca da sociedade francesa pouco antes da derrocada da monarquia.

Na França do Antigo Regime, a sociedade encontrava-se dividida em ordens. Cada uma dessas ordens possuía certos privilégios. No topo encontravam-se o rei e sua família. Pouco antes da Revolução, reinava Luís XVI, que, apesar de não ser de todo incompetente, carecia de forças para levar adiante as reformas necessárias, sobretudo as de ordem tributária, prementes para remediar as combalidas e desorganizadas finanças do país.

Cabia ao rei francês legislar. O Parlamento, entretanto, poderia apresentar "admoestações" ao monarca, indicando se determinada norma era conveniente ou inconsistente com outra. Se o rei entendesse que a regra deveria subsistir, a lei entrava em vigor. Mesmo com relação ao Judiciário, a posição do monarca prevalecia, pois ele poderia valer-se dos *lits de justice* e revogar qualquer ordem proveniente de um juiz.

Abaixo do rei, ficava o clero. A Igreja Católica era dona de uma imensidão de glebas espalhadas por toda a França — algo como 10% do território. A Igreja também era responsável por todos os registros — de nascimentos a casamentos —, pois não havia sido criado o registro civil. A educação também ficava a cargo dela. A nobreza e o clero viviam umbilicalmente relacionados. Os bispos, na sua quase totalidade, provinham da nobreza.⁵

Ao lado dos membros da Igreja, havia a nobreza, dividida em três grupos: a aristocrática, a provincial e a togada. A aristocrática, cortesã, vivia em Versalhes e era estipendiada pelo Estado. A provincial, dos donos de terras, habitava em seus castelos e propriedades. Essa nobreza — *noblesse d'épée* — era a mais tradicional: tinha origem histórica, nos grandes senhores de terra, vassalos do rei. Todavia, os mais prestigiosos viviam na corte do rei, em Versalhes.[6]

Por fim, encontrava-se a nobreza togada, *noblesse de robe*, constituída por burgueses ricos, que compravam títulos de nobreza e cargos na administração. Eram proprietários dos cargos que exercem. Isso porque, na França de então, certos cargos públicos eram vendidos — e isso se dava especialmente em relação à administração da justiça. Alguns juízes, portanto, tinham comprado sua função e, com isso, se convertido numa espécie de nobreza. Esse modelo, evidentemente, enfraquecia o Estado, e de tal maneira que, no governo de Luís XV, em 1771, buscou-se abolir os juízes privados. Na ocasião, porém, considerou-se isso uma expropriação intolerável. Os tribunais senhoriais e a compra de cargos de magistratura só terminariam mesmo com a Revolução. Os castelos, onde se guardavam os títulos de propriedade, constituíram os primeiros alvos dos revolucionários. Foram logo saqueados e vilipendiados. Queimaram-se os arquivos das propriedades.

Na França anterior à Revolução, valorizava-se a carreira jurídica. "Os juristas não apenas construíram o Estado, mas, de certa forma, eram o próprio Estado", reconhece J.H.M. Salmon.[7] De modo especial, os magistrados exercem enorme influência sobre o Velho Regime. Figuras como Bodin, Domat e Montesquieu ocupavam posições destacadas na administração pública. O conhecimento das normas jurídicas era uma das poucas formas de ascensão social.

Na verdade, boa parte dos cargos da burocracia francesa, naquele momento, era comercializada, entre elas o dos cobradores de impostos. Até mesmo funções militares eram alienadas. Esses cargos hereditários passavam de pai para filho, ademais. Com isso, o Estado sofria grande carência de receita. Por outro lado, dizia-se, jocosamente, que bastava o rei criar um cargo para que um tolo o comprasse...

Tanto o clero quanto a nobreza recebiam um privilégio fiscal enorme. Praticamente ficavam liberados de arcar com impostos. Como consequência, os menos favorecidos suportavam uma tributação excessiva, a fim de sustentar os isentos. É interessante notar que, no mesmo período, na Inglaterra, eram os pobres que recebiam isenções tributárias, exatamente o oposto do que sucedia na França.

Naquela conjuntura, eram cerca de 400 mil os nobres da França e possivelmente 100 mil os membros do clero e os consagrados à vida religiosa. Havia ainda a burguesia, classe composta de comerciantes e profissionais liberais, normalmente habitantes dos grandes centros urbanos, dos quais o maior era, naturalmente, Paris.

Em um degrau social inferior, ficavam os camponeses. Praticamente a metade das terras na França pertencia a essa numerosa classe. Tratava-se de pequenos pedaços de terra que os próprios camponeses e suas famílias cultivavam. Esses camponeses arcavam com altos tributos. Parte da colheita deveria ser entregue a algum nobre ou mesmo ao clero, seguindo a tradição da talha e da corveia, que remontava à Idade Média.

Por fim, havia os pobres e miseráveis, encontrados nos campos e nas cidades.

Ocorre, porém, que a nobreza e o clero representavam uma parcela mínima da sociedade. Às vésperas da Revolução, a França contava com cerca de 25 milhões de habitantes. Paris tinha 600 mil. Era provavelmente a terceira maior cidade do mundo, ficando atrás apenas de Londres e Pequim. Além disso, em território francês havia ainda outros grandes centros urbanos, como Marselha, Bordeaux e Lyon.

Já no reinado de Luís XIV, o "Rei Sol", a França passou a admirar o modelo de governo inglês. Voltaire se exilou na Inglaterra, onde Montesquieu também viveu por algum tempo. O conceito inglês de maior representatividade e tolerância era considerado exemplar.

Sob esse influxo, nas décadas de 1770 e 1780 houve um grupo de políticos franceses que buscou, fundado nas novas ideias democráticas, alterar o sistema então vigente. Não obtiveram êxito.[8] O poder instalado era muito forte. A mudança não poderia ocorrer senão violentamente.

Evitando-se uma visão romântica, a revolta na França, que culminou com uma transformação radical do sistema, teve por estopim a enorme crise financeira e de abastecimento de comida que assolou aquele reino.

Desde 987, quando Hugo Capeto assumiu o trono francês, sempre houve um sucessor masculino à Coroa — com exceção do ocorrido com a morte de Carlos IV, em 1328, que morreu sem herdeiros diretos. Neste caso, depois de certa discussão, deliberou-se, com base na Lei Sálica, que apenas a linhagem masculina poderia assumir a Coroa. Portanto, jamais uma mulher reinara na França.

Em 1774, quando Luís XVI assumiu o trono, um ramo da dinastia dos Capetos reinava havia oitocentos anos. Não se podia acreditar que esse modelo de poder estivesse prestes a se encerrar. A França, ao contrário, parecia uma fortaleza no que se refere à estabilidade das instituições. *Un roi, une loi, une foi*, dizia-se: um rei, uma lei e uma fé.

Naquele contexto, naturalmente, o rei era a fonte maior de poder. A nobreza encontrava-se cumulada de privilégios. Na França do Antigo Regime, os parlamentos eram também cortes de Direito[9] — e não reunião de representantes de alguma classe, como se deu na Inglaterra. O próprio rei era o juiz final, pois, a rigor, os "parlamentares" julgavam em nome dele.

Havia enorme insegurança jurídica, portanto, e os abusos eram frequentes. Quem gozasse dos favores do monarca poderia dispor de uma concisa carta real, a *lettre de cachet*, que simplesmente dizia:

Sr. _____ deve ser aprisionado. Assinado: Rei Luís XV.

O detentor da carta poderia, desse modo, indicar por si só o nome daquele que seria preso.[10]

No final do século XVIII, a França, por conta do descontrole dos gastos, experimentava uma severa crise financeira. A desaprovação do governo era geral. Para piorar, além da "talha", um odiado imposto cobrado pelo uso da terra, havia a necessidade de aumentar a carga tributária, o que passou a ocorrer de modo sistemático a partir de 1760. Ademais, além da desorganização das contas públicas, grassava, no país, a cultura da corrupção no serviço público. A combinação era letal.

Até 1750, ninguém ousava contestar que a França não era a nação mais poderosa da Europa. Contudo, a partir de 1750, a França engajou-se numa série de guerras que só findariam com a queda de Napoleão, em 1815. Possivelmente, as mais representativas e importantes se deram contra a Inglaterra, em diversas frentes. Numa delas, os franceses foram ajudar os rebeldes americanos, do outro lado do oceano, a garantir a própria liberdade. Tratava-se não apenas de uma guerra de baionetas, mas de uma disputa filosófica. As tropas francesas, que lutaram ao lado dos americanos, voltaram para casa munidas desses novos conceitos.

Liberdade e independência adquiriram outros significados para os oficiais e soldados franceses que combateram no Novo Mundo. Entretanto, as treze colônias americanas contavam, à época em que se lutou pela liberdade, com 2, talvez 3 milhões de pessoas, ao passo que na França havia mais de 25 milhões. Num outro agravante, os habitantes americanos tinham origens e mentalidades diversas entre si. No seio de um grupo heterogêneo, deve haver mais aceitação de conceitos novos, ao contrário do que aconteceria na França, cuja sociedade estratificada dava pouco espaço a ideias inovadoras.

O advogado de Bordeaux, Guillaume-Joseph Saige (1746-1804), escreve em 1771 um manifesto denominado *Catecismo do cidadão ou Elementos do Direito Público francês*. Nesse trabalho seminal, o advogado registra que a liberdade é um direito inalienável do cidadão. "Soberania não é outra coisa senão o voto do povo."[11] O *Catecismo do cidadão* tecia críticas diretas ao despotismo praticado pela monarquia. O panfleto foi censurado, mas ganhou projeção.

Em 1784, é lançada em Paris a peça *As bodas de Fígaro*, de Pierre-Auguste Caron de Beaumarchais (1732-1799)— que, dois anos depois, seria transformada em ópera por Mozart. Fígaro, o personagem central da trama, é um rapaz esperto, insatisfeito com o modelo social fundamentado em privilégios. Ele questiona, num solilóquio, seu senhor, o conde de Almaviva:

> Porque és um grande senhor, crês ser um gênio... Nobreza, fortuna, cerimônias, títulos, tudo isso faz o homem se encher de orgulho. Porém, o que fizeste para receber tantas coisas boas? Isso tudo se deu pela moléstia do nascimento?

Esses pensamentos calavam fundo.

Beaumarchais, embora relojoeiro de formação e cultuado por suas obras dramáticas, teve que advogar em causa própria. Isso porque envolveu-se em um problema judicial. Perdeu a demanda porque o juiz, chamado Goezman, foi subornado pela outra parte. Denunciado, o juiz decidiu contra-atacar, alegando que Beaumarchais havia tentado comprar sua decisão. Provavelmente mentia. Beaumarchais preparou sua própria defesa. Nela, expõe a corrupção contida no sistema judicial francês. É um libelo contra a tirania. A sua peça jurídica ficou famosa. Até Goethe, em Frankfurt, promoveu leituras públicas da petição de defesa.[12] Johann Wolfgang von Goethe (1749-1832), aliás, estudou Direito na Universidade de Leipzig.

O efeito político da defesa de Beaumarchais ganhou grandes proporções. No cômputo geral, ele sai vencedor da batalha judicial.

O relojoeiro, dramaturgo e, também, advogado em causa própria engajou-se na luta pela independência americana. Ele consegue convencer um ministro do rei de que poderia funcionar como um intermediário secreto para fornecer fundos aos rebeldes americanos contra os ingleses. Beaumarchais criou uma empresa de fachada — Roderigue Hortalen and Company — por meio da qual, a partir de 1775, municiou os insurretos americanos com canhões, pólvora, armas e fardas para soldados. Recebeu por isso uma carta de reconhecimento de John Jay. Na França, após a independência na América, Beaumarchais foi um grande arauto dos valores daquela revolução.

    O rei era neto do rei antecessor, Luís XV. Seu pai morrera antes do avô. Luís XVI não era o primogênito, logo, não tinha nascido para ser rei. O destino o transformou em rei pela morte de seu irmão mais velho, quando o futuro monarca contava 11 anos de idade.

    Em 1789, o rei Luís XVI completava quinze anos de reinado. Não gozava de grande popularidade — questionava-se até mesmo seu desempenho sexual. Sua mulher, Maria Antonieta, era considerada uma alienada perdulária. Acusava-se a rainha de frivolidade, dada a promoção de festas nababescas. Nas ruas, ela ganhou o apelido de *Madame Déficit*. Era chocante contrastar o luxo experimentado pela nobreza com a miséria dos menos favorecidos. O modelo econômico encontrava-se totalmente falido. O Estado arrecadava menos do que necessitava para pagar as próprias despesas. Não havia qualquer rigor na forma como se administravam os gastos públicos.

    Dois anos antes, no final de 1787, o desastre financeiro havia revelado plenamente sua ameaçadora intensidade. A instabilidade fora agravada pela péssima colheita daquele ano, que fez abater sobre a França uma crise de abastecimento de trigo. Consequentemente, houve escassez de pão, a grande fonte de alimento do povo. Um ano depois, em 1788, para pagar as contas foi necessário pilhar a Caixa dos Inválidos, invadir o cofre de hospitais, teatros e, é claro, suspender o pagamento dos servidores do Estado.[13]

    Luís XVI, naquele momento crítico, foi desafiado por outros nobres, membros do Parlamento. Discutia-se uma série de decisões suas, inclusive o reconhecimento da legalidade de alguns empréstimos tomados pelo Estado. O monarca teria dito então à assembleia: "É legal porque eu quero." Puro anacronismo. A soberba absolutista tivera lugar na história. Aqueles, contudo, já eram outros tempos.

Reformas eram necessárias, mas o soberano não possuía força política para tanto. Por razões evidentes, era fundamental que a classe mais abastada contribuísse com seu quinhão de impostos para custear a administração estatal. Os privilegiados, porém, como era de se esperar, não toleravam a ideia de que se alterassem as suas vantagens e não admitiam o fim das isenções tributárias.

Em apuros financeiros e procurando o apoio de outras classes para a reforma fiscal, o rei, em 1788, convocou uma assembleia de notáveis, bem como os parlamentos das cidades, em primeiro lugar o de Paris. O povo, aí compreendidos todos aqueles que não desfrutavam de privilégios, apoiou a iniciativa real.

Os nobres e o clero, na ocasião, tentaram sabotar o movimento do monarca. Luís XVI, então, determinou a reunião dos Estados Gerais. A última vez em que uma tal reunião havia acontecido fora em 1614, quando era regente, na França, a italiana Maria de Médici (1575-1642). Na ocasião, reclamou-se da corrupção e da alta carga de impostos, mas jamais se cogitara afrontar ou questionar a autoridade do rei.

Tratava-se de um procedimento antigo do monarca consultar a população acerca de determinado tema. Uniam-se as três ordens: o clero, a nobreza e os representantes do povo, chamados de Terceiro Estado. Esta última classe era, com sobras, a menos homogênea. Evidentemente, como não se adotava esse meio de consulta havia cerca de 175 anos, não se sabia exatamente como tudo se daria. O resultado foi o de que o simples chamado para um encontro dessa natureza fez com que as pessoas refletissem acerca da sua capacidade de reivindicar direitos ao Estado. Em primeiro lugar, o povo queria representatividade, isto é, desejava participar do poder e da condução dos destinos da nação.

A abertura dos Estados Gerais se dá em 5 de maio de 1789. Quase imediatamente, instaura-se a primeira questão de ordem: o Terceiro Estado, que representava a quase totalidade da população, havia adquirido o direito de indicar um número de representantes igual ao das outras duas ordens juntas, que, mesmo aglutinadas, só representavam uma pequena fração da população francesa. Contudo, para as duas ordens privilegiadas, as votações deveriam se dar pela soma das ordens, e não *per capita*, ou seja, pelo número de representantes. Desse modo, o clero e a nobreza fatalmente venceriam qualquer deliberação. O Terceiro Estado não aceitou essa forma de computar os votos. Criou-se o impasse.

O Terceiro Estado era um grupo absolutamente heterogêneo. Composto por praticamente todos os extratos da sociedade, desorganizado, sem lideranças claras. Entre seus 578 representantes, havia 180 advogados. Nenhuma outra profissão era tão presente. Todavia, o Terceiro Estado não possuía uma orientação definida, até mesmo porque muitos desses advogados haviam servido a Coroa.[14] Pode-se dizer, contudo, que o grupo com formação jurídica dominou a atuação do segmento.

Um bom exemplo da força e da falta de bússola do Terceiro Estado é o introito do panfleto do abade Sieyès — um padre da periferia de Paris eleito como representante do Terceiro Estado. O panfleto começa com uma série de perguntas: "Que é o Terceiro Estado? Tudo. Que tem sido até hoje na nossa forma de governo? Nada. Que quer ele? Ser alguma coisa." O panfleto passou a circular em janeiro de 1789. Inicialmente, não se revelava o nome do autor. Em poucas semanas, vendeu 30 mil cópias. Somente na quarta edição aparece seu redator: um padre chamado Emmanuel-Joseph Sieyès (1748-1836).

Há aspectos muito relevantes na bombástica abertura do panfleto. Logo na primeira sentença, é excluída qualquer relevância aos dois "primeiros" Estados. A nobreza e o clero não significavam nada: o Terceiro Estado era tudo.

Alguns dias depois da instauração dos Estados Gerais, sem que se decidisse a forma de contagem dos votos, os deputados encontraram trancadas as salas do conclave. Os membros do Terceiro Estado e outros deputados — de outras ordens, mas que discordaram do encerramento abrupto do conclave — invadiram outra sala numa construção anexa, onde se praticava o "jogo de pela", um antecessor do tênis.

Naquele recinto, os deputados revoltados fizeram, em 20 de junho de 1789, o Juramento do Jogo de Pela, em fancês *Serment du Jeu de Paume*. Nele, os próprios deputados se autodeclararam a Assembleia

Constituinte. Os membros do Terceiro Estado passaram a defender que representavam sozinhos o povo francês e, logo, eram o verdadeiro parlamento nacional. Este foi o primeiro passo da Revolução.

Alguns membros do clero aderiram à forte declaração do Terceiro Estado. O rei, pressionado, acabou por determinar a reabertura dos trabalhos dos Estados Gerais e admitir que as votações se dessem contando-se os votos de cada deputado, independentemente de sua origem.

Os nobres e o clero acreditavam que o rei cedia ao Terceiro Estado sob a influência de seu ministro das Finanças, o suíço Jacques Necker. De fato, Necker contava com a simpatia da população, na medida em que defendia certas mudanças, como o fim dos privilégios tributários. Luís XVI, contudo, não consegue resistir à pressão da nobreza e, em 11 de julho, demite Necker. O resultado foi péssimo. A população recebeu o ato político como um retrocesso. Extravasando seu descontentamento, cerca de novecentos parisienses, em 14 de julho de 1789, invadiram a Bastilha, uma antiga fortaleza situada dentro da cidade e onde o rei prendia, sem julgamento, quem caía de suas graças.

O rei poderia, por meio de uma simples ordem, impor absolutamente tudo aos cidadãos. Por meio de uma *lettre de cachet*, o monarca tinha o poder, até mesmo, de determinar que uma pessoa se casasse. O rei não precisava justificar seus atos. A *lettre de cachet* deveria ser cumprida, sem chances de questionamento. Quando considerava oportuno, o rei Luís XVI convocava uma reunião com os parlamentares, chamada *lit de justice*, literalmente, o leito da justiça. Nela, o rei manifestava sua vontade por meio de editos reais: "*Le roi le veut*", ou seja, o rei assim quer.

A Bastilha era, antes de tudo, um símbolo. Espelhava a arbitrariedade, exatamente o que o povo pretendia abolir. Na ocasião de sua queda, apenas sete prisioneiros se encontravam encarcerados ali. Estavam lá por que escreveram ou se manifestaram de forma contrária ao rei. Eram, portanto, presos políticos.

Durante a batalha pelo bastião, houve confronto e mortes no choque entre os revoltosos e os guardas. Tomada a Bastilha à força, seu diretor foi assassinado. A queda foi um ato violento. O movimento sujou-se de sangue. Conta-se que o rei, dias antes, ao ser informado da sublevação parisiense, teria perguntado ao seu camareiro-mor, o duque de Liancourt (1747-1827): "É uma revolta?" Recebeu a seguinte resposta: "Não, Majestade, é uma revolução…"

Tamanho era o simbolismo da Bastilha que os revolucionários prontamente a demoliram. Em novembro de 1789, a enorme construção já se encontrava praticamente em escombros.

A partir desse singular evento — uma inequívoca demonstração de aonde o movimento poderia chegar —, a Assembleia Constituinte ganha novos contornos. Defende-se a adoção de uma monarquia constitucional. Ao mesmo tempo, vem à tona um movimento radical, perceptível tanto na Assembleia como nas ruas. Nos campos, os camponeses se revoltavam contra os senhores e os velhos modelos de pagamento de tributos. Castelos eram invadidos. Queimavam-se os documentos senhoriais.

Nesse mesmo ano de 1789, um advogado inglês lança um livro intitulado *Uma introdução aos princípios da moral e da legislação*, que imediatamente ganha fama e repercussão. O advogado chamava-se Jeremy Bentham (1748-1832). Ele mesmo era filho de outro próspero advogado. Em suma, para Bentham as leis deveriam ser respeitadas na medida em que representassem o bem-estar social. Seu primeiro trabalho, *Fragmentos sobre o governo*, fora publicado em 1776, ano da Declaração da Independência americana. Sustentava, ali, que a felicidade da maioria era a medida do certo e do errado. Aquilo virou referência para os revolucionários franceses. Tamanho foi o prestígio de Bentham que, em 1792, ele recebeu o título honorário de cidadão francês.

A nobreza percebeu a profundidade do movimento. Em 4 de agosto de 1789, alguns nobres apresentaram à Assembleia uma moção a fim de que se extinguissem todos os seus privilégios. Era o ocaso fulminante do feudalismo. Pouco depois, a Assembleia Nacional Constituinte, nos decretos de 4 e 11 de agosto, desorganizou por completo o antigo sistema judiciário. Pôs fim à compra de cargos de justiça e às cortes senhoriais. A lei seria igual para todos.

Todavia, o movimento carecia de formalização. Era necessário que houvesse uma declaração, nos moldes daquela feita nos Estados Unidos. La Fayette, então, o herói francês da luta pela independência americana, esboçou um modelo, com o mesmo formato daquela forjada no Novo Mundo. Não funcionou. Formou-se, em seguida, um comitê composto de quarenta deputados, que se afundaram em debates acirrados e tumultuados. Sem chance de composição e premidos pela urgência em apresentar algum resultado, acabaram por promulgar apenas o que fora objeto de consenso.

Em 26 agosto de 1789, promulga-se a Declaração dos Direitos do Homem e do Cidadão. Além de incorporar algumas conquistas da Declaração dos Direitos dos americanos, a Declaração francesa, em alguns aspectos, a excedia. Começava com uma bela afirmação: "Os homens nascem e permanecem livres e iguais em direito." A acepção da palavra "homem", nesse documento, era a mais ampla possível.

Na verdade, a discussão que precedeu a Declaração ocorreu em dois estágios. No primeiro, que se travou entre 1º e 4 de agosto, a Assembleia debateu se era necessário que uma declaração geral dos direitos do homem precedesse a Constituição. Essa tese prevaleceu, ou seja: antes mesmo da Constituição de um país, devia haver uma regra que garantisse os direitos do ser humano, uma espécie de "Constituição do Povo", como se dizia. Depois, entre os dias 5 e 26 de agosto de 1789, a Assembleia debateu o texto dessa declaração.

A discussão tinha repercussões enormes. Afinal, compreendeu-se que, de forma preliminar ao estabelecimento das regras do Estado, ou mesmo das relações entre o governo e os governados, era necessário apresentar garantias aos homens, dentre as quais avultava a liberdade.

Dezessete artigos foram aprovados, sob a liderança do grande orador Honoré-Gabriel Riqueti, o conde de Mirabeau (1749-1791). Nascido nobre, Mirabeau tivera uma juventude desregrada. Fora preso mais de uma vez. Casara-se, mas em pouco tempo sua mulher pediu o divórcio e foi assistida pelo advogado Portalis, de quem falaremos adiante. Nesse episódio, Mirabeau atuou como seu próprio advogado... e acabou por perder a causa.

Anos depois, por envolver-se numa briga, Mirabeau foi novamente encarcerado. Na prisão, escreveu o trabalho intitulado *Des lettres de cachet et des prisons d'État*, no qual procurava demonstrar, com argumentos jurídicos, a ilegalidade das *lettres de cachet* emitidas pelo rei. Mais uma vez, Mirabeau foi seu próprio advogado. Desta vez, porém, teve sucesso. Conseguiu libertar-se.

Perseguido na França pelas suas opiniões, Mirabeau refugiou-se na Holanda e depois na Inglaterra. Quando se deu a convocação dos Estados Gerais, candidatou-se, valendo-se de sua condição de membro da nobreza. Seria um representante do Segundo Estado. Não foi eleito, porém. Então, tentou a candidatura pelo Terceiro Estado. Eleito, foi nessa condição que passou a participar da Assembleia Nacional.

Aliando seu talento de orador ao seu conhecimento jurídico, Mirabeau liderou a primeira fase da Revolução, sendo possivelmente o principal redator da *Declaração dos direitos do homem e do cidadão*.

No curto período em que deteve poder, Mirabeau acumulou uma considerável fortuna, o que levantou fundadas suspeitas de corrupção. No começo de 1791, aos 42 anos, veio a falecer. A história talvez fosse outra se ele tivesse vivido mais.

A sorte de Mirabeau mudou rápido, mesmo depois de sua morte. Inicialmente, foi enterrado com honras de Estado e cercado de pompas na Igreja de Santa Genoveva, que se tornara um panteão para grandes figuras públicas da França. Poucos anos se passaram até que, em 1794, seus restos mortais foram retirados dali, após terem descoberto que ele mantivera relações com o rei. A história era escrita e revista num palimpsesto.

Todos os seres humanos nascem livres e iguais em dignidade e direitos, registra, com a força de uma bofetada, o primeiro artigo da Declaração. Em rigor, o preâmbulo e os três primeiros dispositivos também traziam os conceitos mais relevantes. Os demais quatorze artigos apenas esmiúçam e particularizam os primeiros.

Em seu quinto artigo, a Declaração nos coloca diante do conceito de que tudo o que não fosse proibido por lei seria, por exclusão, permitido. A liberdade, dessa forma, residiria na falta de comando legal expresso, o *silentium legis*. Além disso, estabelecia-se a ideia de que ninguém poderia ser obrigado a fazer qualquer coisa, salvo se a lei assim o ordenasse. Atribuía-se, por consequência, enorme poder à legislação.

Essa magna importância da lei fez com que os cargos de juiz só fossem concedidos àqueles que tivessem domínio do ordenamento jurídico. Essa era uma notável diferença em relação ao sistema inglês, no qual os juízes, à época, não necessitavam de título de graduação em curso universitário de Direito.[15] Daí porque, na França, as cortes que julgavam pelo costume caíram em desuso, ao contrário do que sucedeu na Inglaterra.

O artigo sexto da Declaração, detalhando a regra geral da igualdade exposta no primeiro, enunciou o fundamental postulado segundo o qual todos eram iguais perante a lei. Isso valia, inclusive, para o âmbito fiscal, como registrado no Artigo 13, em que se preconizava que o pagamento dos impostos deveria dar-se de acordo com a capacidade contributiva de cada um.

Os Artigos 7 a 9 da Declaração refletiam claramente as ideias de Beccaria, no intuito de garantir ao cidadão o conhecimento das leis e das penas e inibir que o Estado agisse de forma arbitrária no cumprimento das regras.

No âmbito religioso, afirmava-se, no décimo artigo, que "ninguém pode ser importunado por suas opiniões, mesmo as religiosas". Tratava-se de uma enorme derrota para o clero e de uma vitória à livre manifestação das ideias, ou seja, à liberdade de expressão. Sua gênese encontra-se na *Carta sobre a tolerância* de Locke.

A Declaração dos Direitos foi o atestado de óbito da Idade Média. Desmantelavam-se todos os privilégios que tinham sustentado a sociedade medieval: extinguia-se o dízimo e encerravam-se as obrigações dos vassalos para com seus senhores. Não havia mais direitos de caça em proveito dos donos de terras. Suprimiam-se os cargos públicos comprados e as isenções tributárias.

Interessante notar como, ao mesmo tempo, falava-se, na França e nos Estados Unidos, em direitos fundamentais do cidadão. Em junho de 1789, Madison apresentou a minuta da *Bill of Rights*, que acabou entrando em vigor em 1791, enquanto os franceses elaboraram e ofereceram a *Declaração dos Direitos do Homem e do Cidadão* em 1789, muito baseada na *Declaração de Independência* americana, de 1776.

Do ponto de vista do Poder Judiciário, como se disse, extinguiram-se os cargos de magistrados adquiridos por dinheiro. Isso se deu, inclusive, sem qualquer compensação financeira. O juiz era bem pago pelo Estado para cumprir um mandato de seis anos, admitindo-se a recondução. Deixou, contudo, de haver necessidade de a parte ser representada por um advogado na corte de justiça. Como se buscava estabelecer um ordenamento jurídico de fácil acesso ao povo, o cidadão poderia pessoalmente apresentar seu pleito ou defender-se.

Como corolário disso, embora houvesse inúmeros advogados liderando a Revolução, foi promulgada, em 2 de setembro de 1790, uma lei que suprimiu a Ordem dos Advogados francesa. Não haveria mais o título de advogado, e qualquer pessoa poderia fazer-se representar perante os tribunais. Os bens da Ordem dos Advogados foram confiscados e seus livros, dispersos. O cidadão, para os revolucionários, não precisava mais desse profissional para se defender.

Com o movimento da Assembleia, deu-se uma reformulação tributária radical. Não havia mais qualquer forma de privilégio para os donos de terras. Abruptamente, decidiu-se nacionalizar os territórios da Igreja, que representavam algo em torno de 10% do solo francês. Em 1789, a Assembleia francesa declarou:

> A Assembleia Nacional (...) abole irrevogavelmente as instituições que feriam a liberdade e a igualdade dos direitos. Já não há nobreza, nem pariato, nem distinção de ordem, nem regime feudal, nem justiça patrimonial, nem qualquer dos títulos, denominações e

prerrogativas que delas decorriam, nem qualquer ordem de cavalaria, nem qualquer das corporações ou condecorações para as quais se exigiam provas de nobreza ou que supunham distinções de nascimento, nem qualquer outra superioridade a não ser a dos funcionários públicos no exercício de suas funções. Não há mais venalidade nem hereditariedade de qualquer posto público. Já não há, para qualquer parte do país, nem para qualquer indivíduo, privilégio nem exceção do direito comum de todos os franceses. Não há mais nem jurandes [guildas],[16] nem corporações de profissões, artes e ofícios. A lei não reconhece votos religiosos, nem qualquer obrigação que seja contrária ao direito natural ou à Constituição.[17]

Evidentemente, buscava-se romper com todas as amarras do passado. Desejava-se, inclusive, extinguir a relação com as leis sancionadas pelo Antigo Regime. O revolucionário Condorcet registrou:

> As antigas leis dos povos não passam de uma coleção de atentados de força contra alguns; a política de todos os governos só oferece uma série de perfídias e violências.

Em agosto de 1790, a Assembleia Constituinte promove a secularização da Igreja, colocando-a sob controle do Estado. Isso se dá por meio da *Constituição civil do clero*. Em represália, no início de 1791, o representante do papa deixa a França. Rompem-se as relações entre o Estado e a Igreja, que só se restabeleceriam com a Concordata assinada por Napoleão em 1801.

Apesar de todas essas alterações radicais, a monarquia seguia viva. O rei, em outubro de 1789, teve que deixar Versalhes e se alojar em Paris. Era imperioso que estivesse perto dos acontecimentos. Em 1790, o monarca jura absoluta lealdade à Constituição. Passou a ser o "primeiro servo" da nação.

Luís XVI, no meio dessas mudanças, viu seu poder estiolar-se. Passou a ocupar a posição de coadjuvante. Nessas circunstâncias, um grupo de nobres procurou organizar um movimento de combate às transformações que tomaram a França. Em 20 de junho de 1791, descobre-se a tentativa de fuga da família real, certamente para preparar, do exterior, uma resposta à Revolução. A família do rei fora detida em Varennes, uma pequena cidade a 250 quilômetros de Versalhes. Embora disfarçado, o rei se atrasou traído pela gula, pois parou numa hospedaria para comer, onde acabou reconhecido. Mais cinquenta quilômetros e teria alcançado Montmédy, bastião realista.

O rei perde o que lhe restava de credibilidade. Agrava-se a antipatia popular. Por outro lado, diversas monarquias europeias, como a Prússia e a Rússia, preocupadas com o exemplo francês, ameaçam travar guerra com a França.

No final de 1791, a Assembleia Legislativa francesa fervia. Discutia-se tudo. A França deveria ou não declarar guerra a outros países europeus? Acaba-se decidindo, em abril de 1792, que o país abrirá guerra contra nações hostis. Em meados de julho, os austríacos e prussianos começam a sua invasão conjunta do solo francês.

O exército francês encontrava-se absolutamente desorganizado. Entrar em guerra poderia ser fatal para o movimento revolucionário. O próprio rei desejava muito um conflito armado de grandes dimensões, pois imaginava que, com ele, a França seria "liberada". A existência do conflito agravou o radicalismo, sobretudo para aqueles que pregavam a extinção da monarquia.

Quando o exército prussiano invadiu o norte da França, o povo encontrou mais uma razão para odiar o rei, a quem culpava pelo conflito. Tentaram invadir o palácio real das Tulherias duas vezes, em junho e em agosto de 1792. Apenas na segunda tiveram êxito. A guarda real, composta por soldados suíços, é massacrada. O rei, então, é aprisionado, junto com a sua família.

O líder da invasão foi um açougueiro chamado Louis Legendre. A ocupação confere a Shakespeare o merecido crédito de vaticinador, pois, na segunda parte de *Henrique VI*, de 1591 (dois séculos antes!), um dos mais truculentos líderes revolucionários, Dick, é também um açougueiro.

Numa nova conjuntura, pois agora o rei estava preso, aguardando julgamento, o Congresso francês se reúne. Elegem-se 749 delegados. Desses, 23 representantes eram "antigos" nobres e 46 vinham do clero. A maior classe, com 250, era composta de advogados.

Rapidamente, dois grupos se antagonizam. De um lado, aquele que passou a se sentar à direita na convenção, estavam os chamados girondinos, uma vez que alguns de seus líderes eram provenientes da Gironda, região ao sudoeste da França cuja principal cidade é Bordeaux. Tratava-se do menor dos grupos, contando com aproximadamente 160 deputados. O outro grupo era a Montanha, de esquerda. Em seguida, recebeu a alcunha de jacobinos. Essa designação se deve ao fato de seu principal centro de reunião ficar num mosteiro dominicano localizado à rua Saint-Jacques.[18] Neste grupo, havia algo como duzentos deputados. Por fim, com 390 deputados, posicionava-se o partido de centro, chamado de Planície.

O principal líder dos girondinos foi Jacques-Pierre Brissot de Warville (1754-1793), que começou a vida trabalhando num escritório de advogados em Chartres, sua terra natal. Assim como Mirabeau, Brissot presenciara uma tentativa de revolução ocorrida em Genebra no ano de 1782, quando os cidadãos de menor poder aquisitivo na cidade buscaram tomar o poder contra a aristocracia. Eles não perseveraram. Em um ano, o comando de Genebra retornou às mãos da rica burguesia.

Na França de 1792, os girondinos, grupo composto de burgueses, entendiam que já se havia conquistado muito ao acabar com os privilégios e pretendiam, então, evitar excessos, a fim de garantir a estabilidade social. Os jacobinos, por outro lado, estavam certos de que a revolução, para que se completasse, deveria atender às aspirações populares, em especial no que dizia respeito às demandas dos denominados *sans-culottes*. Tratava-se de uma parte mais humilde da população francesa, que se trajava de modo simples. Em vez de culotes, uma sobrecalça que ia apenas até pouco depois dos joelhos e era usada pelos mais abastados, os *sans-culottes* vestiam calças longas, até os pés.

Os líderes jacobinos eram, também como seus rivais no congresso, advogados. Robespierre, Saint-Just, Danton, Desmoulins... Todos advogados. Como registra Lynn Hunt, a classe mais representativa nos grandes conselhos municipais era, no momento inicial da Revolução, composta de profissionais do Direito.[19] Esse percentual, entretanto, foi decaindo durante a década de 1790, quando os comerciantes passaram a dominar as assembleias.

Seguindo a orientação dos *sans-culottes*, os jacobinos se posicionaram de forma radical. A discussão acerca do julgamento do rei Luís XVI colocou, logo de início, os girondinos em oposição aos jacobinos, isto é, a posição moderada daqueles em oposição à mais radical destes. Os jacobinos entendiam, por exemplo, que o rei deveria morrer na condição de traidor da pátria.

Em 13 de novembro de 1792, o advogado jacobino Louis Antoine Léon de Saint-Just (1767-1794) pede a palavra. É a primeira vez que ele, um jovem de 25 anos, usa a tribuna da Convenção Nacional. O tema que magnetiza a atenção dos congressistas é a situação do rei. Poderia ele ser julgado? O discurso de Saint-Just é cortante:

> Digo que o rei deve ser julgado como um inimigo; que não devemos apenas julgá-lo, mas também combatê-lo; que, por não ter tomado parte no contrato que uniu o povo francês, as formas de procedimento judiciário aqui não devem ser procuradas na lei positiva, mas na lei das nações. (...) Um dia, os homens ficarão chocados ao saber que, no século XVIII, a humanidade era menos avançada do que nos tempos de César, quando um tirano foi morto dentro do Senado, sem qualquer formalidade exceto trinta punhaladas, sem nenhuma lei exceto a liberdade de Roma. E hoje, respeitosamente, conduzimos o julgamento de um homem que foi o assassino do povo, capturado em flagrante, com as mãos encharcadas de sangue, as mãos mergulhadas no crime. (...) Cidadãos, se o povo de Roma, depois de seiscentos anos de virtude e ódio aos reis, se a Grã-Bretanha, depois da morte de Cromwell, viram o renascimento dos reis, apesar de sua energia, o que devem os bons cidadãos entre nós temer, aqueles que são amigos da liberdade,

vendo o machado tremer em nossas mãos, vendo um povo, no primeiro dia de liberdade, respeitar a memória de seus grilhões! (...) Digo que não vejo opção: esse homem deve reinar ou morrer.[20]

Reinar ou morrer. Para os jacobinos, não havia opção. Mais adiante em seu discurso, Saint-Just desfere uma verdadeira sentença de morte, que seria adotada como título do movimento favorável à condenação do rei. *On ne peu régner innocemment*. Ninguém pode reinar inocentemente.

A pena capital do soberano foi decidida por uma maioria apertada.[21] As acusações eram vagas e imotivadas.

Em primeiro lugar, o rei teria chamado o regimento de Flandres para Versalhes e, em seguida, dado ordens para que atacasse o povo, em 5 e 6 de outubro de 1792. A verdade, no entanto, é que a própria municipalidade de Paris solicitara a atuação do regimento para conter a massa.

O rei também foi acusado de enviar dinheiro para exilados fora da França, o que seria provado por uma misteriosa carta, cuja autoria jamais se confirmou. O monarca, é claro, negou a autenticidade do documento apócrifo.

Por fim, dizia-se que o rei tentara fugir e que fora preso em Varennes.

Como se vê, nenhuma dessas acusações poderia ser considerada alta traição. Ademais, elas careciam absolutamente de provas. Naquele momento, contudo, não se julgava um homem ou os fatos: julgava-se um símbolo.[22]

Maximilien Marie Isidore de Robespierre (1758-1794), o principal advogado na acusação do rei, terminou sua peroração dizendo: "Luís deve morrer para que a pátria viva." Essas eram palavras emocionais, arroubos de eloquência. Filho de advogado, Robespierre seguia sua vocação de disparar frases de efeito desde a tribuna. Sua reputação vinha exatamente de seus inflamados discursos, nos quais denunciava a corrupção e as injustiças sociais. Jamais perdeu a virulência do advogado de acusação.

A defesa do rei ficou ao cargo de três grandes juristas: Chrétien Guillaume de Lamoignon de Malesherbes (1721-1794), François Denis Tronchet (1726-1806) e Raymond Romain, futuro conde De Sèze (1748-1828). O primeiro já era, para a época, um homem de idade avançada.

Tronchet, por sua vez, seria um dos redatores do Código Civil Francês de 1800, a pedido de Napoleão. De Sèze, por sua vez, era considerado um dos melhores advogados da França.

As últimas palavras do advogado De Sèze, no famoso julgamento do rei, concitam os jurados a olharem para a posteridade: "Eu paro diante da História. Pensai que ela julgará o vosso julgamento e que este será o dos séculos."[23]

O julgamento durou treze horas. Negou-se assento aos três advogados do rei, que assistiram, de pé, à derrota de seu cliente. Eram 721 os deputados no corpo de jurados. Destes, 693 votaram pela condenação do monarca. Apenas 366 votaram pela sentença de morte. A maioria simples seria de 361 votos. Cinco fizeram a diferença.

Não se julgava Luís Capeto, o Luís XVI: julgava-se a monarquia em confronto com a liberdade. Tratava-se de um julgamento de conceitos.[24]

Tronchet e De Sèze insistiram em que a condenação deveria se dar por maioria de dois terços, o que não havia ocorrido. Esse pleito foi desprezado. Ao final, Malesherbes, o mais velho dos patronos, já exausto, rogou que lhe fosse dada a chance de fazer uma última alegação, a ser proferida no dia seguinte. O velho advogado formulou o pedido enquanto soluçava. O pleito foi negado.

Malesherbes sobe as estreitas escadarias da Torre do Templo para contar ao rei o resultado do julgamento. Esgotado e muito emocionado, o velho advogado cai em prantos diante de Luís XVI. O rei aceita estoicamente o veredicto. Pede que não haja qualquer reação à sentença, a fim de evitar uma guerra civil. Ao fim, diz apenas: "O rei da França nunca morre."

O rei é levado ao cadafalso em 21 de janeiro de 1793.

Curiosamente, o advogado Malesherbes, anos antes do famoso julgamento do monarca, em 1775, havia discursado na Academia Francesa e declarado a importância da opinião pública:

> Surgiu um tribunal independente de todos os poderes e que todos os poderes respeitam, que aprecia todos os talentos, que se pronuncia sobre todas as pessoas de mérito. E num século iluminado, num

século em que todos os cidadãos podem falar para toda a nação por meio da imprensa, aqueles que têm o talento de instruir os homens e o dom de comovê-los — em uma palavra, os homens de letras — são, em meio ao público disperso, o que os oradores de Roma e Atenas eram no meio público reunido.[25]

O advogado alertava para a força do julgamento popular e, ao mesmo tempo, do papel de guia que os "homens de letras" deveriam desempenhar.

Dez dias após a execução de Luís XVI, a França declara guerra à Holanda e à Inglaterra. Com a condenação do monarca, o conflito tornara-se inevitável. O país estava em guerra. A hostilidade não era apenas externa.

A partir de agosto de 1792, pode-se dizer que houve na França uma república democrática, que durará até junho de 1793, com o golpe de Robespierre. Ainda em 1792, promulga-se uma série de leis com o propósito de tornar efetivos os ideais revolucionários. A sucessão universal, por exemplo, é estabelecida, de forma que todos os filhos passam a ser herdeiros, deixando de haver vantagem para o primogênito e os descendentes do sexo masculino. Com isso, a riqueza é repartida.

A relação entre os dois grupos políticos — jacobinos e girondinos — se acirrou. Tudo isso, é claro, no meio de uma série de problemas internos e externos. Havia uma coalizão, formada pela Inglaterra, Holanda e Espanha, contra a França. Naturalmente, os ideais de liberdade e igualdade — e, é claro, o tratamento que fora dispensado ao rei — que convergiram para o ideário da Revolução Francesa não recebiam apoio das monarquias europeias. Além disso, viam-se insurreições e revoltas na própria França. Nessas circunstâncias, a maioria do Congresso francês, composta de jacobinos, promoveu um golpe dentro da Revolução. As liberdades foram suspensas. Iniciou-se o Terror. Liderados pelos advogados Danton e Robespierre, os jacobinos criam, em julho de 1793, um Comitê de Segurança Pública.

Entre setembro de 1793 e julho de 1794, esse comitê, composto de doze pessoas, teve proeminência no comando da França, sobretudo no que dizia respeito à manutenção da paz externa e internamente. Em sua grande parte, esse poderoso grupo era formado por advogados, entre eles, além de Robespierre, Billaud-Varenne, Robert Lindet, Couthon e Saint-Just.

O interesse da nação justificaria qualquer ato. Os revolucionários abusavam desse conceito. Qualquer pessoa que se colocasse contra os tais "interesses" merecia a guilhotina. Por influência de Robespierre, os líderes girondinos foram todos executados em praça pública, como de costume. Entre eles, pereceu seu líder, o advogado Jacques Pierre Brissot.

Brissot tivera formação jurídica e atuou num escritório de advocacia. Mais tarde, foi viver em Londres, onde escreveu sobre filosofia do Direito. Envolveu-se ainda no movimento abolicionista e, nessa condição, visitou os Estados Unidos em 1788.

Outro advogado girondino de grande influência foi Pierre Victurnien Vergniaud (1753-1793). Natural de Limoges, Vergniaud formou-se em Direito pela escola de Bordeaux. Com precoce sucesso na advocacia, tornou-se advogado do Parlamento da região. Em 1791, eleito deputado, seguiu para a Assembleia Legislativa de Paris. Foi defensor da legalidade e da segurança jurídica. Assim como os demais girondinos, opôs-se à criação do Tribunal Revolucionário. Por isso mesmo, acabou condenado sumariamente por esse órgão. "A Revolução, como Saturno, devora seus próprios filhos": teriam sido essas suas últimas palavras. E o monstro da irracionalidade acabou por devorar seus filhos.

Na manhã de 21 de janeiro de 1793 é executada a sentença. O rei Luís XVI tem a cabeça decepada pela guilhotina. Maria Antonieta, a rainha, teve mesmo destino em outubro daquele ano. Matar a mulher do inimigo, depois deste já morto, tem um significado particular. A emoção tomara conta da racionalidade.

Criou-se, em março de 1793, um Tribunal Revolucionário (inicialmente, Tribunal Criminal Extraordinário) a fim de julgar e punir os inimigos da República. Esse tribunal era composto por dez membros e um promotor — o sinistro Antoine Fouquier-Tinville, chamado "Apêndice da

Guilhotina". Foi ele o acusador público de Maria Antonieta, dos líderes girondinos e do próprio Robespierre. Não havia recurso para suas decisões.

O Terror perdurará até a queda de Robespierre, no ano seguinte. Milhares de inimigos políticos são mandados à guilhotina, sem processo adequado.

Antoine-Laurent de Lavoisier (1743-1794) foi um químico brilhante. Em 1793, período do Terror, foi preso. Condenado à morte, suplicou ao juiz que lhe concedesse mais tempo de vida, a fim de que terminasse suas pesquisas. "A República não precisa de cientistas", teria dito o juiz. Uma lástima. Ao morrer, Lavoisier já havia alterado a química para sempre. Conseguira identificar 33 elementos químicos e criara um sistema coerente para dar nomes às substâncias, futuramente conhecido como tabela periódica.[26]

É difícil precisar o número de vítimas do Tribunal Revolucionário. Emitiram-se pelo menos 17 mil sentenças de morte, mas o número pode ser exponencialmente maior. A quantidade de prisões em todo o país chegou a 500 mil. Terror parecia, de fato, um nome adequado.[27]

Os processos eram sucintos, com nenhuma ou pouca chance de defesa: a famigerada Lei de 22 Pradial impedia qualquer forma de manifestação do acusado perante o Tribunal Revolucionário. Os motivos de condenação eram os mais fúteis: algum comentário tolo, considerado atentatório à Revolução, a falta de alguma reverência aos revolucionários... Qualquer coisa, em suma.

Saint-Just, naquele momento líder da Revolução, declarou, em um de seus conhecidos e inflamados discursos, que "não haverá prosperidade enquanto respirar um inimigo da liberdade". Um dos grandes acusadores do rei, ele defendia que o "traidor" também é aquele que se posiciona de forma indiferente diante da causa revolucionária. O fato de Luís XVI ser rei já justificaria sua pena capital.

Em março de 1794, uma das cabeças mais radicais da Revolução Francesa, o advogado Jacques-René Hébert, formado em Direito em

Alençon, foi condenado à morte depois de se indispor com Robespierre. Hébert, também conhecido como Le Père Duchesne (por conta do periódico que editava), contava com muitos seguidores. Foi possivelmente o maior defensor da separação entre o Estado e a Igreja.

Em 16 de abril do mesmo ano, o Tribunal Revolucionário foi centralizado em Paris. O advogado Saint-Just encontra-se à frente dessa medida, que visava a fortalecer o poder do Tribunal. O artigo 4º da lei que o institui registra que "o Tribunal é constituído para punir os inimigos do povo". Essa missão é levada a cabo de forma sumária. Não há investigações profundas. O acusado não pode recorrer a advogados. Tudo era explicado, nas palavras de Robespierre, para proteger o Estado dos inimigos da liberdade. O Terror se alia à burocracia.

Também em abril, Danton foi condenado à guilhotina.[28] Ele passara a acusar o rigor do governo e seus excessos. Ao ser condenado, o advogado teria dito: "Acima de tudo, não se esqueçam de mostrar minha cabeça decepada ao povo: valerá a pena vê-la." Junto com Danton, Camille Desmoulins (1760-1794), advogado, jornalista e antimonarquista famoso, também foi levado à execução. Sua morte se deu na Praça da Concórdia, em Paris. Desmoulins, no início da Revolução, havia escrito um panfleto — *La France libre*[29] —, que ganhara enorme popularidade.

Entre março e abril de 1794, portanto, Robespierre conseguiu separar e executar os grupos políticos liderados pelos advogados Hébert e Danton. "Não reconheço uma humanidade que massacra o povo e que perdoa os déspotas", bradava.

Robespierre era pálido e de constituição física frágil. Vinha de uma família de advogados. Seu antepassado Robert de Robespierre, no século XV, trabalhara como *homme de justice*. Depois, outro Robert de Robespierre foi escriturário. Um bisavô teve cargo de tabelião e advogado, mesma profissão que seu avô, o primeiro dos Maximilien Robespierre, exerceu em Arras. Essa também foi a profissão do pai.[30] Robespierre, portanto, seguiu uma longa tradição familiar. Estudou

Direito em Douai e logo estabeleceu-se como advogado em Arras, no norte da França.

Com a convocação dos Estados Gerais e toda a agitação que tomou conta da França, Robespierre se elegeu representante pela sua cidade e foi para Paris compor o congresso.

Outro importante advogado — possivelmente o mais popular deles —, Simon-Nicholas Henri Linguet, também foi executado, dessa vez em junho de 1794. Nascido em 1736 e formado em Direito pela Universidade de Paris, atuou num dos mais conhecidos casos jurídicos de seu tempo, o que lhe granjeou enorme fama profissional.

Em 1765, um crucifixo situado numa ponte em Abbeville, cidade do norte da França, amanheceu vandalizado. Buscou-se, então, apurar o responsável. De maneira absolutamente imprópria, passou-se a suspeitar de um jovem, Jean-François Lefebvre, conhecido por Chevalier de La Barre. La Barre se indispusera com um juiz local e também, junto com outros jovens, deixara de tirar o chapéu numa procissão de Corpus Christi. Seu quarto foi revistado e, ali, descobriram o *Dicionário filosófico* de Voltaire, considerado, então, uma blasfêmia.

O julgamento foi finalizado em 1766. Uma corte tendenciosa condenou La Barre à morte, não sem antes torturá-lo. O rigor da sentença é inaudito:

> Em reparação de suas faltas, nós o condenamos a fazer honorável penitência, em hábito, com a cabeça descoberta e com corda no pescoço, segurando nas mãos vela acesa de duas libras de peso diante da porta principal da igreja real (...) de Saint-Wulfram, de onde ele será levado numa carroça pelo carrasco que colocará em seu peito e em suas costas um cartaz onde estará escrito, com letras grandes, ímpio; e lá, de joelhos, confessará seus crimes; isso feito, terá sua língua arrancada e será levado na dita carroça ao mercado público para ter sua cabeça decepada no cadafalso; seu corpo e

sua cabeça serão então atirados numa pira para serem destruídos, queimados, reduzidos a cinzas, e estas atiradas ao vento...

O *Dicionário* de Voltaire foi queimado junto com o corpo, após a morte por decepamento. Linguet, como advogado de La Barre, denunciou o erro clamoroso do Judiciário. Chegou a conseguir que outros jovens, inicialmente indiciados com seu Lefebvre, fossem absolvidos. A defesa de Linguet acabou por estabelecer precedentes acerca da transparência e fundamentação necessárias quando de uma condenação.[31]

Em 1791, Linguet havia também defendido os interesses dos revolucionários haitianos perante a Assembleia Nacional, uma vez que aqueles homens tinham sido tratados com brutalidade pelos tribunais franceses. Vocacionado para essas defesas, ele também acabou por denunciar os erros do sistema.

Apesar de não ser um líder revolucionário, o famoso advogado foi guilhotinado em junho de 1794, sob a fluida acusação de simpatizar com a monarquia.

Pouco depois, Robespierre, possivelmente o maior dos líderes revolucionários e alcunhado de "O Incorruptível", é também executado. A Revolução se cinde. A prisão e execução daquele homem — num evento histórico chamado 9 de Termidor — revelava a absoluta insegurança política da França. O Incorruptível fora acusado de atuar como um tirano, embora justificasse todos os seus atos arbitrários como uma defesa da Revolução.

Junto com Robespierre, outros advogados como ele — Saint-Just, Philippe-François-Joseph Le Bas, Georges-Auguste Couthon e René-François Dumas — também vão ao encontro do suicídio ou da guilhotina. Este último, Dumas, era o advogado que presidira o impiedoso Tribunal Revolucionário. Le Bas, por sua vez, fizera parte do Comitê de Segurança Geral.

Tomados de surpresa, como se num golpe dentro do golpe, os líderes jacobinos foram presos enquanto estavam reunidos. Robespierre leva um tiro no rosto, que estilhaça sua mandíbula. Permanece a dúvida sobre o autor do disparo: se um soldado que cumpria a ordem de prisão ou se o próprio revolucionário, que estaria tentando o suicídio.

Não se permitiu julgamento. Presos em 9 de Termidor — 27 de julho de 1794 —, Robespierre, com o rosto desfigurado, e seus colaboradores foram executados no dia seguinte. Plantado o radicalismo, seus frutos amargos eram colhidos. Não houve qualquer reação popular em solidariedade a Robespierre.

Antes já se fez referência a um dos mais terríveis advogados a atuar ativamente na Revolução Francesa: Antoine Quentin Fouquier-Tinville. Fouquier-Tinville estudara Direito e, antes da Revolução, em 1774, comprara o posto de promotor de acusação. Adiante, em 1781, envolvido em dívidas, viu-se compelido a vender o cargo, mas seguiu trabalhando como secretário na polícia.

Quando veio a Revolução, Fouquier-Tinville aderiu ao movimento dos *sans-culottes*. Sempre atuando na burocracia, participou do júri que condenou diversos apoiadores da monarquia, em 1792. Com o Terror, em 1793, foi alçado ao cargo de promotor-geral do Tribunal Revolucionário. Insensível, rude, agressivo, Fouquier-Tinville encarnou o despotismo e a falta de humanidade. Com efeito, no Tribunal Revolucionário, formado por cinco juízes, havia sempre aqueles que não sabiam ler e os que comumente encontravam-se bêbados. Sua composição era feita a partir de indicações do Comitê de Segurança Pública.

No golpe do 9 de Termidor, o frio Fouquier-Tinville agiu metodicamente com Robespierre e seus acólitos, iniciando sua execução da mesma forma como havia feito com Maria Antonieta e tantos outros.[32] Não mostrou escrúpulos em mandar para a morte seu maior líder e apoiador.

Sua sorte, porém, não durou. Embora mantido por algum tempo no cargo, o inescrupuloso advogado foi preso ainda em 1794. Levado, em 1º de agosto, a se defender perante o mesmo órgão de que antes fora o promotor-chefe, Fouquier-Tinville argumentou que apenas cumpria ordens. Segundo ele, tudo fizera para atender cegamente às determinações do Comitê de Segurança Pública. Aquela era uma prévia do que ocorreria um século e meio depois, em 1946, ao fim da Segunda Guerra Mundial, no julgamento dos nazistas em Nuremberg, quando todos os acusados disseram apenas cumprir ordens do Führer. O julgamento do antigo promotor-chefe durou 41 dias. Ao fim, ele foi sentenciado à guilhotina. Teve como seu o mesmo destino de milhares de pessoas para as quais, durante o período do Terror, ele mesmo obtivera a condenação.

Com o afastamento dos radicais jacobinos, inicia-se a última fase da Revolução Francesa, conhecida como Diretório. Ela vai perdurar até a tomada de poder por Napoleão, em 1799.

Em 1795, promulga-se uma nova Constituição na França. Sua natureza é extremamente democrática: todos os homens acima de 21 anos e que arcam com impostos estão aptos a votar, assim como todos aqueles que serviram no exército. O documento era muito mais inclusivo do que as modelares norte-americana ou inglesa.

A falta de um comando central sólido e a existência de guerra, entretanto, tornavam as instituições do Estado francês instáveis. Uma boa demonstração dessa ausência de liderança e debilidade se revela na tentativa de estabelecimento de uma codificação civil.

Por diversos motivos, era importante ao Estado revolucionário elaborar uma legislação civil, pois o ordenamento jurídico vigente na época da monarquia já não estava em sintonia com os valores preconizados pelo novo governo. Em meados de 1793, a Convenção jacobina encarregou um grupo de juristas, liderado por Jean-Jacques Régis de Cambacérès (1753-1824), de elaborar um Código Civil. O advogado Cambacérès redigiu um projeto com 719 artigos, no qual as matérias seguiam a seguinte divisão: pessoas, bens e contratos. Tratava-se de um projeto bem técnico, e por isso mesmo não foi aprovado pela convenção, que o considerou exageradamente jurídico. Cambacérès anunciava eufórico que sua lei "é portadora das promessas de liberdade e da felicidade para o povo".[33]

Depois da queda de Robespierre, o advogado idealizou um segundo projeto. Muito mais sucinto, o que se apresentava ali eram princípios. Contava com apenas 297 artigos. Mais uma vez, porém, o projeto foi recusado.

Dois anos depois, em 1796, ainda sem um código civil, mais uma vez Cambacérès se dispôs a elaborar algo. Seria seu terceiro documento. Desta feita, foram elaborados 1.104 artigos, com uma apreciação mais detida de vários temas. Novamente, foi em vão. Houve, ainda, uma quarta e última tentativa, capitaneada pelo advogado Jean-Ignace Jacqueminot (1754-1813), que igualmente naufragou.

Essas idas e vindas, além da dificuldade de aprovar as normas, dão boa mostra das incertezas e falta de comando pelas quais atravessou a França. Não foi possível um acordo e, por isso, não se conseguiu promulgar a lei civil que se fazia tão necessária.

Em 1799, quando um popular general ascendeu ao poder, teve enfim termo o período de extrema incerteza e instabilidade política e social iniciado com a Revolução e agravado quando do Terror.

Com efeito, a assunção de Napoleão Bonaparte ao controle do país, ocorrido com o golpe do 18 de Brumário (correspondente a 9 de novembro de 1799), foi festejada como o fim da insegurança e dos excessos. No âmbito internacional, a França era ameaçada pela coalizão de vários países (jocosamente, as tropas francesas eram chamadas de "exército de advogados" pelos seus inimigos). Esse cenário de confronto bélico explica que o comando fosse entregue a um militar.

Napoleão tomou como norma os princípios que justificaram a revolução. Nem poderia ser diferente. A França já não admitiria um governo despótico, semelhante à monarquia absolutista. Os tempos exigiam, no mínimo, um ditador que prometesse promulgar uma lei civil moderna, que vinculasse a todos.

Napoleão manteve, em seu governo, o fundamental conceito da igualdade de todos perante a lei, numa administração que privilegiava a meritocracia. Tratou de garantir que fossem elaboradas leis acessíveis a todos. Por outro lado, aparou os excessos do movimento revolucionário. Para o militar corso, em discurso de 1800 proferido ao Conselho de Estado, era dever dos franceses aplicar os princípios e valores da Revolução Francesa naquilo que fosse real e possível, e não no que fosse apenas hipotético. Caberia a ele governar, não filosofar.[34]

Em 12 de agosto de 1800, Napoleão, ainda como primeiro-cônsul, institui uma comissão formada por notáveis juristas — Jean-Étienne-Marie Portalis, Félix-Julien-Jean Bigot de Préameneu, François Denis Tronchet, Jaques de Maleville e Cambacérès, este último na direção — a fim de escrever um código civil alinhado com os novos princípios e valores. Em 1804, publica-se o Código Civil francês. Portalis, talvez o principal redator da obra, registrou: "Os códigos dos povos fazem-se com o tempo; a bem dizer, não somos nós que o fazemos."[35]

O Código de Processo Civil francês foi promulgado em 1806. Em 1807, foi a vez do Código Comercial; em 1809, do Código de Instrução Criminal; e, finalmente, em 1810, o Código Penal.

A comissão que redigiu o Código Civil francês entendia, como declarado nas suas fundamentações, que a justiça estaria em observar a lei. A lei natural seria utilizada apenas no silêncio da norma.[36] Vale dizer que o jurista Cambacérès, com o golpe de Napoleão, passou a ocupar a posição de segundo-cônsul, atrás apenas do próprio general corso.

O Código Penal francês também consagrou grandes conquistas, como a vedação da retroatividade da lei, a necessidade de lei prévia indicando a existência de crime para que houvesse a penalização e a presunção da inocência. Também em 1810 restabelece-se a Ordem dos Advogados francesa, que fora suprimida no início da Revolução, em 1790.

Napoleão tinha fixação pelo Império Romano. Sabia que o maior legado daquela civilização não eram os arcos de triunfo ou as colunas comemorativas de alguma vitória militar — embora nisso também ele tenha imitado os romanos, embelezando Paris. A maior herança romana fora a construção de um ordenamento jurídico modelar. Napoleão queria seguir esse exemplo, e de tal modo que, depois de participar de várias sessões nas quais se discutiu a melhor orientação e redação das leis, deu ao Código Civil seu nome: Código Napoleão.

Após o Código Civil francês, o fenômeno da codificação civil se espalhou por toda a Europa: Holanda, Bélgica, Itália, Mônaco, Portugal, Romênia... A tendência seguiu para a América do Sul. A Bolívia praticamente copiou a lei francesa.

Pela primeira vez, era oferecido um sistema legal uniforme, de simples acesso, em consonância com os valores da Revolução: igualdade e liberdade. Desejava-se que qualquer membro do povo pudesse, ao abrir o Código Civil francês, compreender qual conduta deveria ser adotada. A lei voltava-se para o cidadão, e não para uma elite de estudiosos. O Direito, ao menos idealmente, passou a ser acessível.

Na Revolução Francesa, falava-se em liberdade e igualdade. O conceito de fraternidade, que compõe a famosa trinca — liberdade, igualdade e fraternidade —, apenas surge bem depois, em 1848, com a instauração da Segunda República. Fraternidade, segundo Bobbio, pertence a uma outra linhagem: é mais religiosa do que política.[37] Entretanto, liberdade e igualdade são conceitos que se desenvolveram — a ponto de receberem um efeito prático — pelas mãos e pelo gênio dos advogados. A democracia moderna tem por fundamento exatamente esses valores.

Quando se viram livres dos ingleses, os americanos alteraram a própria moeda: abandonaram a libra esterlina e passaram a adotar o dólar. No mais, a vida dos cidadãos seguiu seu rumo. Na França, diferentemente, a Revolução foi um furacão. Mudou-se até mesmo a forma de contar o tempo, pois os revolucionários instituíram um calendário próprio. Criou-se ademais um novo modelo administrativo, substituíram-se os nomes de alguns lugares... Até novas práticas religiosas foram impostas. Queria-se apagar as antigas tradições e gestar uma cultura inteiramente nova.

Acima disso, tanto a Revolução Gloriosa quanto a Revolução Americana foram movimentos levados a cabo por uma elite, que buscava estabelecer regras que protegessem seus interesses de classe. Na Revolução Francesa, diferentemente, não havia uma classe protegida. Ela proclamava uma igualdade geral e absoluta, entre todos os membros da sociedade.

De todo modo, em todos esses movimentos havia o interesse de garantir uma roupagem jurídica. Os advogados foram responsáveis por formatar juridicamente essas revoluções.

Os historiadores modernos reconhecem que a Revolução Francesa não foi simplesmente um movimento de classe burguês. Constituía, antes, um amplo movimento social[38] — um movimento fundamental e necessário ao desenvolvimento da sociedade. Em vez de querer apenas manter a ordem, a Revolução tinha um propósito mais ambicioso: garantir direitos fundamentais do cidadão, promover a igualdade de oportunidades.
Diferentemente do que ocorrera na Inglaterra e nos Estados Unidos, cujas revoluções tiveram efeitos mais localizados e restritos, os valores da Revolução Francesa se difundiram pelo mundo. Basta notar que, logo após a Revolução Russa de 1917, o hino czarista foi eliminado das solenidades oficiais para ser substituído pela Marselhesa, a canção que simbolizava a Revolução Francesa e se tornaria o hino da França, simbolizando a vitória sobre o velho regime.

A Revolução Gloriosa visava a estabelecer quem seria o detentor do poder: o rei ou o parlamento? Como o parlamento era formado pela aristocracia, havia um conflito para regulamentar como se daria o governo. Foi um passo extraordinário, até mesmo porque o parlamento, com o tempo, ganhou maior representatividade popular. Situação semelhante ocorreu na América. Os colonos que levaram adiante a independência formavam uma elite. Os ideais e conceitos apresentados como bandeira do movimento foram semeados e seriam colhidos no futuro. Na França, contudo, houve uma violenta luta de classes sociais: uma luta interna, que destruiu a estrutura sobre a qual se sustentava aquela nação.
Nenhum documento teve maior repercussão no mundo jurídico do que a Declaração de Direitos francesa. A maior parte das constituições modernas bebeu dessa fonte. Seu texto é literalmente reproduzido em legislações de todo o planeta. Segundo Dworkin, um governo legítimo deve garantir ao menos dois princípios: a igualdade de tratamento entre as pessoas e o

respeito pleno à "responsabilidade e [a]o direito de toda pessoa de decidir por si mesma como fazer de sua vida algo valioso".[39] Foi a Revolução Francesa que, pela primeira vez, apresentou esses conceitos aplicados na prática.

Depois da Revolução Francesa, o mundo jamais seria o mesmo. Seus ideais sepultaram para sempre os valores feudais de vassalagem, bem como a proteção desmesurada e injustificada de certas classes. Como aponta o historiador Jacques Le Goff, a Revolução Francesa não foi apenas a vitória do progresso, mas a vitória do indivíduo.[40] A partir dela, na França, não mais havia uma classe protegida, e todos passaram a pagar impostos. Os cidadãos eram iguais perante a lei. Os bens da Igreja foram confiscados. Havia liberdade religiosa. Prestigiou-se a meritocracia na ocupação dos cargos públicos. Admitiu-se o divórcio. Filhos nascidos fora do casamento foram reconhecidos pela lei. Uma nova ordem, com novos valores, se estabeleceu. A soberania não provinha mais do rei, mas do povo. As garantias fundamentais foram outorgadas por instrumento jurídico. Tudo obra de advogados.

Obviamente, a Revolução Francesa foi marcada também por exageros, que ocorreram quando o movimento se afastou dos principais valores que tinham justificado a própria revolução, isto é, quando se deixou de proteger as garantias fundamentais do homem. Uma importante lição que se colhe daí, portanto, é a de que a lei necessita, para que prospere, encontrar-se em harmonia com os valores sociais e manter-se fiel aos seus conceitos motivadores. Afinal, não se transforma a sociedade pelas leis. A lei educa; pode "corrigir" a coletividade, evitando este ou aquele ato nocivo. Entretanto, em todas as hipóteses, a lei precisa amparar algum valor que a sociedade reconheça como bom e justo, digno de tutela.

Na Revolução Francesa, o sonho do legislador consistia em mudar a sociedade pela norma. O Antigo Regime e todos os seus valores deveriam morrer pela letra da lei. Muitas tradições, costumes e valores daquele modelo, porém, estavam arraigados na sociedade. E não se pode desprezar o passado: ele faz parte do presente e do futuro. É essa a marcha do processo civilizatório.

Por isso mesmo, a Revolução Francesa também ensina pelos seus erros. Quando Robespierre, no final de 1793, suspende a Constituição e os direitos individuais, instaurando a época conhecida como Terror, milhares de pessoas foram condenadas sem julgamento, entre elas líderes do próprio Terror. O Poder Judiciário foi, portanto, emasculado. A Assembleia Nacional passara a exercer isoladamente todos os poderes, de forma arbitrária. Atuou como boca e intérprete da lei. Não havia o equilíbrio dos poderes tão representativamente exposto no caso *Marbury vs. Madison*. A ausência do Judiciário certamente selou o destino dos revolucionários. A data que marca simbolicamente o fim do Terror é o guilhotinamento, em 28 de julho de 1794, do próprio Robespierre.

Discute-se o motivo da Revolução Francesa ter sido tão radical. Se comparada às outras, ela foi a mais violenta — e com sobras. Os motivos para isso são variados.[41] Fundamentalmente, na Revolução Francesa, o sistema anterior teve que ser destruído para que outro se impusesse. *Il faut du sang pour cimenter la révolution*, teria dito Madame Roland, líder girondina que também viria a encontrar a guilhotina em 1793: "É preciso sangue para cimentar a revolução." Na Inglaterra, a Revolução Gloriosa garantira o fim do despotismo, mas ainda assim continuou-se a admitir a existência de um rei; nos Estados Unidos, não havia um sistema secular e sedimentado, porém um continente novo e virgem, aberto a uma nova ordem tão logo expelido o colonizador. Na França, o antigo regime tinha raízes profundas. Houve sangue.

O primeiro-ministro chinês Zhou Enlai, no início dos anos 1970, foi indagado, por um repórter, sobre a importância da Revolução Francesa. Ele teria simplesmente respondido: "É ainda cedo para dizer." Mais de duzentos anos se passaram, e nós ainda não temos uma visão definitiva acerca das consequências da Revolução Francesa. Podemos, contudo, reconhecer que se tratou de um movimento liderado por advogados, responsáveis pelos seus erros e acertos.

Os advogados mudando o mundo

> "A paz é o fim que o direito tem em vista, a luta é o meio do qual se serve para atingir esse fim. (...) A vida dos direitos é uma luta: luta dos povos, do Estado, das classes, dos indivíduos."[1]
> RUDOLF VON IHERING, 1872

"A primeira coisa a fazer é matar os advogados."[2] Essa ordem sai da boca de Dick, o açougueiro, na segunda parte de *Henrique VI*, de Shakespeare. Dick é um dos integrantes de uma revolta liderada por Jack Cade. Este último foi de fato um personagem histórico: um pequeno proprietário de terras que, à época do rei Henrique VI, liderou um movimento popular contra o governo. O objetivo do movimento, tanto na história real como na peça de Shakespeare, era destituir o monarca por meio de um violento golpe. Dick, portanto, era um revolucionário. Quando concita seus colegas, como primeira das medidas, a matarem os advogados, seu desejo é garantir o fim da estabilidade. Os advogados são os conhecedores e os guardiões das normas. Sem advogados, o sistema se fragiliza.

Não é à toa, portanto, que, ao longo da história, os advogados sempre tenham ocupado posição de proeminência nos movimentos revolucionários, fosse para derrubar um regime, fosse para garantir a harmonia do movimento que chegava ao poder.

A palavra "revolução" estreia no fim da Idade Média, na Itália.[3] *Rivoluzione* derivava do verbo *revolvere*, isto é, virar de trás para a frente. Hoje, em uma de suas acepções, significa "retornar a algum ponto". Os gregos, por sua vez, quando queriam expressar alguma mudança institucional, usavam a palavra *stasis*. *Stasis* quer dizer rigidez, falta de flexibilidade. Parece contrariar, portanto, o conceito atual. E por quê? O fato se explica porque os gregos se focavam na causa. Um governo rígido, atrofiado e inflexível era a causa de sua deposição. O efeito dessa rigidez era a falência da ordem política, que exigia a sua substituição.

Politicamente, o termo foi empregado com maior publicidade no movimento de reentronizar a monarquia inglesa, em 1660, com a derrubada do modelo criado por Cromwell. A revolução representava a volta da monarquia, a forma de governo adotada anteriormente e que fora abolida por conta do movimento puritano. Em 1688, o mesmo termo foi usado novamente, quando foram destituídos os Stuarts e a Coroa foi entregue a Guilherme de Orange e sua mulher Maria. Tratava-se, como sabemos, da Revolução Gloriosa.

Naquela época, num momento inicial, restauração e revolução tinham sentidos semelhantes. Sentidos ainda distintos daquele atual.

Com efeito, a Revolução Gloriosa não se propôs a alterar completamente o modelo, mas a estabelecer limites ao monarca. A Revolução Americana, por sua vez, ampliou seu escopo. Inicialmente, quis apenas mais representatividade, mas acabou por estabelecer um novo modelo de governo. Quando chega a vez da Revolução Francesa, cujo propósito inicial não era o de matar o rei, o conceito de plena igualdade e liberdade entra em jogo, tornando-se de tal modo poderoso que consumiu tudo o que estava pela frente.

Esses movimentos foram tomando forma ao longo de seu curso. Ao fim, todos eles não retornaram a lugar algum. Ao revés, acabaram por estabelecer novas estruturas e paradigmas.

As revoluções dão-se violentamente. Não são um movimento gradual, mas um rompante. Mais ainda, são abalos na ordem vigente, cujo destino surpreende. Em regra, não se consegue prever seu desfecho.

O cientista Thomas S. Kuhn, em seu *A estrutura das revoluções científicas*, registrou que "quando mudam os paradigmas, muda com eles o próprio mundo. Guiados por um novo paradigma, os cientistas adotam novos instrumentos e orientam seu olhar em novas direções. E o que é ainda mais importante: durante as revoluções, os cientistas veem coisas novas e diferentes quando, empregando instrumentos familiares, olham para os mesmos pontos já examinados anteriormente".[4] Isso ocorreu, por exemplo, quando Lutero pregou que a interpretação da Bíblia era tarefa de cada um, por meio de um exercício individual. O homem ganha nova dimensão. Outra revolução se deu com Copérnico, que explicou nossa posição no universo. Jamais seríamos os mesmos. Descartes abre a nossa percepção ao mostrar que, quando pensamos, certificamo-nos de que existimos. Isso nos obriga a refletir, a fim de que nossa existência ganhe significado. Quando Cromwell lidera a decapitação do rei sob o argumento de que ele havia traído a pátria, nunca mais os reis teriam a mesma segurança em defender a própria autoridade com base em sua genealogia. No momento em que a Declaração de Independência norte-americana afirma categoricamente, pela lavra de Thomas Jefferson, a verdade evidente de que "todos os homens são criados iguais", opera-se outra mudança de paradigma. Lutero, Copérnico, Descartes, Cromwell e Jefferson receberam formação jurídica.

Entre o período da Revolução Gloriosa, na Inglaterra, em 1688, e a Revolução Francesa, em 1789, transcorreu pouco mais de um século. A civilização ocidental assistiu a uma alteração abrupta de valores.

Havia, antes, o absoluto e onipresente respeito pelas leis de Deus, mas, nesse período, essas leis foram questionadas, passando-se a prestigiar as chamadas leis da natureza. O racionalismo venceria velhas crenças. *Ratio vincit, vetustas cessat*. Antes desse período revolucionário, acreditava-se que a sociedade era composta por castas, com reis e nobres cuja fonte de legitimidade se calcava na hereditariedade. Naquele momento histórico, passou-se a duvidar de tal modelo. O homem deveria ser tratado de forma igualitária e todos mereciam as mesmas oportunidades. Os paradigmas foram colocados em xeque no final do século XVII.[5]

As Revoluções Gloriosa, Americana e Francesa não estão isoladas. Da mesma forma, não existiriam sem o desenvolvimento do Direito Romano e a Reforma Protestante. Todos esses eventos se encontram interligados. Os colonos americanos, em grande parte protestantes, trouxeram da sua Inglaterra natal conceitos fundamentais para estabelecer e desenvolver uma sociedade democrática. Benjamin Franklin e Thomas Jefferson, arautos representativos da democracia americana, estiveram em Paris entre 1776 e 1789, divulgando o movimento e seus conceitos. Ainda havia La Fayette, o "herói dos dois mundos", que lutou pela liberdade nas Américas e empolgou os franceses com sua aventura.

La Fayette deixa os Estados Unidos em 1779, depois de ter lutado pela liberdade ao lado de Washington, para voltar à França. A guerra da independência ainda não havia terminado, nem seu desfecho, à época, era certo. La Fayette ia à França buscar reforços para aquela nobre causa. Encontrou seu país extremamente simpático aos americanos (até mesmo porque, do outro lado, estavam rivais históricos: os ingleses).

Tamanha foi a fixação de La Fayette pela causa americana que deu ao seu primeiro filho, nascido em 1780, o nome do amigo George Washington. Sua filha recebeu o nome de Virgínia, em outra homenagem. O filho de La Fayette era afilhado de George Washington, com quem, no futuro, viria a residir a fim de escapar dos incertos destinos da Revolução Francesa.

"Histórias sobre a América intoxicaram os franceses",[6] que acompanhavam, pelos meios mais próximos possíveis, os acontecimentos do Novo Mundo. As discussões acerca da independência americana, com todos os seus contornos, era o tema intelectual preferido da sociedade europeia, em especial na França. As pessoas ficavam fascinadas com as notícias da revolução que ocorria do outro lado do Atlântico.

Em novembro de 1788, Franklin envia uma carta a Washington com o seguinte conteúdo: "A nação [a França] foi despertada pela nossa revolução; eles sentem a própria força, estão iluminados; essas luzes se espalham e eles não irão retroceder."

Os resultados dessa onda revolucionária também importaram enorme salto para a civilização. Reconheceu-se a igualdade do cidadão perante a lei. Fixou-se, a partir de então, o conceito de isonomia legal. A lei deve tratar todos da mesma forma. Isso significa também um tratamento igualitário no que diz respeito ao acesso a cargos da administração, assim como ao pagamento de impostos e ao direito de herança. Uma ponte havia sido cruzada. As regras deveriam ser universais.

Também houve modificação abrupta no que se refere à disposição da propriedade imóvel, que antes via uma série de restrições. O mesmo se pode dizer em relação à liberdade de associação e de exploração comercial. Paralelamente, a liberdade do indivíduo ganha força santa e passa a receber aplicação prática em diversos campos.

Isso se manifesta também na religião, âmbito em que o Estado passa a garantir tolerância no que diz respeito à escolha do credo. Afinal, o homem tinha o direito de buscar a própria felicidade segundo os ditames de sua consciência.

O voto, consubstanciação do direito de manifestação acerca dos destinos do Estado, representou outra conquista. Com as revoluções, a participação no governo via sufrágio também foi incorporada à civilização como um valor — embora a concretização plena da cidadania venha ocorrendo de forma gradual e ainda não se encontre plenamente atingida.

Todas essas conquistas significantes se deram sob a liderança de advogados. Criaram-se constituições, leis, decretos, regras públicas... Tudo a fim de proteger os avanços, estabelecer a segurança social e não perder de vista os valores considerados bons e justos. O padrão jurídico dominou a forma como foram regulamentadas as conquistas e os progressos concretos.

Logo após a Revolução Francesa e alguns anos depois da Revolução Americana, os governantes se depararam com uma aparente incoerência:

se todos deveriam receber tratamento igualitário, como admitir que a classe dos advogados tivesse certos privilégios? Por que apenas os advogados poderiam, por exemplo, representar terceiros perante os tribunais? Ora, se todos são iguais, consoante registram as Constituições, não há motivo para garantir o monopólio de determinada profissão.

Esse foi o fundamento adotado pelos franceses para, logo no início de sua Revolução, extinguir a Ordem dos Advogados daquele país. Nos Estados Unidos ocorreu o mesmo, abolindo-se qualquer requisito formal para a prática da advocacia, que a partir de 1802 foi, aos poucos, sendo "desregulamentada".

Com o tempo, no entanto, observou-se que controlar a qualidade daqueles que prestavam o serviço de advogados trazia proveitos à sociedade. Para a comunidade, valia muito a segurança de que as pessoas fossem defendidas por profissionais qualificados. Franceses e norte-americanos reentronizaram a Ordem e a *Bar Association* em 1810 e 1878, respectivamente. Na Alemanha, a regulamentação da advocacia ocorreu em 1847, e a associação nacional data de 1871.

O advogado, assim, cumpre uma função social. É simultaneamente um garantidor e uma garantia. Percebeu-se que esse aparente privilégio se justificava por interesse comunitário.

Inglaterra, Estados Unidos e França eram — e são — nações paradigmáticas. Quando, um a um, os movimentos revolucionários eclodiram, produziram fortes ecos fora de suas fronteiras. As repercussões foram sentidas em todas as nações civilizadas. A linguagem jurídica, por meio da qual se expressavam elevados valores, propagou-se.

Logo após a Revolução Francesa, deu-se na Bélgica a Revolução Brabantina (1789-1790), na qual a população buscava escapar do controle austríaco. Claramente inspirado no movimento francês, os belgas, liderados por um advogado militante, Jan Frans Vonck (1743-1792), procuraram implementar ali conceitos democráticos.

Tendo como modelo a Constituição francesa de 1795, irrompeu, no norte da Itália, um movimento que em outubro de 1796 culminaria na criação da República Cispadana. O principal cabeça dessa revolução era um professor de Direito Constitucional da Universidade de Ferrara, Giuseppe Compagnoni (1754-1833). Foi ali que pela primeira vez esta matéria ganhou cátedra própria, em 1797. A República Cispadana, que aglutinava, entre outras, as cidades de Bolonha, Ferrara e Módena, foi a primeira república democrática italiana. Teve fim quando Napoleão invadiu a Península Itálica, fundindo-se na criação da República Cisalpina.

Também na Itália, estabeleceu-se, em 1799, sob os mesmos eflúvios da Revolução Francesa, a República Napolitana, cujo líder era outro advogado e professor de Direito, Francesco Mario Pagano (1748-1799). Pagano foi o autor da Constituição local. A República, porém, teve duração efêmera: ainda no mesmo ano de 1799, o advogado foi preso e enforcado.

Pequenas revoluções ocorreram na Polônia, em 1794, e na Holanda, em 1795, com a criação da República Batava. Nesta, de modo especial, houve uma ulterior radicalização desse movimento, em 1798. Por uma feliz obra do acaso para os franceses, o rigoroso inverno de 1794 congelara os rios e canais do território holandês, o que veio a permitir uma fácil invasão gaulesa e garantiu que a Holanda ficasse sob domínio de figuras sintonizadas com os ideais revolucionários.

Outra revolta ocorreu na Irlanda, também em 1798. Ainda nesse ano, deu-se a criação, na Suíça, sob a égide napoleônica, da República Helvética.

A Revolução Liberal do Porto, de 1820, teve como líder um advogado, Manuel Fernandes Tomás (1771-1822). Formado em Coimbra, abraçou a advocacia. Foi juiz e depois desembargador. Venerava a Inglaterra, onde passou um período. Admirava o sistema político inglês.[7] Abraçou a causa liberal. Planejou a revolução portuguesa, que redundou no movimento que obrigou o rei português — João VI, que se encontrava no Brasil desde 1808, graças à invasão napoleônica — a retornar e assinar uma nova constituição, na qual se limitavam os poderes do monarca. Era o fim — um pouco atrasado — do absolutismo em Portugal.

Até quase o final do século XVIII, quatro nações europeias dominaram as terras americanas. Portugal tinha o Brasil. A França dominava o Canadá e a Louisiana. Os ingleses possuíam as treze colônias, e a Espanha, todo o resto do continente. No final do século XIX, a realidade era totalmente distinta. Já não havia colônias na América. As ideias estrangeiras haviam impregnado o Novo Mundo de forma tão violenta que já não era possível conviver com o domínio autoritário das metrópoles.

A América Latina, muito mais do que a África e a Ásia, revelou-se sensível aos novos valores. Seus Estados eram, assim como na América do Norte, jovens. Além disso, pelas próprias circunstâncias históricas, havia nascido eurocêntrica, ao contrário dos países asiáticos e africanos.

A independência da América do Sul, ao contrário do que ocorreu no norte do continente, foi liderada por militares, e não por advogados. Diferentemente dos Estados Unidos, havia, na América Latina, poucas universidades — nenhuma no Brasil.

O ano de 1791 assistiu a um levante dos escravos em Santo Domingo, no Haiti. Nascido escravo, François Dominique Toussaint, o Toussaint l'Ouverture, com formação militar, liderou a rebelião, que culminou na criação do Estado livre do Haiti em 1804. O discurso dos rebeldes repetia as mesmas palavras de ordem da Revolução que sacudira a metrópole.

Houve revolta em Barbados em 1816 e a rebelião Demerara em 1823, na região da Guiana inglesa. Ambas atingiam em cheio a instituição da escravatura, pois eram capitaneadas por escravos, que lutavam por liberdade.

O primeiro grito de independência da América espanhola se escutou no Peru, em 1809, mas foi velozmente sufocado pelas forças espanholas. Depois, em 1810, um padre, Miguel Hidalgo y Costilla (1750-1811), liderou uma revolta violenta no México, também controlada.

Em 1814, com a queda de Napoleão, o rei espanhol Fernando VII foi reconduzido ao trono. Rapidamente, verificou-se o arrependimento daqueles que apoiaram o seu retorno.[8] O rei pretendia restabelecer um modelo absolutista, já então totalmente superado. As colônias espanholas, que sentiram os ares da Revolução Francesa e tinham o exemplo dos americanos do norte, não suportariam retornar ao velho padrão de submissão.

A Argentina se libertou em 1816. Seu primeiro *Diretor Supremo* foi Juan Martín de Pueyrredón (1777-1850), um militar. Em seguida, o Chile rompeu com a Espanha, em 1818. O primeiro chefe de Estado daquele país foi Bernardo O'Higgins (1778-1842), outro militar. Depois, Venezuela e Colômbia tornaram-se livres em 1819. O Peru, em 1821. Sempre pelas mãos de militares.

Sebastián Francisco de Miranda y Rodríguez de Espinoza (1750-1816), mais um venezuelano e "libertador", tinha a mesma formação. Visitara os Estados Unidos durante a sua revolução, onde encontrou-se com George Washington e travou amizade com Thomas Paine. Depois, seguiu para a França, onde estava em 1789. Participou como militar na Revolução Francesa, o que garantiu que seu nome fosse registrado no Arco do Triunfo, em Paris.

Tendo bebido na fonte dos ideais dos novos tempos, Miranda planeja tomar pela força a Venezuela dos espanhóis. Em 1810, os administradores estrangeiros foram depostos. Criou-se uma junta para governar o país. Miranda, então, volta para a Venezuela em 1811, onde assume o governo com poderes absolutos. Torna-se um ditador. Os espanhóis, todavia, não cederam com facilidade. Voltaram ao ataque e acabaram por capturar Miranda em 1813, levando-o para a Espanha. Ali, morre na prisão três anos depois.

Foi necessário aguardar a derrocada de Napoleão para que o movimento de libertação da América Latina frutificasse.

A independência da Venezuela acaba sendo levada adiante por Simón José Antonio de la Santíssima Trinidad de Bolívar y Palacios (1783-1830), outro militar, e de origem aristocrática. Simón Bolívar também teve papel preponderante na libertação da Bolívia, da Colômbia, do Equador, do Panamá e do Peru.

Bolívar sempre governou como ditador. Não estimulava qualquer ideia democrática.

Da mesma forma, no México, o movimento de libertação, atuante em 1822, foi capitaneado por um militar: Agustín Cosme Damián de Iturbide y Arámburu (1783-1824). Ele, porém, não resistiu ao ridículo de se declarar imperador, tornando-se ditador quase imediatamente. Dentro de pouco tempo, em 1823, Iturbide teve que renunciar. O poder no México ficou durante muitos anos sob o manche de Antonio López de Santa Anna Pérez de Lebrón (1794-1876), outro soldado. Nesse período, o país perdeu para os Estados Unidos parte substancial de seu território.

José Gervasio Artigas (1764-1850), herói nacional do Uruguai e responsável pela sua independência, era militar. Bernardo O'Higgins Riquelme (1778-1842), libertador do Chile, também. Quando jovem, foi estudar na Inglaterra, onde absorveu os conceitos liberais, mas ao tomar o poder converteu-se num tirano. Seus excessos acabaram por culminar em sua deposição, no ano de 1823.

Francisco de San Martín y Matorras (1778-1850), grande nome da libertação argentina, chilena e também peruana, foi outro a seguir carreira militar. Tornou-se general. Todavia, acreditava que os militares não deveriam governar. As instituições deveriam ser fortes, dizia, e não os homens. Ele aconselhou a Argentina a não se entregar ao "soldado bem-sucedido".[9] San Martín simplesmente se retira da vida pública assim que se consolida a expulsão dos colonizadores da América do Sul.

Há, no entanto, algumas exceções. Andrés de Jesús María y José Bello López (1781-1865), nascido na Venezuela, foi um polímata: escritor, filósofo, político e jurista, muito embora não tenha concluído o curso de Direito. Seu pai, Bartolomé, fora um renomado advogado na Venezuela. Bello chegou a ser tutor do líder revolucionário Simón Bolívar. Teve importante atuação no movimento de emancipação da América do Sul. Em 1810, seguiu para a Inglaterra, a fim de garantir apoio para a independência da Venezuela. Mais tarde, Bello, que se casara com uma chilena, irá viver nesse país, onde elabora o Código Civil local, entre 1840 e 1855. Bello é também o primeiro reitor da Universidade do Chile.

Outra exceção é José Gaspar Rodríguez de Francia (1766-1840), líder político do Paraguai, advogado de formação. Francia, porém, ao assumir o poder, também adotou postura ditatorial.

Num continente com vocação republicana, o Brasil surge como uma exceção monárquica, ressalvadas, é claro, as peculiares experiências mexicanas em 1822-1823 e, depois, entre 1864 e 1867. Para fugir de Napoleão, dom João VI traz a corte para o Brasil. A mudança do príncipe regente português para seu domínio ultramarino é um ato inédito: nenhum outro rei sequer visitara suas possessões.

Até então, não havia tribunal de justiça na colônia brasileira. Toda a estrutura judiciária encontrava-se na metrópole. No modelo português de então, o Desembargo do Paço controlava o aparelho judiciário. Cabia aos desembargadores dali, inclusive, autorizar o exercício da advocacia.[10] Esses profissionais — em número de sete — eram extremamente poderosos: estavam autorizados a emitir decretos e suspender a eficácia das leis. Todo o sistema se caracterizava pela burocracia, indolência e corrupção.

De início, no Brasil, todo o poder jurídico foi concedido aos donatários das capitanias — como se sabe, nos primórdios da colonização, o território foi dividido em 14 grandes faixas de terra, cada uma delas entregue a um nobre. O modelo não vingou sob nenhum aspecto. Portugal, então, decide estabelecer, em 1548, um governador-geral para o Brasil. Nomeia-se, também, um ouvidor-geral para a colônia, com o propósito de garantir a aplicação da lei, até então desprezada. Escolheu-se um desembargador da Casa de Suplicação — órgão que só ficava abaixo dos desembargadores do Paço: Pero Borges.

Pero Borges gozava de um péssimo histórico. Quando, em 1543, atuava como corregedor de Justiça em Elvas, ficou a seu cargo supervisionar uma obra pública — um aqueduto que se construiria no local. Ocorreu que as verbas da obra se esgotaram antes de seu término. Iniciou-se uma investigação. Uma comissão parlamentar apurou que Pero Borges "recebia indevidamente quantias em dinheiro que lhe eram levadas à casa, provenientes das obras do aqueduto, sem que fossem presentes nem o depositário, nem o escrivão".[11] O inquérito identificou o desvio. Pero Borges, valendo-se do sistema processual letárgico, apresentou uma série de recursos. Antes que pudesse cumprir qualquer pena, foi nomeado ouvidor-geral do Brasil, para onde veio no começo do ano de 1549. Não era uma medida auspiciosa.

A mesma nau que trouxe Pero Borges carregou outro advogado que mudaria a história da colônia do Brasil.

Manuel da Nóbrega (1517-1570) era filho de desembargador. Seu destino era seguir a carreira do pai, e de tal modo que iniciou seus estudos em Direito, no ano de 1534, na Universidade de Salamanca. Pouco depois, em 1537, mudou-se para a universidade que se instalara em Coimbra, onde concluiu os estudos jurídicos. O desejo do jovem e talentoso Manuel era tornar-se professor em Coimbra. Todavia, era gago. Por conta dessa qualidade, não conseguiu a nomeação. Altamente frustrado, decide dedicar-se à vida religiosa. Em 1544, ordena-se padre pela recém-criada Companhia de Jesus, a principal arma da Igreja para se defender da onda protestante. Rapidamente, pela sua inteligência e dedicação (que chegava ao fanatismo), Nóbrega galgou posições na Companhia de Jesus e foi indicado, pela instituição, "procurador dos pobres" em Portugal. Cabia a ele defender os menos favorecidos, o que só poderia ser feito por quem tivesse domínio dos conceitos jurídicos. Exitoso nessa função, em seguida foi nomeado, pelos jesuítas, para uma missão mais ousada: partiria para o distante e inóspito Brasil. Nóbrega foi escolhido pelo próprio Inácio de Loyola, o criador da ordem, para liderar a primeira missão jesuíta no admirável mundo novo.

A gagueira não foi empecilho para que Nóbrega se transformasse, por meio de suas pregações, na maior autoridade intelectual do Brasil de então. Cabia aos jesuítas catequizar os nativos e garantir o respeito à fé cristã. Enérgico e assaz qualificado intelectualmente, Nóbrega foi fundamental na formação religiosa da incipiente colônia.

A autoridade de Nóbrega, entretanto, foi seriamente ameaçada quando — para atender a um pedido do rei português ao papa — se criou, em 1551, um bispado no Brasil. O bispo nomeado seguiu a indicação do próprio monarca português, D. João III. Pero Fernandes de Sardinha (1496-1556) foi o nome do escolhido, alguém que também se formara em Direito pela Universidade de Salamanca (e também Teologia pela Universidade de Paris). Chegara a lecionar Direito Canônico na Universidade de Coimbra. Era mais um advogado.

Ao contrário de Nóbrega, que se mudou para o Brasil sem reclamar qualquer contraprestação, o bispo Sardinha exigiu uma altíssima compensação financeira para cruzar o Atlântico. Ao chegar em Salvador, alojou-se inicialmente com os jesuítas, mas logo considerou os aposentos indignos para um bispo. Foi necessário adquirir uma das melhores casas da cidade e acomodar o prelado.

Os conflitos entre o bispo Sardinha e o jesuíta Nóbrega se deram quase imediatamente à chegada do primeiro ao Brasil. Discutiam, em rigor, sobre tudo. Sardinha gostava de dizer que, quando em Paris, fora professor de Inácio de Loyola — e, portanto, ensinara ao líder da Companhia de Jesus algo do âmbito religioso. Fazia isso, é claro, para diminuir a Companhia de Jesus e seus membros. Sardinha, além de discordar da forma como os jesuítas evangelizavam os índios — repudiando, inclusive, a pregação em tupi, a língua dos nativos —, passou a cobrar por indulgências, prática que, como se sabe, acabara por justificar a revolta protestante, poucas décadas antes. Embora ambos fossem formados em Direito, era impossível conciliar o idealista Nóbrega com o pragmático Sardinha.

Nóbrega então deixa Salvador, capital da colônia, para se embrenhar pelo continente. Ao chegar, por meio de uma trilha, até o topo de uma colina, em um planalto então conhecido como Piratininga, perto de onde se instalara uma tribo indígena, decide construir uma pequena igreja, dedicada ao apóstolo dos gentios. Foi nesse dia 29 de agosto de 1553 que o advogado funda a cidade de São Paulo. No futuro, esse viria a ser o maior centro urbano da América Latina.

De certa forma, pode-se dizer que a fundação de São Paulo apenas ocorreu por conta de uma briga de advogados...

Ao contrário dos dois primeiros, Tomé de Souza (1503-1579) e Duarte da Costa (1500-1560), o terceiro e mais enérgico dos governadores-gerais do Brasil tinha formação jurídica e atuava como desembargador até ser escolhido para comandar a colônia, em 1558. Graduado em leis em 1528, Mem de Sá (1500-1572) fizera carreira como burocrata até chegar a magistrado.

A ideia de indicar um governador com conhecimento jurídico estava intimamente relacionada ao interesse de garantir que a lei e a ordem fossem aplicadas na possessão.

Um dos mais importantes atos de Mem de Sá foi determinar a retomada da baía de Guanabara, à época invadida pelos franceses. Para tanto, indicou seu sobrinho, Estácio de Sá (1520-1567), como líder da empreitada. O ataque aos franceses foi bem-sucedido e, em 1º de março de 1565, Sá funda a cidade de São Sebastião do Rio de Janeiro, entre os morros do Pão de Açúcar e Cara de Cão. Mais uma vez, a criação de uma cidade, e esta viria a ser capital depois de Salvador, teve fundamental participação de um advogado.

A onda revolucionária chegou a Minas Gerais, no Brasil, em 1788, num movimento conhecido como Inconfidência Mineira, desbaratado em 1789 com a condenação de todos os seus integrantes. Embora houvesse entre os conspiradores padres, poetas, militares de baixa patente e pequenos proprietários de terras — ao que se sabe, falidos —, no centro estavam advogados.

A revolta se dava, em grande parte, por um motivo mais mundano, embora justo: como boa parte do ouro auferido nas minas era desviado para evitar o pagamento da cota de 20% devido à Coroa, Portugal estabeleceu uma cota mínima de pagamento, equivalente a 100 arrobas por ano, isto é, 1.500 quilos de ouro. Se a cota não fosse atingida, os portugueses determinariam, a partir de 1763, a Derrama, ou seja, a expropriação de bens particulares até se atingir a cota. É claro que isso causou a ira dos habitantes de Minas. Quando a esse contexto somaram-se os valores revolucionários que vinham da França, deu-se um casamento perfeito: ideologia e insatisfação se misturavam.

Tomás Antônio Gonzaga, nascido no Porto, veio ainda criança para o Brasil. Depois, retornou a Portugal para se formar em Direito pela Universidade de Coimbra. Em solo brasileiro, ocupava o cargo de chefe do judiciário em Minas, a capitania mais rica da colônia.[12] Claudio Manuel da Costa, por sua vez, também concluíra o curso de Direito em Coimbra. O mesmo com José de Alvarenga. Todos os três assumiram destacada posição na Inconfidência Mineira: pode-se dizer que foram seus principais idealizadores. Na concepção inicial da revolta, o poder, uma vez obtido, seria entregue a Tomás Antônio Gonzaga, por três anos. Em seguida, seriam convocadas eleições livres.

Os três eram, além de advogados, poetas, responsáveis pelo primeiro movimento literário genuinamente brasileiro.

Condenados ao degredo, foi no cárcere que Tomás Antônio Gonzaga escreveu *Marília de Dirceu*, seu mais famoso poema. Claudio Manuel da Costa teve outro destino: foi encontrado morto na prisão. Alvarenga Peixoto, por fim, foi quem sugeriu incluir na bandeira da Conjuração uma passagem de Virgílio: *Libertas quae sera tamen* — isto é, "Liberdade, ainda que tardia".[13]

Na liderança da repressão ao movimento dos conspiradores havia outro advogado, Luís António Furtado de Castro do Rio de Mendonça e Faro (1754-1830), sexto visconde de Barbacena. Também formado em Coimbra, foi nomeado, em 1788, ao cargo de governador e capitão--general de Minas Gerais.

O único integrante do movimento mineiro condenado à pena de morte foi um alferes, sem maiores formações acadêmicas. Embora a sentença que julgou os inconfidentes fosse de 19 de abril de 1792, desde outubro de 1790 havia uma carta régia de D. Maria I de Portugal determinando que a condenação à morte recaísse apenas sobre o principal culpado. O alferes, Joaquim José da Silva Xavier (1746-1792), conhecido como Tiradentes, o único a reconhecer integralmente sua culpa na conspiração, foi enforcado em praça pública.

A subserviência e fragilidade do sistema judiciário brasileiro é radicalmente alterada com a chegada da família real. Em 1808, a alta corte do reino português — a Casa da Suplicação — foi instalada no Rio de Janeiro.[14] Iniciou-se, a partir daí, a abertura da carreira de magistrados, necessariamente oriundos da Universidade de Coimbra, pois tratava-se da única escola de Direito em todo o reino. Ao ser admitido à carreira, o magistrado tornava-se juiz de fora. O cargo seguinte na carreira era o de ouvidor da comarca. Finalmente, o magistrado poderia ascender e tornar-se desembargador da Casa de Suplicação.

No Brasil eclodiu, em 1817, num claro refluxo dos movimentos que ocorriam na Europa, a denominada Revolução Pernambucana, exatamente no estado mais próspero da colônia, dotado como era de ricos engenhos de açúcar.

Não havia ainda, como se disse, universidades no Brasil. O centro intelectual da região era o Seminário de Olinda, a segunda maior cidade de Pernambuco, menor apenas do que sua vizinha Recife, do que ressaltou esse movimento, também conhecido como a Revolução dos Padres. Um dos representantes dessa Revolução, que chegou a tomar o poder local, viajou aos Estados Unidos, onde foi pedir apoio.[15]

A elite de Pernambuco queria estabelecer uma república livre. Chegou-se a redigir um projeto de constituição, chamada de Lei Orgânica. A elaboração desse documento possivelmente foi obra de Antônio Carlos Ribeiro de Andrada Machado e Silva (1773-1845), irmão de José Bonifácio, de quem falaremos logo a seguir. Antônio Carlos formara-se em Direito em Coimbra e atuou ativamente durante a Revolução Pernambucana. Nessa Lei Orgânica da idealizada República de Recife, garantia-se a liberdade de consciência, a tolerância religiosa — numa surpreendente novidade para um país exclusivamente católico —, a aceitação sem reservas de estrangeiros e o fim da censura à imprensa. Previa-se também um tribunal de justiça soberano, seguindo a divisão tripartite dos poderes. Tratava-se de uma constituição muito avançada para o Brasil de então.

Maior movimento emancipacionista ocorrido no período colonial brasileiro, a Revolução Pernambucana foi reprimida e grande parte de seus líderes, apenados. Entre os mentores daquele golpe estava frei Joaquim do Amor Divino Rabelo, que passou à História como Frei Caneca (1779-1825). Este culto padre conhecia profundamente as Revoluções Americana e Francesa e, de forma ostensiva, defendia que o Brasil deveria seguir o mesmo rumo. Foi fuzilado. O outro líder, Domingos José Martins (1781-1817), acabou arcabuzado em Salvador. Antônio Carlos Ribeiro de Andrada, por sua vez, passou quatro anos na prisão por conta de sua atuação no movimento.

Em 1822, o Brasil rompe com Portugal. E o "Patriarca da Independência" era... advogado, embora a sua grande paixão fosse a mineralogia.

José Bonifácio de Andrada e Silva (1763-1838), nascido em Santos, cursou os estudos jurídicos em Coimbra. Seus dois irmãos, Martim Francisco e Antônio Carlos, também foram estudar lá. O segundo, já mencionado, seria o autor do primeiro projeto de constituição do Brasil, rejeitado pelo imperador Pedro I.

José Bonifácio estava em Paris no tumultuado verão de 1790. Assistiu de perto aos eventos dramáticos da Revolução Francesa. Há registros de que, em seu tempo de Coimbra, ele e outros jovens tiveram por maiores ídolos, entre outros, os advogados Montesquieu, Blackstone e Mirabeau.[16]

Muitos anos depois, de volta à sua terra natal, José Bonifácio desempenhou o fundamental papel de conselheiro do príncipe regente do Brasil, Pedro I, o que culminou na ruptura com Portugal e na independência do país. Bonifácio era um notório defensor do constitucionalismo e advogava o fim da escravidão, embora de forma gradual.

No ano seguinte, 1823, Pedro I, já imperador do Brasil, rompe com José Bonifácio. O advogado tinha opiniões politicamente avançadas acerca da administração pública, enquanto o monarca ainda se imaginava detentor de um poder absoluto. José Bonifácio é exilado e segue com os irmãos para a França. Volta alguns anos depois, com a abdicação de Pedro I em 1831, quando então é nomeado tutor do novo imperador, Pedro II, que contava apenas 5 anos de idade.

Diante da renúncia de Dom Pedro I, o Senado brasileiro escolhe uma Regência Provisória, composta por três membros: o militar Francisco de Lima e Silva (1785-1853) e dois advogados, ambos formados em Coimbra. Trata-se de José Joaquim Carneiro de Campos, o marquês de Caravelas (1768-1836), e Nicolau Pereira dos Campos Vergueiro (1778-1859), este estreitamente ligado a José Bonifácio. Pouco depois, ainda em 1831, foi eleita a Regência Trina Permanente, que contava, novamente, com o militar Lima e Silva, alterando-se os demais membros, ambos advogados: José da Costa Carvalho (1796-1860) e João Bráulio Muniz (1796-1835). Costa Carvalho editou em 1827 o primeiro periódico de São Paulo: *O farol paulistano*.

José Bonifácio, em 1832, indispôs-se com os membros da Regência Trina. Na política, o grande antagonista do patriarca da independência foi um padre, Diogo Antônio Feijó (1784-1843), o Regente Feijó. José Bonifácio levou a pior. Foi acusado e condenado por conspiração. Acabou exilado em sua casa de praia, na Ilha de Paquetá, na baía da Guanabara. Jamais conseguiu reerguer-se politicamente.

Contra a única monarquia das Américas, estouraram, nessa época, diversas rebeliões pelo Brasil, com destaque para a Cabanagem, no Pará — cuja liderança ficava nas mãos de um cônego, João Batista Gonçalves Capos (1782-1834) —, e a Revolução Farroupilha, no Rio Grande do Sul, a qual teve Bento Gonçalves da Silva (1788-1847), um militar, no comando. O imperador, Pedro II, ainda era uma criança. Julgou-se necessário terminar com a regência trina e entregar o governo a um só homem, o que acabou recaindo sobre o explosivo e carrancudo Feijó. Por conta das muitas revoltas, os militares desempenharam papel proeminente. Os advogados tiveram sua importância reduzida.

Ao morrer, José Bonifácio deixou poucos bens, mas possuía uma biblioteca de aproximadamente 6 mil volumes — um assombro para a época.

Após a Independência, o Brasil carecia de advogados. Antes de 1827, era insignificante o grupo de pessoas que se dedicava ao estudo do Direito.[17] Segundo Caio Prado Júnior, em 1792 "não havia no Rio de Janeiro senão 32 advogados e 24 solicitadores".[18]

Esse deserto de advogados foi, com o fim dos laços com a metrópole, matéria de preocupação por parte dos líderes da nova nação. Luís José de Carvalho e Melo (1764-1826), o visconde da Cachoeira, formado em Direito por Coimbra e ministro do gabinete do imperador Pedro I, alertou para a necessidade de formar "homens hábeis para serem um dia sábios magistrados e peritos advogados, de que tanto se carece".[19]

As dificuldades jurídicas no Brasil, porém, não se limitavam à escassez de profissionais habilitados à prática do Direito. Havia um cipoal legislativo em vigor, que dificultava a aplicação da lei.

Por força da Carta de 20 de outubro de 1823, o Brasil, logo após livrar-se do jugo português, adotava como principal fonte do ordenamento jurídico as Ordenações Filipinas. Tratava-se de um conjunto de normas compiladas pelos portugueses em 1603, porém sem sistematização. Muitas dessas regras já se encontravam claramente defasadas e obsoletas. No uso prático pelas cortes portuguesas, utilizava-se o Direito Romano subsidiariamente, alegando-se que isso espelhava a "boa razão". Daí, em 18 de agosto de 1769, o marquês de Pombal, poderoso ministro português, editou lei determinando a prevalência do Direito Romano sobre qualquer outra fonte subsidiária de aplicação legal. Essa norma ficou conhecida como a "Lei da Boa Razão". Cabia ao aplicador da lei, avaliando o caso concreto, indicar qual a fonte legal a ser contemplada. Caso, porém, o magistrado entendesse de outra forma, poderia recursar a aplicação da norma de acordo com a orientação dos clássicos Acúrcio e Bártolo, por exemplo, tudo em nome da "boa razão". Esse modelo, em tese, demandava profundo conhecimento jurídico. Na prática, era caótico e confuso.

Diante disso, no jovem Brasil, o ordenamento jurídico se valia das Ordenações Portuguesas e, em grande parte, do Direito Romano. Os poucos advogados com proficiência haviam estudado — praticamente todos eles — em Coimbra.

Um dos primeiros esforços feitos pelos advogados no Brasil consistiu em alterar a legislação penal e de processo penal, na medida em que as Ordenações Filipinas nesse particular continham algumas regras bárbaras. Ali previa-se a tortura e castigos medievais ao condenado, como a punição por açoite em praça pública. Promulgou-se um Código Penal em 1830, sancionado poucos meses antes da abdicação do imperador Dom Pedro I, e um Código de Processo Penal em 1832. Essas normas traziam ao Brasil conceitos já amparados em outros países e que se valiam das lições de Beccaria. À frente dessa lei estava o deputado — antes fora desembargador e, depois, senador — Bernardo Pereira de Vasconcelos (1795-1850), brasileiro de origem, mas formado em Direito, em 1819, na Universidade de Coimbra.

No Brasil de então, poderia ser advogado quem quer que tivesse concluído o curso de Direito. Bastava o diploma. Entretanto, como eram em número insuficiente, admitia-se também que atuassem aqueles que prestassem um exame prático aplicado pelos tribunais locais.[20] Tratava-se dos "advogados provisionados". Havia, ainda, os praxistas, que atuavam sem diploma ou submissão a qualquer prova, munidos apenas de uma procuração. Estes — conhecidos como rábulas — tiveram grande atuação durante o Império.

Com a criação dos cursos jurídicos, em 1827, cresceu, naturalmente, o número de advogados.

No Brasil de 1826, antes de haver cursos jurídicos no país — pois as primeiras faculdades dedicadas à matéria, em São Paulo e em Olinda, só foram iniciar suas atividades em 1828[21] —, o Congresso Nacional possuía 1% de advogados, 8% de bacharéis e 27% de magistrados, somando, portanto, 38% de integrantes com conhecimento jurídico. Em 1886, sessenta anos depois, com as faculdades de Direito em atividade, havia, no Congresso Nacional, 12% de advogados, 46,4% de bacharéis e 6,4% de magistrados. Eram, portanto, 64,8% de integrantes do meio jurídico.

A primeira aula de Direito no Brasil ocorreu em 1º de março de 1828, ministrada por José Maria de Avelar Brotero, professor português formado em Direito por Coimbra no ano de 1820. As duas primeiras faculdades de Direito no Brasil, em Olinda e em São Paulo, foram criadas por decreto datado de 11 de agosto de 1827, embora as aulas só tenham se iniciado no ano seguinte. Brotero, nessa primeira lição ministrada em São Paulo, tratou do "Direito divino do povo". O fundamento desse poder era o Direito Natural, conceito forjado nas Revoluções Americana e Francesa. Segundo o historiador Pedro Calmon, logo após a instalação das faculdades de Direito no país, deu-se certo distanciamento da jurisprudência lusa e maior aproximação aos ensinamentos jurídicos que vinham da França.[22]

Logo, tornou-se necessário organizar a profissão.

O baiano Francisco Gomes Brandão (1794-1870) era filho de comerciante português com uma mestiça. Embora fosse desejo de sua família que ele seguisse a carreira religiosa, Francisco vai, em 1816, para Coimbra estudar Direito. Retorna ao Brasil em 1821, onde rapidamente se envolve em movimentos políticos favoráveis à independência. Adota um novo nome, Francisco Jê Acaiaba de Montezuma, numa homenagem aos índios da América: "Jê", dos índios brasileiros das tribos não tupis-guaranis; "Acaiaba", numa referência aos tupis; e "Montezuma" para enaltecer o famoso imperador asteca.

Com a independência, Montezuma elege-se deputado. É o primeiro deputado da história do Brasil a se colocar frontalmente contra a escravidão e o tráfico negreiro. Em 1837, assume o Ministério da Justiça. A essa altura, já havia ganho título nobre, tornando-se visconde de Jequitinhonha.

Montezuma insiste com o então imperador Pedro II quanto à necessidade de se criar um órgão de classe dos advogados. Não era uma tarefa difícil, pois o imperador brasileiro tinha um enorme interesse em desenvolver, no país, instituições que irradiassem cultura. Pedro II fundara o Instituto Histórico e Geográfico Brasileiro em 1838, incrementara a Academia Imperial de Belas-Artes e iniciara o Colégio Pedro II, um centro de excelência de ensino.[23]

Em 7 de agosto de 1843, o imperador brasileiro publica "Aviso", no qual aprova os estatutos do Instituto dos Advogados Brasileiros. Montezuma torna-se o primeiro presidente da instituição.

O Brasil do século XIX era um país claramente agrícola. Dom Pedro II, ao retornar de uma viagem à Europa, em 1872, promove um censo com o intuito de colher dados sobre a nação. Apurou-se que, enquanto havia 3 milhões de trabalhadores ligados ao campo e 10.710 funcionários públicos, contava-se apenas com 1.647 advogados.[24] Esse mesmo censo revelou outro fato estarrecedor: dos 133 mil habitantes do sexo masculino vivendo no Rio de Janeiro, capital do império, 68 mil eram analfabetos.

Possivelmente o mais debatido dos temas públicos no final do Império brasileiro era o da escravidão. Na maior parte do mundo, a escravidão já havia sido abolida. Em rigor, com o fim da escravidão, em 1863, nos Estados Unidos, o Brasil passou a ser um dos únicos países do Ocidente a tolerá-la. Os brasileiros estavam atrasados. Nos advogados, os escravos encontraram seus maiores defensores. Destaca-se, entre tantos, Luís Gama (1830-1882).

Nascido em Salvador, filho de uma negra africana,[25] porém livre, Gama foi vendido, aos 10 anos, pelo próprio pai como escravo. Fugiu de seu dono. Em São Paulo, tornou-se primeiro jornalista e, depois, advogado — atuava, na verdade, como rábula. Nesta condição, defende, graciosamente, centenas de escravos que lutavam pela própria liberdade. "O escravo que mata o senhor, seja em que circunstância for, mata sempre em legítima defesa", teria dito numa de suas sustentações.

A morte de Gama, em 1882, foi um acontecimento abolicionista — e sua vida, um símbolo da luta pela liberdade e contra o preconceito.

Pouco tempo depois, em 1888, o Brasil finalmente proíbe a escravidão. Alguns advogados tomam posição de proa no movimento abolicionista, como Antônio da Silva Jardim (1860-1891), formado pela Faculdade de Direito de São Paulo.

Em seguida, no ano de 1889, o Brasil torna-se república, o que faz liderado por um militar, o marechal Manuel Deodoro da Fonseca.

Entretanto, contou com a participação de um excepcional advogado, Ruy Barbosa de Oliveira (1849-1923), um dos coautores da primeira Constituição da República, ao lado de Prudente José de Morais e Barros (1841-1902), outro advogado militante.

Prudente de Morais, formado em Direito pela Faculdade de São Paulo, veio, em 1894, a ser o primeiro presidente do Brasil eleito por voto direto — ademais, foi o primeiro presidente civil do país, pois seus antecessores, Deodoro da Fonseca e Floriano Peixoto, foram militares. Seu apreço pela advocacia era tanto que, ao fim de seu mandato, em 1898, ele retornou para Piracicaba a fim de retomar sua banca de causídico.

O quarto presidente brasileiro, Manuel Ferraz de Campos Sales (1841-1913), também se formou em Direito pela Universidade de São Paulo. O quinto, Francisco de Paula Rodrigues Alves (1848-1919), outro oriundo daquela universidade, estudou Letras e foi advogado praticante. Afonso Augusto de Moreira Pena (1847-1909), o próximo a presidir o país, diplomou-se em Direito e atuou como advogado antes de ingressar na política. Nilo Procópio Peçanha (1867-1924), que assume a presidência do Brasil com a morte de Afonso Pena, é mais um graduado em Direito, tendo começado seu curso em São Paulo e terminado em Recife. Essa linha de cinco advogados no comando do país é interrompida em 1910, quando um militar, Hermes Rodrigues da Fonseca (1855-1923), assume o poder. Depois, contudo, outro advogado é eleito presidente: Venceslau Brás Pereira Gomes (1868-1966), em 1914. Mais um egresso da Universidade de São Paulo, Venceslau Brás viu seu governo finalmente publicar o primeiro Código Civil do Brasil, em 1916. Seus sucessores na presidência, Delfim Moreira da Costa Ribeiro (1868-1920), Epitácio Lindolfo da Silva Pessoa (1865-1942), Arthur da Silva Bernardes (1875-1955), Washington Luís Pereira de Souza (1869-1957), Júlio Prestes de Albuquerque (1882-1946), Getúlio Dornelles Vargas (1882-1954) e José Linhares (1886-1957) foram todos advogados. Essa linha de formados em Direito no comando apenas se interrompe com Eurico Gaspar Dutra (1883-1974), militar que assume em 1946.

Já se disse que o Brasil é o país dos bacharéis. Carvalho Neto, em obra na qual o advogado sergipano fala das vicissitudes e da missão da advocacia, registra a seguinte estrofe de autoria desconhecida:

> Quando Deus voltou ao mundo,
> Para castigar os infiéis,
> Deu ao Egito gafanhotos
> E ao Brasil deu bacharéis...[26]

Ruy Barbosa, por sua vez, foi um intelectual. Esse advogado baiano, formado em Direito em Olinda, foi um dos fundadores da Academia Brasileira de Letras e teve destacada atuação como jornalista, político e diplomata, representando o país na Conferência de Haia, em 1907. Nesta conferência, em que se discutiram formas para a resolução pacífica de controvérsias internacionais, Ruy atuou de forma proeminente.

Em sua profícua vida pública, Ruy Barbosa esteve à frente de importantes movimentos da política brasileira, entre elas a luta abolicionista. Quando ministro da Fazenda do governo de Deodoro da Fonseca, mandou queimar os livros de matrículas dos escravos nos cartórios. Buscava "apagar a mancha" da escravidão da história nacional. Também foi um grande defensor da República, contribuindo para o encerramento da monarquia no Brasil. Ácido crítico do Projeto de Código Civil brasileiro, acabou ajudando a que o país concluísse, em 1916, uma esmerada lei civil.[27] Concorreu quatro vezes à presidência da República, sendo derrotado em todas, mas sempre levantando a bandeira da civilidade.

Em 1920, convidado, na condição de paraninfo, à formatura de uma turma da Faculdade de Direito de São Paulo, Ruy Barbosa elabora a "Oração aos Moços", texto no qual oferece reflexões sobre o papel do advogado. Devido à sua saúde já debilitada, Ruy não consegue comparecer ao evento, mas seu discurso é lido e aclamado.

Uma das principais lições desse texto é a de que cabe ao advogado trabalhar: inteirar-se, desenvolver-se, apurar-se.[28] Ruy, advogado consagrado, registra a necessidade do estudo contínuo e da reflexão: "Vulgar é o ler, raro o refletir",[29] disse. Ruy Barbosa concita os jovens advogados a seguir, com seus atos, uma estrita fidelidade aos princípios virtuosos, com rigor, constância e coragem. Ao fim de seu discurso, em uma joia da deontologia jurídica, ele justifica sua posição de ícone da advocacia no Brasil:

> Legalidade e liberdade são as tábuas da vocação do advogado. Nelas se encerra, para ele, a síntese de todos os mandamentos. Não desertar a justiça, nem cortejá-la. Não lhe faltar com a fidelidade, nem lhe recusar o conselho. Não transfugir da legalidade para a violência, nem trocar a ordem pela anarquia. Não antepor os poderosos aos desvalidos, nem recusar patrocínio a estes contra aqueles. Não servir sem independência à justiça, nem quebrar da verdade ante o poder. Não colaborar em perseguições ou atentados, nem pleitear pela iniquidade ou imoralidade. Não se subtrair à defesa das causas impopulares, nem à das perigosas, quando justas. Onde for apurável um grão, que seja, de verdadeiro direito, não regatear ao atribulado o consolo do amparo judicial. Não proceder, nas consultas, senão com a imparcialidade real do juiz nas sentenças. Não fazer da banca balcão, ou da ciência mercatura. Não ser baixo com os grandes, nem arrogante com os miseráveis. Servir aos opulentos com altivez e aos indigentes com caridade. Amar a pátria, estremecer o próximo, guardar fé em Deus, na verdade e no bem.[30]

Na América Latina, diferentemente do que ocorrera nos Estados Unidos, os advogados não lideraram os movimentos de libertação das metrópoles. Não coube a eles estabelecer, no início, as bases dos novos regimes que nasciam.

Embora haja quem use a expressão "praga do bacharelismo"[31] ao falar da profusão de advogados que, à época em que se estabeleceram as bases da organização social norte-americana, a maioria dos membros da Convenção da Filadélfia e do Congresso dos Estados Unidos era composta por advogados. A contribuição desses profissionais certamente é uma das explicações para o fato de, desde a sua fundação, os Estados

Unidos terem experimentado uma serena estabilidade política, com presidentes sendo democrática e legalmente sucedidos. O reverso ocorreu na América Latina, condenada a ser assolada por caudilhos, certamente pela fraqueza do sistema.[32]

O mote do Chile é "Pela razão ou pela força": *por la razón o la fuerza*. Idealmente, de forma racional, isto é, pelas leis, deve-se garantir a paz social e o bem comum. Entretanto, o lema do país deixa claro que, caso não se atinjam os propósitos pela razão, há, desde logo, a possibilidade do uso da força, da violência, da guerra. A referência à "força" como uma forma de atingir os objetivos, mesmo que referida após a "razão", pode ter sido um erro trágico. Os líderes latinos fazem lembrar um velho provérbio, segundo o qual "para o criado de um herói não existem heróis" — não porque, como apontaram Hegel e Goethe, "o homem não seja um herói, mas porque o outro é um criado".[33]

Como registrou Hannah Arendt, "embora a violência seja capaz de destruir o poder, jamais poderá substituí-lo".[34] Ao estudar a origem da Revolução Francesa, verificou-se que as causas políticas e circunstanciais não teriam sido suficientes. Foi a inteligência o que determinou as suas consequências.[35] Aos poucos, o homem construiu, ao menos de forma ideal e em sua mente, uma sociedade racional e justa. Com efeito, sem ideias e valores, não haverá jamais uma revolução verdadeira, mas uma rebelião ou um golpe sem futuro. Sem uma ideologia, a revolução é apenas um ato de força.

As verdadeiras mudanças, aquelas que se mantêm e frutificam, não são construídas pela força física. Como ponderou Ortega y Gasset, nas revoluções não estão nas barricadas, mas nas nossas crenças.

Vincenzo Gioacchino Raffaele Luigi Pecci, filho de um nobre italiano, nasceu em 1810 na localidade de Carpineto Romano, perto de Roma, à época sob o domínio francês. Órfão de mãe bem jovem, Vincenzo ingressou na Igreja e se formou na Academia dei Nobili, também conhecida como a Pontifícia Academia Eclesiástica, onde jovens padres são treinados em Direito e diplomacia. Vincenzo Pecci inclinou-se ao estudo do Direito. Isso certamente lhe abriu portas no caminho político dentro da Igreja. Em 1878, é eleito papa. Adota o nome de Leão XIII. Seu pontificado é um dos mais longos da história: acaba tão somente em 1903, com sua morte.

Os 25 anos de papado de Leão XIII presenciaram momentos peculiares da história. O mundo, como sói ocorrer, mudava. A Revolução Industrial se fazia sentir. Havia uma enorme classe de trabalhadores insatisfeitos pela exploração que sofriam. Historicamente, a Igreja tinha um papel conservador. O papa Leão XIII, munido de conhecimento jurídico, fez publicar, em 1891, uma encíclica denominada *Rerum novarum*. O documento começava da seguinte forma:

> A sede de inovações, que há muito tempo se apoderou das sociedades e as tem numa agitação febril, devia, tarde ou cedo, passar das regiões da política para a esfera vizinha da economia social. Efetivamente, os progressos incessantes da indústria, os novos caminhos em que entraram as artes, a alteração das relações entre os operários e os patrões, a influência da riqueza nas mãos dum pequeno número ao lado da indigência da multidão, a opinião enfim mais avantajada que os operários formam de si mesmos e a sua união mais compacta, tudo isto, sem falar da corrupção dos costumes, deu em resultado final um temível conflito.

Leão XIII denunciava a ganância desmesurada de alguns e a forma vil como exploravam outros. Também rechaçava a iniciativa dos socialistas, que instigavam o "ódio invejoso" e advogavam a supressão da propriedade. A encíclica reprovava a ideia socialista de desrespeito à propriedade. Para o papa, "o remédio proposto [acabar com a propriedade privada] está em oposição flagrante com a justiça, porque a propriedade particular e pessoal é, para o homem, de direito natural".

Defendendo que a Igreja deveria adotar uma postura ativa diante dos conflitos sociais, Leão XIII fala que não deve haver luta, "mas a concórdia das classes". Em seguida, indica o modelo ideal de relação entre o patrão e o empregado, o que engloba, por exemplo, garantir uma remuneração justa e condizente e proíbe "aos patrões que imponham aos seus subordinados um trabalho superior às suas forças ou em desarmonia com a sua idade ou o seu sexo".

A importância da *Rerum novarum* faz-se sentir até os nossos dias. É a base da Doutrina Social da Igreja. Seus valores se espalharam imediatamente pelo mundo, que, já naquele momento, precisava de orientação a fim de atenuar a exploração ao trabalhador. O documento, elaborado por um padre com formação jurídica, trouxe, inclusive pela sua formatação legal, inestimável benefício para milhões de pessoas.

Mohandas Karamchand Gandhi (1869-1948)[36] pertencia à casta vaixá — a terceira em ordem decrescente a partir da casta dominante, mas acima dos trabalhadores. *Gandhi* significa merceeiro, ou seja, comerciante. Entretanto, ao menos desde o avô de Gandhi, sua família ocupava altos cargos burocráticos na sua cidade natal, Porbandar, à época um principado indiano submetido ao domínio britânico.

Gandhi estudou Direito em Londres. Aperfeiçoou-se no Inner Temple, uma das irmandades de advocacia da capital inglesa. Formado, praticou a advocacia por um curto período na Índia. Depois, mudou-se para a África do Sul, onde havia uma enorme comunidade de indianos. Foi trabalhar para uma empresa de navegação controlada por conterrâneos.

Em 1893, deu-se um evento que mudaria para sempre a vida do advogado indiano. A caminho de Pretória, vestindo seu melhor terno, mas usando um turbante, é expulso da primeira classe do trem em que viajava pelo fato de não ser branco. Gandhi, portando o bilhete, recusa-se a deixar seu assento. É então empurrado para fora do comboio. No dia seguinte, buscando seguir seu caminho para Pretória, Gandhi sofre nova humilhação, também pelo fato de não ser branco. Desta vez, recebe uma surra porque se rebela contra a discriminação.

A partir desse ocorrido, Gandhi se engaja em lutas contra a discriminação sofrida pelos hindus. Durante vinte anos, dedicou-se à nobre causa na África do Sul.

Em 1915, retorna à sua terra natal, iniciando uma cruzada pela independência indiana. À época, a Índia ainda era uma colônia inglesa. Gandhi lança o movimento Swadeshi, em que adotou estratégias econômicas como o boicote aos produtos ingleses e o reviver dos métodos domésticos de produção. Prega também a desobediência civil. Por meio deste expediente, preconizava que as pessoas deveriam simplesmente não cumprir as leis como forma de protestar contra o governo. Nada de violência.

O advogado indiano defendia também a doutrina da *satyagraha*, palavra composta que significava "firmeza no caminho, na verdade". *Satya* quer dizer verdade; *agraha*, insistência educada. A verdade e a não violência, acreditava, caminham juntas. Em vez de responder à violência com violência, Gandhi defendia a dignidade humana com a verdade, sem qualquer agressão. Tratava-se, segundo ele, de uma forma de garantir direitos pelo sofrimento, no reverso da resistência por armas.[37] Esse conceito foi traduzido como "resistência passiva".

Gandhi mantém um discurso consistente, inclusive contra o modelo indiano de discriminação de castas e das mulheres. Apesar de sua pregação sem recurso à violência, Gandhi foi levado aos tribunais por se entender que seu discurso incitava reações populares. Uma das causas de seu indiciamento foi um artigo publicado em 29 de setembro de 1922. O advogado defendera que "o governo existe para servir ao povo, e não o povo ao governo".[38]

No julgamento, Gandhi atuou em defesa própria. O promotor inglês sustentou que o ato de incitar atitudes contra o governo era mais grave e perigoso quando perpetrado por alguém educado e destinado à camada mais humilde da população. Gandhi havia estudado numa excelente escola de Direito, o University College de Londres, e dirigia-se para a gente mais simples da Índia. Era-lhe fácil, segundo o promotor, manipular as massas.

Gandhi não negou as acusações. Reconheceu suas atitudes e as justificou. Apenas denunciava a exploração e a injustiça social. Disse, ainda, que o sistema que o julgava era o mesmo que havia feito enorme mal ao seu país. Ao fim, numa sentença que louva o fato de Gandhi pregar a não violência, o advogado foi condenado a dois anos de prisão. Sua popularidade apenas aumentou.[39]

Incitando a desobediência civil, mas sem recorrer à violência, Gandhi conseguiu quebrar, aos poucos, a arrogância do colonizador. Em 1931, firma um pacto com o governo britânico, permitindo que os indianos pudessem coletar sal para uso próprio, o que até então era proibido, em troca do fim do boicote dos indianos aos produtos ingleses. Esse acordo, ressaltou Gandhi, marcava o início da relação igualitária entre ingleses e indianos e, portanto, o fim do tratamento de submissão.[40]

Sob a liderança de Gandhi, com sua postura pacífica, a Índia conquistou a liberdade em 1947. Gandhi morre assassinado em 1948, sem assistir, contudo, ao fim da política de separação racial na África do Sul. Isso só ocorreria bem depois, também em movimento capitaneado por um advogado.

Com o final da Segunda Grande Guerra, a humanidade se encontrava em frangalhos. Não se dera apenas um conflito bélico; a própria civilização se revelara absolutamente frágil. O Holocausto jamais poderia ocorrer novamente.

Em 1941, um advogado chamado Franklin Delano Roosevelt, então presidente dos Estados Unidos, liderou a criação das Nações Unidas, da qual participariam os países aliados. Era a gênese da ONU.

No ano de 1946, ainda recém-fundada, a ONU criou uma comissão para redigir uma declaração universal de Direitos Humanos. Era consenso que a comunidade internacional deveria desenvolver e legislar regras a fim de evitar que os Estados deixassem de amparar essas garantias básicas.[41] A primeira redação ficou a cargo de um advogado canadense: John Peters Humphrey (1905-1995). Graduado pela Universidade de McGill, em Montreal, Humphrey era professor de Direito da mesma universidade quando assumiu o cargo de diretor da divisão de Direitos Humanos da Organização das Nações Unidas, em 1946.

A minuta da Declaração foi, depois, entregue a outro advogado e professor de Direito, o francês de origem judaica René Cassin (1887-

1976), que lhe deu a redação final. Cassin, que ganharia o prêmio Nobel da Paz em 1968 exatamente pela sua contribuição à Declaração de Direitos Humanos, foi professor de Direito Civil na Universidade de Paris até o fim da vida.

A Declaração Universal dos Direitos Humanos foi adotada pela Assembleia Geral da ONU em 10 de dezembro de 1948. A seu favor votaram 48 países; oito se abstiveram. Entre estes últimos estava a África do Sul, cuja política interna, a do *apartheid*, não se alinhava com as regras da Declaração. Também a Arábia Saudita deixou de sancionar o documento, pelo fato de que a carta garantia a liberdade de culto e a igualdade entre os sexos, o que não era reconhecido pelos sauditas. Os países do bloco soviético — União Soviética, Ucrânia, Bielorrússia, Polônia, Checoslováquia e Iugoslávia — deixaram de firmar a declaração, possivelmente porque um dos direitos garantidos era o de liberdade de deixar o país, o que era contrário à política adotada pelo grupo.

A Declaração Universal é um documento jurídico, elaborada e concebida por advogados. Reúne conquistas que a civilização viera conquistando desde a *Magna carta*, passando pela *Bill of Rights* inglesa, a Declaração de Independência e a Constituição Americana e a Declaração de Direitos Universais da França. Estavam ali os conceitos básicos de liberdade, dignidade e igualdade. Trata-se de um enorme postulado contra qualquer forma de preconceito. Ao mesmo tempo, condena a tortura, a escravidão e a falta de um processo legal adequado. A Declaração também protege a ampla liberdade de pensamento e de expressão. Por fim, reconhece que o ser humano possui deveres perante a comunidade em que vive, a fim de que também ele seja um agente a zelar, de forma ativa, pelos valores constantes no documento.

Nelson Rolihlahla Mandela (1918-2013) nasceu numa aldeia situada dentro de uma reserva na África do Sul. Com enorme esforço, graduou-se em Direito em 1943, na Universidade de Witwatersrand. Mesmo antes de formado, passou a trabalhar na banca de advocacia Witkin, Sidelsky & Eidelman, cujos sócios eram judeus que, ao contrário dos demais, admitiam a contratação de negros. Um pouco depois, em 1952, Mandela e outros sócios vão criar o primeiro escritório de advogados negros da África do Sul.

Como se sabe, Mandela combateu ferrenhamente a política racista e discriminatória que vigorava em seu país natal. Tornou-se um símbolo. Foi preso em 1962 e só se livrou da prisão em 1990. Antes, em 1985, o então presidente da África do Sul, P.W. Botha, manifestara ao parlamento o desejo de libertar Mandela. Faria isso se o líder assumisse "incondicionalmente" a rejeição da violência como arma política. Da cadeia, Mandela respondeu diretamente ao presidente Botha:

> Deixe que ele [Botha] renuncie à violência. Deixe ele falar que porá fim ao *apartheid*. Deixe que ele passe a permitir que o povo organize o Congresso Nacional do nosso país. Que ele liberte todos aqueles que foram presos, expulsos ou exilados por sua oposição ao *apartheid*. Que ele garanta a livre atividade política, para que as pessoas possam decidir quem as governará.[42]

Ao sair do cárcere, o advogado buscou composição com o sistema que o havia aprisionado. Não se deixou contaminar por mágoas ou ressentimentos. Em abril de 1994, foi eleito, democraticamente, o primeiro presidente negro da África do Sul. Com relação aos abusos da política segregacionista do *apartheid*, o novo governo, sem esquecer do passado, buscou uma reconciliação na qual se visava a apurar os fatos, sem focar na punição. Instaurou-se um corpo jurídico a fim de que os prejudicados pudessem obter reparações e os acusados, defesa e, muitas vezes, também anistia e perdão. Buscava-se, mais do que a verdade, obter justiça.[43]

O advogado Mandela liderou o fim de uma política de preconceito. Foi o símbolo da resistência a um modelo opressor e injusto, que desafiava valores consagrados pela civilização e conquistados pelos movimentos revolucionários. Ao ser indagado sobre como superara os anos na prisão, Mandela respondeu que se havia sustenado somente com a "crença na dignidade humana".

Muitas vezes, foram os advogados os líderes das revoluções. E isso não apenas no que diz respeito às Revoluções Protestante, Gloriosa, Americana e Francesa. Jules Favre (1809-1880), advogado nascido em Lyon, foi fundamental na estabilização da Terceira República francesa. Alexander Fyodorovich Kerensky (1881-1970), líder da Revolução Russa, era advogado. Também a França, num dos momentos mais difíceis da sua história, pouco antes e logo após a Primeira Guerra Mundial, foi presidida por Raymond Nicolas Landry Poincaré (1860-1934), advogado brilhante. Os Estados Unidos, na Segunda Grande Guerra, tinham por presidente Flanklin Delano Roosevelt (1882-1945), que já dissemos ter sido advogado.[44] A Revolução Cubana foi capitaneada por Fidel Alejandro Castro Ruz (1926-2016), advogado.

Qual o motivo dessa proeminência? Por que essa profissão avulta em momentos de crise, tomando a frente nas grandes mudanças sociais?

Em primeiro lugar, porque os advogados dominavam as regras. Afinal, para mudar o jogo é necessário conhecê-lo. Depois, os advogados, desde tempos imemoriais, têm por missão garantir que seus representados recebam justiça. Idealmente, embora muitas vezes de forma concreta, o trabalho do advogado consiste em garantir a ordem. Numa sociedade doente, essa missão revela-se impossível. A experiência profissional será construída de frustrações num Estado despótico, corrupto e arbitrário. Eis por que os advogados sempre estiveram à frente da construção de um Estado de Direito, no qual se tutelam as garantias básicas dos cidadãos. Apenas nessa conjuntura o advogado pode ser plenamente útil. Pode-se, portanto, dizer que o Estado de Direito é o oxigênio dos advogados.

Mais do que apenas a vocação, o advogado é destinado a buscar, e mesmo lutar por uma sociedade sadia, na qual as pessoas possam proteger seus legítimos interesses e haja justiça.

Dotados do conhecimento normatizante, eles se notabilizam também pela capacidade de estabelecer as regras que regerão o Estado — seja após a criação de um novo paradigma, seja para concretizar determinado anseio social. Afinal, nas grandes e pequenas revoluções não será suficiente destronar um poder podre, retrógrado e necrosado. É fundamental criar novas bases para sedimentar um governo estável, que se legitimará pela sua correção e apego aos bons valores. A força, no final das contas, pode tomar o poder, mas jamais conservá-lo indefinidamente.

Além de construir as bases da democracia, cabe ao homem — ao homem jurídico, mas também a todos os demais —, em constante vigília, guardar e regar o Estado saudável, opondo-se às tantas ameaças que enfrenta. Os advogados são forjados para trilhar essa desafiante vereda pela qual, na busca da verdade e de um mundo melhor, o homem é levado a confrontar o abuso e a injustiça.

Como os advogados salvaram a humanidade

> *Libertas Quæ Sera Tamen*
> [Liberdade, mesmo que tardia]
>
> Virgílio, séc. I a. C., e mote da
> Inconfidência Mineira, sugerido pelo advogado
> Alvarenga Peixoto

Os advogados salvaram o mundo de mais de uma forma.

Primeiro, foram eles os responsáveis por estruturar regras aptas a reger — e, em última análise, permitir — a vida em sociedade. Os advogados conceberam sistemas organizados e coerentes de leis, que funcionam como as amarras dos relacionamentos humanos.

O Direito é uma forma social — e mental! — de ordenação da sociedade. Sequer se concebe a vida comum sem regras. Esse modelo de estrutura da sociedade foi desenvolvido pelos homens que se dedicaram a estudar e compreender o fenômeno jurídico.

Depois, foram fundamentais também para estabelecer um modelo que permite a solução racional de divergências, sejam as pequenas pendências privadas, sejam as grandes disputas de repercussões globais. Qualquer discussão sensata sobre um assunto depende de consenso acerca dos critérios, da forma de apresentar argumentos e dos limites da discussão.

Tome-se o seguinte exemplo: um grupo de pessoas diverge sobre quem deve ser o representante comum daquela pequena comunidade. Há uma série de discussões possíveis sobre a forma de se promover essa escolha. Alguns defendem que os interessados na discussão não devem expressar-se com palavras, mas somente por sinais. Um dos integrantes desse grupo, por sua vez, acredita que só os homens devem votar. Outros entendem que o representante não poderia pertencer ao grupo e que seria preciso apontar um terceiro. Alguém defende, ainda, que só ele pode indicar o representante, por ser o mais velho.

A falta de consenso sobre o modo de solucionar a divergência se manifesta de formas ilimitadas. Para que o debate seja possível, portanto, faz-se necessário, preliminarmente, que os envolvidos acordem ao menos quanto aos critérios que os regerão. Se não há consenso sobre como se discutirá e sobre quais são as regras aplicáveis à solução do dissenso, a divergência jamais chegará a termo — ou, ao menos, a um desfecho com o qual as partes se conformem.

Os advogados trataram de estabelecer esses critérios básicos que permitem a discussão sensata, fundamental para garantir uma sociedade saudável.

Além disso, os advogados salvaram o mundo ao liderar os homens em sua histórica luta pela liberdade, pelo estabelecimento da segurança social, pela afirmação da necessidade de uma sociedade justa, pelo Estado de Direito.

As Revoluções Protestante, Gloriosa, Americana e Francesa tiveram enorme força no momento de sua eclosão. Entretanto, seus efeitos plenos só foram sentidos depois. Veja-se, por exemplo, que os americanos, embora tenham reconhecido a igualdade dos homens em 1776, só aboliram plenamente a escravidão em 1865. Do mesmo modo, embora a *Declaração dos direitos do homem e do cidadão* seja de 1789, apenas em 1848 a escravidão foi plenamente abolida nas colônias francesas. E, apesar das declarações contidas nos documentos que formalizaram a Revolução na França, as mulheres não gozavam dos direitos ditos "naturais" e "universais", entre eles o do voto. Somente em 1945 elas passaram a valer-se dessa prerrogativa. No século XIX, o único país a permitir o voto feminino foi a Nova Zelândia, em 1893.

Por vezes, mesmo as ideias mais fortes esbarram em preconceitos, interesses e tradições. Em situações assim, o poder dessas ideias é então testado. Se vencerem esses enfrentamentos, garantem espaço entre as conquistas da civilização. De todo modo, consegue-se verificar que a ordem política moderna foi esculpida a partir desses movimentos, que, como se viu, assentaram-se sobre conceitos jurídicos — em moldes burilados por advogados.

Pode-se dizer que os componentes de uma ordem política moderna são o Estado forte, o primado da lei, a responsabilidade do governante perante a coletividade[1] e o respeito aos direitos individuais.

O primeiro desses elementos não depende necessariamente do Direito para se estabelecer. A força bruta, historicamente, é o meio mais comum de assunção ao poder. Contudo, a manutenção do Estado forte dependerá de instituições seguras, que espelhem o justo anseio da comunidade. Aqui, entramos no segundo componente: o primado da lei, isto é, o estabelecimento do Estado de Direito, que permite a segurança social.

A Europa assistiu à criação gradual de Estados mais fortes. Inicialmente, o rei venceu a queda de braço contra a Igreja e os senhores feudais. Num segundo momento, reconheceu-se a importância de um ordenamento jurídico sólido, como demonstração, inclusive, da força do Estado. A difusão e o estudo do Direito Romano no Ocidente e a organização de precedentes na Inglaterra foram passos fundamentais para a consolidação de um sistema legal estável.

O Estado de Direito trazia consigo uma série de garantias, desde a proteção da propriedade até o próprio amparo da integridade física. A existência de leis públicas e sua aplicação imparcial permitiam que as pessoas confiassem no Estado, o que estimulava o comércio e todo tipo de relações intersociais.

Esse grande salto da civilização foi alcançado, é claro, através da inteligência dos advogados e por meio da adoção de uma linguagem jurídica.

O terceiro elemento da ordem política moderna é a responsabilidade do governante. Como os outros, este passo não foi dado abruptamente. No final da Idade Média e no começo da Idade Moderna, reconhecia-se, em muitos lugares, um Estado forte, nos quais se conseguia identificar o Direito vigente. Porém, o soberano desses Estados não tinha responsabilidades perante seus súditos. Ao contrário, as pessoas deveriam guardar fidelidade em relação ao seu senhor.

Esse modelo sofre uma alteração radical. Embora o amadurecimento desse conceito viesse se formando ao longo da história inglesa, ele só desabrocha em um momento emblemático: o da Revolução Gloriosa, quando o rei passa a ocupar um cargo, de certa forma, simbólico, forçado a respeitar amplamente a lei: passava a servir a sociedade, e não o oposto.

Essa mudança não é desprezível. Ela representa a quebra de um padrão de relacionamento entre governante e governados, cuja origem remonta ao início da civilização. Na *Ilíada* de Homero, por exemplo, ainda no século VIII a.C., o sábio Nestor advertia a Aquiles que, mesmo sendo ele filho de uma deusa e o maior dos guerreiros, não deveria discutir abertamente com o rei Agamêmnon, pois o poder do soberano sempre era maior.

Com a responsabilização do governante, seu poder ficava relativizado. Ademais, nesse momento, o Estado passa a se organizar de forma impessoal. O poder político recai sobre uma instituição, e não sobre uma pessoa. E a formatação desse conceito também é obra de... advogados. Trata-se de uma construção jurídica.

A Inglaterra, inquestionavelmente, foi o primeiro país no qual se uniram esses três elementos: Estado forte, respeito à lei e responsabilidade do governante perante os governados. Havia, entretanto, um passo a mais a ser concluído nessa caminhada: a importância dada ao homem e suas legítimas aspirações — o respeito à sua dignidade. A proteção aos Direitos Humanos, que colocava o homem no vértice da hierarquia axiológica de propósitos do Estado, pode ser apontado, portanto, como o quarto e último dos componentes da ordem política contemporânea.

O desenho dos Direitos Humanos foi uma obra lenta, levada adiante por homens do Direito. Advogados consolidaram-na muitas vezes como resposta a abusos e arbitrariedades. A Revolução Americana e a Revolução Francesa incorporaram, de forma definitiva, tais conquistas à civilização. Contudo — e já o vimos —, a implementação dessas garantias não ocorreu de imediato. Como ensina François Ost, "a verdade do direito situa-se no futuro, não no passado".[2] Revela-se, assim, uma natureza peculiar: ao mesmo tempo que os Direitos Humanos nascem a partir de um anseio social, também alimentam e educam essa sociedade, fortalecendo-a.

Em 1945, quando acabava a Segunda Grande Guerra e o homem, perplexo, se via diante do desencanto e da necessidade de estabelecer novos padrões para a humanidade, George Orwell lança *A revolução dos bichos*.

O livro conta a história de uma fazenda na qual os animais, insatisfeitos com o tratamento que recebem dos humanos, resolvem rebelar-se, liderados pelos porcos. Os animais conseguem expulsar os homens. Inicialmente, os líderes revolucionários trazem ideais de igualdade e liberdade, os quais deveriam reger a vida dos animais. Entretanto, com o tempo, os porcos passam a defender que "alguns são mais iguais que outros".

Nesta fábula moderna, mesmo entre os suínos e outros bichos, há traições. Aos poucos, os porcos, líderes do movimento revolucionário, passam a agir exatamente como os humanos, tratando os demais animais de forma despótica e contrariando exatamente aquilo que, antes, juraram defender.

A relação dos porcos com outros humanos de fora da fazenda é feita pelo seu advogado, sr. Whymper, numa ostensiva ironia com os limites éticos da profissão. Afinal, os advogados também podem funcionar como agentes da tirania. Aos poucos, no regime de governo suíno, passa a não haver liberdade nem democracia. Ao fim da obra, então, os porcos se mudam para a casa dos homens, o que fora proibido no início da revolução, e passam a andar com dois pés, exatamente como os humanos.

Pode-se discutir se a democracia é um conceito natural. A ideia de que os destinos de certa sociedade são dirigidos pelo voto de seus membros, tendo cada um desses votos o mesmo valor, não constitui uma unanimidade. No reino animal, por exemplo, somos a única espécie que considera a democracia. Não há democracia entre os leões ou entre as abelhas. Não há democracia nem em nossos primos símios. Entre eles, há um líder que manda. Assim ocorre com todos os mamíferos. Há um princípio natural de interdependência entre os membros de cada espécie, mas a liderança cabe a apenas um: o mais forte, o mais apto.

Em *A revolução dos bichos* também não há democracia. Mais ainda, fica claro que a democracia não é uma conquista definitiva. A democracia é uma conquista constante, que se renova a cada manhã.

Nós não iniciamos nossa trajetória amparados em ideias democráticas. Ao contrário. As primeiras sociedades tiveram líderes bem definidos, e a vontade deles ditava a conduta das pessoas. Não havia nada parecido com democracia no Egito ou na Mesopotâmia. Existia o faraó, o rei, o xamã.

Como ponto reluzente num céu escuro, ocorreu o fenômeno grego. No período em torno de 500 a 400 a.C., a cidade de Atenas instaurou um sistema democrático. Trata-se de uma experiência extraordinária e um marco histórico. Pela primeira vez, admitiu-se que a sociedade deveria caminhar na direção da maioria de seus integrantes. Cada homem ateniense tinha direito a um voto. Apurados os votos, a opinião da maioria deveria prevalecer sobre o destino daquela sociedade. Não havia nada semelhante no mundo antigo, quando o poder, em regra, se concentrava na mão de um soberano só.

A própria palavra democracia tem origem grega. *Demos* era o nome dado às tribos da Ática, enquanto *kratós* significa poder. Democracia, portanto, era o poder entregue às pessoas, ao povo.

Antes de experimentar a democracia, os gregos — em rigor, os atenienses — tiveram uma tradição de legisladores. Draco, com suas leis escritas com sangue. Sólon, com regras sábias. Ou seja, havia leis.

Os gregos lutaram fisicamente para defender esse ideal revolucionário. Os persas, liderados pelos seus tiranos — considerados semideuses

—, intentaram invadir a península grega, mas foram repelidos pelas armas e pelos ideais. Heródoto, em 440 a.C., ao descrever a história da guerra com os persas, explicitou:

> O governo do povo (...) traz primeiro consigo o mais belo de todos os nomes: igualdade perante a lei (...). Acabemos com o governo de um homem só e elevemos o povo ao poder, pois tudo está na maioria.[3]

O conceito grego de democracia apresenta diferenças importantes se comparado ao modelo contemporâneo. A sociedade clássica grega admitia a escravidão, e os escravos, é claro, não possuíam o direito de votar. Também as mulheres e os estrangeiros não tinham voz. Apenas o cidadão ateniense do sexo masculino participava da democracia.

Contudo, a ideia, com toda a sua força, foi lançada. São Paulo, tempos depois, falaria da igualdade entre os homens na Carta aos Gálatas: "Nisto não há judeu nem grego; não há servo nem livre; não há macho nem fêmea; porque todos vós sois um em Cristo Jesus" (3, 26-28). Na Carta aos Coríntios 7, 18-31, proclama ser irrelevante a condição étnica ou social para o acesso ao reino de Deus.

Depois da curta experiência grega, que durou pouco menos de um século e ficou isolada na história, a democracia não reapareceu, de forma fundamentada, senão na Idade Moderna. Foram mais de 2 mil anos até que, pelo reconhecimento da igualdade entre os homens, se implementasse, novamente, o conceito de que cada pessoa poderia expressar sua opinião pelo voto.

A democracia é uma conquista da civilização. Ela parte de um importante pressuposto: somos todos iguais. Eis um valor extraordinário. Ninguém é melhor do que ninguém. As pessoas devem ser tratadas da mesma forma e desfrutar das mesmas oportunidades. Ao admitir esse postulado, não resta lugar para qualquer forma de preconceito. Sexo, raça, religião, origem de nascimento ou qualquer outra "diferença" não podem servir de justificativa para um tratamento disforme.

Shakespeare escreveu *Tudo está bem quando termina bem* possivelmente entre 1604 e 1605. Em 1603, havia ascendido ao trono inglês Jaime I, inaugurando a dinastia Stuart, com claras aspirações absolutistas. Pois Shakespeare coloca, nessa peça, na boca do rei francês, a seguinte pérola:

> Se forem misturados os nossos diversos sangues, seria impossível distingui-los pela cor, pelo peso, pelo ardor; de que depende, pois, essa diferença que os separa? (...) É pela qualidade que devemos classificar as coisas, não pelo título.[4]

Aos poucos, fermentou-se, no mundo ocidental, a ideia de igualdade, numa longa construção que passa pelos filósofos gregos e pelos primeiros ensinamentos cristãos. Se todos somos iguais, então as opiniões de cada um devem receber o mesmo peso. Esta afirmação, todavia, é passível de muitas críticas. Defende-se que muitas pessoas não têm discernimento, estudo e informação para compreender o que seria melhor para ela própria. Segundo essa linha de pensamento, melhor seria que um grupo mais apto — ou mesmo uma só pessoa talhada — decidisse o destino dos demais, tal como ocorre na natureza.

Seria mais adequado dizer, porém, que todas as pessoas devem ter acesso à instrução. Com educação, o homem torna-se mais benéfico à sociedade e se aproxima da sua própria felicidade — uma das melhores sensações, afinal, é a de sentir-se útil. Em muitas sociedades, hoje e no curso da história, há um abismo que distancia seus membros do acesso ao estudo. Há favorecidos e relegados. Essa disparidade, que gera uma classe mais educada, cria distorções. Sem instrução, as pessoas ficam mais suscetíveis a influências e têm menos ferramentas para refletir sobre seu voto. A democracia só funcionará se quem votar compreender o mundo em que se encontra. Idealmente, todos os membros de uma sociedade, dotados de razoável acesso à cultura e informação, votariam, cada qual com a sua convicção.

Para atingir esse fim, o voto universal é indispensável, não obstante o risco de que os ignorantes se tornem presa fácil dos demagogos e oportunistas. Afinal, ao votar tomamos ciência de nossa cidadania e, assim, assumimos um benéfico papel na construção da sociedade. Trata--se de uma integração, uma costura social. Além disso, já se disse que o problema de quem não gosta de política está em que será governado por quem gosta...

A democracia não existiria sem a crença nesse postulado da igualdade entre os homens. Também esse conceito é fruto de um raciocínio, de um pensamento humano. Não se trata de um princípio inato. A admissão da igualdade entre os homens impõe constante vigília, para que não aconteça, como se deu na *Revolução dos bichos* e em tantos outros momentos da história, a tirania e o abuso, com a opressão do homem pelo homem, defendendo-se que haveria um grupo "mais igual" que os demais — e, portanto, merecedor de alguma vantagem.

Cabe, então, para proteger o valor da igualdade entre os seres humanos, organizar o ordenamento jurídico, tornando-o robusto o suficiente para amparar essas garantias. Isso se dá, ainda, porque na vida o bem e o mal não são nitidamente discerníveis, existindo no homem a "vontade inata e indomável de julgar antes de compreender".[5] O ordenamento deve ser forte para resistir às fraquezas humanas.

Ao assumir o pressuposto da igualdade, torna-se impositivo considerar os "direitos do homem", ou seja, as prerrogativas universais, aplicáveis a todos, cujo fundamento se ancora na humanidade mesma. Seriam direitos mínimos e essenciais de qualquer um. Essa expressão — "direitos do homem" — é vaga, ampla, difusa. Como explica Bobbio ao falar do tema, "a maioria das definições é tautológica".[6] Direitos do homem são aqueles que pertencem a todos os seres humanos e que deles não podem ser retirados. São direitos básicos, essenciais e autoevidentes.

Esses direitos, entretanto, se alteraram. Historicamente, sequer existiram no princípio. Sua concepção nasce no mundo moderno. A partir daí, a sociedade ora vem limitando, ora expandindo seu rol.

No século XVIII, por exemplo, a propriedade era considerada "sagrada e inviolável", um direito absoluto. Com o tempo, esse direito sofreu limitações. O direito à privacidade, por outro lado, foi estruturado mais recentemente, recebendo, a cada dia, uma proteção especial. Foi um avanço, entre tantos outros, que a humanidade tenha concluído ser um direito intransponível do homem gozar de liberdade e conservar a própria integridade física, o que pôs fim, ao menos em teoria, a qualquer forma de tortura.

Da mesma forma, a "universalidade" desses direitos não se deu imediatamente. As mulheres, por exemplo, não obstante o reconhecimento de suas prerrogativas, só muito recentemente, do ponto de vista histórico, tiveram assegurada sua plena equiparação aos homens.

Conceitos assim impregnaram o mundo moderno pelas mãos de advogados que, nas palavras de Jefferson, consideraram "estas verdades como evidentes por si mesmas...".

Os Direitos Humanos ganham matizes novos a cada dia. São ampliados diuturnamente. Tal como aplicado na Revolução Francesa, eram consideravelmente mais restritos do que nos dias atuais. Como registra Norberto Bobbio, "hoje, o próprio conceito de democracia é inseparável do conceito de direito dos homens".[7] Paralelamente, a noção de Estado de Direito avança em ritmo semelhante. Hoje, abarca procedimentos de garantia da soberania popular que envolvem a representação política e a definição clara das tarefas do Estado.

A própria ideia de igualdade alterou-se desde a Revolução Francesa até os nossos dias. Em 1789, na *Declaração dos direitos do homem e do cidadão*, tratava-se de algo formal: não haveria mais a divisão de classes e a lei seria a mesma para todos. No século seguinte, outro conceito de igualdade emergiu: a possibilidade de fruir das "mesmas condições materiais básicas da vida, mediante regras assecuratórias de acesso à educação fundamental, ao tratamento médico e hospitalar, à previdência social, ao trabalho, à habitação, ao transporte, etc.".[8] A igualdade, assim, passou a ser material também.

Hegel, ao falar da Revolução Francesa, examinou "a transformação do Estado a partir do conceito de Direito".[9] Foi, de fato, a partir de conceitos jurídicos que se construiu uma nova ordem social.[10] O primado da lei, a responsabilidade do governante, a ideia da democracia e a dos Direitos Humanos universais são conceitos que se cristalizam em revoluções sempre lideradas por advogados e fundadas em argumentos de natureza jurídica. Por meio deles, permite-se a busca da felicidade e da harmonia da humanidade.

Foram os advogados que forjaram a certeza, abraçada pela civilização, de que o Estado deve ser justo e o Direito é a ferramenta que garante essa justiça. Pelo Direito, protege-se a liberdade. Afinal, o homem só se transforma num fim em si mesmo quando atua de forma consciente e autodeterminante, tornando concreto o que chamamos de liberdade. Como registrou Hannah Arendt, "não resta nenhuma outra causa a não ser a mais antiga de todas, a única, de fato, que desde o início da nossa História determinou a própria existência da política: a causa da liberdade em oposição à tirania".[11]

A conquista, entretanto, não é simples, tampouco definitiva. Constrói-se a cada amanhecer. Requer constante vigília e o espírito colaborativo da sociedade. Ela é tão frágil ou tão sólida quanto a nossa crença na humanidade.

Os advogados num mundo líquido

> A nós, juristas, cabe-nos o mais difícil e
> espinhoso de todos os deveres que pode
> haver neste mundo para um intelectual:
> o de crer firmemente na nossa profissão
> e, contudo, no mesmo passo, duvidar
> constantemente dela nas mais profundas regiões
> da nossa consciência moral.[1]
> GUSTAV RADBRUCH, 1932

"No futuro, não haverá advogados", dizem os que acreditam que a inteligência artificial dominará a atividade humana. Já existem hoje programas de computador de alta tecnologia, dotados de sistemas cognitivos sofisticados, que permitem à máquina, a partir de uma capacidade enciclopédica de arquivar informações, compreender e se comunicar com o homem.

Para muitos, o sinal do fim da primazia do *Homo sapiens* sobre a máquina foi dado em 1997, quando aquele que provavelmente é o maior enxadrista de todos os tempos, o russo Garry Kasparov, um gênio do jogo, perdeu a disputa para um computador, o Deep Blue. Um programa técnico, desprovido de intuição, mas capaz de analisar uma infinidade de alternativas e antecipar seus resultados, jogava xadrez melhor do que o campeão dos humanos.

Uma nova geração tecnológica, na qual a computação cognitiva interage com o homem. Um tema é proposto à máquina, que, munida de muito mais informação do que qualquer pessoa — ou mesmo qualquer grupo — poderia dominar, oferecer ideias, respostas, diferentes formas de enfrentar e resolver a questão. O computador adota uma postura ativa: a máquina não apenas responderá a um questionamento, mas também tomará decisões, indicará caminhos alternativos, emitirá opiniões.

Num futuro próximo, quem quer que tenha uma dúvida jurídica explicará o caso a seu computador, que, consultando sua infinita base de dados, responderá à indagação e apontará a solução fornecida pelo ordenamento jurídico. Seguramente, haverá um segundo programa tecnológico, que apresentará formas de burlar o sistema, a fim de que o interesse de quem o consulta prevaleça, mesmo sendo a pretensão contrária à lei. Então, surgirá mais um terceiro, dedicado a evitar o uso do segundo.

Os advogados, então, seriam substituídos, com vantagem, por um programa de computador, que dariam uma orientação mais técnica e precisa aos interessados.

Para piorar, a inteligência artificial tomaria conta, em rigor, de toda e qualquer atividade humana, pois o que se falou acerca dos advogados se aplicaria também aos médicos, economistas, engenheiros e professores. Para os dataístas, esse sistema de processamentos de dados absolutamente eficiente, em algum momento no futuro, tornará o homem uma coisa obsoleta e desnecessária.[2]

Em 21 de maio de 1924, dois estudantes da Universidade de Chicago, Nathan Freudenthal Leopold Jr. e Richard Albert Loeb, com 19 e 18 anos, respectivamente, assassinaram um garoto rico, Robert — "Bobby" — Franks, de 14. Leopold cursava Direito. Loeb iniciaria o curso jurídico — seu pai era advogado —, depois de ter-se graduado em história pela Universidade de Michigan. Ambos eram excepcionalmente inteligentes e desfrutavam de excelente condição financeira.

Os dois universitários atraíram o garoto para um carro, onde o mataram por asfixia. Levaram o corpo para um lugar remoto. A fim de impedir a identificação do cadáver, jogaram ácido clorídrico em partes do cadáver. Queimaram as roupas do menino. Em seguida, jogaram cartas e foram comer cachorro-quente.

De volta a Chicago, visando a embaralhar a investigação, a dupla enviou um bilhete anônimo para a família do menino assassinado, dizendo que Bobby fora sequestrado. Exigia-se um resgate. O plano ruiu porque o resto do corpo não sumiu como pretendido. Junto dele havia um par de óculos com dobradiças caras — e, por isso mesmo, raras. A polícia descobriu que poucas pessoas tinham essas dobradiças. Uma delas era Leopold. Sem álibi, os dois jovens acuados acabaram confessando o crime.

A família de Loeb contratou, para a defesa de seu filho, um dos mais renomados advogados da América da época: Clarence Darrow (1857-1938), então com 67 anos. O julgamento de Leopold e Loeb foi um espetáculo midiático, alcunhado pela imprensa de "O julgamento do século".

Darrow, o advogado de defesa, surpreendeu. Primeiro, reconheceu que seus clientes haviam, de fato, cometido o assassinato. Depois, em vez de alegar que os jovens padeciam de insanidade mental, reconheceu a culpa. Aquela era uma forma de evitar o julgamento pelo júri, que, na avaliação do advogado, levaria seus clientes à pena de morte.

O crime era repugnante sobretudo porque os dois autores não tinham nenhum motivo para cometê-lo. Os universitários eram ricos. Não precisavam do dinheiro exigido para o resgate do garoto. Segundo eles próprios reconheceram, haviam matado o menino apenas por curiosidade e para provar sua superioridade intelectual.

Na fala final de sua defesa, que durou doze horas, Clarence Darrow sustentou que o responsável pelo crime fora o filósofo alemão Friedrich Nietzsche. Afinal, em vez de ocuparem o tempo como o resto dos jovens saudáveis, seus clientes liam Nietzsche. O pensador, cuja obra magnetizara a mente dos dois assassinos, dissera que, com o reconhecimento da "morte de Deus", um vácuo moral se seguira. Também o conceito do *Übermenschen* (Super-homem) teria sido particularmente daninho para a mente dos criminosos. Para citar a conhecida frase que Dostoiévski coloca na boca de Ivan Karamázov: "Se Deus não existe, então tudo é permitido."

Sem o esteio religioso, já não haveria bases morais identificáveis. Não se saberia dizer o que é certo ou errado pelo fato de não haver paradigmas. O advogado, citando Nietzsche, dizia que seus clientes eram vítimas dessa falta de valores, que, infelizmente, ameaçava todo o mundo civilizado.

A tese não convenceu o júri. Os dois rapazes foram condenados à prisão perpétua pela morte e a mais 99 anos de cadeia pelo sequestro. Loeb morreu assassinado na cadeia. Leopold obteve liberdade condicional em 1958. O famoso advogado não ganhou a causa, mas estava certo — não, é claro, sobre a inocência de seus clientes, mas sobre algo que repetira no tribunal: sem valores, o autor de um crime não consegue dimensionar a gravidade de seu ato. Leopold e Loeb assassinaram um garoto, mutilaram seu corpo e, em seguida, foram comer cachorro-quente, jogar cartas e beber. Sem valores, não se distingue a barbárie.

O mesmo Darrow, pouco tempo depois, atuou no famoso *Monkey Trial*, onde, perante o conservador tribunal do Tennessee, defendeu um professor que pretendia ensinar a Teoria da Evolução, segundo a orientação de Charles Darwin. Pela acusação atuou William Jennings Bryan (1860-1925), um dos mais famosos advogados dos Estados Unidos. O julgamento galvanizou a opinião pública norte-americana, pois tratava-se de dois titãs da advocacia em ação. Também nesse episódio Darrow não conseguiu sair vencedor, numa boa demonstração de que a finalidade do advogado não pode ser medida exclusivamente pelos seus resultados.

Logo após o término da Segunda Grande Guerra, mais precisamente em 12 de setembro de 1945, Gustav Radbruch, um dos mais renomados juristas da Alemanha, apresenta, na faculdade de Direito de Heidelberg, um texto intitulado "Cinco minutos de Filosofia do Direito".

O mundo procurava uma resposta para o Holocausto. Como uma nação tão evoluída como a Alemanha fora capaz de institucionalizar o genocídio? A Alemanha era o celeiro da filosofia moderna, a fonte maior da música clássica e a responsável pela sistematização do Direito Civil. Não obstante, permitira a criação de leis desumanas e preconceituosas, que determinaram a morte de milhões de pessoas inocentes.

Especialmente em relação à advocacia, o regime nazista derrogara o estatuto alemão dos advogados de 1878 para estabelecer um novo, em 1934 e 1935, no qual o Estado controlava por completo a atividade. Depois de sair da faculdade, o interessado em seguir a vida jurídica deveria, durante três anos, demonstrar estar integrado ao regime para, apenas então, receber licença para advogar.[3] Os advogados poderiam, por exemplo, perder a carteira caso deixassem de saudar adequadamente o Führer.

Ao fim da Guerra, estabeleceram-se por toda a Europa tribunais dedicados a julgar os crimes cometidos durante aqueles anos terríveis. A Segunda Guerra não foi apenas uma sucessão de manobras militares e confrontos bélicos, mas, como sintetizou Tony Judt, "uma degradação diária, um processo em que homens e mulheres eram traídos e humilhados, forçados a cometer delitos mesquinhos e degradantes, nos quais todos perderam um pouco e muitos perderam tudo".[4] Na França, por exemplo, esses tribunais, entre 1945 e 1951, condenaram à morte 6.763 pessoas, notadamente os principais colaboracionistas. Outras 49.723 receberam penas mais brandas.

Os principais líderes nazistas foram levados a julgamento em Nuremberg, numa série de sessões ocorridas entre novembro de 1945 e outubro de 1946. A cidade estava estritamente relacionada ao regime nazista. Tinha sido nela que, em 1935, a Alemanha introduzira as chamadas "Leis de Nuremberg", que cerceavam drasticamente os direitos de alguns grupos minoritários, de modo especial os judeus. Por esse motivo simbólico, aliado ao fato de que a cidade dispunha de um tribunal e uma prisão agregada, não atingidos pelos bombardeios, ela foi eleita como a sede desses importantes julgamentos.

As maiores acusações contra os grandes líderes do movimento, que conduzira a Alemanha à Segunda Grande Guerra, diziam respeito a crimes contra a paz e contra a humanidade. As sessões foram transmitidas pela rádio alemã. Foi dada aos nazistas a oportunidade de se defenderem, direito este que fora negado aos milhões de pessoas mortas pelo regime que eles haviam implantado. Era importante ouvir o que tinham a dizer em seu favor, até mesmo para garantir que as atrocidades jamais se repetiriam. Justiça jamais poderá ser interpretada como fraqueza. Ao contrário, revela-se a verdadeira força quando todos são tratados com correção. Se, naquele momento histórico, os maiores criminosos nazistas fossem julgados sem chance de defesa, de forma bárbara, toda a desgraça da guerra teria sido em vão. Os julgadores não poderiam ser justiceiros — eles eram mais do que isso: eram juízes. A civilização mostrou sua força exatamente quando permitiu um julgamento digno àqueles homens.

O corpo dos julgadores era composto majoritariamente por advogados e juízes norte-americanos, ingleses e russos. Havia 22 réus, dos quais dezenove foram condenados. Destes, doze receberam a pena de morte por enforcamento. Três, prisão perpétua. Somente um revelou seu arrependimento: Hans Michael Frank, advogado que fora o governador-geral da Polônia ocupada.[5]

No seu discurso inaugural, proferido em 21 de novembro de 1945, o chefe dos promotores, o advogado americano Robert Jackson — membro da Suprema Corte de seu país —, expôs ao tribunal, e com razão, que o autor daquela ação era a própria civilização.

Já se disse que o declínio do mundo ocidental se deu no início da época moderna, quando a visão científica e matemática passou a dominar a apreciação de qualquer fenômeno, inclusive os de natureza social. A especialização fez com que o homem perdesse a visão de conjunto e, assim, a visão de si próprio.

O fenômeno ocorrido na Alemanha e que desencadeou na Segunda Guerra Mundial demonstra a necessidade de o Direito caminhar sempre próximo aos valores morais e éticos. Também demonstra que existem valores superiores relativos à humanidade e inseridos num contexto maior, os quais jamais podem ser menosprezados.

Carl Schmitt (1888-1985) foi um dos maiores expoentes do Direito Constitucional em toda a história. Contudo, é conhecido como o "jurista maldito" por sua estrita colaboração com o regime nazista, ao qual se filiara em 1933, quando era professor de Direito da Universidade de Colônia. Ele não foi exatamente um dos primeiros a se engajar na causa (seu número de inscrição era 2.098.860),[6] mas a sua adesão foi surpreendente, uma vez que se tratava de um intelectual renomado.

Schmitt tornou-se defensor oficial do regime nazista. Assumiu a cátedra de Direito da Universidade de Berlim, de onde publicava artigos nos quais justificava, do ponto de vista jurídico, os atos do Reich. Mais tarde, com a derrocada do regime, Carl Schmitt ficou preso por dezoito meses, período ao longo do qual escreve *Ex captivitate salus*, isto é, *O cativeiro liberta*. Interrogado em Nuremberg acerca dos motivos pelos quais apoiara Hitler, o jurista respondeu, sem jamais se retratar: "Bebi o bacilo nazista, mas não fui infectado." Era tarde demais.

O mito de que o Direito é um fim em si mesmo — conceito que embasou as lindas e fascinantes teorias de Schmitt — deveria ser revisto. O Direito serve ao homem, e não o homem ao Direito.

O jurista Radbruch não foi colaborador do nazismo, mas também não tomou parte em qualquer oposição ao regime. Em 1945, com a derrota na guerra, o modelo jurídico positivista adotado na Alemanha encontrava-se em xeque. Como o ordenamento jurídico havia tolerado tamanha injustiça? Qual seria, ao fim, a função do Direito? Como a sociedade e os advogados deveriam agir diante dessa situação iníqua?

Nesse contexto histórico, de absoluta perplexidade, o professor e jurista oferece seus "cinco minutos" de filosofia jurídica. São cinco breves lições, cada uma com três ou quatro parágrafos. Na primeira delas, Radbruch diz:

> Ordens são ordens, é a lei do soldado. A lei é a lei, diz o jurista. No entanto, ao passo que para o soldado a obrigação e o dever de obediência cessam quando ele souber que a ordem recebida visa

a prática dum crime, o jurista, desde que há cerca de cem anos desapareceram os últimos jusnaturalistas, não conhece exceções deste gênero à validade das leis nem ao preceito de obediência que os cidadãos lhe devem. A lei vale por ser lei, e é sempre que, como na generalidade dos casos, tiver do seu lado a força para se fazer impor.

Esta concepção da lei e sua validade, a que chamamos Positivismo, foi a que deixou sem defesa o povo e os juristas contra as leis mais arbitrárias, mais cruéis e mais criminosas. Torna equivalentes, em última análise, o direito e a força, levando a crer que só onde estiver a segunda estará também o primeiro."[7]

Em seguida, Radbruch indica a importância do conceito de justiça na construção de um ordenamento. Para que se legitimem, as leis, ou qualquer preceito jurídico, devem estar em harmonia com os grandes princípios, como o bem comum, a segurança jurídica e a justiça. Sem atender a esses valiosos vetores, o Direito não cumprirá sua missão. Pior: será instrumento da barbárie.

Não há Direito sem valores, ensina a história.

Com a multiplicidade de mídias e meios de comunicação, informações transitam hoje livremente, sem censura, e atingem quase todos, nos mais remotos cantos do planeta. Independentemente de heranças culturais e do grau de escolaridade, o conteúdo de informações é disseminado abertamente.

Não existe mais, portanto, um só canal, mas uma infinidade de canais. Não existe mais um grande censor. Não se visualiza, com nitidez, um *mainstream*, um grande vetor que filtre as comunicações e indique o que pode e o que deve ser divulgado.

Qual é a moda? Qual é a cor da estação? Que romance deve-se ler e que música convém ouvir? Existem várias modas, várias cores, diversos romances, muitos "intelectuais" defendendo os pontos de vista mais diversos, valendo-se para isso das mais variadas mídias. Tudo ocorre numa velocidade febricitante, muitas vezes em imagens que passam antes que a nossa retina possa retê-las. Não há qualquer prisma valorativo. Tudo é banalizado, seja cru ou pasteurizado.

Na Antiguidade, na Idade Média, na Idade Moderna e no começo do período contemporâneo, conseguia-se visualizar um caminho central, principal. Da Itália, veio o Direito Romano. A Alemanha irradiou a Reforma. Os ingleses conseguiram conceber um Estado unificado, forte o suficiente para emanar regras seguras. Essas novidades eram tão poderosas que pautariam, até mesmo, a conduta dos governantes. Depois, chegariam ainda as ideias dos Direitos Universais do Homem, que vieram a impregnar profundamente as Revoluções Americana e Francesa.

Conseguia-se perceber esses conceitos fluindo por um caminho comum. Eram discutidos e conhecidos por uma civilização que, de forma razoavelmente coesa, caminhava passo a passo, seguindo a mesma trilha. Uma geração leu Cervantes, outra acresceu Goethe. Uma terceira leu tanto Jane Austen quanto o *Moby Dick* de Melville. Os advogados que encabeçaram as Revoluções Gloriosa, Americana e Francesa seguramente possuíam familiaridade com as obras dos também advogados Thomas Morus, Calvino, Grócio, Montesquieu, Montaigne e Beccaria, para darmos apenas alguns exemplos.

A sociedade era construída em cima das ideias de pensadores, filósofos e juristas, cujas obras, disseminadas e discutidas, formavam seu caldo cultural.

Até muito recentemente, a história da civilização ocidental poderia ser contada como se fosse uma linha. Uma corrente de ligas, uma seguida da outra, na qual a seguinte respondia à anterior. A história poderia ser lida como uma sucessão ordenada de fatos e eventos.

Hoje, já não se pode dizer o mesmo. Assistimos, com os avanços tecnológicos e a circulação da informação pela internet, a uma radical mudança de paradigma. Qualquer pessoa tem meios para produzir informação e remetê-la a quem quiser ou ao grupo que desejar, com absoluta facilidade.

No futuro, este momento decerto será identificado como o de uma revolução tecnológica sem precedentes, que garantiu o acesso irrestrito à informação e rompeu com um modelo que existia desde a "descoberta" da imprensa.

A informação invade a nossa vida mesmo quando não a queremos. A facilidade com que se obtém e gera informações dificulta, ou mesmo impede, a censura. No Ocidente, pode-se transmitir opiniões a um grupo ilimitado e impreciso de pessoas. A distância, nos nossos dias, passou a ser a de um toque no celular.

Há diversas linhas que, em algum momento, repartiram o tronco. Já não se distingue um *mainstream*, um fluxo central. Não se pode afirmar que uma geração viu o mesmo filme ou leu o mesmo livro. Há incontáveis informações disponíveis, veiculadas por meio de ilimitadas mídias distintas, numa quantidade de fontes que tende ao infinito. Fica muito difícil encontrar a matriz e, logo, é árdua a tarefa de estabelecer um padrão comum.

O que é uma informação importante? O que é uma informação inteligente? Como identificar uma informação boa, correta, saudável? Com tanto material, resta ao homem separar o joio do trigo. Quais as ferramentas de que ele dispõe para essa tarefa? Como estabelecer padrões?

O filósofo polonês Zygmunt Bauman (1925-2017) denunciou a crise contemporânea da humanidade: vivemos num mundo líquido, em que a solidez das relações humanas é vista como uma ameaça. "Qualquer juramento de fidelidade, qualquer compromisso de longo prazo — para não falar em compromissos intemporais —, prenuncia um futuro sobrecarregado de obrigações que limitam a liberdade de movimentos e a capacidade de agarrar no voo as novas e ainda desconhecidas oportunidades que venham a surgir."[8] Tudo acontece rapidamente. Até mesmo a força das relações é fugaz.

Com tantas informações e tanto acesso às novidades, o mais recente parece sempre ser o mais importante. O relevante se perde na imensidão de notícias.

Eis, portanto, por que tem o homem de compreender como digerir a quantidade avassaladora de informações absolutamente crua a que ele é diuturnamente submetido.[9] Esse passo, hoje fundamental, somente se dará por meio da educação, que permitirá uma apreciação valorativa dos fatos.

Se a sociedade não compreender rapidamente o risco de não ter ferramentas para digerir tantas informações, seremos condenados à superficialidade, à perda dos marcos, à lassidão moral e ética. Num contexto sufocado por informações e desacompanhado de padrões valorativos, não há uma língua comum: o certo e o errado se confundem, deixam de existir o belo e o feio.

Essa situação revela-se alarmante quando se reconhece que a ética não é, para a sociedade, uma escolha. Sem ética, a sociedade está condenada a viver na barbárie, na desordem, na absoluta desarmonia. Nesse mundo, os advogados acabam assumindo a responsabilidade de vigias morais.

William ("Bill") Jefferson Clinton (1946-) e Barack Hussein Obama (1961-). Dois advogados que, em tempos recentes, desempenharam papéis de liderança mundial. Ambos, homens de origem simples. Pelo estudo, conseguiram se sobressair, e de tal modo que se colocaram à frente da nação mais poderosa de nossa época. A educação, que não é apenas a técnica, mas lida antes de mais nada com o aspecto moral, fez a diferença, não obstante o rótulo de futilidade comumente aplicado àquele país.

Pela educação, pela transferência e disseminação da cultura, o homem se municia de bons valores. Somente assim ele consegue cruzar a revolução tecnológica sem se perder.

O tempo passa e tudo muda. A advocacia também muda. A forma de advogar vem-se transformando no curso da história.

Advocacia, hoje, é muito mais uma atividade coletiva. Ao invés de um trabalho isolado do profissional, a prática da elaboração de uma defesa demanda que se tenha uma equipe com variados talentos. Não há atalhos. O estudo mantém-se como ferramenta fundamental. O advogado apenas se forma ao lado dos livros, esses grandes e incansáveis mestres mudos. A educação, que se colhe com esforço, segue como o único solo fértil em que a advocacia frutifica.

Também a relação com o assistido se alterou. O cliente tem muito mais informação hoje do que outrora. Assim, o interessado está em condições de contribuir com a sua defesa. É natural que haja uma interação entre o advogado e quem o procurou numa dinâmica muito distinta da que havia no passado, quando o Direito e o trâmite do Judiciário eram mais herméticos, impedindo que as partes compreendessem, por inteiro, o que acontecia — e a mais viva metáfora dessa sensação de desconhecimento do jurisdicionado é apresentada por Franz Kafka (1883-1924) em *O processo*. Kafka, formado em Direito e funcionário de uma companhia de seguros, narra, nesse livro, a absoluta incompreensão de uma pessoa que é ré em um processo sem entender nem o processo mesmo, nem os motivos de sua inclusão no caso. A fábula angustiante acabou por gerar o adjetivo "kafkiano", sinônimo de surreal, absurdo, próprio de quando não se consegue compreender os acontecimentos.

Outra notável mudança se relaciona à forma de se expressar. A comunicação do advogado que exerce a defesa de seus clientes funciona de uma forma mais objetiva. Como um estilo de literatura, ela acompanha os padrões de seu tempo. A manifestação jurídica, hoje, não tem mais por padrão os textos floridos de séculos passados. A linguagem é direta — até mesmo porque o receptor da mensagem certamente tem pouco tempo. Cabe ao advogado expor as razões de seu cliente — e não testar a paciência dos julgadores.

Ainda relacionado à objetividade da comunicação, mas já invadindo o campo da educação e cortesia, o advogado, para exercer a sua atividade, pode — e, muitas vezes, deve — ser duro e incisivo, mas nunca deselegante. A agressão, por parte de um causídico, raramente se justifica; trata-se de um recurso extremo, usado em casos extraordinários — ou a prova de falta de educação e de melhores ferramentas para exercer a profissão.

Para se alimentar, o pelicano vê o peixe nadando no mar, lá de cima. O pássaro, então, mirando o peixe, mergulha com violência na água. Nesse momento de impacto, ele não pode fechar os olhos. Se não estiver vendo o peixe todo o tempo, perderá seu alimento. O resultado disso, com o tempo, é o de que o pelicano tem sua retina lesionada a ponto de comprometer sua visão. Os pelicanos velhos são, por conta dessa necessidade de pescar, cegos. Que outra opção teriam? Se deixassem de abrir os olhos, seus peixes fatalmente escapariam. Eles manteriam a visão incólume, mas ficariam sem comer.

Uma vez quase cegos, os pelicanos mais velhos seguem precisando pescar. Com pouca visão, mergulham com força na água. Guiados pelo instinto e pela experiência, afundam, agressivamente, o corpo inteiro no mar. Pela falta de visão, a maioria das suas investidas é frustrada.

Com o passar do tempo, os advogados, graças à árdua rotina da profissão, enfrentam combates e colisões exatamente como o pelicano. Com o tempo, também podem perder a capacidade de ver, valendo-se apenas do instinto e escorando sua atuação em cacoetes, repetições ou bicadas desastradas.

O homem, embora animal como o pelicano, não é o pelicano. Cabe ao advogado ter a sensibilidade de compreender que tudo muda: os casos, o mundo, ele próprio. Ao fim, é melhor ficar sem comer para escapar da cegueira.

A vida do advogado é a luta renhida pelo direito de que fala Jhering. Nas palavras de Carvalho Neto, "a vida judiciária é cheia de incertezas e tropeços. Ninguém logra atravessá-la em placidez, sobre caminho de rosas".[10] Não cumprirá a sua missão o advogado que, na proteção de seu cliente, se acomodar na apatia e na inércia. Advocacia é ocupação para os corajosos, abnegados e independentes.

Não se confunda a combatividade com o "triste mal da mania dos processos, do espírito de chicana, o humor barulhento, a vontadinha de dirigir a cólera sobre o adversário".[11] O advogado é um espadachim que espeta sua arma precisamente, e não um verdugo que, de forma grosseira e covarde, arremessa seu machado. A elegância na advocacia deve ser regada diuturnamente.

Perdem-se causas ganhas, ganham-se causas perdidas. Naufrágios e milagres. Um dia após o outro. Uma luta que começa sempre quando alguém precisa de ajuda. Entre vitórias e derrotas, deve-se, sempre, manter a honra e jamais transigir com os bons princípios. A atividade do advogado não se compara à de um corredor velocista, que dedica toda a sua energia a um curto percurso. O advogado é, antes, um atleta de longas distâncias, cuja constância e cadência são essenciais à grande jornada. Sua consciência, portanto, deve estar sempre em estado de alerta, a fim de evitar que ele se iluda: ganhar a causa não vale mais do que sua dignidade. Bem vistas as coisas, a grande batalha do advogado é a de defender o Estado de Direito, garantindo a proteção da dignidade humana. Sem ética, essa batalha já nasce perdida.

Por fim, a advocacia não pode prescindir da experiência, que apenas se adquire com a prática, forjada nas dificuldades e enfrentamentos. Corretamente, Camões, no Canto X dos *Lusíadas*, adverte: "Tomai conselho só d'experimentados,/ que viram largos anos, largos meses." Não raro, no velho causídico — e nas suas memórias de tantas causas — encontram-se mais ensinamentos sobre a advocacia do que nos manuais.

Ao iniciar este capítulo, tratou-se da inteligência artificial, essa ferramenta poderosa que se encontra ainda no início de seu desenvolvimento. A partir de uma quantidade praticamente infinita de informações, busca-se substituir a atuação humana. Será esse o destino dos advogados?

Todavia, como um "juiz-robô" apreciaria a aplicação de leis nazistas se fosse ele mesmo programado por nazistas? Possivelmente, a indicação do autômato seria pela legalidade das normas que amparassem o preconceito e a exclusão.

A máquina, em breve, conseguirá fazer um poema. Um programa tecnológico sofisticado certamente atingirá esse propósito. Admitamos que esse poema seja um primor. Uma obra-prima da pós-humanidade. Será, entretanto, um poema querido. Um verso estudado, fruto de uma atividade, em última análise, racional, resultado de um "querer". Mas poderá o computador sentir a necessidade de escrever um poema? Será o computador arrebatado por uma paixão ou angústia tão forte que o impelirá a extravasar sua emoção?

A capacidade de sentir, nas suas incontáveis formas, nos distingue das máquinas. Um programa de computador pode ser elaborado a fim de criar empatia com quem vier a interagir. Trata-se de uma empatia artificial, porém. Não há sentimento, mas apenas sua aparência.

Um bom programa de computador poderá responder a uma questão jurídica. Saberá dizer qual o prazo máximo para questionar tal direito, quais as consequências do descumprimento de certo contrato, como se dividem os bens do falecido. Porém, a inteligência artificial jamais compreenderá verdadeiramente a angústia dos injustiçados. O computador pode identificar a injustiça, mas não será capaz de senti-la. Nesse ponto, os advogados, promotores e juízes são insubstituíveis.

Jesus, no famoso Sermão da Montanha, informa que não veio para "revogar a lei ou os profetas". Jesus não modifica o Decálogo. Muito pelo contrário: confirma-os. Entretanto, registra que a lei vale menos se não for cumprida com o coração. Essa forte mensagem consiste em compreender que a regra ganha o seu verdadeiro sentido quando aliada ao espírito. Jesus pregava que esse espírito era o amor. Assim, a norma deveria ser interpretada e cumprida com amor — e só o amor garantiria a conformidade com a intenção.

Como explicar a uma máquina que ela deve amar? Como incutir sentimentos em um programa de computador?

A atuação dos homens dedicados ao Direito não se aperfeiçoa apenas com informações. São necessários valores. O melhor aluno da turma do curso jurídico não será necessariamente o melhor advogado ou juiz. O melhor profissional será quem melhor compreender os valores protegidos pelo ordenamento jurídico.

Em 1954, um menino de 12 anos da Virgínia escreveu uma carta ao ministro da Suprema Corte Americana, Felix Frankfurter (1882-1965), dizendo estar interessado em estudar Direito. O garoto perguntava ao ministro como deveria se preparar para a carreira jurídica. Também aos 12 anos, Frankfurter havia chegado de Viena, onde nascera, aos Estados Unidos, país em que viveu até o fim da vida. Após formar-se em Direito em Harvard e exercer a advocacia, Frankfurter ingressou na Suprema Corte americana. Em um parágrafo, o ministro respondeu ao menino:

Meu querido Paul:
Ninguém consegue ser um advogado verdadeiramente competente se não for um homem culto. Se eu fosse você, esqueceria tudo o que diz respeito à preparação técnica para o Direito. A melhor forma de se preparar para o Direito é começar os estudos do Direito como uma pessoa culta. Somente assim se consegue adquirir a capacidade de usar a língua inglesa escrita e falada, bem como os hábitos de pensamento claro que somente uma educação verdadeiramente liberal pode dar. Não menos importante para o advogado é o cultivo das faculdades imaginativas por meio da leitura da poesia, da exposição a grandes pinturas, em seus originais ou em reproduções facilmente disponíveis, e das grandes músicas. Abasteça sua mente com uma excelente leitura, amplie e aprofunde seus sentimentos ao experimentar verdadeiramente e ao máximo os maravilhosos mistérios do universo e esqueça por completo a sua carreira futura.
Com as minhas saudações,
Atenciosamente,
Felix Frankfurter

No começo deste trabalho, falamos das primeiras linhas do *Digesto*, uma obra jurídica monumental. Ali, encontramos a explicação da palavra "direito", *jus*.

A palavra é a principal ferramenta do advogado. Mas a verdadeira força da palavra reside no seu conteúdo, na sua natureza constitutiva. "Direito" — *jus* — tem a mesma origem de "justiça". Se o Direito se afasta da Justiça, perde a sua essência. Se o aplicador do Direito deixa de velar pela Justiça, trai sua função. O aplicador do Direito é, como registra o *Digesto*, um sacerdote que deve manter vigília na arte do bom e do justo. Seu destino, portanto, é liderar as revoluções — as grandes e as pequenas — quando chamado pela sociedade. E, para tanto, o advogado deve educar-se. Procurar uma educação esmerada, a fim de absorver, pela cultura, a essência da humanidade e dos valores que o Direito visa a proteger. Afinal, o Direito sem valores é como uma arma sem mira. O mais profundo conhecimento jurídico, detido por quem não tem ética, é como óculos nas mãos de um cego.

Coda: o advogado como ídolo

> "Você só consegue entender
> uma pessoa de verdade
> quando vê as coisas do ponto
> de vista dela."[1]
> ATTICUS FINCH

Um músico pode inspirar-se em Paul McCartney, em Mozart, em Ray Charles ou muitos outros. É natural que um pintor mire em Boticelli, Velázquez, Klimt... Um cientista terá Newton ou Einstein, entre tantos, para escolher como modelo. Um esportista olhará para Pelé, Federer, Muhammad Ali... Comumente, as pessoas se identificam com grandes expoentes e, a partir daí, decidem que caminho seguirão em suas vidas. Os exemplos servem não apenas para orientar a escolha do que fazer, mas também o modo de fazê-lo.

Neste trabalho, passeamos pela vida de muitos advogados e vimos como contribuíram, na maior parte das vezes, para construir um mundo melhor. De Cícero a Mandela, passando por Calvino e Jefferson, Montesquieu e Gandhi. A nossa é uma lista generosa de grandes seres humanos, donos de feitos admiráveis, dos quais se poderia escolher muitos como exemplo de conduta.

Ao leitor, que me acompanhou até aqui nesta galeria de ilustres homens do Direito, registro, particularmente, o meu ídolo na advocacia: Atticus Finch.

Em 1774, Goethe — antes já se disse que ele se formou em Direito — lança *Os sofrimentos do jovem Werther*. Observou-se, então, um fenômeno entre os jovens europeus. Werther, personagem que dá nome à obra, sente uma arrebatadora paixão por Carlota, que, entretanto, já se encontra comprometida com outro. Como não consegue concretizar seu amor, o jovem Werther se mata com uma pistola. Na época do lançamento do livro, vários jovens, sentindo-se como o personagem do livro de Goethe, se suicidaram, exatamente como fez Werther.

Werther serviu de inspiração. O exemplo veio da literatura.

Atticus Finch nasceu em Alabama no final do século XIX. Formou-se em Direito e praticava uma advocacia modesta numa cidade pequena e esquecida: Maycomb, naquele seu mesmo estado natal. Atticus ficou viúvo cedo e cuidava, com a ajuda de uma empregada, de seus dois filhos.

Em um determinado momento, lá nos anos 1930, o personagem se viu moralmente obrigado a defender um negro injustamente acusado de abusar de uma mulher branca. O Alabama de então era extremamente preconceituoso, e a sociedade "branca" da pacata cidade de Maycomb firmou posição contra Atticus. O advogado, entretanto, sem perder sua retidão, fez o que considerou certo, buscando proteger o inocente. Diante do fato de sua comunidade ter se colocado em peso contra ele, Atticus limitou-se a ponderar:

> Essas pessoas certamente têm o direito de pensar assim, e têm todo o direito de ter a sua opinião respeitada. (...) Mas antes de ser obrigado a viver com os outros, tenho de conviver comigo mesmo. A única coisa que não se deve curvar ao julgamento da maioria é a consciência de uma pessoa.[2]

No julgamento, Atticus encerra sua participação com a seguinte reflexão:

> Mais uma coisa, senhores, antes de terminar. Uma vez Thomas Jefferson disse que todos os homens nascem iguais, frase que os

ianques e alguns membros do executivo em Washington gostam de nos lembrar. Neste ano da graça de 1935, certas pessoas tendem a usar essa frase fora do contexto e com qualquer fim. O exemplo mais ridículo que me acorre agora do mau uso dessa frase é que os responsáveis pela educação pública favorecem os estúpidos e os preguiçosos junto dos esforçados, já que todos são iguais, afirmam os educadores com seriedade. As crianças reprovadas ficam com um terrível complexo de inferioridade. Sabemos que nem todos os homens são iguais, não no sentido que alguns querem nos impor: algumas pessoas são mais inteligentes do que outras; algumas têm mais oportunidade do que outras, pois nascem privilegiadas; alguns homens ganham mais dinheiro que outros; algumas senhoras fazem bolos mais gostosos do que outras; algumas pessoas são mais dotadas do que a maioria. Mas há algo neste país diante do qual todos os homens são iguais, há uma instituição que torna um pobre igual a um Rockefeller, um idiota igual a um Einstein e um ignorante igual a um reitor de universidade. Essa instituição, senhores, é o Tribunal de Justiça. Pode ser a Suprema Corte dos Estados Unidos, o juizado mais simples do país ou este honrado tribunal ao qual os senhores servem. Como qualquer instituição, os nossos tribunais têm falhas, mas são os maiores niveladores deste país, para os nossos tribunais todos homens nasceram iguais.[3]

A igualdade entre os homens não é um fato: é um direito. Uma construção do gênio humano.

Injustamente e apesar do empenho de Atticus, o negro é condenado. Atticus perde o processo. Contudo, como restara evidente a sua correção e a veracidade de seus propósitos, ganha o respeito daquela pequena e tacanha comunidade — além da admiração de seus filhos. Atticus possuía a coragem de defender o que é certo, ainda que, para tanto, tivesse que desafiar seu mundo.

Dentre os muitos aforismos perturbadores de Nietzsche, há um que parece perseguir os advogados: "Aquele que luta com monstros deve acautelar-se para não se tornar também um monstro. Quando se olha muito tempo para o abismo, o abismo olha para você."

Ao enfrentar odiosas injustiças e deslealdades, deve-se manter a vigília para não reagir com novas injustiças e deslealdades. Ao devolver uma grosseria com outra, ao contra-atacar com a mesma arma vil, o homem apenas contribui para legitimar o mal. A besta nunca morre definitivamente se quem a abate é outra besta. Para morrer, a besta deve sucumbir à civilidade.

Atticus age sempre de forma educada. Pode ser duro, mas jamais agressivo. Coloca o interesse de seu cliente antes dos seus. Possui uma ética modelar. Acima de tudo, busca compreender o próximo, com suas verdades e fraquezas. "Você só consegue entender uma pessoa de verdade quando vê as coisas do ponto de vista dela", ensina o advogado.

Apêndices

BILL OF RIGHTS

Inglaterra, 1689

Os Lordes, espirituais e temporais e os membros da Câmara dos Comuns declaram, desde logo, o seguinte:

Que é ilegal a faculdade que se atribui à autoridade real para suspender as leis ou seu cumprimento.

Que, do mesmo modo, é ilegal a faculdade que se atribui à autoridade real para dispensar as leis ou o seu cumprimento, como anteriormente se tem verificado, por meio de uma usurpação notória.

Que tanto a Comissão para formar o último Tribunal, para as coisas eclesiásticas, como qualquer outra Comissão do Tribunal da mesma classe são ilegais ou perniciosas.

Que é ilegal toda cobrança de impostos para a Coroa sem o concurso do Parlamento, sob pretexto de prerrogativa, ou em época e modo diferentes dos designados por ele próprio.

Que os súditos têm direito de apresentar petições ao Rei, sendo ilegais as prisões e vexações de qualquer espécie que sofram por essa causa.

Que o ato de levantar e manter dentro do país um exército em tempo de paz é contrário à lei, se não proceder autorização do Parlamento.

Que os súditos protestantes podem ter, para a sua defesa, as armas necessárias à sua condição e permitidas por lei.

Que devem ser livres as eleições dos membros do Parlamento.

Que os discursos pronunciados nos debates do Parlamento não devem ser examinados senão por ele mesmo, e não em outro tribunal ou sítio algum.

Que não se exigirão fianças exorbitantes, impostos excessivos, nem se imporão penas demasiado severas.

Que a lista dos jurados eleitos deverá fazer-se em devida forma e ser notificada; que os jurados que decidem sobre a sorte das pessoas nas questões de alta traição deverão ser livres proprietários de terras.

Que são contrárias às leis, e, portanto, nulas, todas as doações ou promessas de doação do produto de multa ou de confisco infligidos a pessoas que não tenham sido antes julgadas e condenadas.

Que é indispensável convocar com frequência os Parlamentos para satisfazer os agravos, assim como para corrigir, afirmar e conservar as leis.

Reclamam e pedem, com repetidas instâncias, todo o mencionado, considerando-o como um conjunto de direitos e liberdades incontestáveis, como também, que para o futuro não se firmem precedentes nem se deduza consequência alguma em prejuízo do povo.

A esta petição de seus direitos fomos estimulados, particularmente, pela declaração de S. A. o Príncipe de Orange [depois Guilherme III], que levará a termo a liberdade do país, que se acha tão adiantada, e esperamos que não permitirá sejam desconhecidos os direitos que acabamos de recordar, nem que se reproduzam os atentados contra a sua religião, direitos e liberdades.

Declaração de Independência

Estados Unidos da América, 1776

Quando, no curso dos acontecimentos humanos, se torna necessário a um povo dissolver os laços políticos que o ligavam a outro, e assumir, entre os poderes da Terra, posição igual e separada, a que lhe dão direito as leis da natureza e as do Deus da natureza, o respeito digno para com as opiniões dos homens exige que se declarem as causas que os levam a essa separação.

Consideramos estas verdades como evidentes por si mesmas, que todos os homens são criados iguais, dotados pelo Criador de certos direitos inalienáveis, que entre estes estão a vida, a liberdade e a procura da felicidade. Que a fim de assegurar esses direitos, governos são instituídos entre os homens, derivando seus justos poderes do consentimento dos governados; que, sempre que qualquer forma de governo se torne destrutiva de tais fins, cabe ao povo o direito de alterá-la ou aboli-la e instituir novo governo, baseando-o em tais princípios e organizando-lhe os poderes pela forma que lhe pareça mais conveniente para realizar-lhe a segurança e a felicidade. Na realidade, a prudência recomenda que não se mudem os governos instituídos há muito tempo por motivos leves e passageiros; e, assim sendo, toda experiência tem mostrado que os homens estão mais dispostos a sofrer, enquanto os males são suportáveis, do que a se desagravar, abolindo as formas a que se acostumaram. Mas quando uma longa série de abusos e usurpações, perseguindo invariavelmente o mesmo objeto, indica o desígnio de reduzi-los ao despotismo absoluto, assistem-lhes o direito, bem como o dever, de abolir tais governos e instituir novos Guardiães para sua futura segurança. Tal tem sido o sofrimento paciente destas colônias e tal agora a necessidade que as força a alterar os sistemas anteriores de governo. A história do atual Rei da Grã-Bretanha compõe-se de repetidas injúrias e usurpações, tendo todos por objetivo direto o estabelecimento da tirania absoluta sobre estes Estados. Para prová-lo, permitam-nos submeter os fatos a um mundo cândido.

Recusou assentimento a leis das mais salutares e necessárias ao bem público.

Proibiu aos governadores a promulgação de leis de importância imediata e urgente, a menos que a aplicação fosse suspensa até que se obtivesse o seu assentimento, e, uma vez suspensas, deixou inteiramente de dispensar-lhes atenção.

Recusou promulgar outras leis para o bem-estar de grandes distritos de povo, a menos que abandonassem o direito de representação no legislativo, direito inestimável para eles e temível apenas para os tiranos.

Convocou os corpos legislativos a lugares não usuais, sem conforto e distantes dos locais em que se encontram os arquivos públicos, com o único fito de arrancar-lhes, pela fadiga, o assentimento às medidas que lhe conviessem.

Dissolveu Câmaras de Representantes repetidamente porque se opunham com máscula firmeza às invasões dos direitos do povo.

Recusou por muito tempo, depois de tais dissoluções, fazer com que outros fossem eleitos; em virtude do que os poderes legislativos incapazes de aniquilação voltaram ao povo em geral para que os exercesse; ficando durante esse tempo o Estado exposto a todos os perigos de invasão externa ou convulsão interna.

Procurou impedir o povoamento destes estados, obstruindo para esse fim as leis de naturalização de estrangeiros, recusando promulgar outras que animassem as migrações para cá e complicando as condições para novas apropriações de terras.

Dificultou a administração da justiça pela recusa de assentimento a leis que estabeleciam poderes judiciários.

Tornou os juízes dependentes apenas da vontade dele para gozo do cargo e valor e pagamento dos respectivos salários.

Criou uma multidão de novos cargos e para eles enviou enxames de funcionários para perseguir o povo e devorar-nos a substância.

Manteve entre nós, em tempo de paz, exércitos permanentes sem o consentimento dos nossos corpos legislativos.

Tentou tornar o militar independente do poder civil e a ele superior.

Combinou com outros sujeitar-nos a uma jurisdição estranha à nossa Constituição e não reconhecida pelas nossas leis, dando assentimento aos seus atos de pretensa legislação:

para aquartelar grandes corpos de tropas entre nós;

para protegê-las por meio de julgamentos simulados, de punição por assassinatos que viessem a cometer contra os habitantes destes estados;

para fazer cessar o nosso comércio com todas as partes do mundo;

por lançar impostos sem nosso consentimento;

por privar-nos, em muitos casos, dos benefícios do julgamento pelo júri;

por transportar-nos por mar para julgamento por pretensas ofensas;

por abolir o sistema livre de leis inglesas em província vizinha, aí estabelecendo governo arbitrário e ampliando-lhe os limites, de sorte a torná-lo, de imediato, exemplo e instrumento apropriado para a introdução do mesmo domínio absoluto nestas colônias;

por tirar-nos nossas cartas, abolindo as nossas leis mais valiosas e alterando fundamentalmente a forma do nosso governo;

por suspender os nossos corpos legislativos, declarando-se investido do poder de legislar para nós em todos e quaisquer casos.

Abdicou do governo aqui por declarar-nos fora de sua proteção e fazendo-nos guerra.

Saqueou os nossos mares, devastou as nossas costas, incendiou as nossas cidades e destruiu a vida do nosso povo.

Está, agora mesmo, a transportar grandes exércitos de mercenários estrangeiros para completar a obra de morte, desolação e tirania, já iniciada em circunstâncias de crueldade e perfídia raramente igualadas nas idades mais bárbaras e totalmente indignas do chefe de uma nação civilizada.

Obrigou os nossos concidadãos aprisionados no mar alto a tomarem armas contra a própria pátria, para que se tornassem algozes dos amigos e irmãos ou para que caíssem em suas mãos.

Provocou insurreições internas entre nós e procurou trazer contra os habitantes das fronteiras os índios selvagens e impiedosos, cuja regra sabida de guerra é a destruição sem distinção de idade, sexo e condições.

Em cada fase dessas opressões solicitamos reparação nos termos mais humildes; responderam a nossas petições apenas com repetido agravo. Um príncipe cujo carácter se assinala deste modo por todos os atos capazes de definir um tirano não está em condições de governar um povo livre.

Tampouco deixamos de chamar a atenção de nossos irmãos britânicos. De tempos em tempos, os advertimos sobre as tentativas do Legislativo deles de estender sobre nós uma jurisdição insustentável. Lembramos-lhes das circunstâncias de nossa migração e estabelecimento aqui. Apelamos para a justiça natural e para a magnanimidade, e conjuramo-los, pelos laços de nosso parentesco comum, a repudiarem essas usurpações que interromperiam, inevitavelmente, nossas ligações e a nossa correspondência. Permaneceram também surdos à voz da justiça e da consanguinidade. Temos, portanto de aceitar a necessidade de denunciar nossa separação e considerá-los, como consideramos o restante dos homens, inimigos na guerra e amigos na paz.

Nós, por conseguinte, representantes dos ESTADOS UNIDOS DA AMÉRICA, reunidos em CONGRESSO GERAL, apelando para o Juiz Supremo do mundo pela retidão das nossas intenções, em nome e por autoridade do bom povo destas colônias, publicamos e declaramos solenemente: que estas colônias unidas são e de direito têm de ser ESTADOS LIVRES E INDEPENDENTES; que estão desobrigados de qualquer vassalagem para com a Coroa Britânica, e que todo vínculo político entre elas e a Grã-Bretanha está e deve ficar totalmente dissolvido; e que, como ESTADOS LIVRES E INDEPENDENTES, têm inteiro poder para declarar a guerra, concluir a paz, contrair alianças, estabelecer comércio e praticar todos os atos e ações a que têm direito os estados independentes. E em apoio desta declaração, plenos de firme confiança na proteção da Divina Providência, empenhamos mutuamente nossas vidas, nossas fortunas e nossa sagrada honra.

CONSTITUIÇÃO AMERICANA

Estados Unidos da América, 1787

Nós, o povo dos Estados Unidos, a fim de formar uma União mais perfeita, estabelecer a justiça, assegurar a tranquilidade interna, prover a defesa comum, promover o bem-estar geral, e garantir para nós e para os nossos descendentes os benefícios da Liberdade, promulgamos e estabelecemos esta Constituição para os Estados Unidos da América.

ARTIGO I

Seção 1
Todos os poderes legislativos conferidos por esta Constituição serão confiados a um Congresso dos Estados Unidos, composto de um Senado e de uma Câmara de Representantes.

Seção 2
A Câmara dos Representantes será composta de membros eleitos bianualmente pelo povo dos diversos Estados, devendo os eleitores em cada Estado possuir as mesmas qualificações exigidas dos eleitores da Assembleia Legislativa mais numerosa do respectivo Estado.

Não será eleito Representante quem não tiver atingido a idade de vinte e cinco anos, não for há sete anos cidadão dos Estados Unidos, e não for, por ocasião da eleição, habitante do Estado que o eleger.

O número de Representantes, assim como os impostos diretos, serão fixados, para os diversos Estados que fizerem parte da União (segundo o número de habitantes, assim determinado: o número total de pessoas livres, incluídas as pessoas em estado de servidão por tempo determinado, e excluídos os índios não taxados, somar-se-ão três quintos da população restante).

O recenseamento será feito dentro de três anos depois da primeira sessão do Congresso dos Estados Unidos, e, em seguida, decenalmente, de acordo com as leis que se adotarem. O número de Representantes não excederá de um por 30.000 pessoas, mas cada Estado terá no mínimo um representante. Enquanto não se fizer o recenseamento, o Estado de New Hampshire terá o direito de eleger três representantes, Massachusetts oito, Rhode Island e Providence Plantations um, Connecticut cinco, Nova York seis, Nova Jersey quatro, Pensilvânia oito, Delaware um, Maryland seis, Virgínia dez, Carolina do Norte cinco, Carolina do Sul cinco, e Geórgia três.

Quando ocorrerem vagas na representação de qualquer Estado, o Poder Executivo desse Estado fará publicar editais de eleição para o seu preenchimento.

A Câmara dos Representantes elegerá o seu Presidente e demais membros da Mesa e exercerá, com exclusividade, o poder de indiciar por crime de responsabilidade (*impeachment*).

Seção 3
O Senado dos Estados Unidos será composto de dois Senadores de cada Estado, eleitos por seis anos pela respectiva Assembleia estadual, tendo cada Senador direito a um voto.

Logo após a reunião decorrente da primeira eleição, os Senadores dividir-se-ão em três grupos iguais, ou aproximadamente iguais. Decorridos dois anos ficarão vagas as cadeiras dos Senadores do primeiro grupo, as do segundo grupo findos quatro anos, e as do terceiro terminados seis anos, de modo a se fazer bianualmente a eleição de um terço do Senado. Se ocorrerem vagas, em virtude de renúncia, ou qualquer outra causa, durante o recesso da Assembleia estadual, o Executivo estadual poderá fazer nomeações provisórias até a reunião seguinte da Assembleia, que então preencherá as vagas.

Não será eleito Senador quem não tiver atingido a idade de trinta anos, não tiver sido por nove anos cidadão dos Estados Unidos, e não for, na ocasião da eleição, habitante do Estado que o eleger.

O vice-presidente dos Estados Unidos presidirá o Senado, mas não poderá votar, senão em caso de empate.

O Senado escolherá os demais membros da Mesa e também um Presidente *pro tempore*, na ausência do Vice-Presidente, ou quando este assumir o cargo de Presidente dos Estados Unidos.

Só o Senado poderá julgar os crimes de responsabilidade (*impeachment*). Reunidos para esse fim, os Senadores prestarão juramento ou compromisso. O julgamento do Presidente dos Estados Unidos será presidido pelo Presidente da Suprema Corte. E nenhuma pessoa será condenada a não ser pelo voto de dois terços dos membros presentes.

A pena nos crimes de responsabilidade não excederá a destituição da função e a incapacidade para exercer qualquer função pública, honorífica ou remunerada, nos Estados Unidos. O condenado estará sujeito, no entanto, a ser processado e julgado, de acordo com a lei.

Seção 4

A época, os locais e os processos de realizar eleições para Senadores e Representantes serão estabelecidos, em cada Estado, pela respectiva Assembleia; mas o Congresso poderá, a qualquer tempo, fixar ou alterar, por meio de lei, tais normas, salvo quanto ao local de eleição dos Senadores.

O Congresso se reunirá pelo menos uma vez por ano, e essa reunião se dará na primeira segunda-feira de dezembro, salvo se, por lei, for designado outro dia.

Seção 5
Cada uma das Câmaras será o juiz da eleição, votação, e qualificação de seus próprios membros, e em cada uma delas a maioria constituirá o *quorum* necessário para deliberar; mas um número menor poderá prorrogar a sessão, dia a dia, e poderá ser autorizado a compelir os membros ausentes a comparecerem, do modo e mediante as penalidades que cada uma das Câmaras estabelecer.

Cada uma das Câmaras é competente para organizar seu regimento interno, punir seus membros por conduta irregular, e, com o voto de dois terços, expulsar um de seus membros.

Cada uma das Câmaras lavrará atas de seus trabalhos e as publicará periodicamente, exceto nas partes que julgar conveniente conservar secretas; e os votos, pró e contra, dos membros de qualquer das Câmaras, sobre qualquer questão, a pedido de um quinto dos membros presentes serão consignados em ata.

Durante as sessões do Congresso, nenhuma das Câmaras poderá, sem o consentimento da outra, suspender os trabalhos por mais de três dias, ou realizá-los em local diferente daquele em que funcionam ambas as Câmaras.

Seção 6
Os Senadores e Representantes receberão, por seus serviços, remuneração estabelecida por lei e paga pelo Tesouro dos Estados Unidos. Durante as sessões, e na ida ou regresso delas, não poderão ser presos, a não ser por traição, crime comum ou perturbação da ordem pública. Fora do recinto das Câmaras, não terão obrigação de responder a interpelações acerca de seus discursos ou debates.

Nenhum Senador ou Representante poderá, durante o período para o qual foi eleito, ser nomeado para cargo público do Governo dos Estados Unidos que tenha sido criado ou cuja remuneração for aumentada nesse período; e nenhuma pessoa ocupando cargo no Governo dos Estados Unidos poderá ser membro de qualquer das Câmaras enquanto permanecer no exercício do cargo.

Seção 7
Todo projeto de lei relativo ao aumento da receita deve se iniciar na Câmara dos Representantes; o Senado, porém, poderá apresentar emendas, como nos demais projetos de lei.

Todo projeto de lei aprovado pela Câmara dos Representantes e pelo Senado deverá, antes de se tornar lei, ser remetido ao Presidente dos Estados Unidos. Se o aprovar, ele o assinará; se não, o devolverá acompanhado de suas objeções à Câmara em que teve origem; esta então fará constar em ata as objeções do Presidente, e submeterá o projeto a nova discussão. Se o projeto for mantido por maioria de dois terços dos membros dessa Câmara, será enviado, com as objeções, à outra Câmara, a qual também o discutirá novamente. Se obtiver dois terços dos votos dessa Câmara será considerado lei. Em ambas as Câmaras, os votos serão indicados pelo "Sim" ou "Não", consignando-se no livro de atas das respectivas Câmaras os nomes dos membros que votaram a favor ou contra o projeto de lei. Todo projeto que não for devolvido pelo Presidente no prazo de dez dias a contar da data de seu recebimento (excetuando-se os domingos) será considerado lei tal como se ele o tivesse assinado, a menos que o Congresso, suspendendo os trabalhos, torne impossível a devolução do projeto, caso em que este não passará a ser lei.

Toda ordem, resolução, ou voto, para o qual for necessária a anuência do Senado e da Câmara dos Representantes (salvo questões de suspensão das sessões), será apresentado ao Presidente dos Estados Unidos; e não entrará em vigor enquanto não for por ele aprovado. Se, porém, ele não o aprovar, serão precisos os votos de dois terços do Senado e da Câmara dos Representantes para entrar em vigor, conforme as regras e limitações previstas para os projetos de lei.

Seção 8
Será da competência do Congresso:
Lançar e arrecadar taxas, direitos, impostos e tributos, pagar dívidas e prover a defesa comum e o bem-estar geral dos Estados Unidos;

mas todos os direitos, impostos e tributos serão uniformes em todos os Estados Unidos;

Levantar empréstimos sobre o crédito dos Estados Unidos;

Regular o comércio com as nações estrangeiras, entre os diversos estados, e com as tribos indígenas;

Estabelecer uma norma uniforme de naturalização, e leis uniformes de falência para todo o país;

Cunhar moeda e regular o seu valor, bem como o das moedas estrangeiras, e estabelecer o padrão de pesos e medidas;

Tomar providências para a punição dos falsificadores de títulos públicos e da moeda corrente dos Estados Unidos;

Estabelecer agências e estradas para o serviço postal;

Promover o progresso da ciência e das artes úteis, garantindo, por tempo limitado, aos autores e inventores o direito exclusivo aos seus escritos ou descobertas;

Criar tribunais inferiores à Suprema Corte;

Definir e punir atos de pirataria e delitos cometidos em alto-mar, e as infrações ao direito das gentes;

Declarar guerra, expedir cartas de corso, e estabelecer regras para apresamentos em terra e no mar;

Organizar e manter exércitos, vedada, porém, a concessão de crédito para este fim por período de mais de dois anos;

Organizar e manter uma marinha de guerra;

Regulamentar a administração e disciplina das forças de terra e mar;

Regular a mobilização da guarda nacional (milícia) para garantir o cumprimento das leis da União, reprimir insurreições, e repelir invasões;

Promover a organização, armamento, e treinamento da guarda nacional, bem como a administração de parte dessa guarda que for empregada no serviço dos Estados Unidos, reservando-se aos Estados a nomeação dos oficiais e a obrigação de instruir a milícia de acordo com a disciplina estabelecida pelo Congresso;

Exercer o poder legiferante exclusivo no distrito (não excedente a dez milhas quadradas) que, cedido por determinados Estados e aceito pelo

Congresso, se torne a sede do Governo dos Estados Unidos, e exercer o mesmo poder em todas as áreas adquiridas com o consentimento da Assembleia do Estado em que estiverem situadas, para a construção de fortificações, armazéns, arsenais, estaleiros e outros edifícios necessários; e

Elaborar todas as leis necessárias e apropriadas ao exercício dos poderes acima especificados e dos demais que a presente Constituição confere ao Governo dos Estados Unidos, ou aos seus Departamentos e funcionários.

Seção 9
A migração ou a admissão de indivíduos, que qualquer dos Estados ora existentes julgar conveniente permitir, não será proibida pelo Congresso antes de 1808; mas sobre essa admissão poder-se-á lançar um imposto ou direito não superior a dez dólares por pessoa.

Não poderá ser suspenso o remédio do *habeas corpus*, exceto quando, em caso de rebelião ou de invasão, a segurança pública o exigir.

Não serão aprovados atos legislativos condenatórios sem o competente julgamento, assim como as leis penais com efeito retroativo.

Não será lançada capitação ou outra forma de imposto direto, a não ser na proporção do recenseamento da população segundo as regras anteriormente estabelecidas.

Não serão lançados impostos ou direitos sobre artigos importados por qualquer Estado.

Não se concederá preferência através de regulamento comercial ou fiscal, aos portos de um Estado sobre os de outro; nem poderá um navio, procedente ou destinado a um Estado, ser obrigado a aportar ou pagar direitos de trânsito ou alfândega em outro.

Dinheiro algum poderá ser retirado do Tesouro senão em consequência da dotação determinada em lei. Será publicado periodicamente um balanço de receita e despesa públicas.

Nenhum título de nobreza será conferido pelos Estados Unidos, e nenhuma pessoa, neles exercendo um emprego remunerado ou honorífico, poderá, sem licença do Congresso, aceitar dádivas, emolumentos, emprego, ou títulos de qualquer espécie, oferecidos por qualquer rei, príncipe, ou Estado estrangeiro.

Seção 10
Nenhum Estado poderá participar de tratado, aliança ou confederação; conceder cartas de corso; cunhar moeda; emitir títulos de crédito; autorizar, para pagamento de dívidas, o uso de qualquer coisa que não seja ouro e prata; votar leis de condenação sem julgamento, ou de caráter retroativo, ou que alterem as obrigações de contratos; ou conferir títulos de nobreza.

Nenhum Estado poderá, sem o consentimento do Congresso, lançar impostos ou direitos sobre a importação ou a exportação salvo os absolutamente necessários à execução de suas leis de inspeção; o produto líquido de todos os direitos ou impostos lançados por um Estado sobre a importação ou exportação pertencerá ao Tesouro dos Estados Unidos, e todas as leis dessa natureza ficarão sujeitas à revisão e controle do Congresso.

Nenhum Estado poderá, sem o consentimento do Congresso, lançar qualquer direito de tonelagem, manter em tempo de paz exércitos ou navios de guerra, concluir tratados ou alianças, quer com outro Estado, quer com potências estrangeiras, ou entrar em guerra, a menos que seja invadido ou esteja em perigo tão iminente que não admita demora.

ARTIGO II

Seção 1
O Poder Executivo será investido em um Presidente dos Estados Unidos da América. Seu mandato será de quatro anos, e, juntamente com o Vice-Presidente, escolhido para igual período, será eleito pela forma seguinte:

Cada Estado nomeará, de acordo com as regras estabelecidas por sua Legislatura, um número de eleitores igual ao número total de Senadores e Deputados a que tem direito no Congresso; todavia, nenhum Senador, Deputado, ou pessoa que ocupe um cargo federal remunerado ou honorífico poderá ser nomeado eleitor. Os eleitores se reunirão em seus respectivos Estados e votarão por escrutínio em duas pessoas, uma das quais, pelo menos, não será habitante do mesmo Estado, farão a lista das pessoas votadas e do número dos votos obtidos por cada um, e a enviarão firmada, autenticada e selada à Sede do Governo dos Estados Unidos, dirigida ao presidente do Senado. Este, na presença do Senado e da Câmara dos Representantes, procederá à abertura das listas e à contagem dos votos. Será eleito Presidente aquele que tiver obtido o maior número de votos, se esse número representar a maioria do total dos eleitores nomeados. No caso de mais de um candidato haver obtido essa maioria assim como número igual de votos, a Câmara dos Representantes elegerá imediatamente um deles, por escrutínio, para Presidente, mas se ninguém houver obtido maioria, a mesma Câmara elegerá, de igual modo, o Presidente dentre os cinco que houverem reunido maior número de votos. Nessa eleição do Presidente, porém, os votos serão tomados por Estados, cabendo um voto à representação de cada Estado. Para se estabelecer *quorum* necessário, deverão estar presentes um ou mais membros de dois terços dos Estados. Em qualquer caso, eleito o Presidente, o candidato que se seguir com o maior número de votos será o Vice-Presidente. Mas, se dois ou mais houverem obtido o mesmo número de votos, o Senado escolherá dentre eles, por escrutínio, o Vice-Presidente. (Este artigo foi substituído pela Emenda XII.) O Congresso pode fixar a época de escolha dos eleitores e o dia em que deverão votar; esse dia deverá ser o mesmo para todos os Estados Unidos. Não poderá ser candidato a Presidente quem não for cidadão nato, ou não for, ao tempo da adoção desta Constituição, cidadão dos Estados Unidos. Não poderá, igualmente, ser eleito para esse cargo quem não tiver trinta e cinco anos de idade e quatorze anos de residência nos Estados Unidos. No caso de destituição, morte, ou renúncia do Presidente, ou de incapacidade para exercer os poderes e obrigações de seu cargo, estes passarão ao Vice-Presidente. O Congresso poderá por lei, em caso de destituição, morte, renúncia, ou incapacidade tanto do Presidente quanto do Vice-Presidente, determinar o funcionário que deverá exercer o cargo de Presidente, até que cesse o impedimento ou seja eleito outro Presidente. Em épocas determinadas, o Presidente receberá por seus serviços uma remuneração que não poderá ser aumentada nem diminuída durante o período para o qual for eleito, e não receberá, durante esse período, nenhum emolumento dos Estados Unidos ou de qualquer dos Estados. Antes de entrar no exercício do cargo, fará o juramento ou afirmação seguinte: "Juro (ou afirmo) solenemente que desempenharei fielmente o cargo de Presidente dos Estados Unidos, e que da melhor maneira possível preservarei, protegerei e defenderei a Constituição dos Estados Unidos."

Seção 2
O Presidente será o chefe supremo do Exército e da Marinha dos Estados Unidos, e também da Milícia dos diversos estados, quando convocadas ao serviço ativo dos Estados Unidos. Poderá pedir a opinião, por escrito, do chefe de cada uma das secretarias do Executivo sobre assuntos relativos às respectivas atribuições. Terá o poder de indulto e de graça por delitos contra os Estados Unidos, exceto nos casos de *impeachment*.

Ele poderá, mediante parecer e aprovação do Senado, concluir tratados, desde que dois terços dos senadores presentes assim o decidam. Nomeará, mediante o parecer e aprovação do Senado, os embaixadores e outros ministros e cônsules, juízes do Supremo Tribunal, e todos os funcionários dos Estados Unidos cujos cargos, criados por lei, não têm nomeação prevista nesta Constituição. O Congresso poderá, por lei, atribuir ao Presidente, aos tribunais de justiça, ou aos chefes das secretarias a nomeação dos funcionários subalternos, conforme julgar conveniente.

O Presidente poderá preencher as vagas ocorridas durante o recesso do Senado, fazendo nomeações que expirarão no fim da sessão seguinte.

Seção 3
O Presidente deverá prestar ao Congresso, periodicamente, informações sobre o estado da União, fazendo ao mesmo tempo as recomendações

que julgar necessárias e convenientes. Poderá, em casos extraordinários, convocar ambas as Câmaras, ou uma delas, e, havendo entre elas divergências sobre a época da suspensão dos trabalhos, poderá suspender as sessões até a data que julgar conveniente. Receberá os embaixadores e outros diplomatas; zelará pelo fiel cumprimento das leis, e conferirá as patentes aos oficiais dos Estados Unidos.

Seção 4
O Presidente, o Vice-Presidente, e todos os funcionários civis dos Estados Unidos serão afastados de suas funções quando indiciados e condenados por traição, suborno, ou outros delitos ou crimes graves.

ARTIGO III

Seção 1
O Poder Judiciário dos Estados Unidos será investido em uma Suprema Corte e nos tribunais inferiores que forem oportunamente estabelecidos por determinações do Congresso. Os juízes, tanto da Suprema Corte como dos tribunais inferiores, conservarão seus cargos enquanto bem servirem, e perceberão por seus serviços uma remuneração que não poderá ser diminuída durante a permanência no cargo.

Seção 2
A competência do Poder Judiciário se estenderá a todos os casos de aplicação da Lei e da Equidade ocorridos sob a presente Constituição, as leis dos Estados Unidos, e os tratados concluídos ou que se concluírem sob sua autoridade; a todos os casos que afetem os embaixadores, outros ministros e cônsules; a todas as questões do almirantado e de jurisdição marítima; às controvérsias em que os Estados Unidos sejam parte; às controvérsias entre dois ou mais Estados, entre um Estado e cidadãos de outro Estado, entre cidadãos de diferentes Estados, entre cidadãos do mesmo Estado reivindicando terras em virtude de concessões feitas por outros Estados,

enfim, entre um Estado, ou os seus cidadãos, e potências, cidadãos, ou súditos estrangeiros.

Em todas as questões relativas a embaixadores, outros ministros e cônsules, e naquelas em que se achar envolvido um Estado, a Suprema Corte exercerá jurisdição originária. Nos demais casos supracitados, a Suprema Corte terá jurisdição em grau de recurso, pronunciando-se tanto sobre os fatos como sobre o direito, observando as exceções e normas que o Congresso estabelecer.

O julgamento de todos os crimes, exceto em casos de *impeachment*, será feito por júri, tendo lugar o julgamento no mesmo Estado em que houverem ocorrido os crimes; e, se não houverem ocorrido em nenhum dos Estados, o julgamento terá lugar na localidade que o Congresso designar por lei.

Seção 3
A traição contra os Estados Unidos consistirá, unicamente, em levantar armas contra eles, ou coligar-se com seus inimigos, prestando-lhes auxílio e apoio. Ninguém será condenado por traição se não mediante o depoimento de duas testemunhas sobre o mesmo ato, ou mediante confissão em sessão pública do tribunal.

O Congresso terá o poder de fixar a pena por crime de traição, mas não será permitida a morte civil ou o confisco de bens, a não ser durante a vida do condenado.

ARTIGO IV

Seção 1
Em cada Estado se dará inteira fé e crédito aos atos públicos, registros e processos judiciários de todos os outros Estados. E o Congresso poderá, por leis gerais, prescrever a maneira pela qual esses atos, registros e processos devam ser provados, e os efeitos que possam produzir.

Seção 2
Os cidadãos de cada Estado terão direito nos demais Estados a todos os privilégios e imunidades que estes concederem aos seus próprios cidadãos.

A pessoa acusada em qualquer Estado por crime de traição, ou outro delito, que se evadir à justiça e for encontrada em outro Estado, será, a pedido da autoridade executiva do Estado de onde tiver fugido, presa e entregue ao Estado que tenha jurisdição sobre o crime.

Nenhuma pessoa sujeita a regime servil sob as leis de um Estado que se evadir para outro Estado poderá, em virtude de lei ou normas deste, ser libertada de sua condição, mas será devolvida, mediante pedido, à pessoa a que estiver submetida.

Seção 3
O Congresso pode admitir novos Estados à União, mas não se poderá formar ou criar um novo Estado dentro da Jurisdição de outro; nem se poderá formar um novo Estado pela união de dois ou mais Estados, ou de partes de Estados, sem o consentimento das legislaturas dos Estados interessados, assim como o do Congresso.

O Congresso poderá dispor do território e de outras propriedades pertencentes ao Governo dos Estados Unidos, e quanto a eles baixar leis e regulamentos. Nenhuma disposição desta Constituição se interpretará de modo a prejudicar os direitos dos Estados Unidos ou de qualquer dos Estados.

Seção 4
Os Estados Unidos garantirão a cada Estado desta União a forma republicana de governo e defendê-lo-ão contra invasões; e, a pedido da Legislatura, ou do Executivo, estando aquela impossibilitada de se reunir, o defenderão em casos de comoção interna.

ARTIGO V

Sempre que dois terços dos membros de ambas as Câmaras julgarem necessário, o Congresso proporá emendas a esta Constituição, ou, se as legislaturas de dois terços dos Estados o pedirem, convocará uma convenção para propor emendas, que, em um e outro caso, serão válidas para todos os efeitos como parte desta Constituição, se forem ratificadas pelas legislaturas de três quartos dos Estados ou por convenções reunidas para este fim em três quartos deles, propondo o Congresso uma ou outra dessas maneiras de ratificação. Nenhuma emenda poderá, antes do ano de 1808, afetar de qualquer forma as cláusulas primeira e quarta da Seção 9, do Artigo I, e nenhum Estado poderá ser privado, sem seu consentimento, de sua igualdade de sufrágio no Senado.

ARTIGO VI

Todas as dívidas e compromissos contraídos antes da adoção desta Constituição serão tão válidos contra os Estados Unidos sob o regime desta Constituição, como o eram durante a Confederação.

Esta Constituição e as leis complementares e todos os tratados já celebrados ou por celebrar sob a autoridade dos Estados Unidos constituirão a lei suprema do país; os juízes de todos os Estados serão sujeitos a ela, ficando sem efeito qualquer disposição em contrário na Constituição ou nas leis de qualquer dos Estados.

Os Senadores e Representantes acima mencionados, os membros das legislaturas dos diversos Estados, e todos os funcionários do Poder Executivo e do Judiciário, tanto dos Estados Unidos como dos diferentes Estados, obrigar-se-ão por juramento ou declaração a defender esta Constituição. Nenhum requisito religioso poderá ser erigido como condição para a nomeação para cargo público.

ARTIGO VII

A ratificação, por parte das convenções de nove Estados, será suficiente para a adoção desta Constituição nos Estados que a tiverem ratificado.

Dado em Convenção, com a aprovação unânime dos Estados presentes, a 17 de setembro do ano de Nosso Senhor de 1787, e décimo segundo da Independência dos Estados Unidos. Em testemunho do que, assinamos abaixo os nossos nomes.

BILL OF RIGHTS

Estados Unidos da América, 1791

EMENDA I
O Congresso não legislará no sentido de estabelecer uma religião, ou proibindo o livre exercício dos cultos; ou cerceando a liberdade de palavra, ou de imprensa, ou o direito do povo de se reunir pacificamente, e de dirigir ao Governo petições para a reparação de seus agravos.

EMENDA II
Sendo necessária à segurança de um Estado livre a existência de uma milícia bem organizada, o direito do povo de possuir e usar armas não poderá ser impedido.

EMENDA III
Nenhum soldado poderá, em tempo de paz, instalar-se em um imóvel sem autorização do proprietário, nem em tempo de guerra, senão na forma a ser prescrita em lei.

EMENDA IV
O direito do povo à inviolabilidade de suas pessoas, casas, papéis e haveres contra busca e apreensão arbitrárias não poderá ser infringido; e nenhum mandado será expedido a não ser mediante indícios de cul-

pabilidade confirmados por juramento ou declaração, e particularmente com a descrição do local da busca e a indicação das pessoas ou coisas a serem apreendidas.

EMENDA V
Ninguém será detido para responder por crime capital, ou outro crime infamante, salvo por denúncia ou acusação perante um Grande Júri, exceto em se tratando de casos que, em tempo de guerra ou de perigo público, ocorram nas forças de terra ou mar, ou na milícia, durante serviço ativo; ninguém poderá pelo mesmo crime ser duas vezes ameaçado em sua vida ou saúde; nem ser obrigado em qualquer processo criminal a servir de testemunha contra si mesmo; nem ser privado da vida, liberdade, ou bens, sem processo legal; nem a propriedade privada poderá ser expropriada para uso público, sem justa indenização.

EMENDA VI
Em todos os processos criminais, o acusado terá direito a um julgamento rápido e público, por um júri imparcial do Estado e distrito onde o crime houver sido cometido, distrito esse que será previamente estabelecido por lei, e de ser informado sobre a natureza e a causa da acusação; de ser acareado com as testemunhas de acusação; de fazer comparecer por meios legais testemunhas da defesa, e de ser defendido por um advogado.

EMENDA VII
Nos processos de direito consuetudinário, quando o valor da causa exceder vinte dólares, será garantido o direito de julgamento por júri, cuja decisão não poderá ser revista por qualquer tribunal dos Estados Unidos senão de acordo com as regras do direito costumeiro.

EMENDA VIII
Não poderão ser exigidas fianças exageradas, nem impostas multas excessivas ou penas cruéis ou incomuns.

EMENDA IX
A enumeração de certos direitos na Constituição não poderá ser interpretada como negando ou coibindo outros direitos inerentes ao povo.

EMENDA X
Os poderes não delegados aos Estados Unidos pela Constituição, nem por ela negados aos Estados, são reservados aos Estados ou ao povo.

Declaração dos Direitos do Homem e do Cidadão

França, 1789

Os representantes do povo francês, constituídos em Assembleia Nacional, considerando que a ignorância, o esquecimento ou o desprezo dos direitos do homem são as únicas causas das infelicidades públicas e da corrupção dos governos, resolveram expor, numa Declaração solene, os direitos naturais, inalienáveis e sagrados do homem, a fim de que esta Declaração, constantemente presente a todos os membros do corpo social, lhes lembre sem cessar seus direitos e deveres; de modo que seus atos do poder legislativo e do poder executivo, podendo ser a qualquer momento confrontados com o fim de toda instituição política, sejam mais respeitados, para que as reclamações dos cidadãos, fundamentadas em geral em princípios simples e incontestáveis, voltem-se sempre para a manutenção da Constituição e a felicidade geral.

Por conseguinte, a Assembleia Nacional reconhece e declara, em presença e sob os auspícios do Ser supremo, os seguintes direitos do homem e do cidadão:

Art. 1º. Os homens nascem e vivem livres e iguais em direitos. As diferenças sociais só podem ser fundamentadas no interesse comum.

Art. 2º. O fim de toda associação política é a conservação dos direitos naturais e imprescritíveis do homem. Esses direitos são a liberdade, a propriedade, a segurança e a resistência à opressão.

Art. 3º. O princípio de toda Soberania reside essencialmente na Nação. Nenhuma instituição nem nenhum indivíduo pode exercer autoridade que não emane expressamente dela.

Art. 4º. A liberdade consiste em poder fazer tudo que não prejudique outro: assim, o exercício dos direitos naturais de cada homem tem como única baliza a que assegura aos outros membros da sociedade o gozo dos mesmos direitos. Essas balizas só podem ser determinadas pela Lei.

Art. 5º. A lei só pode proibir as ações prejudiciais à sociedade. Tudo o que não for proibido por lei não pode ser impedido, e ninguém pode ser constrangido a fazer o que ela não ordena.

Art. 6º. A lei é a expressão da vontade geral. Todos os cidadãos têm o direito de concorrer para sua formação, pessoalmente ou através de seus representantes. Ela deve ser a mesma para todos, seja aos que protege, seja aos que pune. Todos os cidadãos sendo iguais aos seus olhos são igualmente admissíveis a todas as dignidades, lugares e empregos públicos, segundo sua capacidade e sem outra distinção, além de suas virtudes e seus talentos.

Art. 7º. Nenhum homem pode ser acusado, preso ou detido senão quando assim determinado pela lei e de acordo com as formas que ela prescreveu. Os que solicitam, expedem, executam ou fazem executar ordens arbitrárias devem ser punidos. Mas todo homem intimado ou convocado em nome da lei deve obedecer imediatamente: ele se torna culpado pela resistência.

Art. 8º. A lei só deve estabelecer penas estrita e evidentemente necessárias e ninguém pode ser punido senão em virtude de uma lei estabelecida e promulgada anteriormente ao delito e legalmente aplicada.

Art. 9º. Todo homem é presumido inocente até ser declarado culpado. No caso de se julgar indispensável sua prisão, qualquer excesso desnecessário para se assegurar de sua pessoa deve ser severamente reprimido pela lei.

Art. 10º. Ninguém deve ser perseguido por suas opiniões, mesmo religiosas, desde que sua manifestação não atrapalhe a ordem pública estabelecida pela lei.

Art. 11º. A livre comunicação dos pensamentos e opiniões é um dos direitos mais preciosos do homem: todo cidadão pode, portanto, falar, escrever, imprimir livremente, embora deva responder pelo abuso dessa liberdade nos casos determinados pela lei.

Art. 12º. A garantia dos direitos do homem e do cidadão necessita de uma força pública: essa força é, portanto, instituída para o benefício de todos e não para a utilidade particular daqueles a quem ela está confiada.

Art. 13º. Para a manutenção da força pública e para as despesas da administração, uma contribuição comum é indispensável: ela deve ser igualmente repartida entre todos os cidadãos, de acordo com suas faculdades.

Art. 14º. Os cidadãos têm o direito de constatar, por si mesmos ou por seus representantes, a necessidade da contribuição pública, de consenti-la livremente e de vigiar seu emprego, de determinar sua quota, lançamento, recuperação e duração.

Art. 15º. A sociedade tem o direito de pedir contas de sua administração a todos os agentes do poder público.

Art. 16º. Toda a sociedade onde a garantia dos direitos não está assegurada, nem a separação dos poderes determinada, não tem Constituição.

Art. 17º. Sendo a propriedade um direito inviolável e sagrado, ninguém pode ser dele privado senão quando a necessidade pública, legalmente constatada, assim o exija evidentemente, e sob a condição de uma justa e prévia indenização.

Declaração Universal dos Direitos Humanos

Assembleia Geral das Nações Unidas, 10 de dezembro de 1948

Preâmbulo
Considerando que o reconhecimento da dignidade inerente a todos os membros da família humana e de seus direitos iguais e inalienáveis é o fundamento da liberdade, da justiça e da paz no mundo,
Considerando que o desprezo e o desrespeito pelos direitos humanos resultaram em atos bárbaros que ultrajaram a consciência da humanidade e que o advento de um mundo em que mulheres e homens gozem de liberdade de palavra, de crença e da liberdade de viverem a salvo do temor e da necessidade foi proclamado como a mais alta aspiração do ser humano comum,
Considerando ser essencial que os direitos humanos sejam protegidos pelo império da lei, para que o ser humano não seja compelido, como último recurso, à rebelião contra a tirania e a opressão,
Considerando ser essencial promover o desenvolvimento de relações amistosas entre as nações,
Considerando que os povos das Nações Unidas reafirmaram, na Carta, sua fé nos direitos fundamentais do ser humano, na dignidade e no valor da pessoa humana e na igualdade de direitos do homem e da mulher e que decidiram promover o progresso social e melhores condições de vida em uma liberdade mais ampla,

Considerando que os Países-Membros se comprometeram a promover, em cooperação com as Nações Unidas, o respeito universal aos direitos e liberdades fundamentais do ser humano e a observância desses direitos e liberdades,

Considerando que uma compreensão comum desses direitos e liberdades é da mais alta importância para o pleno cumprimento desse compromisso,

Agora portanto a Assembleia Geral proclama a presente Declaração Universal dos Direitos Humanos como o ideal comum a ser atingido por todos os povos e todas as nações, com o objetivo de que cada indivíduo e cada órgão da sociedade, tendo sempre em mente esta Declaração, esforce-se, por meio do ensino e da educação, por promover o respeito a esses direitos e liberdades, e, pela adoção de medidas progressivas de caráter nacional e internacional, por assegurar o seu reconhecimento e a sua observância universais e efetivos, tanto entre os povos dos próprios Países-Membros quanto entre os povos dos territórios sob sua jurisdição.

ARTIGO 1

Todos os seres humanos nascem livres e iguais em dignidade e direitos. São dotados de razão e consciência e devem agir em relação uns aos outros com espírito de fraternidade.

ARTIGO 2

1. Todo ser humano tem capacidade para gozar os direitos e as liberdades estabelecidos nesta Declaração, sem distinção de qualquer espécie, seja de raça, cor, sexo, língua, religião, opinião política ou de outra natureza, origem nacional ou social, riqueza, nascimento, ou qualquer outra condição.

2. Não será também feita nenhuma distinção fundada na condição política, jurídica ou internacional do país ou território a que pertença

uma pessoa, quer se trate de um território independente, sob tutela, sem governo próprio, quer sujeito a qualquer outra limitação de soberania.

ARTIGO 3
Todo ser humano tem direito à vida, à liberdade e à segurança pessoal.

ARTIGO 4
Ninguém será mantido em escravidão ou servidão; a escravidão e o tráfico de escravos serão proibidos em todas as suas formas.

ARTIGO 5
Ninguém será submetido à tortura, nem a tratamento ou castigo cruel, desumano ou degradante.

ARTIGO 6
Todo ser humano tem o direito de ser, em todos os lugares, reconhecido como pessoa perante a lei.

ARTIGO 7
Todos são iguais perante a lei e têm direito, sem qualquer distinção, a igual proteção da lei. Todos têm direito a igual proteção contra qualquer discriminação que viole a presente Declaração e contra qualquer incitamento a tal discriminação.

ARTIGO 8
Todo ser humano tem direito a receber dos tribunais nacionais competentes remédio efetivo para os atos que violem os direitos fundamentais que lhe sejam reconhecidos pela constituição ou pela lei.

ARTIGO 9
Ninguém será arbitrariamente preso, detido ou exilado.

ARTIGO 10

Todo ser humano tem direito, em plena igualdade, a uma justa e pública audiência por parte de um tribunal independente e imparcial, para decidir seus direitos e deveres ou fundamento de qualquer acusação criminal contra ele.

ARTIGO 11

1. Todo ser humano acusado de um ato delituoso tem o direito de ser presumido inocente até que a sua culpabilidade tenha sido provada de acordo com a lei, em julgamento público no qual lhe tenham sido asseguradas todas as garantias necessárias à sua defesa.

2. Ninguém poderá ser culpado por qualquer ação ou omissão que, no momento, não constituíam delito perante o direito nacional ou internacional. Também não será imposta pena mais forte de que aquela que, no momento da prática, era aplicável ao ato delituoso.

ARTIGO 12

Ninguém será sujeito à interferência na sua vida privada, na sua família, no seu lar ou na sua correspondência, nem a ataque à sua honra e reputação. Todo ser humano tem direito à proteção da lei contra tais interferências ou ataques.

ARTIGO 13

1. Todo ser humano tem direito à liberdade de locomoção e residência dentro das fronteiras de cada Estado.

2. Todo ser humano tem o direito de deixar qualquer país, inclusive o próprio e a esse regressar.

ARTIGO 14

1. Todo ser humano, vítima de perseguição, tem o direito de procurar e de gozar asilo em outros países.

2. Esse direito não pode ser invocado em caso de perseguição legitimamente motivada por crimes de direito comum ou por atos contrários aos objetivos e princípios das Nações Unidas.

ARTIGO 15
1. Todo ser humano tem direito a uma nacionalidade.
2. Ninguém será arbitrariamente privado de sua nacionalidade, nem do direito de mudar de nacionalidade.

ARTIGO 16
1. Os homens e mulheres de maior idade, sem qualquer restrição de raça, nacionalidade ou religião, têm o direito de contrair matrimônio e fundar uma família. Gozam de iguais direitos em relação ao casamento, sua duração e sua dissolução.
2. O casamento não será válido senão com o livre e pleno consentimento dos nubentes.
3. A família é o núcleo natural e fundamental da sociedade e tem direito à proteção da sociedade e do Estado.

ARTIGO 17
1. Todo ser humano tem direito à propriedade, só ou em sociedade com outros.
2. Ninguém será arbitrariamente privado de sua propriedade.

ARTIGO 18
Todo ser humano tem direito à liberdade de pensamento, consciência e religião; esse direito inclui a liberdade de mudar de religião ou crença e a liberdade de manifestar essa religião ou crença pelo ensino, pela prática, pelo culto em público ou em particular.

ARTIGO 19
Todo ser humano tem direito à liberdade de opinião e expressão; esse direito inclui a liberdade de, sem interferência, ter opiniões e de procurar, receber e transmitir informações e ideias por quaisquer meios e independentemente de fronteiras.

ARTIGO 20
1. Todo ser humano tem direito à liberdade de reunião e associação pacífica.
2. Ninguém pode ser obrigado a fazer parte de uma associação.

ARTIGO 21
1. Todo ser humano tem o direito de tomar parte no governo de seu país diretamente ou por intermédio de representantes livremente escolhidos.
2. Todo ser humano tem igual direito de acesso ao serviço público do seu país.
3. A vontade do povo será a base da autoridade do governo; essa vontade será expressa em eleições periódicas e legítimas, por sufrágio universal, por voto secreto ou processo equivalente que assegure a liberdade de voto.

ARTIGO 22
Todo ser humano, como membro da sociedade, tem direito à segurança social, à realização pelo esforço nacional, pela cooperação internacional e de acordo com a organização e recursos de cada Estado, dos direitos econômicos, sociais e culturais indispensáveis à sua dignidade e ao livre desenvolvimento da sua personalidade.

ARTIGO 23
1. Todo ser humano tem direito ao trabalho, à livre escolha de emprego, a condições justas e favoráveis de trabalho e à proteção contra o desemprego.

2. Todo ser humano, sem qualquer distinção, tem direito a igual remuneração por igual trabalho.

3. Todo ser humano que trabalha tem direito a uma remuneração justa e satisfatória que lhe assegure, assim como à sua família, uma existência compatível com a dignidade humana e a que se acrescentarão, se necessário, outros meios de proteção social.

4. Todo ser humano tem direito a organizar sindicatos e a neles ingressar para proteção de seus interesses.

ARTIGO 24

Todo ser humano tem direito a repouso e lazer, inclusive a limitação razoável das horas de trabalho e a férias remuneradas periódicas.

ARTIGO 25

1. Todo ser humano tem direito a um padrão de vida capaz de assegurar a si e à sua família saúde, bem-estar, inclusive alimentação, vestuário, habitação, cuidados médicos e os serviços sociais indispensáveis e direito à segurança em caso de desemprego, doença invalidez, viuvez, velhice ou outros casos de perda dos meios de subsistência em circunstâncias fora de seu controle.

2. A maternidade e a infância têm direito a cuidados e assistência especiais. Todas as crianças, nascidas dentro ou fora do matrimônio, gozarão da mesma proteção social.

ARTIGO 26

1. Todo ser humano tem direito à instrução. A instrução será gratuita, pelo menos nos graus elementares e fundamentais. A instrução elementar será obrigatória. A instrução técnico-profissional será acessível a todos, bem como a instrução superior, esta baseada no mérito.

2. A instrução será orientada no sentido do pleno desenvolvimento da personalidade humana e do fortalecimento do respeito pelos direitos

do ser humano e pelas liberdades fundamentais. A instrução promoverá a compreensão, a tolerância e a amizade entre todas as nações e grupos raciais ou religiosos e coadjuvará as atividades das Nações Unidas em prol da manutenção da paz.

3. Os pais têm prioridade de direito na escolha do gênero de instrução que será ministrada a seus filhos.

ARTIGO 27

1. Todo ser humano tem o direito de participar livremente da vida cultural da comunidade, de fruir as artes e de participar do progresso científico e de seus benefícios.

2. Todo ser humano tem direito à proteção dos interesses morais e materiais decorrentes de qualquer produção científica literária ou artística da qual seja autor.

ARTIGO 28

Todo ser humano tem direito a uma ordem social e internacional em que os direitos e liberdades estabelecidos na presente Declaração possam ser plenamente realizados.

ARTIGO 29

1. Todo ser humano tem deveres para com a comunidade, na qual o livre e pleno desenvolvimento de sua personalidade é possível.

2. No exercício de seus direitos e liberdades, todo ser humano estará sujeito apenas às limitações determinadas pela lei, exclusivamente com o fim de assegurar o devido reconhecimento e respeito dos direitos e liberdades de outrem e de satisfazer as justas exigências da moral, da ordem pública e do bem-estar de uma sociedade democrática.

3. Esses direitos e liberdades não podem, em hipótese alguma, ser exercidos contrariamente aos objetivos e princípios das Nações Unidas.

ARTIGO 30
Nenhuma disposição da presente Declaração pode ser interpretada como o reconhecimento a qualquer Estado, grupo ou pessoa, do direito de exercer qualquer atividade ou praticar qualquer ato destinado à destruição de quaisquer dos direitos e liberdades aqui estabelecidos.

Bibliografia

ACEMOGLU, Daron; ROBINSON, James. *Por que as nações fracassam: as origens do poder, da prosperidade e da pobreza*. Rio de Janeiro: Elsevier, 2012.

ACKROYD, Peter. *Rebellion: The History of England from James I to the Glorious Revolution*. Nova York: Thomas Dunne Books, 2014. (The History of England, 3).

_____. *Revolution: The History of England from the Battle of the Boyne to the Battle of Waterloo*. Nova York: Thomas Dunne Books, 2017. (The History of England, 4).

ADAMS, James Truslow. *A epopeia americana*. São Paulo: Companhia Editora Nacional, 1940.

AHRENS, Enrique. *Historia del derecho*. Buenos Aires: Editorial Albatros, 1945.

ALIGHIERI, Dante. *A divina comédia*. Tradução de Cristiano Martins. Belo Horizonte: Itatiaia, 1984. 2 v.

ALMOND, Mark. *O livro de ouro das revoluções*. Rio de Janeiro: Ediouro, 2011.

AMSTRONG, Karen. *Fields of Blood: Religion and the History of Violence*. Nova York: Anchor Books, 2014.

APTHEKER, Herbert. *Uma nova história dos Estados Unidos: a era colonial*. Rio de Janeiro: Civilização Brasileira, 1967.

AQUINAS, Thomas. Question 90: Of the First Production of Man's Soul. In: *Summa Theologica*. Disponível em: <www.sacred-texts.com/chr/aquinas/summa>. Acesso em: 14 fev. 2018.

AQUINO, Rubim Santos Leão de *et al*. *História das sociedades*. 19. ed. Rio de Janeiro: Ao Livro Técnico, 1989.

ARANA, Marie. *Bolívar: o libertador da América*. São Paulo: Três Estrelas, 2015.

ARAÚJO, Ana Cristina. *José Bonifácio inconformado*. In: FIGUEIREDO, Luciano (Org.). *História do Brasil para ocupados*. Rio de Janeiro: Casa da Palavra, 2013.

ARENDT, Hannah. *Sobre a revolução*. São Paulo: Companhia das Letras, 2011.

_____. *A condição humana*. 11. ed. Rio de Janeiro: Forense Universitária, 2010.

ARISTÓTELES. *Ética a Nicômaco*. 3. ed. Brasília: Editora UnB, 1999.

_____. *The Ethics of Aristotle*. Middlesex: Penguin, 1956.

AXELROD, Alan. *Profiles in Audacity: Great Decisions and How They Were Made*. Nova York: Sterling, 2006.

BACON, Francis. *Of Judicature*. In: ROBBINS, Sara (Org.). *Law: A Treasury of Art and Literature*. Nova York: Beaux Arts Edition, 1990.

BAILYN, Bernard. *To Begin the World Anew: The Genius and Ambiguities of the American Founders*. Nova York: Vintage Books, 2003.

BAKER, Leonard. *John Marshall: A Life in Law*. Nova York: Collier Macmillan Publishers, 1974.

BARBOSA, Rui. *Oração aos moços*. 5. ed. Rio de Janeiro: Casa de Rui Barbosa, 1999.

_____. *Réplica do senador Ruy Barbosa às defesas da redacção do projeto da Câmara dos Deputados*. Rio de Janeiro: Separata das Pandectas Brasileiras, 1902.

_____. *Tribuna judiciária*. Rio de Janeiro: Casa de Rui Barbosa, 1958. (*Obras Seletas de Rui Barbosa, 9*).

BARZUN, Jacques. *From Dawn to Decadence: 1500 to the Present: 500 Years of Western Cultural Life*. Nova York: Harper Perennial, 2000.

BAUMAN, Zygmunt. *Legisladores e intérpretes: sobre modernidade, pós-modernidade e intelectuais*. Rio de Janeiro: Zahar, 2010.

_____. *44 cartas do mundo líquido moderno*. Rio de Janeiro: Zahar, 2011.

BEARD, Mary. *SPQR: uma história da Roma Antiga*. São Paulo: Planeta, 2017.

BEEMAN, Richard. *The Penguin Guide to the United States Constitution*. Nova York: Penguin, 2010.

BERNAND, Carmen *et al*. *História do Novo Mundo*. São Paulo: EdUSP, 1997.

BERNSTEIN, William J. *Uma breve história da riqueza*. São Paulo: Fundamento, 2015.

BERTIN, Claude (Coord.). *O fim de um reinado: Maria Stuart; Carlos I*. Rio de Janeiro, São Paulo: Otto Pierre Editores, 1978. (Os Grandes Julgamentos da História, 16).

_____. *Os processos da intolerância: Templários; Calas*. Lisboa: Amigos do Livro, [19--]. (Os Grandes Julgamentos da História, 7).

_____. *Os processos revolucionários:* Luís XVI; Danton. São Paulo: Otto Pierre Editores, 1978. (Os Grandes Julgamentos da História, 6.)

BETHENCOURT, Francisco. *História das inquisições*. São Paulo: Companhia das Letras, 2000.

BLOCH, Marc. *Feudal Society*. Londres: The Folio Society, 2012.

BLOOM, Harold. *Onde encontrar a sabedoria?* Rio de Janeiro: Objetiva, 2004.

BLUCHE, Frédéric *et al*. *Revolução Francesa*. Porto Alegre: L&PM, 2009.

BOBBIO, Norberto. *A era dos direitos*. Rio de Janeiro: Campus, 1992.

_____. *Igualdade e liberdade*. Rio de Janeiro: Ediouro, 1996.

_____. *Teoria geral da política*: a filosofia política e as lições dos clássicos. Rio de Janeiro: Campus, 2000.

BONFANTE, Pietro. *Histoire du droit romain*. Paris: Recueil Sirey, 1928. t. 1.

BONNEFON, Charles. *História da Alemanha*. São Paulo: Companhia Editora Nacional, 1945.

BOOTH, Mark. *The Secret History of the World*. Nova York: The Overlook Press, 2008.

BORDEWICH, Fergus M. *The First Congress: How James Madison, George Washington and a Group of Extraordinary Men Invented the Government*. Nova York: Simon & Schuster, 2016.

BRAUDEL, Fernand. *Memórias do Mediterrâneo: Pré-história e Antiguidade*. Lisboa: Terramar, 2001.

BRETONE, Mario. *Histoire du droit romain*. Paris: Delga, 2016.

BRIGGS, Asa; BURKE, Peter. *Uma história social da mídia: de Gutenberg à internet*. 3. ed. Rio de Janeiro: Zahar, 2016.

BRINTON, Clarence Crane. *Anatomía de la revolución*. México: Fondo de Cultura Económica, 1942.

BUARQUE DE HOLANDA, Sérgio. *Raízes do Brasil*. 17. ed. Rio de Janeiro: José Olympio, 1984.

BUENO, Eduardo. *Brasil, uma história: cinco séculos de um país em construção*. São Paulo: Leya, 2010.

_____. *A coroa, a cruz e a espada*: lei, ordem e corrupção no Brasil. Rio de Janeiro: Estação Brasil, 2016.

BUNTING, Chris. *Por que as revoluções acontecem?* In: SWAIN, Harriet (Org.). *Grandes questões da história*. Rio de Janeiro: José Olympio, 2005.

BURCKHARDT, Jacob. *Judgments on History and Historians*. Londres: Routledge, 2007.

BURKE, Peter. *O que é história cultural?* 2. ed. Rio de Janeiro: Zahar, 2008.

_____. *História e teoria social*. 2. ed. São Paulo: Editora Unesp, 2012.

BUSTAMANTE Y SIRVÉN, Antonio Sánchez de. *Derecho Internacional Público*. Havana: Carasa y Cía, 1933. t. 1.

CAHN, Edmond. *Supreme Court and Supreme Law*. Nova York: Clarion, 1971.

CALDEIRA, Jorge. *101 brasileiros que fizeram história*. Rio de Janeiro: Estação Brasil, 2016.

_____. *História do Brasil com empreendedores*. São Paulo: Mameluco, 2009.

CALMON, Pedro. *História do Brasil*. Rio de Janeiro: José Olympio, 1959. v. 5.

CAMBACÉRÈS, Jean-Jacques-Régis de. *Rapport fait à la Convention Nationale*. In: FENET, Pierre-Antoine. *Recueil complet des travaux préparatoires du Code civil*. Osnabruque: Otto Zeller, 1968. Reimpressão da edição de 1827. t. 1.

CANOTILHO, José Joaquim Gomes. *Estado de direito*. Lisboa: Fundação Mario Soares, 1999.

CANTOR, Norman F. *The Civilization of the Middle Ages*. Nova York: HarperCollins, 1993.

CARLYLE, Thomas. *História da Revolução Francesa*. 2. ed. São Paulo: Melhoramentos, 1961.

CARVALHO NETO, Antônio Manoel de. *Advogados: como aprendemos, como sofremos, como vivemos*. São Paulo: Saraiva, 1946.

CASTIGLIONE, Baldassare. *The Book of the Courtier*. Nova York: Anchor Books, 1959.

CASTRO NEVES, José Roberto de. *A invenção do Direito: as lições de Ésquilo, Sófocles, Eurípedes e Aristófanes*. Rio de Janeiro: Edições de Janeiro, 2015.

_____. *Uma introdução ao Direito Civil: parte geral*. 3. ed. Rio de Janeiro: GZ Editora, 2011.

_____. *Medida por medida: o Direito em Shakespeare*. 5. ed. Rio de Janeiro: Edições de Janeiro, 2016.

_____. *Shakespeare e o espelho dos homens públicos*. In: ALQUÉRES, José Luiz; CASTRO NEVES, José Roberto de (Org.). *O mundo é um palco*. Rio de Janeiro: Edições de Janeiro, 2016.

CAWTHON, Elisabeth A. *Famous Trials in History*. Nova York: Facts on File, 2012.

CHARTIER, Jean-Luc A. *Cujas: l'oracle du droit et de la jurisprudence*. Paris: LexisNexis, 2016.

CHARTIER, Roger. *Origens culturais da Revolução Francesa*. São Paulo: Unesp, 2009.

CHASTEEN, John Charles. *Americanos: Latin America's Struggle for Independence*. Oxford: Oxford University Press, 2008.

CHAUSSINAND-NOGARET, Guy. *A queda da Bastilha: o começo da Revolução Francesa*. Rio de Janeiro: Zahar, 1989.

CHERNOW, Ron. *Alexander Hamilton*. Nova York: Penguin, 2004.

CHURCHILL, Winston. *A History of the English Speaking Peoples: The New World*. Londres: Cassell & Co., 1956. v. 2.

CÍCERO, Marco Túlio. *Saber envelhecer*. Porto Alegre: L&PM, 2015.

CLARK, Kenneth. *Civilização*. São Paulo: Martins Fontes, 1995.

CLAUSEWITZ, Carl Von. *Da guerra*. São Paulo: Martins Fontes, 1979.

COELHO, Edmundo Campos. *As profissões imperiais: medicina, engenharia e advocacia no Rio de Janeiro, 1822-1930*. Rio de Janeiro: Record, 1999.

COHN, Haim. *O julgamento de Jesus, o Nazareno*. Rio de Janeiro: Imago, 1990.

COMPARATO, Fábio Konder. *Ética: direito, moral e religião no mundo moderno*. São Paulo: Companhia das Letras, 2006.

CORWIN, Edward S. *A Constituição norte-americana e seu significado atual*. Rio de Janeiro: Zahar, 1986.

COSTA, Marcos. *A História do Brasil para quem tem pressa*. 2. ed. Rio de Janeiro: Valentina, 2017.

COULANGES, Fustel de. *A cidade antiga*. Lisboa: Livraria Clássica Editora, 1911.

COWPER, Francis. *The Inns of Court*. In: ROBBINS, Sara (Org.). *Law: A Treasury of Art and Literature*. Nova York: Beaux Arts Edition, 1990.

CRESCENZO, Luciano de. *História da filosofia medieval*. Rio de Janeiro: Rocco, 2006.

CRESSON, Ernest-Guillaume. *Abrégé des usages et règles de la profession d'avocat*. 2. ed. Paris: Librairie de la Société du Recueil général des lois et des arrêts, 1900.

CROCE, Benedetto. *História como história da liberdade*. Rio de Janeiro: Topbooks, 2006.

CROFTON, Ian. *50 ideias de história do mundo que você precisa conhecer*. São Paulo: Planeta, 2016.

CUNHA, Antônio Geraldo da. *Dicionário etimológico da língua portuguesa*. 4. ed. Rio de Janeiro: Lexikon, 2010.

CURRIE, David P. *The Constitution of the United States: A Primer for the People*. Chicago: University of Chicago Press, 1988.

CYRINO, Fábio. *Talvez eu não tenha vivido em vão*. São Paulo: Landmark, 2009.

DAHL, Robert A. *A Constituição norte-americana é democrática?* Rio de Janeiro: Editora FGV, 2015.

DARNTON, Robert. *Os dentes falsos de George Washington: um guia não convencional para o século XVIII*. São Paulo: Companhia das Letras, 2005.

_____. *O diabo na água benta: ou a arte da calúnia e da difamação de Luís XIV a Napoleão*. São Paulo: Companhia das Letras, 2010.

DAVID, René. *Os grandes sistemas do direito contemporâneo*. 3. ed. São Paulo: Martins Fontes, 1998.

DAVIDSON, James West. *Uma breve história dos Estados Unidos*. Porto Alegre: L&PM, 2016.

DAWSON, Christopher. *Criação do Ocidente: a religião e a civilização medieval*. São Paulo: É Realizações, 2016.

_____. *Progresso e religião: uma investigação histórica*. São Paulo: É Realizações, 2012.

_____. *Inquéritos sobre religião e cultura*. São Paulo: É Realizações, 2017.

DELORME, J. *As grandes datas da humanidade*. São Paulo: Difusão Europeia do Livro, 1969.

DESMOULINS, Camille. *Oeuvres*. Paris: Librairie de la Bibliothèque Nationale, 1883. t. 1.

DEWEY, Frank L. *Thomas Jefferson, Lawyer*. Virgínia: University Press of Virginia, 1987.

DICKENS, Charles. *Um conto de duas cidades*. 2. ed. São Paulo: Estação Liberdade, 2010.

DIDEROT, Denis *et al*. *Encyclopédie ou dictionnaire raisonné des sciences, des arts et des métiers*. Lausana: Société Typographique, 1782. t. 11.

DIGESTO. Paris: A Metz, Chez Behmer et Lanmort, Imprimeurs-Librairies, 1805. t. 1.

DOREN, Charles Van. *Uma breve história do conhecimento*. Rio de Janeiro: Casa da Palavra, 2012.

DORIA, Pedro. *1789: a história de Tiradentes, contrabandistas, assassinos e poetas que sonharam a Independência do Brasil*. Rio de Janeiro: HarperCollins, 2017.

DOWLEY, Tim. *Os cristãos: uma história ilustrada*. São Paulo: Martins Fontes, 2009.

DUFFY, Eamon. *Santos & pecadores: histórias dos Papas*. São Paulo: Cosac & Naify, 1998.

DUNN, Susan. *Sister Revolutions: French Lightning, American Light*. Nova York: Faber and Faber, 1999.

DWORKIN, Ronald. *O império do Direito*. São Paulo: Martins Fontes, 2003.

_____. *A raposa e o porco-espinho: justiça e valor*. São Paulo: Martins Fontes, 2014.

EDWARDS, Lee. *Bringing Justice to the People: The Story of the Freedom-Based Public Interest Law Movement*. Maryland: Heritage, 2004.

EHRENBERG, Victor. *The Greek State*. Oxford: Basil Blackwell, 1960.

ELLIS, Joseph J. *Founding Brothers: The Revolutionary Generation*. Nova York: Random House, 2000.

_____. *American Creation: Triumphs and Tragedies at the Founding of the Republic*. Nova York: Alfred A. Knopf, 2007.

_____. *Revolutionary Summer: The Birth of American Independence*. Nova York: Vintage, 2013.

_____. *The Quartet: Orchestrating the Second American Revolution, 1783-1789*. Nova York: Vintage, 2015.

ELTON, G. R. *Reformation Europe, 1517-1559*. Glasgow: Fontana, 1976.

EMERSON, Ralph Waldo. *Homens representativos*. Rio de Janeiro: Imago, 1986.

ENDERS, Armelle. *A nova história do Brasil*. Rio de Janeiro: Gryphus, 2012.

D'EPIRO, Peter; PINKOWISH, Mary Desmond. *Sprezzatura: 50 Ways Italian Genius Shaped the World*. Nova York: Anchor, 2001.

ERIKSON, Erik H. The search for identity. In: KOENIGSBERGER, H. G. (Ed.). *Luther: A Profile*. Londres: Macmillan, 1973.

ESPÍNOLA, Lucília Catramby. *O Renascimento nos seus vários aspectos*. Rio de Janeiro: Borsoi, 1956.

EVERITT, Anthony. *Cicero: The Life and Times of Rome's Greatest Politician*. Nova York: Random House, 2003.

FARNSWORTH, E. Allan. *Introdução ao sistema jurídico dos Estados Unidos*. Rio de Janeiro: Forense, 1970.

FAWCETT, Bill. *Trust Me, I Know What I'm Doing: 100 More Mistakes That Lost Elections, Ended Empires, and Made the World What It Is Today*. Nova York: Berkley Books, 2012.

FEDERICI, Michael P. *The Political Philosophy of Alexander Hamilton*. Baltimore: Johns Hopkins University Press, 2012.

FERGUSON, Niall. *A guerra do mundo: a era de ódio na História*. São Paulo: Planeta, 2015.

FERNÁNDEZ-ARMESTO, Felipe. *1492: o ano em que o mundo começou*. São Paulo: Companhia das Letras, 2017.

FERRO, Marc. *História das colonizações*. São Paulo: Companhia das Letras, 1996.

_____. *História de França*. Lisboa: Edições 70, 2011.

FERRY, Luc; CAPELIER, Claude. *A mais bela história da filosofia*. Rio de Janeiro: Bertrand, 2017.

FLUSSER, David. *Jesus*. São Paulo: Perspectiva, 2010.

FOUCAULT, Michel. *A coragem da verdade*. São Paulo: Martins Fontes, 2011.

_____. *A verdade e as formas jurídicas*. Rio de Janeiro: Nau, 1999.

FREEMAN, Charles. *Holy Bones, Holy Dust: How Relics Shaped the History of Medieval Europe*. New Haven: Yale University Press, 2011.

FRIEDMAN, Thomas L. *Thank You For Being Late: An Optimist's Guide to Thriving in the Age of Accelerations*. Nova York: Farrar, Straus and Giroux, 2016.

FRY, Plantagenet Somerset. *Kings & Queens of England and Scotland*. Londres: DK, 2002.

FUENTES, Carlos. *O espelho enterrado: reflexões sobre a Espanha e o Novo Mundo*. Rio de Janeiro: Rocco, 2001.

FUKUYAMA, Francis. *As origens da ordem política: dos tempos pré-humanos até a Revolução Francesa*. Rio de Janeiro: Rocco, 2013.

FURET, François. *The French Revolution*. Oxford: Blackwell, 1988.

GALEANO, Eduardo. *As veias abertas da América Latina*. Porto Alegre: L&PM, 2010.

GATTI, Adolfo. *Em defesa do cidadão Luís Capeto*. In: GATTI, Adolfo et al. *A Revolução Francesa, 1789-1989*. São Paulo: Editora Três, 1989.

GIBBON, Edward. *Declínio e queda do Império Romano*. São Paulo: Companhia das Letras, 2001.

GIGANTÈS, Philippe. *Poder e ambição*. Rio de Janeiro: Ediouro, 2004.

GILGAMESH: A New English Version. Tradução de Stephen Mitchell. Nova York: Penguin, 2004.

GILISSEN, John. *Introdução histórica do direito*. Lisboa: Fundação Calouste Gulbenkian, 1979.

GLAESER, Edward. *O triunfo da cidade*. 2. ed. São Paulo: BEI, 2016.

GLOTZ, G. *The Greek City and Its Institutions*. Londres: Kegan Paul, Trench, Trubner & Co., 1929.

GLOVER, Lorri. *Founders as Fathers*: The Private Lives and Politics of the American Revolutionaries. Grand Rapids: Yale University Press, 2014.

GOFF, Jacques Le. *A história deve ser dividida em pedaços?* São Paulo: Unesp, 2015.

_____. *História e memória*. Lisboa: Edições 70, 1982.

_____. *Os intelectuais na Idade Média*. Rio de Janeiro: José Olympio, 2003.

_____. *A civilização do Ocidente Medieval*. Bauru: Edusc, 2005.

_____. *Em busca do tempo sagrado: Tiago de Varazze e a lenda dourada*. Rio de Janeiro: Civilização Brasileira, 2014.

GOMBRICH, E. H. *A Little History of the World*. New Haven: Yale University Press, 2008.

GONÇALVES, Ana Maria. *Um defeito de cor*. 7. ed. Rio de Janeiro: Record, 2011.

GOTTLIEB, Anthony. *The Dream of Enlightenment: The Rise of Modern Philosophy*. Nova York: Liveright, 2016.

_____. *The Dream of Reason: A History of Western Philosophy from the Greeks to the Renaissance*. Nova York: Norton, 2016.

GRANT, Susan-Mary. *História concisa dos Estados Unidos da América*. São Paulo: Edipro, 2014.

GREAVES, H. R. G. *The British Constitution*. Londres: Ruskin House, 1958.

GREENBLATT, Stephen. *A virada: o nascimento do mundo moderno*. São Paulo: Companhia das Letras, 2012.

GUIMARÃES, Ariadne C.; PRÔA, Ana Lúcia. *O livro dos santos*. Rio de Janeiro: Ediouro, 2000.

GUSDORF, Georges. *As revoluções da França e da América: a violência e a sabedoria*. Rio de Janeiro: Nova Fronteira, 1993.

GUSTIN, Miracy Barbosa de Sousa *et al. História do Direito*. Belo Horizonte: Mandamentos, 2007.

HAMPSON, Norman. *A Social History of the French Revolution*. Londres: Routledge, 1963.

HARARI, Yuval Noah. *Homo deus: uma breve história do amanhã*. São Paulo: Companhia das Letras, 2016.

HARRIS, D.J. *Cases and Materials on International Law*. 4. ed. Londres: Sweet & Maxwell, 1991.

HAUGHT, James A. *Perseguições religiosas*. Rio de Janeiro: Ediouro, 2003.

HAZARD, Paul. *The Crisis of the European Mind: 1680-1715*. Nova York: New York Review Books, 2013.

HEGEL, Georg Wilhelm Friedrich. *Filosofia da história*. 2. ed. Brasília: Editora UnB, 2008.

HERMAN, Arthur. *How the Scots Invented the Modern World: The True Story of How Western Europe's Poorest Nation Created Our World & Everything in It*. Nova York: MJF Books, 2001.

HERÓDOTO. *História*. São Paulo: Ediouro, 2001.

HESSE, Helge. *A história do mundo em 50 frases*. Rio de Janeiro: Casa da Palavra, 2012.

HERSCH, Jeanne. *Le Droit d'être un homme*. Tournai: Unesco, 1968.

HIBBERT, Christopher. *The Illustrated History of England*. Londres: Phaidon, 2016.

HOBBES, Thomas. *Diálogo entre um filósofo e um jurista*. São Paulo: Landy, 2004.

HOBSBAWM, Eric. *Ecos da Marselhesa: dois séculos reveem a Revolução Francesa*. São Paulo: Companhia das Letras, 1996.

_____. *A Era das Revoluções, 1789-1848*. 19. ed. São Paulo: Paz e Terra, 2005.

_____. *A Revolução Francesa*. 7. ed. Rio de Janeiro: Paz e Terra, 2008.

HÖFFE, Otfried. *Justiça política: fundamentação de uma filosofia crítica do Direito e do Estado*. São Paulo: Martins Fontes, 2001.

HOGUE, Arthur R. *Origins of the Common Law*. In: ROBBINS, Sara (Org.). *Law: A Treasury of Art and Literature*. Nova York: Beaux Arts Edition, 1990.

HOLLAND, Tom. *Milênio*. Rio de Janeiro: Record, 2014.

HOLMES, George (Ed.). *The Oxford Illustrated History of Italy*. Oxford: Oxford University Press, 1997.

_____. *The Oxford History of Medieval Europe*. Oxford: Oxford University Press, 2001.

HOWARTH, Stephen. *Os cavaleiros Templários*. Lisboa: Livros do Brasil, 1974.

HUME, David. *História da Inglaterra: da invasão de Júlio César à Revolução de 1688*. São Paulo: Unesp, 2015.

HUNT, Lynn. *Política, cultura e classe na Revolução Francesa*. São Paulo: Companhia das Letras, 2007.

_____. *A Invenção dos direitos humanos: uma história*. São Paulo: Companhia das Letras, 2009.

HUSSEY, Andrew. *Paris: The Secret History*. Londres: Penguin, 2007.

INSTITUTAS DO IMPERADOR JUSTINIANO, vertidas do latim para o portuguez por A. Coelho Rodrigues. Recife: Typographia Mercantil, 1879.

ISRAEL, Jonathan. *Revolutionary Ideas: An Intellectual History of the French Revolution from The Rights of Man to Robespierre*. Nova Jersey: Princeton University Press, 2014.

_____. *A Revolution of the Mind: Radical Enlightenment and the Intellectual Origins of Modern Democracy*. Nova Jersey: Princeton University Press, 2010.

JENNINGS, W. Ivor. *Governo de gabinete*. Brasília: Senado Federal, 1979.

JHERING, Rudolf Von. *La Lutte pour le droit*. Paris: Librairie Maresc Aine, 1890.

_____. *A luta pelo Direito*. 12. ed. Rio de Janeiro: Forense, 1992.

_____. *O espírito do Direito romano*. Rio de Janeiro: Alba Editora, 1943. v. 3-4.

JOHNSON, Paul. *O livro de ouro dos Papas*. Rio de Janeiro: Ediouro, 2003.

_____. *História do cristianismo*. Rio de Janeiro: Imago, 2001.

JUDT, Tony. *O mal ronda a Terra: um tratado sobre as insatisfações do presente*. Rio de Janeiro: Objetiva, 2011.

_____. *Pós-Guerra: uma história da Europa desde 1945*. Rio de Janeiro: Objetiva, 2008.

KELLY, John. *A grande mortandade*. Rio de Janeiro: Bertrand, 2011.

KENNEDY, Paul. *Ascensão e queda das grandes potências*. Rio de Janeiro: Campus, 1989.

KENYON, J. P. *The Stuarts: A Study in English Kinship*. Glasgow: Fontana, 1970.

KERSHAW, Stephen. *A Brief History of Classical Civilization: From the Origins of Democracy to the Fall of the Roman Empire*. Londres: Hachette, 2010.

KILMEADE, Brian. *Thomas Jefferson and the Tripoli Pirates: The Forgotten War That Changed American History*. Nova York: Sentinel, 2015.

KISHTAINY, Niall. *A Little History of Economics*. Nova Haven: Yale University Press, 2017.

KISSINGER, Henry. *World Order*. Londres: Penguin, 2014.

KITCHEN, Martin. *The Cambridge Illustrated History of Germany*. Cambridge: Cambridge University Press, 1996.

KOSHIBA, Luiz; PEREIRA, Denise Manzi Frayze. *História do Brasil*. 5. ed. São Paulo: Atual, 1987.

KOZIMA, José Wanderley. *Instituições, retórica e o bacharelismo no Brasil*. In: WOLKMER, Antônio Carlos (Org.). *Fundamentos de história do direito*. 4. ed. Belo Horizonte: Del Rey, 2009.

KRAMNICK, Isaac. Apresentação. In: MADISON, James; HAMILTON, Alexander; JAY, John. *Os artigos federalistas*. Rio de Janeiro: Nova Fronteira, 1993.

KUHN, Thomas S. *A estrutura das revoluções científicas*. 9. ed. São Paulo: Perspectiva, 2007.

KUNDERA, Milan. *A arte do romance*. São Paulo: Companhia das Letras, 2016.

KURLANSKY, Mark. *Paper: Paging Through History*. Nova York: W.W. Norton, 2017.

_____. *Salt: A World History*. Nova York: Penguin, 2002.

LAMARTINE, A. de. *História dos girondinos*. Lisboa: Adolpho, Modesto & Cia Impressores, 1889. v. 1.

_____. *Histoire des Girondins*. Paris: Hachette L. & Cie, 1870. t. 3.

LASCELLES, Christopher. *Breve história do mundo*. Rio de Janeiro: Edições de Janeiro, 2017.

LEE, Harper. *O Sol é para todos*. 15. ed. Rio de Janeiro: José Olympio, 2016.

LELYVELD, Joseph. *Great Soul: Mahatma Gandhi and his struggle with India*. Nova York: Vintage, 2011.

LEVY, Leonard W.; MAHONEY, Dennis J. (Ed.). *The Framing and Ratification of the Constitution*. Nova York: Macmillan, 1987.

LILLA, Mark. *A mente imprudente: os intelectuais na atividade política*. Rio de Janeiro: Record, 2017.

LINEBAUGH, Peter; REDIKER, Marcus. *A hidra de muitas cabeças: marinheiros, escravos, plebeus e a história oculta do Atlântico revolucionário*. São Paulo: Companhia das Letras, 2008.

LITTO, Frederic M. Democracy and the Drama: Tocqueville and the Theatre in America, 1831-1832. *Revista Língua e Literatura*, São Paulo, n. 8, p. 105-117, 1979.

LIVIO, Tito. *Décadas de la historia romana*. Buenos Aires: Joaquín Gil Editor, 1944. t. 1.

_____. *Histoire romaine*. Paris: Chez Firmin Didot Frères, 1864. t. 1.

LOCKE, John. *Segundo tratado sobre o governo civil*. São Paulo: Edipro, 2013.

_____. Textos de Locke. In: WEFFORT, Francisco (Org.). *Os clássicos da política*. 6. ed. São Paulo: Ática, 1995. v. 1.

LONDON, Ephraim (Ed.). *The World of Law: The Law as Literature*. Nova York: Simon and Schuster, 1960. (The World of Law, 2).

LUKÁCS, Georg. *Tactics and Ethics*: Political Writings 1919-1929. Londres: Verso, 2014.

MACMILLAN, Margaret. *Usos e abusos da história*. Rio de Janeiro: Record, 2010.

MACAULAY, Thomas. *History of England*. Londres: Longmans, Green and Co., 1896. 5 v.

MADISON, James; HAMILTON, Alexander; JAY, John. *Os artigos federalistas*. Rio de Janeiro: Nova Fronteira, 1993.

MAIOR, Armando Souto. *História Medieval e Moderna*. São Paulo: Companhia Editora Nacional, 1959.

MALIK, Kenan. *The Quest for a Moral Compass: A Global History of Ethics*. Nova York: Melville House, 2014.

MANCHESTER, William. *Fogo sobre a Terra: a mentalidade medieval e o Renascimento*. Rio de Janeiro: Ediouro, 2004.

MANGUEL, Alberto. *Uma história natural da curiosidade*. São Paulo: Companhia das Letras, 2016.

MAQUIAVEL, Nicolau. *O príncipe*. 14. ed. Rio de Janeiro: Bertrand, 1990.

MARR, Andrew. *A History of the World*. Londres: Macmillan, 2012.

MARSHALL, Peter. *Reforma Protestante: uma breve introdução*. Porto Alegre: L&PM, 2017.

MARTIN, James, SJ. *My Life with the Saints*. Chicago: Loyola Press, 2007.

MARTINS, Argemiro Cardoso Moreira. *O Direito romano e seu ressurgimento no final da Idade Média*. In: *Fundamentos de história do direito*. 4. ed. Belo Horizonte: Del Rey, 2009.

MARTY, Martin. *The Christian World: A Global History*. Nova York: Modern Library, 2007.

MATOS PEIXOTO, Paulo. *Atentados políticos: de César a Kennedy*. São Paulo: Paumape, 1990.

MAUROIS, André. *Histoire d'Angleterre*. Paris: Editions Albin Michel, 1963.

MCCORMICK, John F. *Saint Thomas and the Life of Learning*. Milwaukee: Marquette University Press, 1937.

MCCULLOUGH, David. *1776: A história dos homens que lutaram pela independência dos Estados Unidos*. Rio de Janeiro: Zahar, 2006.

MCKEOWN, J. C. *O livro das curiosidades romanas: histórias inusitadas e fatos surpreendentes do maior império do mundo*. Belo Horizonte: Gutenberg, 2011.

MCNEELY, Ian F. *Reinventing Knowledge: From Alexandria to the Internet*. Nova York: W.W. Norton, 2008.

MERLE, Jean-Christophe; MOREIRA, Luiz (Org.). *Direito e legitimidade*. São Paulo: Landy, 2003.

MICHELET, J. *Histoire de la Révolution française*. Paris: Le Vasseur Éditeur, 1868. t. 2.

MLODINOW, Leonard. *De primatas a astronautas: a jornada do homem em busca do conhecimento*. Rio de Janeiro: Zahar, 2015.

MOMMSEN, Théodore. *Le Droit public romaine*. Paris: Ernest Thorin, 1893. (*Manuel des antiquités romaines,* 1).

MONCADA, Luís Cabral de. *O duelo na vida do direito*. In: _____. *Estudos de história de direito*. Coimbra: Universidade de Coimbra, 1948.

MONTAIGNE, Michel de. *Essays*. Harmondsworth: Penguin Books, 1971.

MONTESQUIEU. *Do espírito das leis*. São Paulo: Martin Claret, 2010.

_____. *Considerações sobre as causas da grandeza dos romanos e de sua decadência*. São Paulo: Edipro, 2017.

MORE, Thomas. *Utopia*. Porto Alegre: L&PM, 1997.

MORRIS, Ian. *Guerra: o horror da guerra e seu legado para a humanidade*. São Paulo: Leya, 2015.

NEELY, Sylvia. *A Concise History of the French Revolution*. Lanham: Rowman & Littlefield, 2008.

NORTH, P. M. *et al*. *Cheshire and North's Private International Law*. 12. ed. Londres: Butterworths, 1992.

NOVAES, Marcel. *O grande experimento*. São Paulo: Record, 2016.

ORWELL, George. *A revolução dos bichos*. São Paulo: Companhia das Letras, 2007.

OST, François. *Contar a lei: fontes do imaginário jurídico*. São Leopoldo: Usinos, 2004.

_____. *O tempo do direito*. Lisboa: Instituto Piaget, 1999.

PAINE, Thomas. *Senso comum*. Porto Alegre: L&PM, 2009.

PAINTER, Nell Irvin. *The History of White People*. Nova York: W.W. Norton, 2011.

PALMER, R.R. *The Age of the Democratic Revolution: A Political History of Europe and America, 1760-1800*. Nova Jersey: Princeton University Press, 1859.

PEDROSA, Ronaldo Leite. *Direito em história*. Rio de Janeiro: Lumen Juris, 2008.

PERELMAN, Chaïm. *Ética e direito*. São Paulo: Martins Fontes, 1996.

PÉRONNET, Michel. *Revolução Francesa: em 50 palavras-chaves*. São Paulo: Editora Brasiliense, 1988.

PIRENNE, Jacques. *The Tides of History: From the Expansion of Islam to the Treaties of Westphalia*. Londres: George Allen, 1963. (The Tides of History, 2).

PORTALIS, Jean-Étienne-Marie. *Discours et rapports sur le Code civil*. Caen: Centre de philosophie politique et juridique de l'Université de Caen, 1992.

PORTO, Walter Costa. *Dicionário do voto*. 3. ed. Rio de Janeiro: Lexikon, 2012.

POZO, José del. *História da América Latina e do Caribe: dos processos de independência aos dias atuais*. Petrópolis: Vozes, 2009.

PRADO JÚNIOR, Caio. *Formação do Brasil Contemporâneo*. 18. ed. São Paulo: Brasiliense, 1983.

PRICE, Bill. *History's Greatest Decisions: And the People Who Made Them*. Nova York: Metro Books, 2013.

PRICE, Roger. *História concisa da França*. São Paulo: Edipro, 2016.

PUCHNER, Martin. *The Written World*. Nova York: Random House, 2017.

PYE, Michael. *The Edge of the World: How the North Sea Made Us Who We Are*. Londres: Penguin, 2014.

RABELAIS, François. *Gargântua e Pantagruel*. Belo Horizonte: Villa Rica, 1991.

RADBRUCH, Gustav. *Filosofia do direito*. 6. ed. Coimbra: Armênio Amado Editor, 1979.

RAYNER, Robert M. *A Concise History of Britain*. Londres: Longmans, Green and Co., 1937.

READ, Piers Paul. *Os templários*. Rio de Janeiro: Imago, 2000.

O'REILLY, Bill. *Killing England: The Brutal Struggle for American Independence*. Nova York: Henry Holt and Co., 2017.

REIS, José Carlos. *História da "consciência histórica" ocidental contemporânea: Hegel, Nietzsche, Ricoeur*. Belo Horizonte: Autêntica, 2013.

RÉMOND, René. *O Antigo Regime e a Revolução, 1750-1815*. Rio de Janeiro: Apicuri, 2015.

RENDINA, Cláudio. *Os pecados do Vaticano: soberba, avareza, luxúria, pedofilia — os escândalos e os segredos da Igreja Católica*. Rio de Janeiro: Gryphus, 2012.

RIBARD, André. *História do povo francês*. São Paulo: Brasiliense, 1945.

ROTERDÃ, Erasmo de. *Elogio da loucura*. Rio de Janeiro: Edições de Ouro, 1968.

ROUSSEAU, Jean Jacques. Livro III, Capítulo IV. In: _____. *O contrato social*. Porto Alegre: L&PM, 2007.

_____. *O contrato social*. São Paulo: Martin Claret, 2013.

RUSSELL, Bertrand. *História do pensamento ocidental*. 5. ed. Rio de Janeiro: Ediouro, 2001.

RUTLAND, Robert A. *James Madison and the Search for Nationhood*. Washington: The Library of Congress, 1981.

RYRIE, Alec. *Protestants: The Faith That Made the Modern World*. Nova York: Viking, 2017.

SÁ, Fernando; MUNTEAL, Oswaldo; MARTINS, Paulo Emílio (Org.). *Os advogados e a ditadura de 1964*. Rio de Janeiro: Vozes, 2010.

SAINT-JUST, Louis Antoine Léon de. *Discours de Louis Antoine Léon de Saint-Just à la Convention le 13 novembre 1792*. Disponível em: <https://

fr.wikisource.org/wiki/Discours_de_Louis_Antoine_L%C3%A9on_de_Saint-Just_%C3%A0_la_Convention_le_13_novembre_1792>. Acesso em: 14 fev. 2018.

SALMON, J.H.M. *Renaissanse and Revolt: Essays in the Intellectual and Social History of Early Modern France*. Cambridge: Cambridge University Press, 1987.

SARAIVA, F.R. dos Santos (Org.). *Dicionário Latino-Português*. 12. ed. Belo Horizonte: Garnier, 2006.

SARAIVA, José Hermano (Dir.). *História de Portugal*. Lisboa: Alfa, 1983. v. 3.

SAUNT, Claudio. *West of the Revolution: An Uncommon History of 1776*. Nova York: Norton, 2014.

SCHAMA, Simon. *Citizens: A Chronicle of the French Revolution*. Nova York: Vintage, 1989.

_____. *The Face of Britain: A History of the Nation Through Its Portraits*. Oxford: Oxford University Press, 2016.

_____. *A História dos Judeus: à procura das palavras de 1000 a. C. a 1492 d.C*. São Paulo: Companhia das Letras, 2015.

SCHIAVONE, Aldo. *The Invention of The Law in the West*. Cambridge: Harvard University Press, 2012.

SCHIOPPA, Antonio Padoa. *História do Direito na Europa: da Idade Média à Idade Contemporânea*. São Paulo: Martins Fontes, 2014.

SCHWARCZ, Lilia Moritz. *As barbas do Imperador: D. Pedro II, um monarca nos trópicos*. 2. ed. São Paulo: Companhia das Letras, 1998.

SCHWARCZ, Lilia Moritz; STARLING, Heloisa Murgel. *Brasil: uma biografia*. São Paulo: Companhia das Letras, 2015.

SCIALOJA, Vittorio. *Procedura Civile Romana: esercizio e difesa dei diritti*. Roma: Anonima Romana Editoriale, 1936.

SCURR, Ruth. *Pureza fatal: Robespierre e a Revolução Francesa*. Rio de Janeiro: Record, 2009.

SHAKESPEARE, William. *Henry IV: Part II*. Nova York: Washington Square Press, 1976. (The Folger Shakespeare Library).

_____. *The Complete Works of William Shakespeare*. Ware: Wordsworth Editions, 1994.

SIEDENTOP, Larry. *Inventing the Individual: The Origins of Western Liberalism*. Londres: Penguin Books, 2015.

SKINNER, Quentin. *The Foundation of Modern Political Thought*. Cambridge: Cambridge University Press, 1998. v. 1.

SOUTHERN, R.W. *The Making of the Middle Ages*. Londres: The Folio Society, 1998.

SPECK, W.A. *História Concisa da Grã-Bretanha, 1707-1975*. São Paulo: Edipro, 2013.

SHAW, M.N. *International Law*. 3. ed. Cambridge: Cambridge University Press, 1991.

STEVENSON, John. *The History of Europe*. Londres: Octopus, 2002.

STONE, I. F. *O julgamento de Sócrates*. São Paulo: Companhia das Letras, 2005.

STONE, Geoffrey R. *Sex and the Constitution*: Sex, Religion, and Law from America's Origins to the Twenty-First Century. Nova York: Liveright, 2017.

STRAUSS, Barry. *The Death of Caesar: The Story of History's Most Famous Assassination*. Nova York: Simon & Schuster, 2016.

STRAUSS, Leo. *Droit naturel et histoire*. Paris: Flammarion, 1986.

SUETÔNIO, Caio. *A vida dos doze Césares*. 2. ed. Rio de Janeiro: Ediouro, 2002.

SUR, Bernard; SUR, Pierre-Olivier. *Une histoire des avocats en France*. 2. ed. Paris: Dalloz, 2014.

SURRENCY, Erwin C. *The Lawyer and the Revolution*. In: ROBBINS, Sara (Org.). *Law: A Treasury of Art and Literature*. Nova York: Beaux Arts Edition, 1990.

SUTHERLAND, John. *Uma breve história da literatura*. Porto Alegre: L&PM, 2017.

SWIFT, Jonathan. *Gulliver's Travels*. Londres: Penguin, 1994.

TAPAJÓS, Vicente. *História da América*. 2. ed. São Paulo: Companhia Editora Nacional, 1956.

TAYLOR, Alan. *American Revolutions: A Continental History, 1750--1804*. Nova York: W.W. Norton, 2016.

TIERSMA, Peter M. *Legal Language*. Chicago: University of Chicago Press, 1999.

THIERS, M.A. *Histoire de la Révolution française*. Paris: Furne, Jouvet et Cie, Éditeurs, 1872. t. 1.

TOCQUEVILLE, Alexis de. *A democracia na América: leis e costumes*. São Paulo: Martins Fontes, 2014. v. 1.

_____. *A democracia na América: sentimentos e opiniões*. São Paulo: Martins Fontes, 2014. v. 2.

_____. *O Antigo Regime e a Revolução*. São Paulo: Martins Fontes, 2016.

TOTA, Antônio Pedro. *Os Americanos*. São Paulo: Contexto, 2009.

TOYNBEE, Arnold J. *A América e a revolução mundial*. Rio de Janeiro: Zahar, 1963.

TUCHMAN, Barbara. *A marcha da insensatez: de Tróia ao Vietnã*. 5. ed. Rio de Janeiro: José Olympio, 1989.

_____. *A prática da história*. Rio de Janeiro: José Olympio, 1991.

VAN ACKER, Teresa. *Renascimento e humanismo: o homem e o mundo europeu do século XIV ao século XVI*. 11. ed. São Paulo: Atual, 1992.

VAN LOON, Hendrik. *América*. Porto Alegre: Livraria do Globo, 1935.

VARAZZE, Jacopo de. *Legenda áurea: vidas de santos*. São Paulo: Companhia das Letras, 2003.

VARGAS LLOSA, Mario. *Sabres e utopias: visões da América Latina*. Rio de Janeiro: Objetiva, 2010.

VASARI, Giorgio. *Vidas dos artistas*. São Paulo: Martins Fontes, 2011.

VASCONCELOS, Edson Aguiar de. *direito fundamental de cidadania ou direito a ter direitos*. Curitiba: Editora CRV, 2012.

VENÂNCIO FILHO, Alberto. *Das arcadas ao bacharelismo*. Rio de Janeiro: Perspectiva, 1977.

VERGER, Jacques. *Louis XVI ou le procès du lèse-Nation*. In: AMSON, Daniel; MOORE, Jean-Gaston; AMSON, Charles. *Les Grands procès*. 2. ed. Paris: Presses Universitaires de France, 2016.

VERMA, Surendra. *Ideias geniais*. Belo Horizonte: Gutenberg, 2016.

VEYNE, Paul. *História da vida privada: do Império Romano ao ano 1000*. São Paulo: Companhia das Letras, 1989. v. 1.

VOVELLE, Michel. *A Revolução Francesa*. São Paulo: Unesp, 2007.

_____. *Imagens e imaginário na história: fantasmas e certezas nas mentalidades desde a Idade Média até o século XX*. São Paulo: Ática, 1997.

WEHLING, Arno. Uma transição na Justiça luso-brasileira: da Casa da Suplicação ao Supremo Tribunal de Justiça (1808-1829). *Revista do Instituto Histórico e Geográfico Brasileiro*, Rio de Janeiro, v. 461, p. 119-134, 2013.

WEINER, Eric. *The Geography of Genius: Lessons from the World's Most Creative Places*. Nova York: Simon & Schuster, 2016.

WIEACKER, Franz. *História do Direito privado moderno*. 2. ed. Lisboa: Fundação Calouste Gulbenkian, 1967.

WILLIAMS, Hywel. *Days That Changed the World*. Nova York: Metro Books, 2013.

WILLIG, Kenneth C.H. *The Bar in the Third Reich. American Journal of Legal History*, v. 20, n. 1, p. 1-14, 1976.

WINCHESTER, Simon. *Atlântico: grandes batalhas navais, descobrimentos heroicos, tempestades colossais e um vasto oceano com um milhão de histórias*. São Paulo: Companhia das Letras, 2012.

WINOCK, Michel. *O século dos intelectuais*. Rio de Janeiro: Bertrand, 2000.

ZAKARIA, Fareed. *The Future of Freedom: Illiberal Democracy at Home and Abroad*. Nova York: W.W. Norton, 2004.

ZANATTA, Loris. *Uma breve história da América Latina*. São Paulo: Cultrix, 2017.

ZELDIN, Theodore. *Uma história íntima da humanidade*. Rio de Janeiro: Record, 1996.

ZINN, Howard. *A People's History of the United States*. Nova York: Harper Collins, 2003.

Outras obras do autor

A invenção do Direito: as lições de Ésquilo, Sófocles, Eurípedes e Aristófanes. Rio de Janeiro: Edições de Janeiro, 2015.

Contratos I. 1. ed. Rio de Janeiro: GZ Editora, 2016.

_____. 2. ed. Rio de Janeiro: GZ Editora, 2017.

Direito das obrigações. 1. ed. Tiragens 1 e 2. Rio de Janeiro: GZ Editora, 2008.

_____. 2. ed. Rio de Janeiro: GZ Editora, 2009.

_____. 3. ed. Rio de Janeiro: GZ Editora, 2012.

_____. 4. ed. Rio de Janeiro: GZ Editora, 2013.

_____. 5. ed. Rio de Janeiro: GZ Editora, 2014.

_____. 6. ed. Rio de Janeiro: GZ Editora, 2016.

_____. 7. ed. Rio de Janeiro: GZ Editora, 2017.

Measure for Measure: The Law in Shakespeare. Rio de Janeiro: Edições de Janeiro, 2016.

Medida por medida: o Direito em Shakespeare. 1. ed. Rio de Janeiro: GZ Editora, 2013.

_____. 2. ed. Rio de Janeiro: GZ Editora, 2013.

_____. 3. ed. Rio de Janeiro: Edições de Janeiro, 2014.

_____. 4. ed. Rio de Janeiro: Edições de Janeiro, 2015.

_____. 5. ed. Rio de Janeiro: Edições de Janeiro, 2016.

_____. 6. ed. Rio de Janeiro: Editora Nova Fronteira, 2019.

O código do consumidor e as cláusulas penais. 1. ed. Rio de Janeiro: Forense, 2004.

_____. 2. ed. Rio de Janeiro: Forense, 2006.

Uma introdução ao Direito Civil: parte geral. 1. ed. Rio de Janeiro: Letra Legal, 2005

_____. 2. ed. Rio de Janeiro: Forense, 2007.

_____. 3. ed. Rio de Janeiro: GZ Editora, 2011.

Os grandes julgamentos da História (Org.). Rio de Janeiro: Ed. Nova Fronteira, 2018.

Os advogados vão ao cinema (Org.). Rio de Janeiro: Ed. Nova Fronteira, 2019.

O que os grandes livros ensinam sobre Justiça (Org.). Rio de Janeiro: Ed. Nova Fronteira, 2019.

Brasileiros (Org.). Rio de Janeiro: Ed. Nova Fronteira, 2020.

O mundo pós-pandemia (Org.). Rio de Janeiro: Ed. Nova Fronteira, 2020

O espelho infiel: uma história humana da arte e do Direito. Rio de Janeiro: Ed. Nova Fronteira, 2020.

Como coautor

CASTRO NEVES, José Roberto de; ALQUÉRES, José Luiz (Org.). *Ele, Shakespeare, visto por nós, os advogados*. Rio de Janeiro: Edições de Janeiro, 2017.

COSTA, Judith Martins (Coord.). *Narração e normatividade: ensaios de Direito e literatura*. Rio de Janeiro: GZ Editora, 2013.

TEPEDINO, Gustavo; BARBOZA, Heloísa Helena; BODIN DE MORAES, Maria Celina (Org.). *Código Civil interpretado conforme a Constituição da República*. Rio de Janeiro: Renovar, 2004. v. 1.

_____. *Código Civil interpretado conforme a Constituição da República*. Rio de Janeiro: Renovar, 2006. v. 2.

_____. *Código Civil interpretado conforme a Constituição da República*. Rio de Janeiro: Renovar, 2011. v. 3.

_____. *Código Civil interpretado conforme a Constituição da República*. Rio de Janeiro: Renovar, 2014. v. 4.

TORRES, Ricardo Lobo; KATAOKA, Eduardo Takemi; GALDINO, Flávio; FABER TORRES, Silvia (Org.). *Dicionário de princípios jurídicos*. São Paulo: Elsevier, 2010.

Trabalhos publicados

A escolha do árbitro como fundamento da arbitragem. In: MELO, Leonardo de Campos; BENEDUZI, Renato Resende (Coord.). *A reforma da arbitragem*. Rio de Janeiro: Forense, 2016.

A intertemporalidade e seus critérios. *Revista Forense*, Rio de Janeiro, v. 382, p. 105-118, 2005.

Arbitragem nas relações de consumo: uma nova esperança. In: ROCHA, Caio Cesar Vieira; SALOMÃO, Luis Felipe (Coord.). *Arbitragem e mediação: a reforma da legislação brasileira*. São Paulo: Atlas, 2015.

As garantias do cumprimento da obrigação. *Revista da EMERJ*, Rio de Janeiro, v. 11., n. 44, p. 174-213, 2008.

Aspectos da cláusula de não concorrência no Direito brasileiro. *Revista Trimestral de Direito Civil*, Rio de Janeiro, v. 12, 2003.

Boa-fé objetiva: posição atual no ordenamento jurídico e perspectiva de sua aplicação nas relações contratuais. *Revista Forense*, Rio de Janeiro, v. 351, 2001.

Coação e fraude contra credores. In: TEPEDINO, Gustavo (Coord.). *A parte geral do novo Código Civil*: estudos na perspectiva civil-constitucional. Rio de Janeiro: Renovar, 2002.

Considerações jurídicas acerca das agências reguladoras e o aumento das tarifas públicas. *Revista dos Tribunais*, São Paulo, v. 821, 2004.

Custos, despesas e sucumbência na arbitragem. *Revista de Arbitragem e Mediação*, São Paulo, ano 11, n. 43, p. 209-216, 2014.

Iago: o rei dos vilões shakespearianos. In: AVELAR, Daniel Ribeiro Surdi de (Coord.); PRAZERES, Angela dos; LEÃO, Liana de Camargo

(Org.). *O julgamento de Otelo, o Mouro de Veneza*. Florianópolis: Empório do Direito, 2017.

Insolvency Law in Brazil. *Southwestern University Law Journal*, 1996.

Justiça, segurança, bem comum e propriedade: uma breve introdução ao Direito de propriedade e à sua função social. *Revista da EMERJ*, Rio de Janeiro, n. 26, p. 179-202, 2004.

O árbitro conhece o Direito: jura novit curia. *Revista Direito ao Ponto*, São Paulo, n. 7, 2011.

O arredamento rural e a sua contraprestação. In: MEDEIROS NETO, Elias Marques de (Coord.). *Aspectos polêmicos do agronegócio*: uma visão através do contencioso. São Paulo: Castro Lopes, 2013. p. 361-375.

O artigo 924 do Código Civil: uma leitura do conceito de equidade nas relações de consumo. *Revista Forense*, Rio de Janeiro, v. 360, 2002.

O bardo e a lei. *Suplemento Literário de Minas Gerais*, Belo Horizonte, 2016.

O canalha em Shakespeare. In: CASTRO NEVES, José Roberto de; ALQUÉRES, José Luiz (Org.). *Ele, Shakespeare, visto por nós, os advogados*. Rio de Janeiro: Edições de Janeiro, 2017.

O contrato de fiança. In: NEVES, Thiago Ferreira Cardoso (Coord.). *Direito e justiça social*: por uma sociedade mais justa, livre e solidária. São Paulo: Atlas, 2013.

O contrato de seguro, sua perspectiva civil-constitucional e sua lógica econômica. In: CONGRESSO INTERNACIONAL DE DIREITO DE SEGURO, 1., 2014. Brasília. *Anais...* São Paulo: Roncarati, 2015.

O contrato de seguro, sua perspectiva civil-constitucional e sua lógica econômica. In: SIMÃO FILHO, Adalberto; MEDEIROS NETO, Elias Marques de (Coord.). *Direito dos negócios aplicado*: do direito processual. São Paulo: Almedina, 2016. v. 2.

O contrato estimatório. *Revista Fórum do Direito Civil*, Belo Horizonte, n. 2, 2013.

O direito do consumidor: de onde viemos e para onde vamos. *Revista Trimestral de Direito Civil*, v. 26, 2006.

O enriquecimento sem causa como fonte das obrigações. *Revista dos Tribunais*, São Paulo, v. 843, p. 97-112, 2006.

O enriquecimento sem causa: dimensão atual do princípio no direito civil. In: BODIN DE MORAES, Maria Celina (Org.). *Princípios do direito civil contemporâneo*. Rio de Janeiro: Renovar, 2006.

Os direitos da personalidade e a liberdade de expressão: parâmetros para a ponderação. *Revista da EMERJ*, Rio de Janeiro, v. 16, n. 62, p. 88-120, 2013.

Os honorários advocatícios de sucumbência em arbitragem. In: CARMONA, Carlos Alberto; LEMES, Selma Ferreira; MARTINS, Pedro Batista (Coord.). *20 anos da lei de arbitragem: homenagem a Petrônio R. Muniz*. São Paulo: Atlas, 2017.

Resolução e revisão dos contratos. In: AZEVEDO, Fábio de Oliveira; MELO, Marco Aurélio Bezerra de (Org.). *Direito imobiliário: escritos em homenagem ao professor Ricardo Pereira Lira*. São Paulo: Atlas, 2015.

Responsabilidade civil: vinte rachaduras, quebras e desmoronamentos (e uma canção desesperada). *Revista Trimestral de Direito Civil*, n. 33, 2008.

Shakespeare e o espelho do homem público. In: ALQUÉRES, José Luiz; CASTRO NEVES, José Roberto de (Org.). *O mundo é um palco*. Rio de Janeiro: Edições de Janeiro, 2016.

Shakespeare e os estudantes de Direito. *Cadernos FGV Direito Rio*, Rio de Janeiro, v. 11, p. 131-139, 2015.

Uma leitura do conceito de equidade nas relações de consumo. In: ANDRADE, André Gustavo Corrêa de (Coord.). *A constitucionalização do direito: a Constituição como locus da hermenêutica jurídica*. Rio de Janeiro: Lúmen Juris, 2003. p. 395-411.

Notas

O Direito e os advogados

1   *The Epic of Gilgamesh: A New English Version*, Nova York, Penguin, 2004, pp. 67-8.

De onde vêm os advogados?

1   Fustel de Coulanges, *A cidade antiga*, Lisboa, Livraria Clássica Editora, 1911, p. 328.
2   Robert Flacelière, *La Vie Quotidienne en Grèce ao siècle de Péricles*, Paris, Hachette, 1976, p. 280.
3   G. Glotz, *The Greek City and its Institutions*, Londres, Kegan Paul, Trench, Trubner & Co., 1929, p. 236.
4   Ver, sobre a referida obra de Ésquilo e seus aspectos jurídicos, José Roberto de Castro Neves, *A invenção do Direito*, Rio de Janeiro, Edições de Janeiro, 2015.
5   Ver Théodore Mommsen, *Manuel des Antiqués Romaines*, tomo primeiro – Le Droit Public Romaine, Paris, Ernest Thorin Éditeur, 1893, p. 24 e seguintes.
6   Pietro Bonfante, *Histoire du Droit Romain*, tomo primeiro, Paris, Recuel Sirey, 1928, p. 129.
7   Vittorio Scialoja, *Procedura Civile Romana*, Roma, Anonima Romana Editoriale, 1936, p. 132 e seguintes.

8   Pietro Bonfante, *Histoire du Droit Romain*, tomo primeiro, Paris, Recueil Sirey, 1928, p. 428.
9   Ver Aldo Schiavone, *The Invention of The Law in the West*, Cambridge, Harvard University Press, 2012.
10 No original:
"Quo usque tandem abutere, Catilina, patientia nostra?
Quam diu etiam furor iste tuus eludet?
Quem ad finem sese effrenata iactabit audacia?
Nihilne te nocturnum praesidium Palatii,
nihil urbis vigiliae,
nihil timor populi,
nihil concursus bonorum omnium,
nihil hic munitissimus habendi senatus locus,
nihil horum ora vultusque moverunt?

Patere tua consilia non sentis?
Constrictam omnium horum scientia teneri coniurationem tuam non vides?
Quid proxima, quid superiore nocte egeris, ubi fueris, quos convocaveris, quid consilii ceperis, quem nostrum ignorare arbitraris?
O tempora, o mores!"

11 Suetônio, *A vida dos doze césares*, 2ª ed., Rio de Janeiro, Ediouro, 2002, p. 58.
12 Barry Strauss, *The Death of Caesar*, Nova York, Simon & Shuster, 2016, p. 18.
13 Helge Hesse, *A história do mundo em 50 frases*, Rio de Janeiro, Casa da Palavra, 2012, p. 57.
14 Anthony Everitt, *Cicero*, Nova York, Random House, 2003, p. 318.
15 http//ancientrome.ru/ius/library/codex/theod/index.htm
16 Tradução livre. *Digesto*, Tome Premier, Paris, A Metz, Chez Behmer et Lanmort, Imprimeurs-Libraries, 1805, p. 41.

17 Livro I, Título I, 3. *Institutas do Imperador Justiniano, vertidas do latim para o portuguez por A. Coelho Rodrigues*, Recife, Typographia Mercantil, 1879, p. 8.
18 Cf. Luis Cabral de Moncada, O duelo na vida do direito, in *Estudos de História de Direito*, Coimbra, Universidade de Coimbra, 1948, p. 127 e seguintes.
19 John Gilissen, *Introdução histórica do Direito*, Lisboa, Fundação Calouste Gulbekian, 1979, p. 191.
20 Marc Bloch, *Feudal Society*, Londres, The Folio Society, 2012, p. 142.

O "redescobrimento" do Direito Romano

1 O historiador Kenneth Clark acredita que saltos como esse ocorreram por volta do ano 3000 a.C., no Egito e na Mesopotâmia, no século IV a. C., em Atenas, e no ano 1100 na Europa (*Civilização*, São Paulo, Martins Fontes, 1995, p. 53).
2 Eamon Duffy, *Santos & pecadores*, São Paulo, Cosac & Naify, 1998, p. 92.
3 Paul Johnson, *História do cristianismo*, Rio de Janeiro, Imago, 2001, p. 245.
4 Bismarck, o chanceler alemão, teria dito, em 1872: "Não iremos a Canossa!" Queria deixar claro que não deixaria a Igreja se imiscuir nos assuntos da Alemanha.
5 Cf. Tom Holland, *Milênio*, Rio de Janeiro, Record, 2014, p. 21.
6 Entre as cidades livres que estavam sob a liderança de Matilde da Toscana, por vezes chamada de Matilde de Canossa, encontrava-se Cremona, mais ao norte. Nessa cidade nasce, em 1114, Gerardo de Cremona, que depois segue para Toledo e se torna possivelmente o maior tradutor de textos gregos, que se encontravam em árabe, para o latim. Gerardo traduz, entre outros, Aristóteles, Ptolomeu e Arquimedes, num total de 87 livros.
7 Anthony Gottlieb, *The Dream of Reason*, Nova York, Norton, 2016, p. 427.
8 Luciano de Crescenzo, *História da filosofia medieval*, Rio de Janeiro, Rocco, 2006, p. 52.
9 Coimbra foi capital de Portugal entre 1129 e 1255. Depois, Lisboa assume a posição. A Universidade de Coimbra foi fundada oficialmente em

1290, por uma bula do papa Nicolau IV (1227-1292), na qual já previa o ensino de Direito Civil e Canônico.

10 Christopher Dawson, *Criação do Ocidente*, São Paulo, É Realizações Editora, 2016, p. 230.

11 Sobre a forma dos cursos jurídicos em Bolonha, ver Antonio Padoa Schioppa, *História do Direito na Europa*, São Paulo, Martins Fontes, 2014, p. 94 e seguintes.

12 Ian F. McNeely, *Reinventing Knowledge*, Nova York, Norton, 2008, p. 93.

13 *Digesto*, Tome Premier, Paris, A Metz, Chez Behmer et Lanmort, Imprimeurs-Libraries, 1805, p. 62.

14 George Holmes, *Medieval Europe*, Oxford, Oxford University Press, 2001, p. 179.

15 Larry Siedentop, *Inventing the Individual – The Origins of Western Liberalism*, Londres, Penguin Books, 2015, p. 212.

16 David Hume, *História da Inglaterra*, São Paulo, Unesp, 2015, p. 122.

17 Christopher Lascelles, *Breve história do mundo*, Rio de Janeiro, Edições de Janeiro, 2017, p. 118.

18 Paul Johnson, *História do cristianismo*, Rio de Janeiro, Imago, 2001, p. 236.

19 Eis o canto original: *Salve, Regina, mater misericordiae/ Vita, dulcedo, et spes nostra, salve./ Ad te clamamus, exsules, filii evae./Ad te suspiramus, gementes et flentes /in hac lacrimarum valle. / Eia ergo, Advocata nostra, / illos tuos misericordes oculos / ad nos converte./ Et Iesum, benedictum fructum ventris tui, / nobis post hoc exsilium ostende. / O clemens, O pia, O dulcis Virgo Maria./ Ora pro nobis sancta Dei Genetrix. / Ut digni efficiamur promissionibus Christi. Amen.*
Em português: "Salve, Rainha, Mãe de Misericórdia,/ Vida, doçura e esperança nossa, salve! / A Vós bradamos, os degredados filhos de Eva./ A Vós suspiramos, gemendo e chorando neste vale de lágrimas./ Eia, pois, advogada nossa, / Esses Vossos olhos misericordiosos/ A nós volvei,/ E, depois desse desterro,/ Mostrai-nos Jesus, bendito fruto do Vosso Ventre./ Ó Clemente, ó Piedosa, ó doce Virgem Maria./ Rogai por nós, Santa Mãe de Deus,/ Para que sejamos dignos das promessas de Cristo. Amém."

20 Jacopo de Varazze, *Legenda aurea*, São Paulo, Companhia das Letras, 2003, p. 754. Sobre Varazze, ver também Jacques Le Goff, *Em busca do tempo sagrado*, Rio de Janeiro, Civilização Brasileira, 2014.

21   Jacopo de Varazze, *Legenda áurea*, p. 11.
22   Larry Siedentop, *Inventing the Individual – The Origins of Western Liberalism*, Londes, Penguin Books, 2015, p. 264.

O renascimento jurídico

1   Norman F. Cantor, *The Civilization of the Middle Ages*, Nova York, Harper Collins, 1993, p. 306.
2   Michael Pye, *The Edge of the World*, Londres, Penguin, 2014, p. 152.
3   Tomás de Aquino, *Summa Theologica*, Tratado sobre o Direito, questão 90, in www.sacred-texts.com/chr/aquinas/summa.
4   Ver James Martin, SJ, *My Life with the Saints*, Chicago, Loyola Press, 2007, p. 258.
5   Ariadne C. Guimarães *et al.*, *O Livro dos Santos*, Rio de Janeiro, Ediouro, 2000, s/p.
6   Cf. Michel Foucault, *A verdade e as formas jurídicas*, Rio de Janeiro, Nau, 1999, p. 69.
7   Na Inglaterra, convivem duas classes de advogados: os *solicitors* e os *barristers*. O *solicitor*, em regra, orienta seus clientes e atua nas instâncias inferiores. Caso o processo chegue aos tribunais superiores, contrata-se um *barrister*, que, com suas perucas pitorescas, defendem o cliente. Os *barristers* vinculam-se, necessariamente, a um *Inn of Court*, ao passo que os *solicitors* participam de uma ordem, criada em 1815, chamada Law Society.
8   Francis Cowper, The Inns of Court, in *Law*, Nova York, Beaux Arts Edition, 1990, p. 64.
9   Arthur R. Hogue, Origins of the Common Law, in *Law*, Nova York, Beaux Arts Edition, 1990, p. 78.
10 Antes mesmo da assinatura da *Magna Carta*, os tribunais ingleses já haviam colacionado precedentes de julgados, que orientavam as decisões do Judiciário. Essa base de julgados era chamada lei comum, isto é, a *common law*. O Parlamento, mesmo ainda rudimentar, valia-se desse conjunto de decisões para orientar a edição de regras.

11 Artistóteles, *Ética a Nicômaco*, 3ª ed., Brasília, UnB, 1999, Livro V, pp. 91ss.

12 Aristóteles, *The Ethics of Aristotle*, Middlesex, Penguin, 1956.

13 O historiador Paul Johnson fala da sucessão de "papas juristas", como Honório III, Gregório IX e Inocêncio IV, o que teria levado a Igreja a se organizar como um Estado (*O Livro de Ouro dos Papas*, Rio de Janeiro, Ediouro, 2003, p. 134).

14 Bernard Sur e Pierre-Olivier Sur, *Une Histoire des Avocats en France*, 2ª ed., Paris, Dalloz, 2014, p. 14.

15 No Canto XIX da referida obra, o poeta, andando pela terceira vala do círculo oitavo do inferno, encontra os simoníacos, isto é, aqueles que negociam coisas sagradas, enterrados no enxofre de cabeça para baixo. De fora, fica apenas a parte inferior de suas pernas. Ao se aproximar de um agonizante, Dante ouve o antigo papa, Nicolau III, perguntando se quem chegava era Bonifácio VIII, o papa então reinante.

16 Piers Paul Read, *Os Templários*, Rio de Janeiro, Imago, 2000, pp. 302ss.

17 John Kelly, *A grande mortandade*, Rio de Janeiro, Bertrand, 2011, p. 171.

18 O historiador Stephen Howarth registra que Filipe "esforçara-se sempre por encontrar uma base jurídica teórica para seus atos". *Os Cavaleiros Templários*, Lisboa, Edição Livros do Brasil, 1974, p. 300.

19 Sobre o julgamento dos Templários, Claude Bertin, *Os Processos da Intolerância*, Lisboa, Amigos do Livro – Editora, s/a.

20 Quentin Skinner, *The Foundation of Modern Political Though*, vol. I, Cambridge, Cambridge University Press, 1998, p. 62.

21 P.M. North *et al.*, *Cheshire and Norr's Private International Law*, 12ª ed., Londres, Butterworths, 1992, p. 18.

22 Dante Alighieri, *A Divina Comédia*, 2º vol. (trad. Cristiano Martins), Belo Horizonte, Itatiaia, 1984, p. 61.

A Revolução Protestante

1 Christopher Hibbert, *The Ilustrated Story of England*, Londres, Phaidon, 2016, p. 97.

2   Lucilia Catramby Espínola, *O Renascimento nos seus vários aspectos*, Rio de Janeiro, Borsoi, 1956, p. 128.
3   Sobre Poggio Bracciolini, ver Stephen Greenblatt, *A virada*, São Paulo, Companhia das Letras, 2012.
4   Sobre sua carreira artística, vale a referência ao clássico Giorgio Vasari, *Vidas dos artistas*, São Paulo, Martins Fontes, 2011, pp. 288 e seguintes.
5   Erik. H. Erikson, (Young man) *Luther*, Londres, Macmillan, 1973, p. 108.
6   Peter Marshall, *Reforma Protestante*, Porto Alegre, L&PM, 2017, p. 22.
7   Claudio Rendina, *Os pecados do Vaticano*, Rio de Janeiro, Gryphus, 2012, p. 104.
8   Charles Bonnefon, *História da Alemanha*, São Paulo, Companhia Editora Nacional, 1945, p. 96.
9   William Manchester, *Fogo sobre a Terra – a mentalidade medieval e o Renascimento*, Rio de Janeiro, Ediouro, 2004, p. 234.
10 Ver Karen Armstrong, *Fields of Blood – Religion and The History of Violence*, Nova York, Anchor Books, 2014, p. 243.
11 Thomas More, *Utopia*, Porto Alegre, L&PM, 1997, p. 59.
12 Ibid., p. 74.
13 Ver Charles Freeman, Holy Bones, *Holy Dust – How Relics Shaped the History of Medieval Europe*, New Haven, Yale University Press, 2011.
14 Martin Puchner, *The Written World*, Nova York, Random House, 2017, p. 155.
15 Alec Rycie, *Protestants*, Nova York, Viking, 2017, p. 22.
16 Asa Briggs e Peter Burke, *Uma história social da mídia*, 3ª ed., Rio de Janeiro, Zahar, 2016, p. 88.
17 Idem, *Uma história social da mídia*, 3ª ed., Rio de Janeiro, Zahar, 2016, p. 86.

O Iluminismo jurídico: o Direito Natural

1   Maquiavel, *O Príncipe*, 14ª ed., Rio de Janeiro, Bertrand, 1990.
2   Jean-Jacques Rousseau, *Do Contrato Social*, livro 3, cap. IV, Porto Alegre, L&PM, 2007.
3   Os duques de York e de Gloster falam de Maquiavel nas seguintes passagens:

Alençon! that notorious Machiavel!
It dies, an if it had a thousand lives. (*Henrique VI*, Parte I, Ato V, Cena IV)

e

I can add colours to the chameleon,
Change shapes with Proteus for advantages,
And set the murderous Machiavel to school. (Henrique VI, Parte III, Ato III, Cena II)

Há, ainda, uma referência em *As Alegres Comadres de Windsor*:

Am I politic? am I subtle? am I a Machiavel? (Ato III, Cena I)

4   Winston Churchill, *A History of the English Speaking People*, vol. II, Londres, Cassel & Company, 1956, p. 124.
5   Francis Bacon, Of Judicature, in *Law*, Nova York, Beaux Arts Edition, 1990, p. 105.
6   Pouco depois na Inglaterra, em 1576, Thomas Digges publicou *Perfect Description of Celestial Orbs*, explicando a dinâmica dos céus como se fossem um cronômetro.
7   Ver Jonathan Israel, *A Revolution of the Mind – Radical Enlightment and the Intellectual Origins of Modern Democracy*, Nova Jersey, Princeton University Press, 2010.
8   François Rabelais, *Gargântua e Pantagruel*, Belo Horizonte, Villa Rica Editora, 1991, p. 249.
9   Erasmo de Roterdã, *Elogio da Loucura*, Rio de Janeiro, Edições de Ouro, 1968, p. 76.
10 Bertrand Russell, *História do pensamento ocidental*, 5ª ed., Rio de Janeiro, Ediouro, 2001, p. 252.
11 Francisco Bethencourt, *História das Inquisições*, São Paulo, Companhia das Letras, 2000, p. 406.
12 Las Casas foi o executor do testamento de Colombo (Felipe Fernández-Armesto, *1492 – O ano em que o mundo começou*, São Paulo, Companhia das Letras, 2017, p. 10)

13 Ver Jean-Luc A. Chartier, *Cujas, L'oracle du droit et de la jurisprudence*, Paris, LexisNexis, 2016.
14 Montesquieu, *Considerações sobre as causas da grandeza dos romanos e de sua decadência*, São Paulo, Edipro, 2017.
15 Montesquieu, *Do espírito das leis*, São Paulo, Martin Claret, 2010, p. 17.
16 Ibid., p. 91.
17 Ibid., p. 167.
18 Arthur Herman, *How the Scots Invented the Modern World*, Nova York, MJF Books, 2001, p. 87.
19 Jean-Jacques Rousseau, *O contrato social*, São Paulo, Martins Claret, 2013, p. 17.
20 Ibid., p. 103.
21 Ibid., p. 59.
22 Ibid., p. 20.
23 Cesare Beccaria, *Dos delitos e das penas*, São Paulo, Hemus, 1974, p. 11.
24 Ibid., p. 16.
25 Ibid., p. 97.
26 Diderot *et al.*, *Encyclopédie ou dictionnaire raisonné des sciences, des arts et des métiers*, tomo XI, Lausanne, Société Typographiques, 1782, p. 409.

A Paz de Vestfália: uma nova ordem mundial

1 Paul Kennedy, *Ascensão e queda das grandes potências*, Rio de Janeiro, Campus, 1989, p. 40 e seguintes.
2 Martin Kitchen, *Germany*, Cambridge, Cambridge University Press, 1996, p. 122.
3 Jacques Pirenne, *The Tides of History – volume II, From the Expansion of Islam to the Threaties of Westphalia*, Londres, George Allen, 1963, p. 661.
4 Armando Souto Maior, *História medieval e moderna*, São Paulo, Companhia Editora Nacional, 1959, p. 208.
5 Henry Kissinger, *World Order*, Londres, Penguin, 2014, p. 30.
6 Jacques Barzun, *From Dawn to Decadence*, Nova York, Perennial, 2000, p. 178.

7   Ver M.N. Shaw, *International Law*, 3ª ed., Cambridge, Cambridge University Press, 1991, p. 25.
8   René David, *Os grandes sistemas do Direito Contemporâneo*, 3ª ed., São Paulo, Martins Fontes, 1998, p. 7.

A Revolução Gloriosa

1   Harold Bloom, *Onde encontrar a sabedoria*, Rio de Janeiro, Objetiva, 2004, p. 169.
2   Sobre *Ricardo II* e essa censura, ver José Roberto de Castro Neves, *Medida por medida – O Direito em Shakespeare*, 5ª ed., Rio de Janeiro, Edições de Janeiro, p. 103 e seguintes.
3   Ver Willian J. Bernstein, *Uma história da riqueza*, São Paulo, Editora Fundamento, 2015, p. 92.
4   Winston Churchill, *A History of the English Speaking People*, vol. II, Londres, Cassel & Company, 1956, p. 126.
5   Ver Peter Linebaugh e Marcus Rediker, *A hidra de muitas cabeças*, São Paulo, Companhia das Letras, 2008, p. 115 e seguintes.
6   Ver José Roberto de Castro Neves, Shakespeare e o espelho dos homens públicos, in *O mundo é um palco*, Rio de Janeiro, Edições de Janeiro, 2016, p. 56.
7   Peter Ackroyd, *Rebellion – The History of England from Jaime I to the Glorious Revolution*, Nova York, Thomas Dunke Books, 2014, p. 308.
8   Claude Bertin, *Os grandes julgamentos da história: Carlos I*, Rio de Janeiro, São Paulo, Otto Pierre Editores, 1978, pp. 155-156.
9   Ver Leonard Mlodinow, *De primatas a astronautas*, Rio de Janeiro, Zahar, 2015.
10 Thomas Hobbes, *Diálogo entre um filósofo e um jurista*, São Paulo, Landy, 2004, p. 177.
11 John Locke, *Os clássicos da política*, 6ª ed., São Paulo, Ática, 1995, p. 110.
12 Anthony Gottlieb, *The Dream of Enlightenment*, Nova York, Liveright Publishing, 2016, p. 118.
13 David Hume, *História da Inglaterra*, São Paulo, Unesp, 2015, p. 408.

14   André Maurois, *Histoire D'Anglaterre*, Paris, Editions Albin Michel, 1963, p. 99.
15   William Ivor Jennings, *Governo de gabinete*, Brasília, Senado Federal, 1979, p. 13.
16   Ver Norberto Bobbio, *Teoria geral da política*, Rio de Janeiro, Campus, 2000, p. 485.
17   Jonathan Swift, *Gulliver's Travel*, Londres, Penguin, 1994, p. 276.
18   Thomas Babington Macaulay, *History of England*, Londres, Longmans, 1896, p. 666.

A Revolução Americana

1   John Locke, *Segundo Tratado sobre o Governo Civil*, São Paulo, Edipro, 2013, p. 56.
2   Herbert Aptheker, *Uma nova história dos Estados Unidos: A Era Colonial*, Rio de Janeiro, Editora Civilização Brasileira, 1967, p. 146-7.
3   Trata-se de um trecho das *Confissões* de Santo Agostinho (Livro IV, 8, 13).
4   Barbara Tuchman, *A prática da História*, Rio de Janeiro, José Olympio Editora, 1991, p. 230.
5   *In the name of God, Amen. We, whose names are underwritten, the Loyal Subjects of our dread Sovereign Lord, King James, by the Grace of God, of Great Britain, France and Ireland, King, Defender of the Faith, etc. Having undertaken for the Glory of God, and Advancement of the Christian Faith, and the Honour of our King and Country, a voyage to plant the first colonie in the northern parts of Virginia; do by these presents, solemnly and mutually in the Presence of God and one of another, covenant and combine ourselves together into a civil Body Politick, for our better Ordering and Preservation, and Furtherance of the Ends aforesaid; And by Virtue hereof to enact, constitute, and frame, such just and equal Laws, Ordinances, Acts, Constitutions and Offices, from time to time, as shall be thought most meet and convenient for the General good of the Colony; unto which we promise all due submission and obedience. In Witness whereof we have hereunto subscribed our names at Cape Cod the 11th of November, in the year of the reign of our Sovereign*

Lord, King James of England, France and Ireland, the eighteenth, and of Scotland the fifty-fourth. Anno Domini, 1620.

6   Assim reconhece Peter M. Tiersma, *Legal Language*, Chicago, University of Chicago, 1999, p. 43.
7   James West Davidson, *Uma breve história dos Estados Unidos*, Porto Alegre, L&PM, 2016, p. 41.
8   Daron Acemoglu e James Robinson, *Por que as nações fracassam*, Rio de Janeiro, Elsevier, 2012, p. 20.
9   Alexis de Tocqueville, *A democracia na América – Leis e costumes*, São Paulo, Martins Fontes, 2014, p. 38.
10 Ver James Truslow Adams, *A epopeia americana*, São Paulo, Companhia Editora Nacional, 1940, p. 38.
11 Eduardo Galeano, *As veias abertas da América Latina*, Porto Alegre, LP&M, 2010, p. 190.
12 Ibid., p. 191.
13 Mark Kurlansky, *Paper: Paging Through History*, Nova York, Norton, 2017, p. 342.
14 Erwin C. Surrency, The Lawyer and the Revolution, in *Law*, Nova York, Beaux Arts Edition, 1990, p. 168.
15 Sobre os desacertos da política inglesa, que culminaram na perda da possessão americana, ver Barbara Tuchman, *A marcha da insensatez*, 5ª ed., Rio de Janeiro, José Olympio Editora, 1989.
16 A prática do boicote foi uma invenção oriunda das Ilhas Britânicas. No final do século XIX, um capitão reformado do Exército inglês, chamado Charles Boycott (1832-1897), se desentendeu com os camponeses de uma fazenda que ele administrava, no condado de Mayo, na Irlanda. Os camponeses, em retaliação, decidiram não mais se relacionar com o tal capitão. Ninguém mais se dirigia ao militar. Ninguém comprava ou vendia nada para ele. Todos o evitavam. Charles Boycott deixou de existir para aquela sociedade. Dele, deriva o termo boicote.
    Antes de haver a palavra, que só surgiria um século depois, os colonos americanos decidiram adotar um movimento de retaliação aos ingleses, boicotando os produtos provenientes da metrópole.

17 E. Allan Farnsworth, *Introdução ao sistema jurídico dos Estados Unidos*, Rio de Janeiro, Forense, 1984, p. 13.
18 William Blackstone (1723-1780), advogado inglês, foi o criador e primeiro professor de uma cadeira universitária de Direito Consuetudinário inglês. Esse curso se iniciou em Oxford, após disposição testamentária de 1755. Apenas durante a vida do autor, a obra dos Comentários teve oito edições.
19 Herbert Aptheker, *Uma nova história dos Estados Unidos: A Era Colonial*, Rio de Janeiro, Editora Civilização Brasileira, 1967, p. 81.
20 Ibid., p. 91.
21 *Facts are stubborn things; and whatever may be our wishes, our inclinations, or the dictates of our passion, they cannot alter the state of facts and evidence.*
22 Thomas Paine, *Senso comum*, Porto Alegre, L&PM, 2009.
23 Ibid., p. 10.
24 Ibid., p. 11.
25 Samuel Adams acabou por dar nome a uma famosa cerveja americana, o que, talvez, se explique por sua notória fama de baderneiro.
26 Marcel Novaes, *O grande experimento*, São Paulo, Record, 2016, p. 69.
27 Em 1775, os revolucionários se reuniram com o propósito de fazer uma bandeira para o novo país. Há uma tese de que isso foi feito com a ajuda dos maçons. Ver Mark Booth, *The Secret History of the World*, Nova York, The Overlook Press, 2008, p. 471.
28 Howard Zinn, *A People's History of the United States*, Nova York, HarperCollins, 2003, p. 78.
29 Sobre a atuação de Jefferson como advogado, ver Frank L. Dewey, *Thomas Jefferson Lawyer*, Virginia, University of Virginia, 1987. Nesse trabalho há, inclusive, referência ao valor dos honorários cobrados pelo então futuro presidente dos Estados Unidos e às sessões a que ele compareceu como patrono.
30 Jefferson tinha diversos interesses: além de advogado e líder político, era também músico, arquiteto, horticultor, entre outros talentos. Quando o presidente John F. Kennedy foi anfitrião em jantar de honra a 49 vencedores do Prêmio Nobel na Casa Branca, em 29 de abril de 1962, declarou:

"Acredito que esta é a mais extraordinária reunião de talento e conhecimento humano que já foi reunida na Casa Branca – com a possível exceção de quando Thomas Jefferson jantava aqui sozinho." Ao morrer, possuía uma coleção de 6.478 livros, um assombro naquele tempo.

31 *When in the course of human events, it becomes necessary for one people to dissolve the political bonds which have connected them with another, and to assume among the powers of the earth, the separate and equal station to which the laws of nature and of nature's God entitle them, a decent respect to the opinions of mankind requires that they should declare the causes which impel them to the separation.*

We hold these truths to be self-evident, that all men are created equal, that they are endowed by their Creator with certain unalienable rights, that among these are life, liberty and the pursuit of happiness. That to secure these rights, governments are instituted among men, deriving their just powers from the consent of the governed. That whenever any form of government becomes destructive of these ends, it is the right of the people to alter or to abolish it, and to institute new government, laying its foundation on such principles and organizing its powers in such form, as to them shall seem most likely to effect their safety and happiness. Prudence, indeed, will dictate that governments long established should not be changed for light and transient causes; and accordingly all experience hath shown that mankind are more disposed to suffer, while evils are sufferable, than to right themselves by abolishing the forms to which they are accustomed. But when a long train of abuses and usurpations, pursuing invariably the same object evinces a design to reduce them under absolute despotism, it is their right, it is their duty, to throw off such government, and to provide new guards for their future security.

Such has been the patient sufferance of these colonies; and such is now the necessity which constrains them to alter their former systems of government. The history of the present King of Great Britain is a history of repeated injuries and usurpations, all having in direct object the establishment of an absolute tyranny over these states. To prove this, let facts be submitted to a candid world.

32 *We, therefore, the representatives of the United States of America, in General Congress, assembled, appealing to the Supreme Judge of the world for the rectitude of our intente, do, in the name, and by the authority of the good people of these colonies, solemnly publish and declare, that these united colonies are, and of right ought to be free and independent states; that they are absolved from all allegiance to the British Crown, and that all political connection between them and the state of Great Britain, is and ought to be totally dissolved; and that as free and independent states, they have full power to levy war, conclude peace, contract aliances, establish commerce, and to do all other acts and things which independent states may of right do. And for the support of this declaration, with a firm reliance on the protection of Divine Providence, we mutually pledge to each other our lives, our fortunes and our sacred honor.*

33 Bill O'Reilly, *Killing England*, Nova York, Henry Holt and Company, 2017, p. 92.

34 Lynn Hunt, *A invenção dos direitos humanos*, São Paulo, Companhia das Letras, 2009, p. 20.

35 Sobre Benjamin Franklin em Paris, ver Bernard Bailyn, *To Begin the World Anew*, Nova York, Vintage Books, 2003.

36 Joseph J. Ellis, *The Quartet Orchestrating the Second American Revolution*, Nova York, Vintage, 2015, p. 67.

37 Sobre a forma como cada Estado aderiu, ver Susan-Mary Grant, *História concisa dos Estados Unidos*, São Paulo, Edipro, 2014, p. 173.

38 Há uma sensível diferença em relação à Constituição brasileira de 1988, que, embora também se inicie com o pronome "nós", refere-se aos "representantes do povo", e não ao povo diretamente.

39 *We the People of the United States, in Order to form a more perfect Union, establish Justice, insure domestic Tranquility, provide for the common defence, promote the general Welfare, and secure the Blessings of Liberty to ourselves and our Posterity, do ordain and establish this Constitution for the United States of America.*

40 Isaac Kramnick, ao apresentar *Os Artigos Federalistas*, Rio de Janeiro, Nova Fronteira, 1993, p. 3.

41 Vale ver o alentado trabalho de Geoffrey R. Stone, *Sex and the Constitution – Sex, Religion, and Law from America's Origins to the Twenty-Firt Century*, Nova York, Liveright, 2017.

42 Sobre o tema, Fergus M. Bordewich, *The First Congress – How James Madison, George Washington and a Group of Extraordinary Men Invented the Government*, Nova York, Simon & Schuster, 2016.

43 Sobre o pensamento de Hamilton, ver Michael P. Federici, *The Political Philosophy of Alexander Hamilton*, Baltimore, The Johns Hopkins University Press, 2012.

44 Edmond Cahn, *Supreme Court and Supreme Law*, Nova York, Clarion, 1971, p. 14.

45 Madison, Getúlio Vargas e Stálin tinham a mesma altura: 1,63 metro.

46 Ron Chernow, *Alexander Hamilton*, Nova York, Penguin, 2004, pp. 193-194.

47 Lorri Glover, *Founders as Fathers*, Grand Rapids, Yale University Press, 2014, p. 78.

48 *Congress shall make no law respecting an establishment of religion, or prohibiting the free exercise thereof; or abridging the freedom of speech, or of the press; or the right of the people peaceably to assemble, and to petition the government for a redress of grievances.*

49 Alan Taylor, *American Revolutions*, Nova York, W.W. Norton, 2016, p. 398.

50 Joseph J. Ellis, *Founding Brothers: The Revolutionary Generation*, Nova York, Random House, 2000, p. 165.

51 Uma curiosidade: John Adams e Thomas Jefferson, 2º e 3º presidentes, morreram no mesmo dia 4 de julho de 1826, exatamente 50 anos depois do dia da declaração da independência. James Monroe, o 5º presidente, também morre no dia 4 de julho, porém de 1831.

52 Van Buren tinha origem humilde. Descendente de holandeses, nascido em Nova York, seus pais eram donos de uma modesta estalagem.

53 Sobre o tema, ver Walter Costa Porto, *Dicionário do Voto*, 3ª ed., Rio de Janeiro, Lexikon, 2012, p. 155 e seguintes.

54 Ver Joseph J. Ellis, *American Creation: Triumphs and Tragedies at the Founding of the Republic*, Nova York, Alfred A. Knof, 2007, p. 198.

55 *The courts were designed to be an intermediate body between the people and the legislature, in order, among other things, to keep the latter within the limits assigned to their authority. The interpretation of the laws is the proper and peculiar province of the courts. A constitution is, in fact, and must be regarded by the judges as a fundamental law. It, therefore, belongs to them to ascertain its meaning, as well as the meaning of any particular act proceeding from the legislative body. If there should happen to be an irreconcilable variance between the two, that which has the superior obligation and validity ought, of course, to be preferred; or, in other words, the Constitution ought to be preferred to the statute, the intention of the people to the intention of their agents.*

56 É interessante notar que, antes da Revolução Americana, havia nove universidades nos Estados Unidos. Na época, os jovens de pais mais abastados comumente iam estudar Direito na Inglaterra. Nos Estados Unidos, as principais opções para quem quisesse seguir a carreira jurídica, além do College of William and Mary, eram Harvard e o College de Nova Jersey, depois renomeado Princeton.

57 Leonard Baker, *John Marshall: A Life in Law*, Nova York, Collier Macmillan Publishers, 1974, p. 168.

58 Ver Brian Kilmeade, *Thomas Jefferson and the Tripoli Pirates*, Nova York, Sentinel, 2015.

59 Antonio Pedro Tota, *Os americanos*, São Paulo, Contexto, 2009, p. 46.

60 *All men are born free and equal, and have certain natural, essential, and unalienable rights; among which may be reckoned the right of enjoying and defending their lives and liberties; that of acquiring, possessing, and protecting property; in fine, that of seeking and obtaining their safety and happiness.*

61 *The state of slavery is of such a nature that it is incapable of being introduced on any reasons, moral or political, but only by positive law, which preserves its force long after the reasons, occasions, and time itself from whence it was created, is erased from memory. It is so odious, that nothing can be suffered to support it, but positive law. Whatever inconveniences, therefore, may follow from the decision, I cannot say this case is allowed or approved by the law of England; and therefore the black must be discharged.*

62 *Four score and seven years ago our fathers brought forth, upon this continent, a new nation, conceived in liberty and dedicated to the proposition that "all men are created equal".*
Now we are engaged in a great civil war, testing whether that nation, or any nation so conceived and so dedicated, can long endure. We are met on a great battlefield of that war. We have come to dedicate a portion of it, as a final resting place for those who died here, that the nation might live. This we may, in all propriety do.
But in a larger sense, we cannot dedicate, we cannot consecrate, we cannot hallow, this ground. The brave men, living and dead, who struggled here, have hallowed it, far above our poor power to add or detract.
The world will little note, nor long remember what we say here; while it can never forget what they did here.
It is rather for us the living, we here be dedicated to the great task remaining before us – that from these honored dead we take increased devotion to that cause for which they here gave the last full measure of devotion – that we here highly resolve that these dead shall not have died in vain, that this nation, under God, shall have a new birth of freedom, and that government of the people, by the people, for the people shall not perish from the earth.

63 David McCullough, *1776*, Rio de Janeiro, Zahar, 2006, p. 177.
64 Marc Ferro, *História das colonizações*, São Paulo, Companhia das Letras, 1996, p. 254.

A Revolução Francesa

1 Charles Dickens, *Um conto de duas cidades*, 2ª ed., São Paulo, Estação Liberdade, 2010, p. 11.
2 Alexis de Tocqueville, *O Antigo Regime e a Revolução*, São Paulo, Martins Fontes, 2016, p. XLI.
3 Essa a opinião, por exemplo, de E. J. Hobsbawm, *A Revolução Francesa*, 7ª ed, Rio de Janeiro, Paz e Terra, 2008, p. 11.
4 Thomas Carlyle, *História da Revolução Francesa*, 2ª ed., São Paulo, Melhoramentos, 1961, p. 29.

5   Roger Price, *História concisa da França*, São Paulo, Edipro, 2016, p. 114.
6   Michel Vovelle, *A Revolução Francesa*, São Paulo, Unesp, 2007, p. 12.
7   J.H.M. Salmon, *Renaissanse and Revolt – Essays in the Intellectual and Social History of Early Modern France*, Cambridge, Cambridge University Press, 1987, p. 54.
8   Ver Francis Fukuyama, *As origens da ordem política*, Rio de Janeiro, Rocco, 2013, p. 380 e seguintes.
9   Sylvia Neely, *A Concise History of the French Revolution*, Lanham, Rowman & Littlefield, 2008, p. 5.
10 E.H. Gombrich, *A Little History of the World*, New Haven, Yale University Pres, 2008, p. 221.
11 Simon Schama, *Citizens – a Chronicle of the French Revolution*, Nova York, Vintage Books, 1989, p. 249.
12 Jacques Barzun, *From Dawn to Decadence*, Nova York, Perennial, 2000, p. 402.
13 Guy Chaussinand-Nogaret, *A Queda da Bastilha*, Rio de Janeiro, Zahar, 1989, p. 24.
14 Norman Hampson, *A Social History of the French Revolution*, Londres, Routledge, 1963, p. 60.
15 René David, *O Direito Inglês*, São Paulo, Martins Fontes, 1997, p. 3.
16 Cargo conferido a um ou mais membros de uma corporação de ofícios, escolhidos para a representá-la.
17 Georges Gusdorf, *As revoluções da França e da América: a violência e a sabedoria*, Rio de janeiro, Editora Nova Fronteira, 1993, p. 51.
18 Andrew Hussey, *Paris: The Secret History*, Londres, Penguin, 2007, p. 196.
19 Lynn Hunt, *Política, cultura e classe na Revolução Francesa*, São Paulo, Companhia das Letras, 2007, p. 189.
20 https://fr.wikisource.org/wiki/Discours_de_Louis_Antoine_L%C3%A9on_de_Saint-Just_%C3%A0_la_Convention_le_13_novembre_1792
21 Adolfo Gatti, Em defesa do cidadão Luís Capeto, in *A Revolução Francesa*, São Paulo, Editora Três, 1989, p. 94.

22 Ver Jacques Verger, Louis XVI ou le procès du lèse-Nation, in *Les Grands Procès* (org. Daniel Amson et al), 2 ed., Paris, 2016.

23 *Je m'arrête devant l'Histoire: songez qu'elle jugera votre jugement et que le sien sera celui des siècles.*

24 Lamartine, *Histoire des Girondins*, tomo terceiro, Paris, l. Hachette, 1870, p. 438.

25 Roger Chartier, *Origens culturais da Revolução Francesa*, São Paulo, Unesp, 2009, p. 63.

26 Ver Leonard Mlodinow, *De primatas a astronautas*, Rio de Janeiro, Zahar, 2015, p. 205.

27 Marc Ferro, *História da França*, Lisboa, Edições 70, 2011, p. 237.

28 Sobre o julgamento de Danton, Claude Bertin, *Os grandes julgamentos da História*, vol. VI, São Paulo, Otto Pierre Editores, s/a.

29 Camille Desmoulins, *Oeuvres*, tomo primeiro, Paris, Librairie de la Bibliothèque Nacionale, 1883, p. 125 e seguintes.

30 Ruth Scurr, *Pureza fatal – Robespierre e a Revolução Francesa*, Rio de Janeiro, Record, 2009, p. 33.

31 Uma estátua de La Barre foi posteriormente erigida no acesso da igreja do Sacré-Couer de Jesus de Paris, em Montmartre, como denúncia dessa iniquidade hedionda.

32 Jonathan Irvine Israel, *Revolutionary Ideas: An Intellectual History of the French Revolution from the Rights of Man to Robespierre*, Nova Jersey, Princeton University Press, 2014, p. 580.

33 Cambacérès, *Rapport à la Convention Nationale, Recueil Complet des Travaux préparatoires du Code Civil*, tomo I, Paris, 1968, p. 1.

34 François Furet, *The French Revolution*, Oxford, Blackwell, 1988, p. 220.

35 Jean-Étienne-Marie Portalis, *Discours et rapports sur le Code Civil*, Caen, Editora do Centro de Filosofia Política e Jurídica de Caen, 1992, p. 15.

36 Chaim Perelman, *Ética e Direito*, Martins Fontes, São Paulo, 1996, p. 388.

37 Norberto Bobbio, *Igualdade e liberdade*, Rio de Janeiro, Ediouro, 1996, p. 7.

38　Eric Hobsbawn, *Ecos da Marselhesa*, São Paulo, Companhia das Letras, 1996, p. 22.
39　Ronald Dworkin, *A Raposa e o Porco-Espinho: Justiça e Valor*, São Paulo, Martins Fontes, 2014, p. 4.
40　Jacques Le Goff, *A história deve ser dividida em pedaços?*, São Paulo, Unesp, 2015, p. 120.
41　Sobre o tema R.R. Palmer, *The Age of the Democratic Revolution*, Nova Jersey, Princeton University Press, 1859, p. 446.

Os advogados mudando o mundo

1　Rudolf Von Ihering, *La Lutte pour le Droit*, Paris, Librairie Maresc Aine, 1890, p. 1.
2　"The first thing we do, let's kill all the lawyers." (*Henrique IV*, Parte II, Ato IV, Cena 2)
3　Chris Bunting, Por que as revoluções acontecem?, in *Grandes Questões da História* (org. Harriet Swain), Rio de Janeiro, José Olympio, 2005, p. 109.
4　Thomas S. Kuhn, *A estrutura das revoluções científicas*, 9ª ed., São Paulo, Perspectiva, 2007.
5　Ver Paul Hazard, *The Crisis of the European Mind 1680-1715*, Nova York, New York Review Books, 2013.
6　Susan Dunn, *Sister Revolutions: French Lightning, American Light*, Nova York, Faber and Faber, 1999, p. 9.
7　José Hermano Saraiva, *História de Portugal*, vol. III, Lisbia, Alfa, 1983, p. 387.
8　Loris Zanatta, *Uma breve história da América Latina*, São Paulo, Cultrix, 2017, p. 52.
9　Carlos Fuentes, *O espelho enterrado*, Rio de Janeiro, Rocco, 2001, p. 256.
10　Eduardo Bueno, *A coroa, a cruz e a espada*, Rio de Janeiro, Estação Brasil, 2016, p. 61.
11　Ibid., p. 65.
12　Pedro Doria, *1789*, Rio de Janeiro, Harper-Collins, 2017, p. 47.
13　Eduardo Bueno, *Brasil: Uma história*, São Paulo, Leya, 2010, p. 139.

14 Ver Arno Wehling, *Uma transição na justiça luso-brasileira: da Casa da Suplicação ao Supremo Tribunal de Justiça (1808-1829)*, Revista IHGB, Rio de Janeiro, 2013.
15 Pedro Calmon, *História do Brasil*, vol. V, Rio de Janeiro, José Olympio, 1959, p. 1539.
16 Ana Cristina Araújo, José Bonifácio Inconformado, in *História do Brasil para ocupados*, Rio de Janeiro, Casa da Palavra, 2013, p. 389.
17 Alberto Venâncio Filho, *Das arcadas ao bacharelismo*, Rio de Janeiro, Perspectiva, 1977, p. 14.
18 Caio Prado Júnior, *Formação do Brasil Contemporâneo*, 18ª ed., São Paulo, Brasiliense, 1983, p. 280.
19 Alberto Venâncio Filho, *Das arcadas ao bacharelismo*, Rio de Janeiro, Perspectiva, 1977, p. 31.
20 Edmundo Campos Coelho, *As profissões imperiais*, Rio de Janeiro, Record, 1999, p. 167.
21 A primeira instituição de ensino superior no Brasil foi a Real Academia de Artilharia, Fortificação e Desenho, de 1792.
22 Pedro Calmon, *História do Brasil*, vol. V, Rio de Janeiro, José Olympio Editora, 1959, p. 1867.
23 Ver Lilia Moritz Schwarcz, *As barbas do Imperador*, 2ª ed., São Paulo, Companhia das Letras, 1998, p. 125 e seguintes.
24 Marcos Costa, *A História do Brasil para quem tem pressa*, 2ª ed., Rio de Janeiro, Valentina, 2017, p. 86.
25 A mãe de Luis Gama inspirou Ana Maria Gonçalves no seu romance *Um defeito de cor*, 7ª ed., Rio de Janeiro, Record, 2011.
26 Carvalho Neto, *Advogados*, São Paulo, Saraiva, 1946, p. 85.
27 Ver Ruy Barbosa, *Réplica do Senador Ruy Barbosa às Defesas da Redacção do Projecto da Câmara dos Deputados*, Rio de Janeiro, Separata das Pandectas Brasileiras, 1902.
28 Ruy Barbosa, *Oração aos moços*, 5ª ed., Rio de Janeiro, Casa de Ruy Barbosa, 1999, p. 26.
29 Ibid., p. 32.

30 Ruy Barbosa, *Oração aos moços*, 5ª ed., Rio de Janeiro, Casa de Ruy Barbosa, 1999, p. 46.
31 Sergio Buarque de Holanda, *Raízes do Brasil*, 17ª ed., Rio de Janeiro, José Olympio Editora, 1984, p. 115.
32 Vale o registro de que, no Brasil, alguns advogados atuaram de forma heroica na defesa de perseguidos políticos durante a ditadura militar de 1964 a 1985 (ver Fernando Sá *et al.* (org.), *Os advogados e a ditadura de 1964*, Rio de Janeiro, Vozes, 2010).
33 Georg Wilhelm Friedrich Hegel, *Filosofia da História*, 2ª ed., Brasília, Editora UNB, 2008, p. 34.
34 Hannah Arendt, *A condição humana*, 11ª ed., Rio de Janeiro, Forense Universitária, 2010, p. 52.
35 Ver Roger Chartier, *Origens culturais da Revolução Francesa*, São Paulo, Unesp, 2009, p. 26.
36 Ver Joseph Lelyveld, *Great Soul – Mahatma Gandhi and his struggle with India*, Nova York, Vintage, 2011.
37 Alan Axelrod, *Profiles in Audacity*, Nova York, Sterling, 2006, p. 160.
38 Elisabeth A. Cawthon, *Famous Trials in History*, Nova York, Facts on File, 2012, p. 285.
39 Gandhi, ademais, era dotado de aguçado senso de humor. Uma vez indagado acerca do que achava da civilização ocidental, teria respondido: "Acho que seria uma excelente ideia."
40 Ver sobre a campanha de Gandhi pelo sal na Índia, Mark Kurlanski, *Salt - A World History*, Nova York, Penguin, 2002, p. 342 e seguintes.
41 Ver D.J. Harris, *Cases and Materials on International Law*, 4ª ed., Londres, Sweet & Maxwell, 1991, p. 600 e seguintes.
42 Em Bill Price, *Histoty Greatest Decisions*, Nova York, Metro Books, 2013, p. 227.
43 Alberto Manguel, *Uma história natural da curiosidade*, São Paulo, Companhia das Letras, 2016, p. 419.
44 Dos três grandes líderes que enfrentaram o eixo – Churchill, Stalin e Roosevelt –, apenas este último tinha formação universitária.

Como os advogados salvaram a humanidade

1   Ver Francis Fukuyama, *As origens da ordem política*, Rio de Janeiro, Rocco, 2013, p. 445, que, entretanto, trata apenas dos três primeiros desses elementos.
2   François Ost, *O tempo no Direito*, Lisboa, Piaget, 1999, p. 201.
3   Heródoto, *História*, São Paulo, Ediouro, 2001, livro 3, LXXX.
4   *Tis only title thou disdain'st in her, the which / I can build up. Strange is it that our bloods, / Of colour, weight, and heat, pour'd all together, / Would quite confound distinction, yet stand off / In differences so mighty (...) The property by what it is should go, / Not by the title.* (Ato II, Cena 3)
5   Milan Kundera, *A arte do romance*. São Paulo: Companhia das Letras, 2016, p. 15.
6   *A era dos direitos*, Rio de Janeiro, Campus, 1992, p. 17.
7   Norberto Bobbio, *A era dos direitos*, Rio de Janeiro, Campus, 1992, p. 101.
8   Fábio Konder Comparato, *Ética*, São Paulo, Companhia das Letras, 2006, p. 510.
9   Georg Wilhelm Friedrich Hegel, *Filosofia da História*, 2ª ed., Brasília, Editora UNB, 2008, p. 368.
10 Sobre a influência da Revolução Francesa na filosofia de Hegel, ver José Carlos Reis, *História da Consciência Histórica*, Belo Horizonte, Autêntica, 2013, p. 33 e seguintes.
11 Hannah Arendt, *Sobre a revolução*, São Paulo, Companhia das Letras, 2011.

Os advogados num mundo líquido

1   Gustav Radbruch, *Filosofia do Direito*, 6ª ed., Coimbra, Armenio Amado Editor, 1979, p. 226.
2   Ver, sobre o tema, Yuval Noah Harari, *Homo Deus*, São Paulo, Companhia das Letras, 2016, p. 383 e seguintes.
3   Kenneth C.H. Willig, The Bar in the Third Reich, in *Law*, Nova York, Beaux Arts Edition, 1990, p. 222.

4   Tony Judt, *Pós-guerra – Uma história da Europa desde 1945*, Rio de Janeiro, Objetiva, 2008, p. 55.
5   Fabio Cyrino, *Talvez eu não tenha vivido em vão*, São Paulo, Landmark, 2009, p. 199.
6   Mark Lilla, *A mente imprudente – Os intelectuais na atividade política*, Rio de Janeiro, Record, 2017, p. 51.
7   Gustav Radbruch, *Filosofia do Direito*, 6ª ed., Coimbra, Armenio Amado Editor, 1979, p. 415.
8   Zygmunt Bauman, *44 cartas do mundo líquido moderno*, Rio de Janeiro, Zahar, 2011, p. 112.
9   Sobre o tema, Thomas L. Friedman, *Thank You For Being Late*, Nova York, Londres, 2016.
10 Carvalho Neto, *Advogados*, São Paulo, Saraiva, 1946, p. 23.
11 Rudolf Von Jhering, *A luta pelo Direito*, 12ª ed., Rio de Janeiro, Forense, 1992, p. 14.

Coda: o advogado como ídolo

1   Harper Lee, *O sol é para todos*, 15ª ed., Rio de Janeiro, José Olympio Editores, 2016, p. 43.
2   Ibid., p. 135.
3   Ibid., p. 255.

DIREÇÃO EDITORIAL
Daniele Cajueiro

EDITOR RESPONSÁVEL
Hugo Langone

PRODUÇÃO EDITORIAL *Adriana Torres*
André Marinho
Mariana Bard
Nina Soares

REVISÃO
Ana Grillo

DIAGRAMAÇÃO
Futura

Este livro foi impresso em 2024, pela Exklusiva, para a Nova Fronteira.
O papel de miolo é Pólen 70g/m² e o da capa é cartão 250g/m².